Zu diesem Buch

»Escape to Life« ist ein Who's Who der deutschen Kultur im Exil. Erika und Klaus Mann porträtieren die wichtigsten Persönlichkeiten der von Hitler in die Emigration getriebenen geistigen Elite Deutschlands. Kaum ein bedeutender Name fehlt in der hier aufgeführten Allianz gegen den Faschismus. Von Albert Einstein bis Bertolt Brecht, von Carl Zuckmayer bis George Grosz reicht die Liste der Künstler und Wissenschaftler, die in sehr persönlich gehaltenen Essays vorgestellt werden. Als das Buch 1939 erstmals erschien, sollte es den amerikanischen Lesern ein Bild geben von Vielfalt und Reichtum der deutschen Kultur im Exil. Heute ist es ein einzigartiges Dokument: die umfassendste, farbigste Darstellung des »Anderen Deutschland«, die während der Zeit des Dritten Reiches geschrieben wurde.

Erika Mann wurde am 9. November 1905 in München geboren, als ältestes Kind von Thomas und Katia Mann. Sie arbeitete zunächst als Schauspielerin und Journalistin. Anfang 1933 gründete sie – zusammen mit Therese Giehse – in München das Kabarett »Die Pfeffermühle«; wenige Wochen später ging sie mit der gesamten Truppe ins Exil. Ab 1936 lebte sie überwiegend in den USA. Während des Zweiten Weltkriegs wirkte sie u. a. an den Deutschland-Programmen der BBC mit und arbeitete als Kriegsberichterstatterin für die Alliierten. 1952 Rückkehr nach Europa. Sie starb am 27. August 1969 in Zürich.

Klaus Mann, zweites Kind und ältester Sohn von Katia und Thomas Mann, wurde am 18. November 1906 in München geboren. 1924 ging er als Theaterkritiker nach Berlin und machte bald mit eigenen Stücken Furore. Im März 1933 verließ er Deutschland. Aus dem Enfant terrible wurde ein Repräsentant der von den Nazis ins Exil getriebenen deutschen Literatur. Sein Roman »Mephisto« (1936) war eine satirische Abrechnung mit den Künstlern, die sich mit dem Dritten Reich arrangierten. 1938 übersiedelte Klaus Mann in die USA. Als Soldat der US Army kehrte er nach Europa zurück. Zu einer Heimkehr nach Deutschland konnte er sich jedoch nicht entschließen. Klaus Mann starb am 21. Mai 1949 in Cannes an den Folgen einer Überdosis Schlaftabletten.

Sämtliche Werke von Erika und Klaus Mann erscheinen im Rowohlt Taschenbuch Verlag.

ERIKA UND KLAUS MANN

ESCAPE TO LIFE

Deutsche Kultur im Exil

Herausgegeben und mit einem Nachwort
von Heribert Hoven

ROWOHLT

Veröffentlicht im Rowohlt Taschenbuch Verlag GmbH,
Reinbek bei Hamburg, November 1996
Die deutsche Originalausgabe erschien 1991
in der edition spangenberg, München
Copyright © 1996 by
Rowohlt Verlag GmbH, Reinbek bei Hamburg
Umschlaggestaltung Barbara Hanke
(Foto: Albert Einstein auf dem Rockefeller Center,
New York City)
Druck und Bindung Clausen & Bosse, Leck
Printed in Germany
1890-ISBN 3 499 13992 8

ZU DIESER AUSGABE

Um *Escape to Life* ranken sich viele Legenden. Dies wohl auch, weil von dem erfolgreichsten Buch, welches Erika und Klaus Mann gemeinsam verfaßten, bisher keine deutschsprachige Ausgabe existierte.

In den sechziger Jahren ging es dem Verlag und Martin Gregor-Dellin als Herausgeber der Klaus Mann-Werkausgabe darum, den in Westdeutschland wenig beachteten Schriftsteller unter literarischen Aspekten bekannt zu machen. Das essayistische Werk wurde über mehrere Jahre hinweg in Auswahlausgaben veröffentlicht, in die auch kürzere Teilstücke aus *Escape to Life* Aufnahme fanden. Inzwischen sind annähernd alle literarischen Texte und Briefe sowie der größte Teil der Tagebücher publiziert. Klaus Mann ist von einer jungen Generation neu entdeckt worden und findet Beachtung als außergewöhnlicher Mensch, Künstler und *homo politicus,* der als Vermittler eines »besseren« Deutschlands die meisten seiner Zeitgenossen an Bedeutung überragte. Auch von Erika Mann sind inzwischen die Briefe sowie ihr Buch *Zehn Millionen Kinder* und eine Dokumentation über ihr kabarettistisches Unternehmen *Die Pfeffermühle* erschienen.

Deshalb sehen Verlag und Herausgeber den Zeitpunkt gekommen, *Escape to Life* als deutsche Originalausgabe zu veröffentlichen, in der Sprache also, in der es ursprünglich geschrieben wurde. Als Erika und Klaus Mann im November 1937 den Plan zu einer umfangreichen Darstellung des deutschen Exils faßten, sollte dieser »Who's Who des Exils« möglichst rasch erscheinen. Deshalb bedienten sich die Geschwister der vertrauten Muttersprache. Die schottische Schriftstellerin Mary Hottinger-Mackie besorgte die Übersetzung ins Amerikanische, die jedoch von mancher Seite als farblos oder gar unzutreffend kritisiert wird. Am 14. April 1939 erschien *Escape to Life* im Bostoner Verlag Houghton Mifflin.

Für etwa 95 Prozent der amerikanischen Ausgabe liegt im Münchner Klaus Mann-Archiv der deutsche Urtext vor. Er weist keine durchgehende, sondern eine kapitelweise Paginierung auf, was ein Zusammenfügen der unter den Autoren aufgeteilten Beiträge erleichterte. Einige Briefe, Zitate und wenige Abschnitte sind offenbar direkt der amerikanischen Druckvorlage beigefügt worden. Sie sind bis heute nicht auffindbar und mußten deshalb ins Deutsche rückübersetzt werden. Diese Aufgabe hat dankenswerterweise Monika Gripenberg übernommen. Verschollen ist ebenfalls ein Teil der Typoskripte für die oben erwähnten Auszüge, die schon in den Essaybänden der Werkausgabe abgedruckt waren. Von dort wurden sie, im Vertrauen auf die bewährte Texttreue dieses Unternehmens, in die vorliegende Buchausgabe übernommen.

Es war den Autoren wohl bewußt, daß ihre Niederschrift als Übersetzungsvorlage diente. Das Typoskript weist orthographische Flüchtigkeiten, Amerikanismen sowie stilistische Unebenheiten auf, die manchmal bereits eine gewisse Distanz zur deutschen Sprache signalisieren; außerdem voneinander abweichende Schreibweisen, welche auf die unterschiedliche Autorenschaft zurückgehen und naturgemäß in der amerikanischen Übersetzung nicht mehr erscheinen. In diesen Fällen wurde die deutsche Fassung überarbeitet und stillschweigend vereinheitlicht.

Um den Charakter als Zeitdokument zu bewahren, war für den Text und den Umfang die amerikanische Erstveröffentlichung maßgebend, wobei deren Irrtümer, soweit sie eindeutig zu erkennen waren, verbessert wurden. Einige Passagen des deutschsprachigen Typoskripts hatten seinerzeit keine Aufnahme in die Buchausgabe von 1939 gefunden.

Da Erika und Klaus Mann stets, auch in privaten Aufzeichnungen, den Titel der amerikanischen Ausgabe verwendeten, wurde dieser hier übernommen, obgleich eine dreiseitige Disposition des Werks – weniger schön – »Flucht ums Leben« überschrieben ist. Von uns hinzugefügt wurde der Untertitel »Deutsche Kultur im Exil«. Um etwas von der zeitgeschichtlichen Atmosphäre dieses außergewöhnlichen Buches auch in der deutschen Ausgabe lebendig zu erhalten, haben wir sämtliche Fotos mit ihren englischsprachigen Bildunterschriften übernommen.

HERIBERT HOVEN
EBERHARD SPANGENBERG

INHALT

Vorwort *(Preface)* 9

Prolog · Interview mit uns *(We are interviewed)* 13

Schauplatz Europa (The European Scene)

I   Der Reichstag brennt! *(The Reichstag's on fire!)* 31

II   Vorgewarnt *(Forewarned)* 44

III   Späte Emigranten *(Compromise fails)* 63

IV   Freiwillige Emigranten *(Exiles by choice)* 76

V   Bildnis des Vaters *(Portrait of our father)* 95

VI   Kultur im Dritten Reich *(Culture in the Third Reich)* 119

VII   Von der anderen Seite *(From the other side)* 132

VIII   Das Ende Österreichs *(The end of Austria)* 142

IX   Solidarität *(Solidarity)* 175

X   Die Toten *(The dead)* 195

XI   Aktivität in Europa *(Work in Europe)* 211

XII   Europa ist eng *(No room in Europe)* 233

Exil in Amerika (Exiles in America)

XIII   Maler und Musikanten *(Art and music)* 249

XIV   Aus dem Tagebuch eines deutschen Studenten in Princeton
       (Diary of a German student at Princeton) 269

XV   Musik in New York *(A musical evening)* 281

XVI   Hollywood 288

XVII   Schriftsteller *(The world of books)* 305

XVIII Politik *(Political activity)* 331

XIX   Theater in New York *(The stage)* 348

XX   Leben und Freunde in den USA *(Friends in America)* 363

XXI   Krieg ohne Waffen *(War without weapons)* 382

Epilog 392

Appendix I: Sympathisierende Deutsche im Ausland 397

Appendix II: Deutsche als Wissenschaftler in Amerika 401

Nachwort 403

Personenregister 413

TO
ALL THE OTHERS

So gut wie jeder, der vor 1933 das
repräsentierte, was man weltweit
unter deutscher Kultur verstand,
ist heute ein Flüchtling.

Dorothy Thompson

VORWORT

PREFACE

DIESES BUCH ZU SCHREIBEN WAR für uns eine schöne und schwere Aufgabe.

Es war eine schöne Aufgabe: denn wir durften von unseren Freunden und Kameraden erzählen, von vielen Menschen, die uns nahestehen; wir durften von *unserer* Sache sprechen – und das bedeutet: nicht nur von der Sache der Exilierten, sondern auch von der Sache der wirklichen deutschen Kultur.

Die Aufgabe, die wir zu bewältigen hatten, war schwer. Erdrückend groß ist das Material, das sich uns bietet. Unser Bericht befaßt sich vorwiegend mit den deutschen Künstlern und Intellektuellen, die ihre Heimat verlassen mußten.

Diese »Emigration« hat den Charakter einer Völkerwanderung. Es verhält sich ja keineswegs so, daß etwa im Jahre 1933 eine bestimmte Menschengruppe das Reich verlassen und in irgendwelchen anderen Ländern dauernd Unterkunft gefunden hätte. Vielmehr: seit 1933 hört diese Bewegung, diese Flucht, diese Tendenz »Weg von Deutschland! Fort vom Nazi-Barbarismus!« nicht mehr auf. Immer zahlreicher werden die, die im Reiche nicht mehr bleiben können – oder wollen. Andererseits wird der Machtbereich der Hitler Diktatur immer größer. Vorgestern kamen die neuen Emigranten aus Österreich; gestern die aus der Tschechoslowakei; heute treffen die Opfer der neuesten Nazi-Pogrome aus den deutschen Städten ein – und wen müssen wir morgen erwarten? Vielleicht dauert es nicht mehr lange, und auch aus Straßburg oder Zürich, Amsterdam oder Kopenhagen werden die jüdischen, katholischen oder politischen Flüchtlinge sich melden... Und die italienischen Juden? Werden sie alle dazu bereit oder fähig sein, sich in Abessinien anzusiedeln?

Unter solchen Umständen kann es komplette, zuverlässige Statistiken über die Exilierten kaum geben. Nicht einmal der Begriff »Emigrant« ist klar und eindeutig festgelegt. Anfangs zählte man nur die politischen

Flüchtlinge; die jüdischen galten als »Freiwillige« – obwohl diese Bezeichnung, gerade im Zusammenhang mit den neuesten deutschen Ereignissen, wie bitterer Hohn klingen muß. – Was übrigens Europa betrifft, so scheint es dort fast unmöglich, authentisch festzustellen, wie viele Flüchtlinge sich in einem Lande niedergelassen haben, da es ja gerade die Niederlassung ist, die den meisten von ihnen verboten wird. Viele – gar zu viele! – werden von einem Land ins andere gehetzt, dürfen nirgendwo bleiben, werden zu einem Vagabunden-Dasein gezwungen. Die Ruhelosen, Immer-Wandernden kann man nicht wohl katalogisieren.

Was wir versucht haben, ist: einen Querschnitt durch die Vielschichtigkeit der deutschen Emigration, ein möglichst lebendiges Bild von der Vielfalt ihrer Gesichter und ihrer geistigen Kräfte zu geben. Wir wollten zeigen und anschaulich machen: es sind nicht einzelne Personen, die aus irgendwelchen Gründen vertrieben wurden. Opfer des Nazi-Fanatismus ist vielmehr eine komplexe Kultur – die wahre deutsche Kultur, die immer ein schöpferischer Teil der europäischen Kultur und der Welt-Kultur war.

Diese Kultur ist nun also über die Welt verstreut worden. Es scheint ungeheure Schwierigkeiten zu machen, ihre Repräsentanten aufzunehmen, ihnen ein neues Wirkungsgebiet zu gewähren. In diesem historischen Augenblick, da das Problem der »refugees« wieder von so furchtbarer Aktualität ist, sollte man nicht vergessen, was viele Länder im Laufe ihrer Geschichte Emigranten, politischen oder religiösen Flüchtlingen zu verdanken hatten. Vielleicht erklärt sich aus historischen Reminiszenzen solcher Art die besondere und dankenswerte Gastlichkeit, mit der die Vereinigten Staaten von Amerika unsere Kameraden empfangen. Man erinnert sich vielleicht in Amerika: es sind Emigranten, die dieses Land groß gemacht und ihm immer wieder neues Leben zugeführt haben... Viele von den Deutschen, die nach dem Jahre 1848 Zuflucht und Asyl im Land der Freiheit und der »unbegrenzten Möglichkeiten« gefunden haben, sind gute, hoch geachtete amerikanische Bürger geworden. Mögen auch die deutschen Dichter und Forscher, Musiker und Philosophen, Schauspieler und Maler, Regisseure und Architekten, Ärzte und Anwälte, Ingenieure und Handwerker, die es – wie ihre Vorfahren – in Deutschland nicht mehr aushalten konnten, sich in ihrer neuen Heimat bewähren – wie ihre Großväter es so wacker getan haben.

Die Welt ist voll vom Lärm der Nazi-Propaganda. Mit dem »giganti-schen« Reklame-Apparat des Doktor Goebbels können und wollen wir nicht konkurrieren. Auch brauchen wir keine Reklame. Wir wollen nur der Welt möglichst genau und ganz aufrichtig zeigen, was wir sind; was wir können; was wir wollen. Unter uns sind Menschen sehr verschiedener Art und Gesinnung. Die meisten möchten nützliche Bürger eines anderen, freieren Landes werden – ohne darüber ihre unglückliche, erniedrigte Hei-mat gänzlich zu vergessen. Einige von ihnen haben Großes geleistet; andere bereiten sich vielleicht auf bedeutende Leistungen vor. Sie alle gehen durch eine bittere Schule. Solche, die unreif oder oberflächlich waren, als sie Deutschland verließen, werden reifer in der harten Zeit des Exils. Sie lernen schätzen, was man ihnen in der Heimat gestohlen hat: die Freiheit!

ERIKA UND KLAUS MANN
New York City, November 1938

Rockefeller Center Observation Roof

ALBERT EINSTEIN
'Exiled into Paradise!'

INTERVIEW MIT UNS

WE ARE INTERVIEWED

ES IST IN EINER KLEINEN STADT DES amerikanischen Mittleren Westens. Wir halten uns hier nur ein paar Stunden auf, zwischen den Zügen. Uns ist ein wenig traurig zu Sinn; es regnet, und ein kalter, aggressiver Wind fährt durch die Straßen. Wir haben uns eine Stube gemietet, weil das Wetter so schlecht und wir zu herabgestimmt sind, um es am Bahnhof oder im Kino auszuhalten.

Klaus sagt: »Wir müssen schleunigst nach Neuseeland telegraphieren, – es wird schrecklich teuer sein.« »Nach Neuseeland?« fragt Erika. »Warum in aller Welt sollten wir nach Neuseeland telegraphieren?« »Ach«, erwidert Klaus, »ich habe Dir noch nicht gesagt, Freund Anton ist in Neuseeland und möchte dort an irgendwen empfohlen sein.« Erika scheint kaum verwundert. »Soso«, macht sie bloß, »Anton ist jetzt also in Neuseeland.«

Anton, das ist ein Freund aus München, ein Schriftsteller und Philosoph, viel älter als wir, übrigens halb-erblindet, und es war schwer genug für ihn, sich in München zurechtzufinden.

Wir schreiben das Telegramm auf und schicken es nach Neuseeland. »Gib einmal die Landkarte her!« sagt Klaus, da dies erledigt ist. »Wo sind wir hier? In X., richtig; und gar nicht weit von hier, 400 Meilen oder so, liegt Y.« Erika versteht. »O«, sagt sie, »Y. Dort sitzt unsere Freundin Anna und kocht.« Anna ist Doktor der Philosophie; sie hat in Heidelberg ihre Examina gemacht und war schon wohlbestallte Professorin, als Hitler zur Macht kam. Nun ist sie Köchin bei freundlichen Menschen in diesem Örtchen Y. im tiefsten amerikanischen Mittelwesten. »Und wieviele, die noch auf deutschen Lehrstühlen sitzen, beneiden sie um ihren schönen Posten.« Klaus stellt es ohne Ironie fest; es ist die Wahrheit. »Ich glaube sogar«, fügt Erika hinzu, »daß viele Emigranten, denen in Europa das Arbeiten verboten ist, unsere Anna beneiden. Sie verdient sich doch ehrlich ihre Existenz und darf sich obendrein frei bewegen. Unser August dagegen schreibt aus dem Haag, wo er vorübergehend von der Mildtätigkeit seiner Freunde lebte, daß er, da er natürlich im Haag nicht bleiben durfte, kürzlich nach Paris reisen wollte. Sein Visum hatte er, aber das belgische Durchreisevisum konnte er nicht kriegen. Was tat er? Er fuhr zu Schiff. Auf einem großen holländischen Übersee-Dampfer fuhr er von Rotterdam nach Le Havre. Es ist zu verrückt!«

Ja, es ist verrückt. Und wenn der Erdteil Europa nicht selber verrückt sein sollte (was noch sehr dahinsteht), das Leben unserer Freunde, der Exilierten, in ihm ist es jedenfalls. Im Grunde, so stellen wir fest, haben alle Emigranten in allen europäischen Ländern drei große Lebensaufgaben, drei Pflichten, denen sie nachkommen müssen, wollen sie nicht an Hitler ausgeliefert werden. Die Pflichten heißen: (1) nicht arbeiten, (2) nicht der öffentlichen Wohlfahrt zur Last fallen, (3) und vor allem, *nicht bleiben*. Ist es nicht verrückt?

Aber ist nicht auch, daß wir hier sitzen, ein wenig verrückt? Gehören wir hierher, in dies fremde Zimmer dieser fremden Stadt? Gestern haben wir, vierzig Stunden entfernt von hier, einen Vortrag gehalten, in einer fremden Sprache; heute müssen wir uns trennen. Erika fährt weiter nach dem Westen, Klaus reist in nördlicher Richtung.

Es wird allmählich dämmrig in unserem kleinen Zimmer, aber wir mögen das Licht nicht andrehen, uns ist verzagt zu Mute. »Daß man keinen Menschen hier kennt!« sagt Klaus. »Nicht einen einzigen. Es wäre doch hübsch, wenn jetzt jemand käme, – irgendein freundliches Gesicht sich zeigte; es wäre gut, wenn einer käme und berichtete etwas Angenehmes.« Erika nickt. »Oder«, sagt sie, »wenn es schon nichts Angenehmes zu berichten gäbe, – er ließe uns erzählen. Manchmal kommt mir vor, alles könnte ein Spürchen klarer und leichter werden, wenn man wenigstens erzählen dürfte.« Klaus lacht. »Ein Interviewer müßte her!« sagt er. »Gib es nur zu, Du sehnst Dich ganz einfach nach der Presse!« Aber Erika ist ernst geblieben. »Ein Interviewer«, sagt sie, – »schon recht; aber kein gewöhnlicher Interviewer dürfte es sein; ich sehne mich nach dem idealen Interviewer.«

Das Telephon klingelt. Klaus meldet sich und legt nach kurzer Pause etwas bestürzt den Hörer wieder hin. »Er ist da«, sagt er, »Dein Interviewer ist zur Stelle.«

In überraschender Geschwindigkeit hat der Interviewer die vierzehn Stockwerke im Lift zurückgelegt und klopft schon an die Tür.

Er ist sehr gutaussehend: groß, dunkles Haar, helle Augen, – man könnte nicht sagen, welches Alter er hat, denn einerseits wirkt er jung und elastisch, andererseits eignet seinem Wesen eine gewisse vertrauenerweckende Ruhe, eine feine Gelassenheit und Balanciertheit, wie gute Menschen sie haben, die in Ehren grau geworden sind. Seinen Fragen merkt man das wirkliche Interesse, die warme Anteilnahme an. Dabei sind sie niemals aufdringlich, es fügt sich von selbst, daß wir ihm beinahe alles erzählen, was wir von uns wissen. Er spricht Deutsch zu uns, – mit dem Akzent unserer bayrischen Heimat. Das stimmt uns zutraulich. Etwas überraschend ist, daß er »Du« zu uns sagt, denn wir erinnern uns nicht, ihn je vorher gesehen zu haben. Wir spüren aber, daß es ihm irgendwie zukommt, und möchten nun auch gar nicht mehr, daß er uns anders anredete.

Als erstes stellt er eine rechte Interviewer-Frage, er wünscht, daß wir allmählich Vertrauen zu ihm fassen, und will nichts überstürzen.

»Welches ist Deine Lieblings-Stadt?« sagt er und wendet sich an Erika.

Erika sagt: »München. Ich bin dort geboren und aufgewachsen. Bis zu meinem achtzehnten Jahr habe ich nirgends als dort gelebt. München ist wunderschön. Ich habe die alten Häuser dort sehr geliebt und die Berge, die beinahe bis in die Stadt wachsen. Sogar die Schule war lustig in München. Ich bin immer sehr faul gewesen, aber ich wußte mit den Lehrern umzugehen. Außerdem war ich gut in Deutsch und Mathematik. Während des Krieges und nachher in den Revolutions- und Inflationsjahren hatten wir beinahe nie genug zu essen. Wir gingen auch immer barfuß, weil es keine Schuhe gab, vom Frühling bis spät in den Herbst hinein. Wir waren unzertrennlich voneinander – und von unseren Fahrrädern, auf denen wir immer in München unterwegs waren.«

Der Interviewer: »Was wolltest Du werden, als Du noch ein Kind warst?«

Erika: »Ich wollte immer Schauspielerin werden. Wir haben viel Theater gespielt in München; da wir damals schon vier Kinder waren, stellten wir allein eine ganze Truppe dar. Mit unseren Freunden führten wir die schönsten Stücke auf, *Was Ihr wollt* oder *Minna von Barnhelm.* Unsere Freunde, das waren die Töchter von Bruno Walter, der unser Nachbar und seinerseits mit unsern Eltern intim befreundet war. Ich spielte den Wachtmeister Werner und sah, mit einem schwarzen Schnurrbart um den Mund, meinem Vater sehr ähnlich.«

Der Interviewer: »Wann hast Du angefangen, Dich für Politik zu interessieren?«

Erika: »Ich habe mich in Deutschland beinahe bis zuletzt gar nicht für Politik interessiert. Ich war der irrigen Auffassung, daß Politik Sache der Politiker wäre und daß ich mich in fremder Leute Angelegenheiten nicht mischen sollte. So haben viele bei uns gedacht, und so kam Hitler zur Macht.«

Der Interviewer: »Als Du mit der Schule fertig warst – es war ein Skandal, daß man Dich das Abitur bestehen ließ; Du warst in keiner Weise genügend vorbereitet – gingst Du, nicht wahr?, zum Theater zu Max Reinhardt nach Berlin. Dort bliebst Du ein Jahr, – dann kam Bremen, und dann Hamburg. Warst Du glücklich in Hamburg?«

Erika (der nicht so unheimlich zumute ist, wie es natürlich wäre – denn woher *weiß* der Mensch dies alles so genau?): »Glücklich? Doch, ich hatte geheiratet in Hamburg, wie Sie zu wissen scheinen. Mein Gatte war Schauspieler, wie ich. Er war sehr begabt und anziehend. Wir haben viele schöne Sachen zusammen gespielt. Er hieß Gustaf Gründgens. Heute ist er Chef der Berliner Staatstheater und ein großer Nazi.«

Der Interviewer: »Ihr ließt Euch scheiden?«

Erika: »Ja, sein Charakter war nicht besonders erfreulich. Daher konnte er auch Nazi werden, obwohl er vorher sehr links gestanden hat. Wir ließen uns scheiden. Ich ging heim nach München, trat dort am Staatstheater auf und an den Kammerspielen. Ich spielte die Königin im *Don Carlos* oder die *Heilige Johanna* von Shaw. Ich liebte die Bühne über alles. Trotzdem fuhr ich viel mit dem Auto in der Welt herum.«

Der Interviewer: »Warum hat Ford Dir ein Auto geschenkt?«

Erika: »Weil ich ein Rennen für ihn gefahren hatte, eine Zehntausend-Kilometer-Fahrt durch Europa in zehn Tagen. Verzeihen Sie, woher wissen Sie das mit dem Auto?«

Der Interviewer (ohne auf Erikas Frage einzugehen): »Du hattest für Ford einen ersten Preis gemacht, und zur Belohnung hat er Dir das Auto geschenkt?«

Erika (nickt benommen): »Außerdem hatte ich von den Etappen meine Berichte an die Zeitung telephoniert. Ich schrieb damals auch schon, – kleine Aufsätzchen und Geschichten.«

Interviewer: »Und Euer Buch *Rundherum?*«

Erika: »Ja, richtig. ›Rundherum‹ sind wir auch gefahren; rund um die Erde, die uns damals herrlich erschien. Die Fremde ist herrlich, solange es eine Heimat gibt, die wartet.«

Der Interviewer: »Hast Du lieber geschrieben oder lieber Theater gespielt?«

Erika: »Am allerliebsten wollte ich beides tun. Ich wollte aufführen, was ich selber geschrieben hatte.«

Der Interviewer: »Du fingst an, Theaterstücke herzustellen?«

Erika: »Es sollte mich wundern, wenn Sie die *Pfeffermühle* nicht kennen, das kleine politisch-literarische Theater, das ich dann gegründet und geleitet habe, da Sie doch sonst so erfreulich vertraut sind mit meinem Leben. Übrigens war sie in Europa recht bekannt, die Mühle. Es gab 1034 Vorstellungen in Europa, noch nach Hitler; bis der Protest der deutschen Regierung dem ein Ende setzte.«

Interviewer (lacht leise): »Ich weiß, natürlich weiß ich. Aber sag mir, wie es kam, daß Du Dich mit einem Mal für Politik interessiertest, was war geschehen?«

Erika: »Hitler war nahe. Wir kannten ihn, und wir wußten, daß er den Untergang bedeuten würde. Viel zu spät haben wir unsere Kräfte gegen ihn gespannt, unsere viel zu schwachen Kräfte.«

Interviewer: »Wann habt Ihr Deutschland verlassen, unter welchen Umständen? Was habt Ihr gedacht dabei? Wußtet Ihr, daß Ihr Euer Land lange, lange nicht wiedersehen würdet?«

Erika: »Wann werden wir es wiedersehn?«

Der Interviewer: »Ich bin es, der die Fragen stellt, nicht Du.«

Erika: »Nach dem Reichstagsbrand wurden viele unserer Freunde verhaftet, – aber uns war noch immer nicht klar, was Terror ist und wie völlig er herrscht. Ich ging in den Straßen von München umher und erzählte jedem, der es hören wollte, die Nazis hatten den Reichstag angezündet, und nun gäben sie die Schuld den Kommunisten. Das allein hätte mich das Leben kosten können (aber da war, außerdem, die *Pfeffermühle*). Erst als der Ritter von Epp als Hitlers Statthalter in München einzog und als von allen öffentlichen Gebäuden unserer ehrwürdigen Stadt die Hakenkreuzfahne wehte, die wir seit so langem kannten, als

Sinnbild der dummen, mordlustigen Barbarei, entschlossen wir uns zur Flucht.«

Der Interviewer: »War es ein schwerer, ein schrecklicher Entschluß? War es bitter, ihn zu fassen?«

Erika: »Nein, es war nicht bitter. Bitter war, daß das Hakenkreuz herrschte. Wo es aber herrschte, konnte man nicht bleiben. Wegzugehen war nicht bitter.«

Der Interviewer: »Und Eure Eltern? Waren sie in München damals?«

Erika (sieht ihn tadelnd an): »Sie wissen natürlich besser als ich, daß unsere Eltern damals zufällig in der Schweiz gewesen sind. Wir riefen sie an und sagten ihnen, das Wetter sei unfreundlich und gescheiter wäre es, jetzt nicht zurückzukommen. Sie weigerten sich lange zu verstehen. Es wurde ein teures Telephongespräch, denn das Wetter in Arosa war ebenfalls schlecht, und unsere Eltern wollten durchaus die Heimreise nicht vertagen. Erst als wir versprachen, uns unsererseits der häßlichen Witterung nicht länger auszusetzen, in die Schweizer Berge zu kommen und dort deutlich zu reden, ließen sie sich gewinnen.«

Der Interviewer: »Du hast München nicht wiedergesehen, seit Du es an jenem 12. März des Jahres 1933 verließest?«

Erika: »Doch, ich bin zurückgegangen. Viel später war ich noch einmal in München.«

Der Interviewer: »Aus Narretei?«

Erika: »Ich glaube nicht. Mein Vater hatte das Manuskript seines *Josephs-Romanes* in unserem Haus an der Isar gelassen, als er sich für ein paar Ferienwochen, wie er meinte, nach Frankreich und in die Schweiz begab. Das Haus wurde bewacht und bespitzelt. Uns war verboten, von unserem Besitz das Kleinste kommen zu lassen, alles sollte nun den Nazis gehören. Gut – oder vielmehr, schlecht. Nur das Manuskript wollten wir ihnen nicht lassen.«

Der Interviewer: »Du fuhrst zurück?«

Erika: »Ich fuhr zurück. Eine dunkle Brille setzte ich auf und meinte, sie würde mich unkenntlich machen. In Wirklichkeit machte sie mich nur auffällig. Aber so dumm ist man. Es war ungemütlich. Und den Augenblick, in dem ich, meinen treuen alten Hausschlüssel benutzend, das Tor aufsperrte, ohne daß die Nazi-Wache es merken durfte, – und den anderen, in dem ich die Treppen hinaufschlich, auf denen so viele Szenen meiner

Kindheit sich abgespielt haben, das dicke Manuskript zu mir steckte und diebisch leise in mein Zimmer lief mit dem Schatz, werde ich so leicht nicht vergessen. In meinem Zimmer blieb ich ein paar Nachtstunden in völliger Dunkelheit. Auf der Straße durfte ich mich nicht blicken lassen, bei meinen Freunden durfte ich mich nicht melden, um sie nicht in Ungelegenheiten zu bringen. Zwischen ein und zwei Uhr morgens schließlich machte ich mich auf den Weg.«

Der Interviewer: »Und warst nicht froh, daheim zu sein, wenn auch nur für eine unruhevolle Nacht?«

Erika: »Es war eine abscheuliche Nacht. Die Nazis feierten gerade ein Fest. Sie waren betrunken auf allen Gassen unterwegs. Ich lief hinaus vor die Stadt, wo mein kleiner Wagen stand, der zu wohlbekannt war, als daß ich ihn hätte mit hereinnehmen können. Den Hut tief in die Stirn gezogen, in einen weiten Regenmantel gehüllt, war ich auf der Suche nach einem schützenden Taxi und fand keines, das nicht voll von Nazis gewesen wäre.«

Der Interviewer: »Aber der Coup glückte?«

Erika: »Er glückte. Ich packte das dicke Manuskript, in Zeitungspapier eingewickelt, unter den Sitz meines braven Ford zu den öligen Werkzeugen. An den Grenzen herrschte damals die fürchterliche Ordnung noch nicht, die mich heute, zeigte ich mich dort, das Leben kosten würde. Die Beamten, zu denen ich bayrisch sprach, sagten, daß sie es wohl verstünden, wenn ich eine Bergtour machen wollte, es sei begreiflich.«

Der Interviewer: »Du selber hattest gar nichts geschrieben, nicht das kleinste Manuskriptchen, das Dir der Rettung wert erschienen wäre?«

Erika: »Ich hatte gerade ein Kinderbuch veröffentlicht, einen Abenteurer-Roman für Kinder, *Stoffel fliegt übers Meer,* der es innerhalb dreier Monate auf zehntausend Exemplare gebracht hatte. Eine andere Erzählung für Kinder plante ich erst. Ich nahm sie im Kopf mit über die Grenze.«

Der Interviewer: »Hast Du viele Freunde durch Hitler verloren?«

Erika: »Meine besten Freunde leben in der Verbannung. Viele hat man in Deutschland eingesperrt oder umgebracht. Manche haben sich ›gleichschalten‹ lassen. Aber mit ihnen geht es, wie mit dem Ganzen: es ist abscheulich, daß Hitler sie hat, da er sie aber hat, ist die Trennung von ihnen nicht schwer, und meine Freunde sind sie gewesen.«

Der Interviewer: »Du hast ungezählte Geschwister, wo sind sie?«

Erika: »Sie haben sie gewiß gezählt, – es sind fünf. Zwei von ihnen sind noch sehr jung, neunzehn und zwanzig Jahre alt, beide Musiker. Michael will Geiger werden, und Elisabeth spielt mit Leidenschaft und Talent Klavier. Die Nächstjüngste heißt Monika. Sie ist im Begriff, einen jungen ungarischen Kunsthistoriker zu heiraten. Dann kommt Golo, Doktor Golo, der sehr klug und gelehrt ist. Als Hitler kam, ging er nach Frankreich, wo er als Professor in der *École supérieure* St. Cloud bei Paris und an der Universität Rennes tätig war. Jetzt ist er in Amerika und wird an verschiedenen Colleges Vorträge historischen und philosophischen Charakters halten.«

Der Interviewer: »Und Deine Mutter? Mir ist, als hättest Du mir von Deiner Mutter noch gar nicht gesprochen?«

Erika: »Von ihr müßte ich stundenlang erzählen.«

Der Interviewer: »Ich habe sehr viel Zeit. Ich kenne auch Deine Mutter und weiß, daß sie wunderbar ist.«

Erika: »Nicht wahr? Ich glaube, daß sie ganz ungewöhnlich ist. Aber vielleicht glaubt das jeder von seiner Mutter.«

Der Interviewer: »Immerhin ist ungewöhnlich, was sie leistet. Sechs Kinder in Zeiten wie diesen. Dabei ist sie zart von Natur. Wenn ich mich recht erinnere, war sie ziemlich krank nach dem Krieg. Sie wog nur neunzig Pfund und mußte in ein Lungensanatorium gebracht werden. Kennst Du die Briefe, die sie aus Davos an Deinen Vater geschrieben hat? Er hat vieles von ihrem anschaulichen Inhalt im *Zauberberg* verwendet.«

Erika: »Nein, die Briefe kenne ich nicht. Ich wußte nicht, daß außer meinem Vater sie jemand kennt.«

Der Interviewer: »Wir haben Deine Mutter damals auch dort besucht. Sie sehnte sich sehr nach ihren Kindern.«

Erika: »Wir haben ihr, fürchte ich, immer ziemlich viel Kummer gemacht. Aber sie ist für jeden von uns beinahe das Beste im Leben. Und jeder von uns ist ihr ›Liebling in seiner Art‹. Das ist einer von ihren tröstlichen Scherzen.«

Der Interviewer: »Sie findet Zeit, einen jeden von Euch zu betreuen und außerdem die Sekretärin, Managerin und Gehilfin Deines Vaters zu sein? (Ohne nach der Uhr zu sehen.) Es ist jetzt vier Minuten nach sechs. Ich muß nicht fort. Ich habe Zeit, – aber Dein Zug, nicht wahr, geht um sieben Uhr, Klaus hat Zeit bis acht Uhr.«

Erika: »Himmlische Güte. Das ist richtig. Und ich habe beinahe noch nichts erzählt. Kennen Sie meinen Gatten?«

Der Interviewer: »Wystan Auden? Ich bin mit ihm in Spanien gewesen. Auch nach China habe ich ihn begleitet. Als ihr heiratetet, war ich verhindert. Das war vor zwei Jahren, wenn ich nicht irre.«

Erika: »Ja, in einem kleinen Ort in England. Er war damals Lehrer in einer Landschule. Er lehrte die kleinen Jungens: *How to write and to speak English.*«

Der Interviewer: »*He knows, how to write English.* Viele von seinen Gedichten sind herrlich. Ich fürchte, Du wirst oft gar nicht ganz im Stande sein, das zu ermessen, aber seine Stücke solltest Du lieben, sie sind schlichter im Sprachlichen, aber auch in ihnen ist diese Mischung aus reiner Poesie und Sorge um den Zustand der Welt. Er ist ein Lyriker mit sozialem Gewissen, ein Dichter mit pädagogischer Verantwortung, ein Träumer, der die Verpflichtung spürt, hinunterzusteigen in die düsteren und unfreundlichen Gefilde, in denen Politik gemacht wird.«

Erika: »Sie kennen ihn gut. Er wird bald nach Amerika kommen, hoffe ich. Gemeinsam wollen wir arbeiten, Vorträge halten, herumreisen.«

Der Interviewer: »Du bist viel herumgereist in diesen Jahren. Erst in Europa...«

Erika: »Wir waren mit der *Pfeffermühle* in Holland und in der Schweiz, in Österreich und der Tschechoslowakei, in Belgien und sogar in Luxemburg. Das hat aufgehört.«

Der Interviewer: »In Zürich ist es eines Tages ziemlich blutig zugegangen. Die Schweizer Nazis hatten auf Veranlassung und mit Hilfe der Deutschen einen großen Skandal gemacht, der sich vierzehn Tage lang jeden Abend wiederholte. Ich erinnere mich, daß man scharf geschossen hat und daß die Polizei Dir nicht mehr erlaubte, daheim zu wohnen. Du solltest unterwegs entführt und über die deutsche Grenze geschleppt werden.«

Erika: »Ja, es war ein richtiger Krieg. Als wir ihn gewonnen hatten (denn uns in die Flucht zu schlagen, war den Scharfschützen nicht gelungen), verfügte ein neues Gesetz, daß wir in Zürich nicht mehr spielen dürften. Wir waren Ausländer und also in jedem Fall schuld, wenn es Unzuträglichkeiten gesetzt hätte. Auch in den anderen Ländern führten die Dauerbeschwerden der deutschen Botschaften allmählich dazu, daß wir ›verboten‹ wurden. Wir hatten die Nazis vier Jahre lang zu sehr geärgert, denn wir hatten ein großes Publikum, das uns anhing, in allen Städten und Städtchen, in denen wir spielten.«

Der Interviewer: »Ausgebürgert hat man Dich auch?«

Erika: »Freilich, und zwar, als ich durch Auden schon Engländerin war. Hitler scheut vor nichts zurück und wird nächstens den Papst exkommunizieren lassen.«

Der Interviewer: »Nach Amerika bist Du im Herbst 1936 gekommen?«

Erika: »Seitdem lebe ich hier. Ich liebe Amerika.«

Der Interviewer: »Danach habe ich Dich nicht gefragt.«

Erika: »Aber ich möchte es sagen. Ich habe so viele Freunde hier. Zum ersten Mal seit der Flucht aus Deutschland bin ich irgendwo beinah zu Hause. Ich habe auch viel gearbeitet, Vorträge gehalten und ein Buch geschrieben.«

Der Interviewer: »Ein Buch mit einem traurigen Gegenstand.«

Erika: »Ich war wochenlang krank, als ich anfing, *School for Barbarians* zu schreiben. Es ist arg genug, Nazi-Zeitungen für Erwachsene zu lesen. Aber zu sehen, mit welch scheußlichem Gift man die Kinder dort speist, ist eine wirkliche Qual.«

Der Interviewer: »Ich bin Dir, meine Liebe, für Deine Mitteilungen sehr zu Dank verpflichtet.«

Erika: »Jetzt kommt Klaus an die Reihe. Aber wir dürfen die Züge nicht versäumen.«

Der Interviewer: »Klaus soll erzählen. Ich werde ihn durch Fragen nicht aufhalten.«

(Es ist im Zimmer ziemlich dunkel geworden. Die Gestalt des Interviewers verschwimmt ein wenig vor unseren Blicken.)

Das Folgende hatte Klaus dem Interviewer zu sagen:

»Ich werde im Herbst des Jahres 1938 zweiunddreißig Jahre alt. Zurückblickend erscheint mir der Weg schon ziemlich weit bis hierher, und doch könnte er ungefähr noch einmal so weit sein, wenn nichts Besonderes dazwischenkommt. Vielleicht befinde ich mich erst kaum auf der Mitte des Weges; vielleicht ist auch das Ende schon nahe. Es könnte überraschend schnell da sein, und sein Antlitz könnte grauenvolle Züge haben. Wir tun gut daran, stets mit seinem plötzlichen Kommen zu rechnen. Übrigens haben die Verhältnisse, unter denen wir aufgewachsen sind und heute leben, uns das Vertrauen in die Stabilität des Bestehenden genommen. Das Bestehende ist nicht stabil. Es schwankt. Wir haben sein Schwanken unter den Füßen gespürt, als wir kaum zu leben und zu denken begannen. Das war eine etwas schauerliche Impression, dabei nicht ganz unamüsant: etwa dem halb belustigten und doch sehr tiefen Schrecken vergleichbar, den man bei einem Erdbeben empfindet.

Meine Jugend – eine Kriegs- und Nachkriegs-Jugend – war etwas unordentlich. Die geistigen Interessen fingen an, bei mir dominierend zu werden, als ich in Berührung mit der Sphäre der deutschen *Jugendbewegung* kam. Dieser Kontakt stellte sich her in zwei Landschulen – *Freien Schulgemeinden* –, die ich besuchte. Auf Wanderungen mit empfindsamen Gleichgesinnten oder in einer etwas hektisch erregten Einsamkeit begeisterte ich mich für Nietzsche und Walt Whitman, für Frank Wedekind und Stefan George, für Rilke und Novalis, für die deutschen Mystiker des ausgehenden Mittelalters und die deutschen *Expressionisten* des Jahres 1923, für Dostojewski und den Dänen Herman Bang, der vielleicht die stärkste literarische Liebe meiner Jugend war. Natürlich schrieb ich damals selber schon, und ich hatte übrigens auch früher schon geschrieben. Ich habe geschrieben, seit ich mich erinnern kann. Als ich siebzehn Jahre alt war, fing ich an zu publizieren: zunächst in Zeitungen – ich hatte eine Stellung als Theaterkritiker an einem Berliner Mittagsblatt; aber bald kamen die ersten Bücher. Es erschien ein Band kurzer Erzählungen – *Vor dem Leben* –, ein erster Roman – *Der fromme Tanz* – und ein ›romantisches Theaterstück‹, *Anja und Esther,* in dem ich mit meiner Schwester und Pamela Wedekind, der Tochter Frank Wedekinds, zusammen als Schauspieler auftrat. Wir spielten das Stück, das in vielen Städten, auch außerhalb Deutschlands, gegeben wurde, lange Zeit in Hamburg; später auf einer Tournee, die wir mit einer zweiten dramatischen Produktion von mir, der Komödie *Revue zu Vieren,* unternahmen.

Jeder tut und schreibt als Zwanzigjähriger Dinge, die ihm peinlich sind, wenn er dreißig ist, und über die er lachen mag, wenn er das vierte oder fünfte Jahrzehnt hinter sich gebracht hat. Einem Schriftsteller muß es genügen, wenn ihm von seinen frühen literarischen Äußerungen später nicht *alles* abgeschmackt scheint. Ich habe, zwischen meinem zwanzigsten und fünfundzwanzigsten Jahr, einiges gemacht, dessen ich mich heute noch nicht ganz schäme. Ein kleines Buch, *Kindernovelle,* zum Beispiel – das unter dem Titel *The Fifth Child* auch unter den Englisch-Lesenden einige Freunde gefunden hat – ist mir nicht unangenehm geworden. Als ich mich, noch als halber Junge, an die Aufgabe wagte, einen Roman über Alexander den Großen zu schreiben, mutete ich mir ohne Frage zu viel zu. Das Resultat dieser gar zu ehrgeizigen Bemühung mag fragwürdig sein; immerhin fiel es so aus, daß auch eine englische Ausgabe des Buches in New York erscheinen konnte und eine französische, zu der Jean Cocteau die Einleitung schrieb.

Es kamen die Jahre der ersten Reisen und der entscheidenden Begegnungen mit Menschen. Ich verlobte mich mit Pamela Wedekind, die dann aber durchaus nicht mich, sondern den Schriftsteller Carl Sternheim heiratete und heute Mitglied der Berliner Staatstheater ist. Das Reisen, das zu Anfang Abenteuer gewesen war, wurde bald zum gewohnten Lebenszustand. Ich lebte, schon ›vor Hitler‹, mehr im Ausland als in München oder Berlin, und ich habe mehr Zeit in Hotelzimmern zugebracht als im Haus meiner Eltern. Eine eigene Wohnung habe ich nie gehabt. Eine Sammlung von literarischen Aufsätzen, Reisebriefen und Vorträgen gab ich unter dem charakteristischen Titel *Auf der Suche nach einem Weg* heraus. Ich schrieb Erinnerungen an meine Kindheit und nannte sie *Kind dieser Zeit.* Es erschienen Erzählungen und noch ein Roman und noch ein Theaterstück, das eine Dramatisierung der *Enfants terribles* von Cocteau war.

Die Nazis haben mich nie gemocht; die Aversion war immer gegenseitig. Erstens war ich ihnen nicht ›Blut und Boden‹-haft genug. Außerdem schrieb ich Artikel gegen sie. Ich interessierte mich, als sehr junger Mensch, für die meisten Dinge mehr als für Politik. Aber ich wußte immer, daß ich in einem Nazi-Deutschland nicht würde leben können. Ich verabscheute alles, was die Nazis repräsentieren – und die Nazis wollen alles zerstören, was mir das Leben lebenswert macht. Seit meinem neunzehnten Jahr habe ich mich öffentlich – wenn auch sicherlich noch mit schwacher Stimme und mit ungenügenden Argumenten – gegen Reaktion, Imperialismus und Militarismus, gegen Nationalismus und Ausbeutung geäußert. Die Nazis hätten mich wahrscheinlich umgebracht, wenn sie meiner hätten habhaft werden können. Ich verließ das Reich am 13. März des Jahres 1933 und habe es seitdem nie mehr betreten.

Im Exil, das nun begann, habe ich also keineswegs eine ›politische Wandlung‹ durchgemacht – wie manche Kritiker es in freundlichem oder unfreundlichem Sinne behauptet haben –; das politische Interesse hat sich nur intensiviert und vertieft, und es ist mehr ins Zentrum meines inneren Lebens getreten. Freilich war ich immer der Ansicht, daß der Kampf nicht alles ist. Uns ist aufgetragen, nicht nur das Schlechte anklägerisch zu entlarven, sondern auch das Gute nach unseren Kräften weiter zu betreiben. Unser inneres Leben würde veröden und verarmen, wenn wir uns darauf beschränken wollten, immer wieder nur zu rufen: Hitler ist schrecklich! Hitler ist miserabel! Wir haben anderes zu tun. Die Werte und Traditionen, die wir vor dem Zugriff des Faschismus bewahren wollen, müssen wir schöpferisch fortsetzen.

Trotzdem ist nicht zu vermeiden, daß oft auch noch in unseren persönlichsten und lyrischen Äußerungen die Kampf-Situation, in der wir uns befinden, spürbar wird. Eine Monatszeitschrift, *Die Sammlung,* die ich während zweier Jahre in Amsterdam herausgab, von Herbst 1933 bis zum Herbst 1935, sollte nicht nur die gute deutsche Literatur fortsetzen, sondern zugleich den Kampf gegen Hitler führen. Der erste Roman etwa, den ich im Exil geschrieben habe, *Flucht in den Norden,* ist eine psychologische Liebesgeschichte; aber das Politische spielt hinein, es steht vielleicht eigentlich im Zentrum der Komposition: etwas wie ein politischer Liebesroman ist entstanden. In einem anderen Buch, – *Mephisto, Roman einer Karriere* (1936) –, ist das politisch-polemische Element noch stärker. (Held der Erzählung ist jener Typus des ehemals *links gesinnten* deutschen Künstlers und Intellektuellen, der, aus Ehrgeiz und Opportunismus, seinen Frieden mit dem Nazi-Regime macht.) Auch in dem großen Roman, den ich jetzt vorbereitete, sollen die aktuell politischen Themen sich mit denen vermischen, die wir *zeitlos* nennen: mit den ewig menschlichen Themen – Liebe, Tod, Schmerz, Einsamkeit, Hoffnung. – In anderen Büchern wiederum habe ich versucht, mich der politischen Sphäre und den Problemen des Tages ganz zu entziehen, um vorübergehend eine reinere Luft zu atmen. Der Tschaikowsky-Roman *Symphonie Pathétique* – englisch bei Victor Gollancz, London, 1938 – handelt von Musik und von den Leiden eines großen, einsamen, sehr rührenden Menschen. Von den Leiden und vom halb grotesken Untergang einer gleichfalls rührenden, wenngleich weniger großen Persönlichkeit – des bayrischen Königs Ludwig II. – handelt eine Erzählung, *Vergittertes Fenster* (1937).

Die deutsche Regierung hat mich *ausgebürgert* – eine etwas hilflose und sogar leicht komische Geste, wenn man bedenkt, welches Maß von Zorn sie ausdrücken sollte. Ich bin Bürger eines anderen Staates, der Tschechoslowakischen Republik, geworden. Ich lebe in vielen Ländern – in Frankreich, in der Schweiz, in Holland, am meisten in den Vereinigten Staaten von Amerika. Ich habe nicht das Gefühl, *heimatlos* zu sein; erstens, weil die deutsche Heimat, als innerer Besitz, unverlierbar ist; dann aber auch, weil ich niemals nur Deutschland als meine Heimat empfunden habe.

Weder die Spiele noch die Schmerzen lassen mich je vergessen, wie unerbittlich der Ernst der Lage und wie groß meine Verantwortung ist. Jeder antifaschistische deutsche Schriftsteller muß heute seine Kräfte bis zum äußersten spannen, und ich weiß mich, aus besonderen Gründen, besonders dazu verpflichtet. – Wenn der Sohn eines großen Schriftstellers seinerseits Bücher schreibt, zucken viele die Achseln. In Frankreich kommt es häufiger vor, daß ganze Familien literarisch produktiv sind; in Deutschland ist es selten gewesen und galt beinah als etwas unschicklich. Auch in der übrigen Welt ist die Mischung aus einer etwas herablassenden Protektion und Über-Kritik, mit der man dem Sohne eines berühmten Mannes meistens begegnet, eher hemmend als fördernd. Damit muß man fertig werden. Jeder muß mit seinem Schicksal fertig werden, und jedes hat seine Komplikationen. – Kommt man zum Ziel? Die Frage ist, was man unter *Ziel* versteht.

Mir scheint oft, ich kann das meine schon nicht mehr völlig verfehlen. Die Leiden und die Aufschwünge, die Enttäuschungen und die Stunden eines kurzen, aber gerade deshalb sehr süßen Glückes sind schon zu überreichlich für mich da gewesen, als daß alles sinnlos gewesen sein könnte. Die skeptische Frage: Wozu das alles? – habe ich immer als frivol und platt empfunden. Das Leben, samt all seinen Anstrengungen, Beglückungen und dem Übermaß seiner Qualen, muß seinen rätselhaften Sinn in sich selber haben. Da in dieser Schöpfung keine Kraft verlorengeht – warum sollten die Kräfte unseres Herzens sich ziellos verirren und ganz verloren sein?

Wenn mich am Schluß jemand fragte – ein Erzengel oder ein ›idealer Interviewer‹ –: Hast du gern gelebt? – dann werde ich, noch erschöpft von den Strapazen dieses Daseins oder schon erfrischt von Wonnen, die dem Sterblichen unvorstellbar sind, die Antwort geben: Dieses Erdenleben war eine niederträchtige Angelegenheit. In aller Ewigkeit werde ich dankbar dafür sein, daß ich es so gründlich mitmachen durfte.

Denn, höchst seltsamer Weise, kann so ein vergänglicher Mensch, der sein Leben, Minute für Minute, Jahr für Jahr, zu bestehen hat wie ein hartes Pensum, sich nichts Ärgeres und nichts Schöneres vorstellen als *sein Leben.*«

SCHAUPLATZ
EUROPA

THE EUROPEAN SCENE

KAPITEL I

DER REICHSTAG BRENNT!

THE REICHSTAG'S ON FIRE!

DER FEBRUAR 1933 WAR FÜR UNSERE Stadt München ein merkwürdiger, ja ein guter Monat gewesen. Am 30. Januar war Hitler Reichskanzler geworden, er saß in Berlin und regierte. Aber, das wußten wir alle, er »hatte« die Katholiken »nicht«. Das katholische Bayern, das einer in Preußen zentralisierten Regierung in jedem Fall abgeneigt gewesen wäre, – das Regime Adolf Hitlers lehnte es mit besonderer Heftigkeit ab. Nicht nur, daß dies Regime antichristlich war, – es war zu wohl bekannt in Bayern. Sein »Führer« hatte in München seine politische Tätigkeit begonnen, – hier hatte er die Versammlungen und die Putsche seiner politischen Jugend abgehalten, und hier hatte er sein Ehrenwort gebrochen (sich nach der Haftentlassung aus der Festung Landsberg jeder politischen Betätigung zu enthalten). Die Bayern wußten, wer dieser Adolf Hitler war, und sie verachteten ihn. Während also das Schreckensregiment des neuen Kanzlers in Nord- und Mitteldeutschland auf keinen nennenswerten Widerstand stieß (die materielle Situation war schlecht gewesen, vorher, und vielleicht würde sie jetzt besser werden; das deutsche Volk, politisch unerzogen und romantisierend, sehnt sich nach irgendeinem Erlöser), verhielt Bayern sich feindselig. »Wenn Hitler es wagen sollte, uns einen Reichskommissar aus Preußen zu schicken, dann werden wir ihn wegen Landfriedensbruch an der bayrischen Grenze verhaften lassen!« erklärte Ende Februar der bayrische Ministerpräsident Held, während seine Anhänger jubelten.

München war lustig im Februar 1933, es war trotzig und überdies war es einig. Sogar Gruppen, die sich bis dahin feind gewesen waren, schienen zusammenhalten zu wollen, gegen den Nazifeind. Der Lustigkeit, dem Trotz und dem Zusammenhalten kam der Umstand zugute, daß Fasching war, und im Zeichen des Karnevals, der Verkleidung und des Mummenschanz war es leicht, lustig, trotzig und einig zu erscheinen.

Am 1. Januar, neunundzwanzig Tage also vor Hitlers »Machtübernahme«, hatten wir in der ehrwürdigen alten *Bonbonnière* (Rücken an Rücken mit dem Hofbräuhaus, in dem der »Führer« seine Antrittsrede als Kanzler hielt) ein kleines politisch-satirisches Theater eröffnet, das *Die Pfeffermühle* hieß und das so großen Erfolg in München hatte, weil es die Stimmung dieser Wochen getreulich widerspiegelte, es war lustig und trotzig, und es forderte zur Einigkeit auf.

Die Vorstellung am Abend des 27. Februar war vorüber, unser kleines Haus war überfüllt gewesen, wir hatten all die Szenchen und Lieder aufgeführt, in denen wir gegen die Nazi-Diktatur zu Felde zogen, unsere Angriffe kamen maskiert daher, wir erzählten Märchen und Fabeln, aber jeder, der sie hörte, wußte, was gemeint war. Auch unsere Zuhörer im Parkett waren maskiert. Als Indianer, Rokokoherren oder Zigeunerinnen verkleidet saß unser Publikum beim Wein; Katholiken, Liberale, Sozialisten fanden sich bei uns zusammen, gemeinsam applaudierten sie uns gegen Hitler. Der Karneval war seinem Höhepunkt nahe und gleichzeitig seinem Ende. Der 27. Februar, das war der Rosenmontag, der Tag der großen Bälle. Vom Rosenmontag über den Faschingsdienstag bis zum Aschermittwoch »machte man durch« in München, an Schlaf war nicht zu denken für alle, die wußten, was Fasching ist. In dieser Nacht traf man sich auf dem großen Fest der »Kammerspiele« im Regina-Palast-Hotel. »*Tout*-München« war dort, das ganze künstlerisch-geistig-politisch interessierte München, – die Maler aus Schwabing, die Schriftsteller, die Schauspieler, die Universitätsleute. Waren auch Nazis unter denen, die sich im Tanze drehten? Aber sie hielten sich unerkannt, denn sie wußten, daß sie verhaßt und verachtet waren. Vielleicht, daß sie hinter schwarzen Halbmasken Verschwörerblicke tauschten, während man die anmutig verschlungenen Figuren der Française exekutierte. »Brennt es schon?« mag einer dem anderen zugeflüstert haben, und der andere darauf: »Lichterloh«, aber der Tanz ging weiter.

Es war ein ausgelassenes, ein wildes Fest, die Kehrausstimmung des sterbenden Karnevals allein gab keine Erklärung ab für so radikale, so hektische Lustigkeit. Es war nicht der Abschied vom Fasching, den wir so grimmig heiter begingen, es war der Abschied vom Leben in einem freien Deutschland, der Abschied von allem, was uns lieb gewesen war, – der Abschied von »zuhaus«. Wir wußten es nicht, aber geahnt müssen wir es haben.

»Der Reichstag brennt«, sagte der Clown zu Erika, mit dem sie Tango tanzte. »Laß ihn brennen«, sagte sie und klingelte mit den Glöckchen an seiner Kappe, »laß ihn brennen – wieso brennt er denn?« »Der Reichstag brennt… Der Reichstag brennt!« riefen im Rhythmus der Tanzmusik all die Maskierten. Dann sangen sie kleine Loblieder, die der Feuerwehr galten. »Die wird das Kind schon schaukeln!«

Einer kam von draußen mit neuen Nachrichten. »Die Kommunisten haben ihn angezündet«, sagte er, »man hat sie schon gefangen.« Wir kannten den Menschen nicht, der da zu uns trat. Über den korrekten Frack trug er einen sehr roten Domino. »Die Kommunisten?« fragten wir. Die Musik pausierte. Es war plötzlich still im Saal. »Ja«, sagte der Fremde und lachte verächtlich, »natürlich, die Kommunisten. Wer denn wohl sonst?« Dann verschwand er in der bunten Menge. Seinen roten Mantel konnte man hier und dort aufzüngeln sehen, wie ein böses kleines Feuer.

Unsere Gesichter waren fahl am Morgen dieses Faschingsdienstags. Ihre Blässe zeigte das Grauen vor dem Aschermittwoch, der nahe war. Er brach an, und der Geruch von Trümmern, Asche und Blut, den er verbreitete, liegt noch über Deutschland, jetzt, nach sechs Jahren.

Die Haftbefehle gegen jene, die beseitigt werden sollten, lagen in Berlin schon vor, vierundzwanzig Stunden *ehe* der Reichstag brannte. Man wollte »schlagartig durchgreifen« und keine Zeit verlieren. Da man genau wußte, wann das Feuer ausbrechen würde, das man selber gelegt hatte, war es leicht, den Augenblick zu fixieren, in dem alles eingesperrt werden sollte, was mißliebig war. Die Kommunisten, die Juden, die Sozialisten, die Pazifisten, die Freidenker, die Liberalen, sie alle gemeinsam wurden der Brandstiftung geziehen, und sie alle mußten zur Verantwortung gezogen werden. Die Menschenjagd begann, und am Morgen des 28. Februar holten die Burschen von der SA die Schlafenden zu vielen Hunderten aus ihren Betten. Viele von denen, die damals verhaftet wurden, hätten fliehen können.

Der Schriftsteller Erich Mühsam hätte fliehen können, er war gewarnt worden. Einer aus Nazikreisen hatte geplaudert, etwas Teuflisches werde sich zutragen, die Nachricht war herumgekommen. Mühsam wußte, daß er seiner Freiheit und seines Lebens kaum mehr sicher sein dürfte. Aber der vertrauensvolle, menschenfreundliche und stolze alte Mann zögerte. »Ich habe nichts getan«, erklärte er den Freunden, die dringlich zur Abreise rieten, »was gegen das Gesetz wäre. Jetzt zu fliehen, könnte aussehen wie das Eingeständnis einer Schuld. Ich bin aber unschuldig. Außerdem möchte ich hierbleiben und arbeiten, ich möchte helfen, das deutsche Volk aufzuklären über den fürchterlichen Irrtum, den es begangen hat, indem es sich vorübergehend der Barbarei auslieferte. Ich möchte nicht fort von Deutschland.«

Als die Nachrichten über das »Teuflische«, das bevorstand, sich mehrten, bestanden die Freunde darauf, daß Mühsam sich in Sicherheit brächte. Sie wußten: nicht auf Schuld oder Unschuld würde es ankommen. Mühsam, der Anarchist, der Gesellschaftskritiker und Moralist, dessen warnende Stimme seit mehr als drei Jahrzehnten nicht verstummen wollte, ihn würde die Hitler-Diktatur nicht leben lassen. Er war »unschuldig«, gewiß, unschuldig nicht nur am Nazifeuer im Reichstag, unschuldig auch der politischen Konspiration. Erich Mühsam war kein Politiker. Er hatte seinen Traum von einer freien, glücklichen und gerechten Menschheit, und er lebte ihn mit solcher Innigkeit, – seine Erfüllung forderte er mit solcher Strenge, daß jedes Regime (das kaiserliche erst, das republikanische dann) ihn unbequem finden mußte. Was aber jetzt unbequem war, das mußte sterben, da Hitler und die Seinen an der Macht waren.

Am Nachmittag des 27. Februar war es soweit. Mühsam war überzeugt, daß er gehen müsse. Geld hatte er nicht, aber ein Billett dritter Klasse nach Prag hatten die Freunde ihm besorgt. Er war dabei zu packen. Viel wollte er nicht mitnehmen, ein paar Bücher und Briefe, als ein Bursche bei ihm eintrat, einer seiner Schützlinge, ein Feind des Regimes, und hastig die Tür hinter sich schloß. Mühsam blickte auf und wurde blaß. »Du bist hier?« sagte er und: »Bist Du verrückt? Willst Du Dich umbringen lassen?« Der Bursche schüttelte den Kopf. »Ich bin nicht verrückt«, sagte er, »und keinesfalls möchte ich mich umbringen lassen, aber ich kann nicht fort, – ich habe kein Geld.«

Der Bursche hat später erzählt, wie Mühsam sich betragen hat an diesem Nachmittag. In seinem bärtigen Christuskopf sprachen die hellen Augen mit großer Dringlichkeit und Wärme. Ein paar Sekunden lang ruhte sein Blick auf dem Gesicht des Jungen. »Du würdest gehn?« fragte er. Und da der Junge nickte, zog er ein Billett aus der Tasche, das Billet dritter Klasse nach Prag, mit dessen Hilfe er sich an diesem Abend hätte retten sollen.

Der Bursche fragte nicht viel. Von Mühsams Wohnung aus lief er gerade-
wegs zum Bahnhof.

Erich Mühsam verbrachte die Nacht vom 27. zum 28. Februar statt im
Schnellzug Berlin–Prag in seinem Bett. Morgens um fünf erschien bei ihm
das Rollkommando der SA.

Es liegt in der Natur des »Nationalsozialismus«, daß er die Reinen, die
Menschenfreundlichen und vertrauensvoll Unschuldigen am glühendsten
haßt. Erich Mühsam gehörte zu jenen, die durch einen noblen Idealismus,
durch einen kindlichen Glauben an den schließlichen Sieg des Guten auf
der Welt, diejenigen, die mit so viel Eifer dem Schlechten dienen, ganz besonders gereizt hat. Mühsam war Jude. Aber er gehörte nicht dem aggressiv
intellektuellen Typ an, den man im Deutschland von heute »zersetzend«
nennt, er war eher von der Art der Propheten, weise, gütig, allumfassend.
Wäre er »frech« gewesen – vielleicht hätte er es leichter gehabt. Seine Geduld und Freundlichkeit gerade brachten seine Quäler zur Weißglut. Man
weiß von vielen, die dabei waren (Kameraden, die mit Mühsam die Haft
teilten), wie unmenschlich gerade dieser von Anfang an gequält worden ist.
Man hat ihn bespuckt und beschmutzt, man hat seinen Bart haarweise aus-
gerissen, man hat ihn gezwungen, Spottverse gegen sich selbst zu deklamie-
ren, und als er sich weigerte, das »Horst-Wessel-Lied« zu singen, hat man
ihn zum Tode verurteilt. Mit seinen eigenen Händen mußte der zarte Alte
sich sein Grab schaufeln. Gewiß war er damals sehr bereit zu sterben, und
dankbar wäre er gewesen, wenn eine schnelle Kugel das Ende barmherzig
gemacht hätte. Aber die Peiniger lachten. »Noch nicht!« riefen sie, »noch
lange nicht, Du Judensau!« Seiner Gattin schrieb Mühsam (ein menschlicher Wärter hat den Brief weitergegeben): »…was immer geschehe,
eines dürft Ihr gewiß sein: nie, niemals werde ich mich selbst ums Leben
bringen!«

Gäbe es also nicht die Zeugen, die gesehen haben, wie an einem Winter-
morgen des Jahres 1937 Erich Mühsam, nachdem er unter den Peitschen-
hieben und Fauststößen der Hitlergarden ohnmächtig zusammengebro-
chen war, in die Toilette geschleppt wurde, wo man dem Halbtoten einen
Strick um den Hals legte und wo man ihn an der Tür aufhängte; gäbe es
nicht die Augenzeugen der Untat, dieser Brief allein und das Versprechen,
das er enthält, wären Beweis dafür, daß er tierisch ermordet worden ist.

Er war ein guter Mensch, Erich Mühsam. Zu seinem Andenken setzen
wir ein Gedicht von ihm her, das ergreifend ist in seiner prophetischen Lei-
densbereitschaft.

> Gebeugte Menschen mit stumpfem Blick
> Hocken in dumpfen Spelunken.
> Den Neid im Auge, die Not im Genick,
> Von elendem Fusel betrunken.
> Da tönt eine Stimme von außen herein:
> 'Kopf hoch! Ihr seid nicht verloren.
> Ich füll Eure Becher mit goldenem Wein.
> Auch Euch ist der Heiland geboren.
> Hinaus ins Freie und folgt mir nach,
> Wo Schätze liegen!'
> Die Stimme des Mannes, die also sprach,
> Hat plötzlich geschwiegen.
> Ein Scherge führt ihn gefesselt fort. –
> Den Menschen aber da drinnen
> Klingt seiner Rede lockendes Wort
> Wie ferner Traum in den Sinnen.
> Sie senken den Kopf auf des Tisches Brett
> Und trinken mit heiserem Lachen…
>
> Ein Jude zog aus von Nazareth,
> Die Menschen glücklich zu machen.

Die Menschenjagd ging weiter. »Wir sind so viele«, sagten sich hoffnungsvoll die Gefangenen, die im Berliner Columbia-Haus, in den Polizei-
gefängnissen und SA-Wachtlokalen überall im Land zusammengepfercht
saßen, »es sind unser so viele, und wir kommen aus beinahe allen politischen Gegenden! Gewiß hat man uns nur geholt, um uns auszufragen oder
um uns hierzuhaben, in diesen Tagen der Unruhe und der Unsicherheit.
Wir werden freikommen, sobald alles sich geklärt und herausgestellt hat.
Man *kann* uns doch nicht, man kann doch nicht Tausende von deutschen
Bürgern, die keines Vergehens schuldig sind, auf die Dauer gefangen halten!« Diejenigen unter den Unglücklichen, die wußten, was Nazi-Herr-
schaft bedeutet, waren weniger optimistisch. »Doch, man kann«, sagten
sie, »die Nazis können.« Ihnen antworteten die andern: »Schon mit Rücksicht auf das Ausland kann man nicht. In den Prozessen, die kommen müssen, wird offenbar werden, daß wir schuldlos sind.

Es haben Prozesse stattgefunden. In einem von ihnen ist offenbar geworden, daß der kommunistische Abgeordnete Torgler, der sich ausgeliefert hatte, als die Menschenjagd begann, vollkommen unschuldig war am Reichstagsfeuer. Torgler, ein weicher und verträglicher Mensch, der sich widerstandslos von einem Nazi-Advokaten, dem Doktor Sack, verteidigen ließ, wurde freigesprochen, »mit Rücksicht auf das Ausland«? Oder weil selbst Nazi-Richter eine Grenze kennen des offen und schamlos verübten Unrechts? Aber der Aufatmende sah die Freiheit nicht wieder.

Der Ausgang des Reichstagsbrand-Prozesses und eines andern, des kläglich mißlungenen Rundfunk-Korruptions-Prozesses, hatte den Machthabern den Spaß an derlei kostspieligen und blamablen Arrangements verdorben. Also hat man der Mehrzahl der Verhafteten den Prozeß gar nicht erst gemacht. Sie sind unschuldig, einer wie der andere. Die Unschuld des sozialdemokratischen Abgeordneten Carlo Mierendorff, der zu den Opfern der Treibjagd vom 28. Februar gehört, ist von den Hitler-Leuten niemals ernstlich bestritten worden. Ihnen war zuwider, daß er ein kluger, beredter und warmherziger Vertreter der »sozialen Demokratie« war, der sie ans Leben wollten. Also sperrten sie ihn ein, also halten sie ihn bis heute gefangen.

Auch den Vorstand der kommunistischen Partei, den Arbeiterführer Ernst Thälmann, halten sie bis heute gefangen, ohne daß sich der Richter fände, der ihn »schuldig« spräche. Dem Ernst Thälmann, der das Vertrauen der Arbeiter hatte und den seine politischen Widersacher als einen tapferen und loyalen Gegner schätzten, war nichts vorzuwerfen. Der Mann aus dem Volke, norddeutscher Quadratschädel, Hafen- und Transportarbeiter von Beruf, ganz und gar unjüdisch, ganz und gar nicht »zersetzend«, ein unerschrockener Kämpfer für die Rechte seiner Klasse im Rahmen der demokratischen Ordnung, hatte nichts, er hatte rein gar nichts verbrochen. Überdies lieferte er den lebendigen Beweis dafür – so gut wie Torgler, so gut wie Hunderte von verhafteten Kommunisten, daß Kommunismus und Judentum de facto nichts miteinander zu schaffen haben. Kaum einer von den führenden Kommunisten in Deutschland ist jüdischer Abstammung gewesen. Hitlers Fiktion vom »kommunistischen Weltjudentum« und vom »verjudeten Kommunismus« ist ebenso leicht zu widerlegen, wie seine Behauptung, daß Deutschland im Begriffe war, bolschewistisch zu werden.

Seltsamer Weise nur verliert keine seiner Behauptungen von ihrer Wirkungskraft dadurch, daß sie nachweislich und vorsätzlich unwahr ist.

Ernst Thälmann – Teddy –, der populärste und integerste unter den deutschen Arbeiterführern, wird seit sechs Jahren unschuldig gefangen gehalten. Mehr: der Versuch, ihn einer Schuld zu überführen, ist von denen, die seinen Kerker bewachen, nicht gewagt worden.

Man hatte gehofft, von den Gefangenen kompromittierende Angaben über ihre Freunde und Gesinnungsgenossen erpressen zu können. Da man selber so gar nichts objektiv Nachteiliges über sie wußte, griff man zum altbewährten Mittel der Folter, um die Opfer gesprächig zu machen.

Den jungen Schauspieler Hans Otto, einen schönen und blonden jungen Heldendarsteller, einen der ganz wenigen »nordischen« Idealgestalten, welche die deutsche Bühne aufzuweisen hatte, verhaftete man, weil er Kommunist war. Vor allem aber mag man sich gesagt haben: So ein Komödiant ist aus weichem Stoff. Er wird erzählen, wenn wir ihn uns erst zugerichtet haben. Man hat ihn in wenigen Tagen derart zugerichtet, daß, so sagte uns einer seiner Mitgefangenen, seine leibliche Mutter ihn nicht würde haben erkennen können. Man hat buchstäblich versucht, ihn um den Verstand zu bringen. »Zerschlagen, zerschunden, zerstoßen, zerschnitten wie er war«, berichtete der Mitgefangene, »hatte er nur noch einen Gedanken im Kopf, einen einzigen, aber der saß fest: Ich will nicht reden, ich will nichts verraten, keinen Namen sagen, keine Adresse sagen, nichts sagen.« »Ich sehe sein Gesicht noch vor mir«, sagte uns der Freund, »sein zerstörtes Gesicht war völlig wahnsinnig vor Schmerz, – überschwemmt außerdem von Blut, Schweiß und Tränen. Als die Nazis merkten, daß dieser da nicht sprechen würde, haben sie ihn wohl aus dem Fenster geworfen. Mag sogar sein, daß er selber sich hat fallen lassen, – er war nicht mehr bei klarem Bewußtsein, – ich weiß es nicht. Fest steht nur, daß sie ihn umgebracht haben und daß er einer von unseren Besten gewesen ist.«

Gab es Zeiten, in denen das Unrecht denen Gefahr brachte, die es übten? Gab es Aufruhr in Frankreich, weil man einen Juden, einen einzelnen, zu Unrecht beschuldigt und verurteilt hatte? Aber die Moral, die von den Diktatoren kommt, ist neu! »Recht ist, was uns nützt!« ruft der Diktator. Und allen Ernstes glaubt er, daß es ihm *nütze,* die besten seines Landes zu morden, die Guten unter Verschluß zu halten und alle Stimmen zum Schweigen zu bringen, die anders klingen als seine eigene. Wie sehr er sich irrt! Und wie beinahe jede seiner Äußerungen, kommt auch diese der Wahrheit sehr nahe, sobald man sie in ihr genaues Gegenteil verkehrt. »Nur was recht ist, kann uns nützen!« Das ist die Wahrheit. Das schreiende Unrecht, das in Deutschland seit sechs Jahren täglich geschieht, ist nicht nur deshalb so herzzerreißend, weil es gegen Anstand und Menschenwürde geht, sondern weil es so gar nicht »nützt«, weil es so gräßlich, so tödlich schadet, weil es Deutschland und die Welt in einen Zustand versetzt, der lebensgefährlich ist.

Manchmal, ganz selten, tut die Welt eine Geste, die zeigen soll, daß sie ihrerseits den Satz »Recht ist, was uns nützt« nicht billigt. Solch eine Geste lag in der Verleihung des Friedens-Nobel-Preises an den Märtyrer des Hitler-Regimes, Carl von Ossietzky.

Ossietzky, Nachfahr einer alten aristokratisch-preußischen Offiziers-Familie, war Pazifist. Der begabte und leidenschaftliche Mensch hatte sich niemals »links«, er hatte sich nie im Sinne des Marxismus betätigt. Als verantwortlicher Leiter der Zeitschrift *Die Weltbühne* hatte er sich, im Jahre 1932, wegen eines Artikels zu verantworten, in dem einer seiner Mitarbeiter die kriegerischen Vorbereitungen der Schwarzen Reichswehr nachwies. Im Namen der Republik wurde Carl von Ossietzky zu einer Gefängnisstrafe von achtzehn Monaten verurteilt. Er hätte fliehen können, bei ihm erschienen Abgesandte der Reichswehr und teilten ihm mit, daß ihm keine Schwierigkeiten begegnen sollten, falls er sich etwa »für längere Zeit ins Ausland« begeben wolle. Er zog es vor zu bleiben. »Mögen sie die Gefängnissuppe auslöffeln, die sie mir eingebrockt haben!« rief er aus und ließ sich gefangensetzen. »Es wird lehrreich sein für unsere Nachbarn mitanzusehen, wie einer bei uns buchstäblich ins Gefängnis kommt, weil er versucht hat, dem Frieden zu dienen!«

Zwei Monate vor Hitlers »Machtübernahme« war die Strafzeit vorüber, – Ossietzky befand sich auf freiem Fuße.

Im Februar 1933 – schon in jener vorbereitenden Übergangszeit, die Hitler von seinem Machtantritt bis zum Reichstagsbrand benötigte – war Ossietzky, wie alle Republikaner, Pazifisten, Antifaschisten, wieder in unmittelbarer Gefahr. Die Willkürakte gegen alle, die nicht Nazis waren, häuften sich; die SA nahm nach Gutdünken »Strafexpeditionen« vor... Wieder wurde Ossietzky von den Freunden angefleht: »Du mußt fort!

Mußt ins Ausland! Du bist verpflichtet, Dich selbst und Deine Zeitschrift *Die Weltbühne* in die Freiheit zu retten!« – Wieder weigerte sich Carl von Ossietzky. Am Morgen nach dem Reichstagsbrand wurde er verhaftet. Nun sah er die Freiheit nie mehr, die durch Flucht sich zu bewahren er zu stolz gewesen war… Nicht einmal der Friedens-Nobel-Preis konnte ihm die Freiheit zurückschaffen. Sein Martyrium dauerte bis zum Frühling 1938, als der Tod ihn erlöste.

Er war von Natur eher zart. Gerade deshalb gilt er uns als ein Held; weil er, entgegen seiner natürlichen Anlage, Schwerstes auf sich nahm und aushielt, als Zeuge für die Idee.

Zunächst war er ein Mann des Wortes, nicht ein Mann der Tat, und zuallererst war er vielleicht Künstler. Sein Stil – ein beschwingter und präziser, zugleich raffinierter und klarer Stil – läßt erkennen, daß er durchaus die Leidenschaft des echten Schriftstellers, den passionierten Ehrgeiz des Artisten hatte. Zu der artistischen Leidenschaft aber kam die moralische, und diese erweist sich als die dauerhaftere, tiefere. Der schöne Stil bleibt bei diesem großen Schriftsteller nicht Selbstzweck. Er dient der moralischen Leidenschaft. Die moralische Leidenschaft gilt dem Frieden. In diesem Begriff, diesem Ziel, dieser Aufgabe – dem Frieden – gipfeln die sittlichen Erkenntnisse des Schriftstellers und Helden Carl von Ossietzky.

Vom Frieden sprechen heute vor allem die, welche den totalen Krieg mit infernalischem Eifer vorbereiten. Sie schwärmen von einem »bewaffneten Frieden«, der in Wahrheit nur der »verdrängte« Weltkrieg, die vorläufig noch auf einige Stellen lokalisierte Katastrophe in Permanenz ist. Es gibt auch Pazifisten, die es aufrichtiger meinen, aber doch nicht aufrichtig genug, um aus ihrer Gesinnung die ganze Konsequenz zu ziehen. Vielmehr glauben sie, den Frieden zu retten, wenn sie mit den notorischen Kriegstreibern paktieren und ihnen immer wieder Konzessionen machen. Wer aber wirklich für den Frieden ist, kennt keine Versöhnlichkeit mehr gegenüber denen, die im Grund nur den Krieg wollen. Zum wirklichen Pazifismus gehört heute nicht nur die Sanftheit, sondern auch der Mut. Das Paradox ergibt sich, daß gerade der echte Pazifist die heroischen Eigenschaften bewahrt, von denen die Militaristen so häufig sprechen. Ossietzky – der nicht-mehr-sentimentale, der entschlossene, realistische Pazifist – wurde zum Kämpfer.

Der Tag, an dem er den Friedens-Nobel-Preis zugesprochen bekam, war für den deutschen Diktator der Tag einer peinlichen Niederlage. Man konnte Ossietzky, dem Schwerkranken, schon halb zu Tode Gequälten, auch noch das Geld stehlen, das ihm als große Ehrengabe aus Oslo zukam. Auch konnte man verhindern, daß er noch irgendeine Botschaft in die Welt sandte. Er hatte sein Wort schon gesagt, und es war nicht ohne Wirkung geblieben. Die Welt, als sie dem Märtyrer und nicht dem Tyrannen, den Friedenspreis zuerkannte, bekundete deutlich, was sie von der angeblichen »Friedensliebe« des einen und was sie von der echten des anderen hielt. Wir wollen die Dinge sachlich und realistisch sehen, wie Ossietzky selbst sie betrachtet hat. Deshalb müssen wir feststellen: durch den Umstand, daß er sich in deutscher Gefangenschaft befand, als das Weltinteresse durch die Verleihung des Nobel-Preises sich auf ihn konzentrierte, wurde die Wirksamkeit und Bedeutung jener Geste – eben der Preis-Verleihung – gewaltig erhöht. Ossietzky hatte also recht gehabt, wenn er den Freunden gegenüber aussprach: »Im Gefängnis, im Konzentrationslager und noch im Krankenhaus, das in Wahrheit auch wieder nur ein Gefängnis ist, werde ich dem Gegner unbequemer und gefährlicher sein als in der Emigration.«

Freilich: diese Theorie, die im besonderen Falle Ossietzkys ihre Berechtigung hatte, ist gefährlich. Hätten sich alle nach ihr gerichtet, wir hätten Märtyrer ohne Zahl, unsere Besten wären geopfert – und draußen gäbe es keine Deutschen, die die Wahrheit sagten und die die kostbaren Traditionen unserer Kultur schöpferisch fortsetzten.

Einer der letzten, der mit Ossietzky vor dessen Verhaftung zusammentraf und der ihm die eindringlichste Warnung zurief, war der satirische Schriftsteller und Lyriker Walter Mehring. Übrigens entkam er selber dem Gräßlichen nur mit knapper Not. In vielen Artikeln und in vielen Liedern, die in den Berliner Kabaretts gesungen wurden, hatte er die deutsche Reaktion, und die Nazis im Besonderen, geistvoll-grimmig verspottet und attackiert. Er wurde furchtbar gehaßt. Bis zum Schluß, so lange es irgend ging, exponierte er sich – denn der kleine, körperlich schwache und labile Mann mit dem spitzen, witzigen Gesichtchen ist mutig. Als er in der letzten Versammlung der *Liga für Menschenrechte* in einem großen Berliner Saal gesprochen hatte, kam als Antwort ein Artikel im *Völkischen Beobachter: Walter Mehring spricht vor den geilen Jüdinnen...* mit der Aufforderung, endlich mit diesem »Hetzer« »abzurechnen«. Man weiß, was »abrechnen« im Jargon der Nazis bedeutet... Einige Tage später trat er noch einmal halb-öffentlich auf, bei einer Zusammenkunft des *Schutzverbandes Deutscher Schriftsteller,* in einem Café des Berliner Westens. Als er nach dem Vortrag das Café verließ, war es von beinah fünfzig Mann »Hilfspolizei« – Burschen mit Hakenkreuzbinden am Arm – umzingelt. Eine barsche Stimme fuhr ihn an: »Kommen Sie vom Mehring-Vortrag?« »Ich – von einem Vortrag?« sagte der kleine Herr sehr erstaunt. »Keine Spur! Ich habe in aller Stille dort drinnen meinen Kaffee getrunken.« – »Kennen Sie diesen Mehring?« fragte der Kerl mit der Hakenkreuzbinde. – »Wen soll ich kennen...?« fragte der kleine Herr.

Sie ließen ihn laufen. Er nahm ein Taxi und fuhr zu Bekannten. Ein paar Kleider und Bücher ließ er sich noch aus der eigenen Wohnung schicken. Dann geschwind zum Bahnhof, quer durch die singende SA. Einer war gerettet...

Grauenvoll war die Menschenjagd. Ihr fielen auch solche zum Opfer, die eine kurze Weile gemeint hatten, sie könnten sich mit den Nazis intellektuell und politisch bis zum gewissen Grade verständigen, und die es deshalb ablehnten zu fliehen. Zu diesen gehörte der Schriftsteller und politische Denker Kurt Hiller, der zwar immer extrem links und radikaler Pazifist gewesen war, aber doch nicht ohne Verständnis für gewisse nationale Tendenzen und übrigens dem Marxismus gegenüber kritisch eingestellt. Er war, hochbegabt und sehr eigensinnig, seine eigenen Wege gegangen und hatte die Formel »Selbstkritik links« geprägt, womit er meinte, daß die Linke, um weiter wirklich fortschrittlich zu bleiben, sich aus einer ideologischen Erstarrtheit zu befreien und nicht nur die politische Taktik, sondern auch die philosophischen Grundbegriffe gründlich zu revidieren habe. Aber die Nazis haben keinen Sinn für intellektuelle Nuancen. Sie verhafteten Hiller. Sie mißhandelten ihn im Gefängnis und im Konzentrationslager. Später, im Prager Exil, hat er von dem Schauerlichen, was er erlebt hat, öffentlich berichtet. – Für den Nazi gibt es nur den simplen Grundsatz: »Wer nicht für uns ist, ist gegen uns.« Kurt Hiller – den nicht-marxistischen Revolutionär – rechneten sie zu den schlimmsten Gegnern. Er hatte zuviel gesagt, getan und geschrieben, was unverzeihlich schien.

So schockierte er beispielsweise nicht nur Reaktionäre, sondern auch das

Zentrum, indem er, als die Kampagne zur Wiederwahl von Präsident Hindenburg in vollem Gang war, den Schriftsteller Heinrich Mann als Präsidenten der Republik forderte. Heinrich Mann als Nachfolger des Feldmarschalls klang schon recht paradox, obwohl Hiller für seinen Wunsch sowohl witzige wie auch ernsthafte Gründe angab. Unter allen Deutschen bewunderte er Heinrich Mann am meisten; und da er ihn allen Respekts würdig fand, fand er ihn auch den geeignetsten Mann, das höchste repräsentative Amt auszufüllen.

Was war mit Heinrich Mann geschehen, während sowohl seine literarischen als auch seine politischen Freunde und Kollegen zuhauf das Land verlassen hatten oder verhaftet worden waren? Nach dem Reichstagsbrand blieb er in Berlin, obwohl er ganz genau wußte, daß ihn die deutschen Reaktionäre seit vielen, vielen Jahren verabscheuten und ihn zu töten geschworen hatten. In letzter Zeit hatte es nicht wenig Fingerzeige gegeben, die ihn vor der Bestimmung warnten, die die Kreise, die er dreißig Jahre lang lächerlich gemacht und attackiert hatte, für ihn bereithielten. Den nationalistischen Cliquen, die den Ton im Reich bestimmten, noch ehe sie die Macht innehatten, war es gelungen, ihn aus der deutschen Akademie für Literatur auszuschließen, deren Präsident er im Jahr vor Hitlers Kanzlerschaft gewesen war. Er mußte diese Körperschaft, die in republikanischem Geist gegründet und in jenem so lange wie möglich geführt worden war, verlassen, weil er einen Aufruf zur Vereinigung der beiden sozialistischen Parteien unterschrieben hatte – nämlich einen der ersten Rufe nach einer *Volksfront*.

Der Verfasser solch anstößiger Bücher wie *Der Untertan* war fraglos in Berlin in größter Gefahr. Seine Frau, die in München lebte, wußte das und beschwor ihn am Telephon, wegzugehen. Er antwortete mit einer seltsamen Gelassenheit – man ist beinahe versucht zu sagen, wie ein Mensch, der sich in Gottes Händen weiß: »Mir wird nichts geschehen. Wenn ich gehen muß, werde ich schon durchkommen.«

Er ging in der letzten Sekunde. Es macht einen schaudern, daran zu denken, was ihm zugestoßen wäre, hätten die Nazis Gelegenheit gehabt, »sich mit ihm zu befassen«. Von Straßburg telegraphierte er einem Pariser Freund: »Gesund und munter in Frankreich.«

KAPITEL II

VORGEWARNT

FOREWARNED

Wer Heinrich Mann zum ersten Mal begegnet, möchte kaum glauben, einem Dichter gegenüberzustehen. Der große deutsche Romancier und Gesellschaftskritiker wirkt eher wie ein französischer Minister. Dieser ungemein soignierte und zurückhaltende ältere Gentleman könnte aber auch ein bedeutender Kaufherr aus Skandinavien sein. Er sieht aus wie ein *Däne* – hat einmal einer seiner Freunde über ihn gesagt; denn die Dänen sind jene unter den Nordländern, die am meisten westliche, französische Züge angenommen haben.

In der Tat hat Heinrich Mann – Sproß eines ehrwürdig-alten norddeutschen Geschlechtes; Sohn des Herrn Senators und Großkaufmanns Thomas Johann Heinrich Mann zu Lübeck – Frankreich bis zu dem Grade geliebt, daß nicht nur seine geistige und moralische Haltung, sondern auch seine Physiognomie, seine Manieren, ja sogar seine Art zu sprechen, französische Charakteristika bekamen. Die literarischen Meister Heinrich Manns sind Emile Zola und Gustave Flaubert, denen er große, glanzvolle Essays gewidmet hat. Er hat immer viel in Frankreich gelebt, schon vor der Emigration. Sein ganzes moralisches und politisches Gefühl ist wesentlich bestimmt von den intellektuellen Wegbereitern der Großen Französischen Revolution und vom französischen Neunzehnten Jahrhundert.

Ehe er noch Frankreich liebte, war er zu Haus in Italien – dem Land, das er heute nicht mehr betreten mag und in dem er so viele Jahre seiner Jugend verbracht hat. Mehrere seiner schönsten frühen Arbeiten haben italienischen Hintergrund; der meisterhafte Roman *Die kleine Stadt* zum Beispiel, oder die Roman-Trilogie der *Herzogin von Assy (Die Göttinnen: Diana – Minerva – Venus),* oder die unvergeßlichen Novellen, *Pippo Spano* und viele andere.

Die Liebe zu Italien war eine vorwiegend und primär ästhetische: der junge Mensch aus der grauen, winkligen norddeutschen Kleinstadt fand sich verzaubert vom Glanz des Mittelmeers, von der Schönheit der Städte, von Reiz und Leichtigkeit dieses südlichen Lebens. In seiner Liebe zu Frankreich trifft sich das ästhetische mit dem moralischen Gefühl, und eben deshalb kann sie dauerhaft sein. Er findet in Paris und an der Côte d'Azur – besonders in seinem geliebten Nizza – allen Charme wieder, mit dem Italien ihn entzückt hatte; dazu aber eine Reife und allgemeine Erzogenheit in den politischen, sozialen und moralischen Fragen, die er bewundert und die ihm die Dritte Französische Republik zur zweiten Heimat werden lassen.

Er hatte auch auf die Erste Deutsche Republik, die Republik von Weimar, innige Hoffnungen gesetzt und sie wohl auch zu lieben versucht. Bis zum Jahre 1918 hatte er sich mit seinem Vaterland, dem Deutschland Kaiser Wilhelms II., fast nur kritisch und oft mit bitter-anklagendem Hohn beschäftigt – in seinem berühmten politischen Roman *Der Untertan,* der nicht nur den deutschen Spießbürger der Kaiserzeit genial-hellsichtig charakterisiert, sondern der auch schon die ganze Psychologie der Nazis fast erschreckend antizipiert; oder, auf eine weniger direkte, aber um nichts weniger eindrucksvolle Art, im *Professor Unrat. Das Ende eines Tyrannen.* 1918 fing er an, sich wirklich als ein deutscher Bürger zu fühlen – als ein *citoyen* der Ersten Deutschen Republik – und an den öffentlichen deutschen Angelegenheiten den bewegtesten, ernstesten, verantwortungsbewußtesten Anteil zu nehmen. Einen Essayband, betitelt *Macht und Mensch,* den er im Jahre 1919 erscheinen ließ, widmete er *der Deutschen Republik* – und, wir wissen es, diese Widmung kam sehr von Herzen.

Damals begannen auch seine großen Erfolge in Deutschland. Bis dahin war er nur einem engen Kreise von Kennern und Literaten bekannt gewesen; nun plötzlich wurde er populär. Der Verleger Kurt Wolff in München erreichte eine enorme Auflage mit dem *Untertan,* dessen Manuskript schon 1914 abgeschlossen war, aber erst 1918 gedruckt werden konnte. Nun las alle Welt plötzlich auch seine älteren Romane; zum Beispiel sein erstes großes Buch, *Im Schlaraffenland,* eine Satire auf die Berliner literarische und mondäne Gesellschaft der Jahrhundertwende, in Stil und Aufbau an Maupassants *Bel ami* geschult.

Während der Jahre der Republik wurde Heinrich Mann mehr und mehr zu einer repräsentativen deutschen Figur. Er ließ mehrere Romane erscheinen, darunter *Die Armen* und *Der Kopf,* die zusammen mit dem *Untertan* die Trilogie *Das Kaiserreich* bildeten. In vielen politischen oder kulturkritischen Artikeln ließ er seine Meinung und Gesinnung zu den Fragen des Tages vernehmen (diese Essays sind gesammelt in mehreren Bänden: *Das öffentliche Leben, Sieben Jahre*). Seine Popularität bekam mächtigen Zuwachs durch die Verfilmung eines seiner Bücher, des *Professor Unrat,* der unter dem Namen *Der blaue Engel* eine der erfolgreichsten Produktionen der Ufa wurde.

Natürlich wurde er immer angefeindet. Er war für die unbedingte Versöhnung mit Frankreich; er war gegen die Nationalisten und Revanche-Hetzer, für die Demokratie, für die soziale Gerechtigkeit, für Paneuropa. Das genügte, ihn in weiten deutschen Kreisen unbeliebt zu machen. Übrigens ließ ihn auch sein literarischer Stil verdächtig erscheinen. Dieser Stil war dem deutschen Mittelstand nicht vertrauenerweckend; er war nicht bieder, behäbig, sentimental oder schalkhaft; vielmehr nervös, reich mit Reizen beladen, die man bei uns als fremdartig empfand; europäisch, raffiniert, dabei höchst persönlich-eigenwillig und unverwechselbar geprägt. Die deutschen Spießer fühlten sich beunruhigt durch dieses Phänomen. Trotzdem konnten sie es nicht hindern, daß Heinrich Manns Kunst und moralische Leidenschaft immer mehr Freunde warb und daß aus seinem sechzigsten Geburtstag ein großes öffentliches Ereignis wurde: Minister hielten Reden, und die Presse war voll davon. – Dies war das letzte Fest, das er in Deutschland feierte.

Ist er im Exil zum Feinde Deutschlands geworden? Im Gegenteil: der Ausgebürgerte, der in seiner Heimat bitterlich Gehaßte und durchaus Verfemte hat sich fast zu etwas wie einem deutschen Patrioten entwickelt – freilich gilt sein neuer Patriotismus einem Deutschland, das erst noch zu *werden* hat; einem zukünftigen Deutschland, das er erhofft und in dessen Dienst er arbeitet; der Zweiten – der eigentlichen Deutschen Republik.

Der erste politische Essayband, den Heinrich Mann in der Verbannung veröffentlichte und der Aufsehen erregte, trug den Titel *Der Haß*. Gemeint war aber keineswegs der Haß, den *wir,* die Exilierten, im Herzen tragen gegen irgendwelche Deutsche; vielmehr der furchtbare Haß, mit dem wir verfolgt werden von den deutschen Tyrannen und ihren Nachläufern. Heinrich Mann wollte deutlich machen, daß am Anfang jener Bewegung, die sich »nationalsozialistisch« nennt, durchaus nicht die »Liebe zum Vaterland« stand, vielmehr der Haß gegen große Teile des deutschen Volkes – nicht nur gegen die deutschen Juden, sondern gegen alle, die selbständig denken und ein eigenes Urteil haben. Das polemische Buch *Der Haß* – ein Werk der bitteren Anklage und des großen Zornes, verwandt den Schriften Victor Hugos aus dem Exil – ist auch ein Buch der Liebe; das gleiche gilt für den zweiten Band von Heinrich Manns politischen Aufsätzen aus dem Exil: *Es kommt der Tag.* In beiden Büchern ist nicht nur ein großer Schmerz, sondern auch eine große Hoffnung. Würde Heinrich Mann die Hoffnung für Deutschland aufgegeben haben, er brächte es nicht fertig, sich mit solcher Leidenschaft und Konsequenz um das deutsche Schicksal zu kümmern. Vor allem ist es der Zusammenschluß *aller* antifaschistischen Kräfte, Gruppen und Tendenzen, der ihm am Herzen liegt und für den er sich publizistisch einsetzt: die deutsche *Volksfront* im weitesten Sinn des Wortes; verstanden nicht nur als der Zusammenschluß der zwei großen marxistischen Parteien – der Sozialdemokraten und der Kommunisten –, sondern als die Vereinigung *aller,* die die Erniedrigung durch den Faschismus nicht ertragen wollen, inklusive der religiösen Oppositionellen und der Konservativen.

Es ist auffallend, daß bei Heinrich Mann – der jetzt siebenundsechzig Jahre alt ist – gewisse konservative Züge und Eigenschaften deutlicher nach vorn treten, während er gleichzeitig, in allen tagespolitischen Fragen und Entscheidungen, immer radikaler wird und immer entschiedener dem linken Extrem zuneigt. Er besinnt sich, jetzt im Exil, auf gewisse Elemente und Traditionen, die er von Lübeck und von der norddeutsch-patrizischen Herkunft her im Blute hat und die sich in seinem Werk bis vor kurzem kaum manifestieren konnten. Diese konservativen Neigungen zeigen sich nicht nur in einer wehmütig-innigen Liebe zum neunzehnten Jahrhundert – zu seiner hoch differenzierten Moral, seinen großen schöpferischen Figuren (dem europäischen neunzehnten Jahrhundert hat dieser Schriftsteller sich wohl zeit seines Lebens verbunden und, bis zum gewissen Grade, zugehörig gefühlt) –, sie werden auch deutlich in manchen religiösen Akzenten protestantischer Färbung, die sich vor allem in dem bedeutendsten Werk seiner Reife-Zeit, dem großen Roman vom König *Henri IV.,* finden. Die beiden Bände dieses kühnen epischen Unternehmens – dem auch in der angelsächsischen Welt ein so lebhafter und respektvoller Empfang zuteil wurde – sind im Exil geschrieben: es ist schier unglaublich, daß der Schriftsteller, neben seiner umfänglichen politischen Arbeit, Zeit und Kraft fand, sich auf eine künstlerische Arbeit von solchem Format und solcher Schwierigkeit zu konzentrieren. – Der *Henri IV.* vereinigt in sich aufs eindrucksvollste und glücklichste alle Eigenschaften, die das Werk seines Autors in den verschiedenen Phasen charakterisiert haben: er hat den farbigen Glanz, die sinnliche Glut der Arbeiten aus der italienischen Frühzeit, der *Göttinnen* und der Novellen; den grimmigen Witz, den wir am *Untertan* und am *Professor Unrat* bewundert haben – und das moralische Pathos, das die Essays und die politischen Manifeste auszeichnet. Der *Henri IV.* ist zugleich das Hohe Lied auf Toleranz und sittliche Vernunft – und ein großes, von Farben und Figuren strotzendes Bild von der Schönheit und der Grausamkeit, dem Zauber und der wilden Häßlichkeit des Lebens. Welches Maß an fast asketischer Selbstzucht gehört dazu, um sich im Exil, da mancher müde wird und verzagt, zu den höchsten Leistungen aufzuraffen und zu steigern! Man muß gesehen haben, wie Heinrich Mann lebt, um zu begreifen, daß er mit solcher Intensität und solcher Gleichmäßigkeit zu arbeiten vermag.

Heinrich Mann hat sich, mit Beginn des Exils, in Nizza niedergelassen. Die Wohnung ist klein und bescheiden, und in der Atmosphäre, die wir dort finden, begegnen sich bürgerlich behagliche Elemente auf eine merkwürdige Art mit jenen anderen, die fast asketisch sind. Seine Frau sorgt für vorzügliches Essen, halb norddeutsch-gediegenen, halb französisch-raffinierten Stils. (Es ist seine zweite Gattin: die erste, eine gescheite und temperamentvolle Tschechin, ist mit Heinrich Manns junger Tochter in die Heimat, nach Prag, zurückgekehrt.) Auf gutes Essen legt der Schriftsteller Wert, wie übrigens die meisten Schriftsteller; es ist fast der einzige Luxus, den er sich gönnt.

Sein Tag gehört ganz der Arbeit. Er unterbricht sie nur selten, für einen Spaziergang auf der Promenade des Anglais oder, am Abend, für die Lektüre. Außer den vielen Zeitungen sind es meistens ältere Dinge, die er gerne liest: »Meine alten Franzosen«, wie er uns neulich gestand; wenn er müde ist vom langen Schreiben, greift er nach einem Band Stendhal oder Balzac. Er hat eine gewisse, fast abergläubische Angst davor, Frankreich zu verlassen.

Während der fast sechs Jahre, die das Exil nun währt, war Heinrich Mann nur ganz seltene Male in anderen Ländern: in der Tschechoslowakei, wo er Vorträge hielt, oder in der Schweiz. Auch alle Einladungen nach Sowjetrußland, die immer wieder herzlich an ihn ergehen, hat er bis jetzt abgelehnt. Fast die einzigen Unterbrechungen, die sein stilles, arbeitsames Leben kennt, sind die Ausflüge nach Paris, zu denen er sich ab und zu überreden läßt. Dort tritt der äußerst reservierte ältere Gentleman in politischen Meetings auf oder nimmt an internen Beratungen teil. Es ist seltsam genug, den Autor der *Kleinen Stadt* und des *Henri IV.* in einem Massen-Meeting zu beobachten. Die beinah starre Würde, die ihm eigen ist und die sich mit einer sonderbar befangenen Innigkeit, einer rührenden Sanftheit und Liebenswürdigkeit des Wesens verbindet, tut ihre Wirkung, sogar auf die Massen. Er spricht in schönem, klarem Französisch oder in einem langsam, beinah überdeutlich vorgetragenen Deutsch.

Der Alternde, der immer weniger Freunde, freilich dafür immer mehr Bewunderer und Anhänger hat, fühlt sich stärker denn je seiner Familie zugehörig. Auch uns, seine Neffen und Nichten, empfängt er, wenn wir ihn in Nizza besuchen, mit einer Freundlichkeit, die nicht ohne feierlich-patriarchalischen Einschlag ist. Wir sind gern bei ihm – wenngleich die Umstände und unser unruhiges Leben solche Zusammenkünfte immer seltener machen. Wir sprechen gern mit ihm über Menschen und Bücher, über die Ereignisse des Tages, über die Zukunft, wohl auch über die Vergangenheit. Wir erinnern uns seiner Wohnung in München, wo wir als Kinder verkehrten und uns mit der kleinen Goschi, seinem Kind, amüsierten. Er liebt dieses Kind zärtlich; zwei große Photographien von ihr stehen auf seinem Tisch, neben den gehäuften Manuskripten und den geliebten Büchern »seiner alten Franzosen«.

Ein großer Europäer: er ist einer, und die Deutschen haben wenige seinesgleichen. Wir sind sehr stolz auf ihn – stolz als Deutsche, und stolz als seine Verwandten. Ob man in seinen Schriften liest oder ob man das Glück hat, in seiner Nähe zu weilen: man ist angerührt von der Stärke seines sittlichen Willens, von der Kraft seiner geistig-menschlichen Persönlichkeit.

Wenn Deutschland einmal so sein wird, wie wir – mit ihm – hoffen, daß es werden möge: dann wird Heinrich Mann ein deutscher Klassiker sein. *Es kommt der Tag,* hat er zuversichtlich geschrieben. Wenn er da ist, der Tag, dann wird man seine Werke, die in die Flammen geworfen worden sind, in den Schulen eines neuen Deutschlands lesen.

Es ist nicht schön, es ist sogar schwer erträglich, das Vaterland zu nächtlicher Stunde, mit einem flüchtig gepackten Handkoffer zu verlassen, zitternd, daß die Häscher einer feindlichen, gehaßten Regierung einen noch an der Grenze erwischen, festhalten und zurückschleppen könnten. Ganz entschieden besser waren die dran, die im verhängnisvollen Februar 1933, durch Zufall – oder weil böse Ahnungen sie fortgetrieben hatten – im Ausland sich befanden. Die hastige Flucht blieb ihnen erspart, auch das Gefängnis mußten sie nicht kennenlernen. Sie brauchten nur zu beschließen: Ich kehre nicht mehr zurück…, was freilich kein leichter oder heiterer Beschluß ist.

In dieser relativ glücklichen – oder doch vergleichsweise wenig katastrophalen Lage befand sich der Schriftsteller Lion Feuchtwanger. Er war zu Beginn des Jahres 1933 auf einer Vortrags-Tournee in den Vereinigten Staaten. Die Geschichte dieser Wochen, die für seine Zukunft so entscheidend sein sollten, hat er öffentlich niemals genau berichtet. Es ist amüsant und erregend genug, ihn privat davon erzählen zu hören. Neulich, in seinem Pariser Hotel-Appartement, brachten wir nach einem gemütlichen Abendessen das Gespräch auf dieses dramatische Thema. »Erzählen Sie doch, Feuchtwanger! Wie ist es zugegangen?«

»Ich habe damals in Amerika keine politischen Vorträge gehalten«, stellte Feuchtwanger fest. »Ich redete über literarische Dinge – über mein Metier. Nur in literarischen Zusammenhängen erwähnte ich Adolf Hitler, der doch immer Wert darauf gelegt hat, ein deutscher Schriftsteller zu sein, und der sogar heute noch öffentlich gerne behauptet, er bestreite sein ziemlich luxuriöses Leben einzig und allein aus seinen Autoren-Honoraren. Es ist ja auch nicht zu leugnen, daß sein berühmtes literarisches Produkt *Mein Kampf,* mit Luthers Bibelübersetzung und Remarques *Im Westen nichts Neues,* den Rekord der deutschen Bestseller hält… Gerade mit diesem Werk – mit Hitlers amüsanter Autobiographie *Mein Kampf* – beschäftigte ich mich zuweilen in meinen amerikanischen Vorträgen. Mit dem Politiker Hitler konnte ich mich damals, im Januar 1933, kaum beschäftigen: er hatte noch nichts geleistet, sondern immer nur Versprechungen gemacht, die sich auf künftige Leistungen bezogen... Ich sagte also den Leuten: Vielleicht kann er was als Politiker. Warten wir ab: *Give him a chance!* sagte ich ihnen; denn ich wollte fair sein. Sein Buch aber – fuhr ich fort –, das liegt vor. Ich bilde mir ein, von deutscher Prosa eine Kleinigkeit zu verstehen, und so habe ich wohl das Recht, das Erzeugnis meines Kollegen Hitler stilkritisch ein wenig unter die Lupe zu nehmen. Leider muß ich Euch sagen: Es ist miserabel. Ausländer können gar nicht beurteilen, wie furchtbar schlecht es geschrieben ist. Unter uns gesagt: man tut dem Stil des Kollegen Hitler zu viel Ehre an, wenn man ihn als deutsche Prosa bezeichnet. Es wimmelt in ihm von Verstößen gegen die deutsche Grammatik –: der arme Kerl, man darf es ihm nicht einmal übelnehmen, er ist total ungebildet, er kommt aus kleinen Verhältnissen, war wohl auch zu nervös, um selbständig viel dazuzulernen – man soll ja auch nicht vergessen, daß er eigentlich gar kein Deutscher ist. Menschlich also ist es durchaus begreiflich, daß er ein so auffallend mangelhaftes Deutsch schreibt. Aber psychologische und soziologische Überlegungen können einen literarischen Kritiker doch nicht hindern, sachlich zu konstatieren: Es ist miserabel. – Ich nahm mir sogar die Mühe«, sagte Feuchtwanger, »an Hand von vielen Beispielen nachzuweisen, daß sich fast auf jeder Seite in Hitlers Buch schwere grammatikalische oder stilistische Fehler befinden. – Merkwürdigerweise hat mir das der Autor gewaltig übelgenommen – anstatt mir für meine wohlgemeinten Hinweise herzlich dankbar zu sein. Zu meinem Pech wurde der von mir getadelte schlechte Stilist dann am 30. Januar Reichskanzler und bekam alle Macht in Deutschland.«

»Am selben 30. Januar 1933«, fuhr Feuchtwanger fort, »gab es gerade ein Bankett zu meinen Ehren in Washington. Es war eine hochoffizielle Veranstaltung, der Präsident der USA war dabei, und ich wurde als ein Repräsentant deutscher Kultur gefeiert. Das Deutsche Reich war vertreten durch den Botschafter von Prittwitz – der übrigens dann seinerseits bald mit den Nazis nichts mehr zu tun haben wollte. Es ist doch ein spaßhaftes Zusammentreffen: am gleichen Tage, als ich – ohne es noch zu wissen – meine Heimat verlor, schüttelte mir der Präsident der Vereinigten Staaten von Amerika und der deutsche Botschafter als dem literarischen Repräsentanten eben dieser Heimat die Hand... Ein paar Tage später war ich in New York und dachte wohl immer noch, daß ich mein Rückfahrt-Billett auf der

›Bremen‹ benutzen und nach Deutschland heimkehren würde. Es war der deutsche Generalkonsul selber, der mir dringend davon abriet und mich heftig warnte. Er machte mir klar, daß meine Äußerungen über Hitlers mangelhaften Stil, zusammen mit gewissen unliebsamen Dingen, die ich schon früher gesagt oder geschrieben hatte, mich in Deutschland – wo nun die Nazis diktierten – so verhaßt machten, daß ich meine Freiheit, vielleicht mein Leben riskierte, wenn ich mich in Berlin blicken ließe. Wie recht er hatte, sollte sich bald erweisen, als mein Haus, meine Möbel, meine Bibliothek, meine Manuskripte, mein Bankkonto – alles was ich besaß in Berlin beschlagnahmt und enteignet wurde.«

Wir sagten: »Ihr Berliner Haus war sehr hübsch. Aber doch nicht hübscher als Ihr Haus in Sanary.«

Feuchtwanger lachte – er hat eine sehr herzliche, gutgelaunte und erfrischende Art zu lachen. »Nein, es ist den Nazis nicht *ganz* gelungen, mich zu ruinieren«, stellte er mit Befriedigung fest. »Sie haben dafür getan, was sie irgend konnten; aber es ist kein voller Erfolg für sie geworden. Sie haben mir die Manuskripte und sogar die Notizen gestohlen: ich habe neue geschrieben. Sie haben mir all mein Geld geklaut – ich habe mir neues verdient, nicht sehr viel, aber doch genug, daß ich anständig davon leben kann.« –

»Anständig« lebt Lion Feuchtwanger in der Tat. Seine Villa in Sanary-sur-Mer – einem kleinen Ort an der Côte d'Azur, nicht weit von Toulon –, etwas in den Hügeln, nah dem Meer gelegen, mit schönem Blick über See und südliche Landschaft, gehört zu den reizendsten Besitzungen an diesem Teil der Küste. Sanary-sur-Mer ist, besonders im Sommer, ein sehr literarischer Ort – der übrigens seinen idyllisch primitiven Charakter bei aller Geselligkeit zu wahren weiß. Deutsche exilierte Schriftsteller begegnen sich dort mit französischen, englischen und amerikanischen Kollegen. Nicht weit von der Villa Feuchtwangers hatte Aldous Huxley Jahre lang sein Heim. Feuchtwanger, der sich seine Tage mit großer Genauigkeit, fast pedantisch einteilt, hält sich meistens, wenn er nicht gerade gar zu tief in der Arbeit ist, ein paar Nachmittags- oder Abendstunden frei, um Freunde bei sich zu sehen.

Er treibt einen gewissen halb scherzhaften Kult mit statistischen Zahlen. So hat er uns einmal mit einer höchst komplizierten und sorgfältig ausgear-

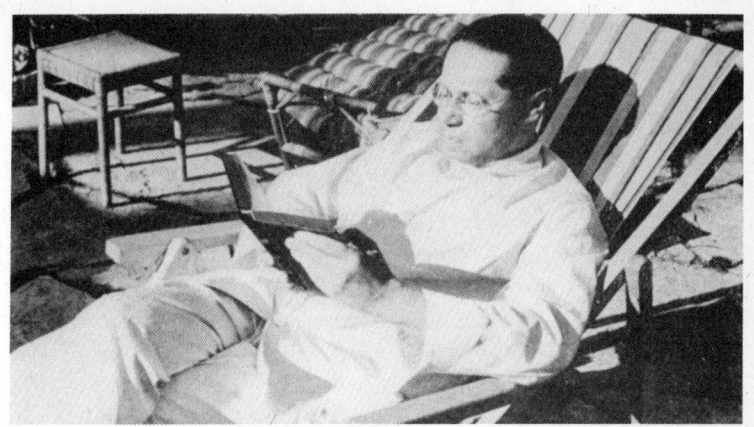

LION FEUCHTWANGER AT SANARY-SUR-MER
He criticized Hitler's literary efforts

Boston Globe

LUNCHEON PARTY IN VERMONT
Actor Fritz Kortner with Mrs. Kortner and their daughter, Marianne.
At the right, Dorothy Thompson and her son, Michael

beiteten Tabelle überrascht, aus der man erfuhr, wie er die vierundzwanzig Stunden des Tages im Durchschnitt verbringt! Siebeneinhalb Stunden Schlaf – vielleicht nur sechs, oder sogar acht –, eine Stunde für Essen, eine Stunde für Spazierengehen, sechs Stunden für Arbeit, zwei Stunden für Lektüre, eine Stunde für körperliche Übungen, usw. Wir möchten uns nicht dafür verbürgen, daß die hier angeführten Zahlen genau stimmen; jedenfalls ist die eine Stunde »für körperliche Übungen« nicht zu reichlich bemessen. Feuchtwanger ist ein sehr eifriger Turner, Dauerläufer, Schwimmer und Springer. Frau Feuchtwanger ist sein Trainer, und einen besseren könnte er gar nicht finden; denn sie ist geprüfte Sportlehrerin, und der hochaufgeschossenen, sehr schlanken Dame mit der dunkelbraun verbrannten Haut ist es wohl anzusehen, daß sie auf jedem sportlichen Gebiet Erhebliches leistet. Sie läßt keineswegs zu, daß ihr Gatte Fett ansetzt. Jeden Morgen muß er seine sportliche Pflicht tun, ehe er das Frühstück bekommt, und wenn er nicht die »vorgeschriebene« Anzahl von Kniebeugen ausgeführt hat, gibt es kein weiches Ei.

Er liebt es nicht, lange allein am Schreibtisch zu sitzen, sondern er diktiert seiner Sekretärin – einem gescheiten Mädchen, das er schon seit Jahren um sich hat und die mit seiner Arbeitsmethode vertraut ist. Seine Bücher, die so leicht und wie in einem Zuge geschrieben zu sein scheinen, sind in der Tat das Ergebnis komplizierter Vorarbeiten, sorgfältiger Studien und fast mathematischer Berechnungen. »Was schließlich stehenbleibt und gültig ist und vors Publikum kommt«, hat Feuchtwanger uns einmal gesagt, »ist nur ein Bruchteil von dem, was ich geschrieben habe. Oft mache ich eine Szene fünf oder sieben Mal, ehe ich ihre Form endgültig gutheiße und sie mir wirklich abgeschlossen erscheint. Wenn ich in einem Roman-Abschnitt verschiedene Personen auftreten, sprechen und handeln lassen muß, schildere ich oft die gleiche Situation erst vom Standort der einen, dann von dem der anderen Person aus – dergestalt, daß ich von der einen Episode eine Reihe ganz verschiedener Versionen vor mir habe. Dann entscheide ich mich für die beste.« – Er zeigte uns ein Manuskript, das solcherart zustande gekommen war. Die aufeinandergeschichteten Blätter hatten mehrere Farben: »Damit ich nichts durcheinanderbringe«, erklärte uns Feuchtwanger, »und immer weiß, hier habe ich den Gesichtspunkt der einen, dort den der anderen angenommen«.

Feuchtwanger gehört zu den ganz wenigen geistigen, produktiven, nicht-primitiven Menschen, die wir kennen, denen man anmerkt, daß sie herzlich gern leben und Pflichten wie Annehmlichkeiten des Lebens durchaus genießen. Ja, er genießt auch die Pflichten. Sein Arbeitseifer – und er ist sicherlich einer der fleißigsten unter den lebenden Schriftstellern – hat nichts Verbissenes, sondern etwas fast Lustiges; er arbeitet mit einem sportlichen Enthusiasmus.

Die Arbeit freut ihn, und es freut ihn der Erfolg, den er so reichlich erntet. Freilich mußte er ziemlich lang auf ihn warten; vielleicht genießt er ihn gerade deshalb nun um so herzlicher. Als der *Jud Süß* erschien, war Feuchtwanger schon kein Jüngling mehr und in Deutschland zwar in literarischen Kreisen respektiert, aber doch keineswegs populär. Plötzlich war der Weltruhm da, gleichsam über Nacht. Er blieb ihm treu, und er wuchs – vor allem in den angelsächsischen Ländern – während der folgenden Jahre. Es erschienen: *Die häßliche Herzogin* und der große politische Roman *Erfolg*. In der Emigration entstanden: *Die Geschwister Oppenheim* – der bewegende und schlichte Bericht vom Martyrium einer jüdischen Bürgerfamilie in Deutschland (übrigens auf dem deutschen Buchmarkt, außerhalb des Dritten Reiches, der erfolgreichste Roman, der seit 1933 erschienen ist); *Der Jüdische Krieg*, erster und zweiter Band; *Der falsche Nero* und die kleine Schrift über eine Rußland-Reise *Moskau 1937*. Ein großer Roman über das Schicksal der deutschen Emigranten ist in Vorbereitung. Die internationale Popularität von Feuchtwangers Schriften ist erklärlich und übrigens ein erfreuliches Phänomen. Es gibt raffiniertere deutsche Stilisten und kompliziertere, reichere Geister. Aber es gibt wenige, die einen Roman mit der gleichen Sorgfalt und, man möchte sagen: passionierten Gewissenhaftigkeit, mit dem gleichen Sinn für Spannungen, Wirkungen, Steigerungen zu bauen verstehen. Zu den literarischen Qualitäten kommt ein sittlicher Ernst – um dessentwillen wir den Erfolg dieser Bücher erfreulich finden. Feuchtwanger hat in seinem Leben keine Zeile geschrieben, deren er sich moralisch zu schämen brauchte – und vieles, auf das wir, seine Freunde, mit ihm stolz sein können. Er ist gescheit und tapfer, und er tritt immer, mit Nachdruck und Temperament, für die gute Sache, die Sache der Gerechtigkeit und der Freiheit ein. Als Emil Ludwig ihm zum fünfzigsten Geburtstag gratulieren wollte, telegraphierte er ihm nur drei Worte: »*Talent und Tapferkeit.*« Damit hatte der geübte Biograph und Menschenschilderer ein abgekürztes, aber doch nicht ungenaues Bild von Feuchtwangers Wesen gegeben.

In manchen Kreisen der deutschen Exilierten macht sich eine gewisse Opposition gegen Feuchtwangers Moskau-Schrift bemerkbar. Man fand sie zu kritiklos gegenüber dem Sowjet-Staat; man nahm Anstoß an ihrem fast bedingungslosen Enthusiasmus. Hierüber wäre mehreres zu sagen – unter anderem, daß der Enthusiasmus eben nur *fast* und nicht *ganz* bedingungslos ist: immerhin enthält die Broschüre genug kritische und selbst tadelnde Anmerkungen, so daß ihre Publikation in russischer Übersetzung eine Zeitlang fraglich schien. Wir können und wollen aber hier nicht untersuchen, ob alles Lobende, was Feuchtwanger über das Stalin-Regime mitzuteilen hat, durchaus objektiv, durchaus »richtig« ist; übrigens sind wir der Ansicht, daß es eine absolut objektive Einstellung und Betrachtungsweise einem so kolossalen, so komplexen und sich so rapid verändernden Phänomen wie der Sowjetunion gegenüber gar nicht geben kann. Sicher ist nur, daß Feuchtwanger seinen Bericht *guten Willens,* »nach bestem Wissen und Gewissen« geschrieben hat. Er ist kein Fanatiker: seiner eher skeptischen und gelassenen Natur liegt nichts ferner als Fanatismus. Er ist nur einfach der Ansicht, daß es in der Sowjetunion mehr zu bewundern als zu tadeln, mehr zu lieben als zu verabscheuen und zu verdammen gibt. Er ist zum Beispiel der Überzeugung, daß bei dem großen Prozeß gegen Radek und seine Genossen – ein Prozeß, dem Feuchtwanger persönlich beigewohnt hat – nicht Komödie gespielt und nicht geschwindelt, sondern Recht gesprochen wurde. Es ist lächerlich, zu behaupten oder auch nur anzudeuten, Feuchtwanger sei in Moskau »bestochen« worden – sei es durch Ehrungen, sei es auf noch ordinärere Art. Ehrungen hat er auch sonst schon kennengelernt, und auch durch Geld ist der Autor des *Jud Süß* nicht mehr so leicht zu beeindrucken. Auch »politische Leidenschaften« dürften ihn, als er seinen Moskau-Bericht schrieb, kaum beeinflußt haben: er ist, seinem Wesen nach, eher ein dem Historischen zugewandter und betrachtender als ein politischer und aktivistischer Mensch.

Es war dem Schriftsteller Lion Feuchtwanger immer sehr um Gerechtigkeit zu tun, auch in der Frage Rußland. Der um Gerechtigkeit innig Bemühte mag irren; aber er irrt doch nicht bösen Willens. Auch ist kaum anzunehmen, daß er leichtsinnig irrt. Leichtsinnig ist Feuchtwanger nie;

sondern er pflegt genau nachzudenken und zu prüfen, ehe er sich vernehmen läßt. Wäre es anders, dann könnten seine Bücher nicht die schönen Eigenschaften haben, denen sie ihren Weltruhm verdanken.

Eine große Anzahl deutscher Intellektueller hatte »eine zweite Heimat«, irgendein anderes europäisches Land, wo sie jedes Jahr eine Zeitlang lebten und dessen Sprache sie so gut wie die eigene beherrschten. Als aus naheliegenden Gründen Deutschland für sie untragbar wurde, konnten sie sich in diesem anderen Land niederlassen, ohne sich dabei völlig heimatlos zu fühlen.

Alfred Neumann zum Beispiel, verbrachte soviel Zeit in Florenz, daß er sich dort beinahe genauso zu Hause fühlte wie in München, wo er bis 1933 ein bezauberndes Haus hatte. Als München, diese Kreuzung zwischen provinzieller Idylle und mondänem, gesellschaftlichem Zentrum zu diesem höchst unangenehmen Ding, »der Hauptstadt der Bewegung«, verwandelt wurde, verlegte Neumann ohne jedes Zögern seinen Wohnsitz nach Florenz. Es bleibt offen, wie lange es ihm und seiner Frau möglich sein wird, dort angesichts der Politik der Achse angenehm zu leben. Während wir diese Worte niederschreiben, lebt Neumann vielleicht schon am Züricher See, anstatt in Italien. Er arbeitet mit dem Regisseur Piscator zusammen an einer Dramatisierung von Tolstois *Krieg und Frieden,* ein schwieriges und anregendes Unterfangen, welches den beiden Deutschen von niemand geringerem als dem Regisseur Gilbert Miller vorgeschlagen wurde.

Neumann, dessen Weltruhm seit *Der Teufel* gesichert und beständig ist, hat in knapp sechs Jahren seines Exils eine beachtliche Menge an Arbeit geleistet. Die zwei umfangreichen Bände seines Romans über Napoleon III., *Neuer Caesar* und *Kaiserreich,* schrieb er in jenen Jahren, und sie errangen beachtliche internationale Anerkennung. Sie enthalten eine epische Darstellung und eine psychologische Interpretation des letzten französischen Herrschers, dessen Charakterzüge, die eine unheimliche Ähnlichkeit mit denen der Tyrannen der Gegenwart haben, auf merkwürdige Weise mit humanitären und liberalen Elementen des neunzehnten Jahrhunderts vermischt sind.

Neumann, der gesetzt und fast träge wirkt, ist ein erstaunlicher Arbeiter; außer der kreativen Arbeit, die er in seine Bücher steckt, fand er Zeit, mehr als einer lukrativen Nebenbeschäftigung nachzugehen. So beteiligte er sich

persönlich an dem Drehbuch zu dem Pariser Film *Der Patriot.* In einem
später veröffentlichten modernen, kürzeren Roman, *Die Goldquelle,* ist die
Heldin eine Spekulantin im großen Stil einer Madame Hanau, deren
finanzielle Abenteuer in Paris solchen Aufruhr verursachten.

»Auf unserer schönsten Straße sollten wir einen großen, großen Topf auf-
stellen, dahinein sollten wir alle unsere Herzen tun und sie der Elisabeth
Bergner zum Geburtstag schenken!« schrieb ein mächtiger Berliner Kritiker, als die Schauspielerin Bergner irgendein Geburtstagsfest feierte. Und es
ist sicher, daß er mit so überschwenglicher Huldigung nur den Gefühlen
Ausdruck gab, die man in der deutschen Hauptstadt für sie hegte. Man hat
sie sehr geliebt. Es hat auf der deutschen Bühne dieses Jahrhunderts (außer
Fritzi Massary vielleicht) kaum eine Frau gegeben, der so sehr die Herzen
zuflogen, die so zu rühren und hinzureißen, zu beunruhigen und zu bezau-
bern wußte, wie die Bergner. Die Wirkung, die von ihr ausgeht, ist vielleicht noch mehr eine persönliche als eine eigentlich schauspielerische
(trotz ihres enormen schauspielerischen Könnens!). Man sagte in Berlin
nicht mehr: »Ich gehe in *Romeo und Julia*«, »Ich möchte *Die Heilige Johanna* sehen...«, man sagte: »Die Bergner, – ich möchte die Bergner sehen,
ach, wie gern möchte ich die Bergner sehen, aber natürlich, es ist wieder
ausverkauft.«
    Die Kunst der Bergner besteht darin, daß sie sich, ihrer eigenen schillern-
den und überraschenden Person, alle Möglichkeiten, alle Farben und Töne abzugewinnen weiß, daß sie ein Wesen von ungreifbar koboldhaftem,
dabei rührend-kindlichem, schmeichlerisch-zartem, knabenhaft-rauhem
Zauber darstellt, dem sie die Schicksale der Figuren unterschiebt, die es
darzustellen gilt und die oft nicht viel mehr sind als der Vorwand, der da
sein muß, damit die Bergner jubeln und schluchzen, locken und streiten
und – mit einer ganz rauhen Stimme – schimpfen kann. Sie ist klein und
schmächtig, knabenhaft im Wuchs, mit langen, sehr schmalen und geraden
Beinen, die sie gern ein wenig ungeschickt stellt, das nimmt sich rührend
aus. Das Gesicht mit den hellen und weiten Augen ist nicht eigentlich
schön, aber von großer Bewegtheit und Vielfalt des Ausdrucks; wenn das
Unruhvolle still wird oder wenn ein Tränenschleier den Blick verhängt,
während der große und schöngeschwungene Mund ein wenig zittert, wie

bei einem Kind, das gleich weinen wird, dann möchte ein jeder Zuschauer, Mann oder Frau, sie in die Arme nehmen und trösten, – nicht mehr: nur tröstend hin und her wiegen, bis sie wieder lustig ist.

Ihre Manier zu sprechen ist eigenwillig. Sie hat eine Art, sich der Worte zu bemächtigen, ganz tief in sie hineinzugehen, sie nach Belieben zu zerdehnen oder wegzustoßen, die selbstherrlich und faszinierend ist. Alle jungen Schauspielerinnen in Deutschland versuchten eine Zeitlang, es ihr darin gleichzutun, – »bergnern« nannte man das, – aber stand das rätselvolle Geschöpf nicht selber hinter solchem Unwesen, dann funktionierte der Zauber nicht, der nur ihr gehorchte.

Sie ist ungeheuer klug, Elisabeth Bergner. Ihr Talent wird gespeist aus den Tiefen einer komplizierten, vielschichtigen und phantasiebegnadeten Natur, aber ebenso entscheidend aus einem Intellekt, der wie eine Präzisionsmaschine arbeitet. Die Bergner weiß in jedem Augenblick – noch in den hingenommensten und dunkelsten Momenten – sehr genau, was sie tut. Ihre Nuancen setzt sie mit einer Exaktheit, ihre Pointen mit einer Prägnanz, die bewundernswert sind. Und sucht man das Geheimnis ihrer Wirkung zu ergründen, so wird man seine Lösung in der seltenen Mischung aus Instinkthaftem und Geistigem, aus dämonisch Getriebenem und kristallklar Verstandes-Kühlem finden.

Dieselbe Mischung muß es auch gewesen sein, die es der Bergner, mehrere Monate bevor Hitler zur Macht kam, eingab, daß sie Deutschland verlassen und sich nach England begeben sollte. Sie war auf der Höhe ihrer deutschen Triumphe, und selbst für solche, die zu sehen glaubten, was kommen würde, schien unausdenkbar, daß ein Volksliebling wie die Bergner, eine Kassen-Attraktion wie sie, eine unpolitische Figur, unmittelbar davon betroffen werden würde. Ihre Freunde und Bewunderer, von denen viele heute Grund haben, sie um ihren Weitblick und ihre Entschlußkraft von damals zu beneiden, schüttelten entsetzt die Köpfe. »Unsere Bergner ist seltsam geworden«, sagten sie, »sie flieht vor Gespenstern«. Tatsächlich hatten die Gespenster, die ihr in den Träumen erschienen, sie seit Jahren schon dermaßen beunruhigt, daß sie, in aller Stille, begonnen hatte, sich von Deutschland zu lösen, was sich zunächst so vollzog, daß sie Englisch lernte. All ihre Ferien verbrachte sie irgendwo in England auf dem Land; und zu einer Zeit, in der jedermann nichts als einen ehrgeizigen *spleen* darin erblickte, bemächtigte sie sich mit erbitterter Energie der fremden Sprache, die sie schon beinahe vollständig beherrschte, als Berlin, das sie ahnungsvoll verlassen hatte, seine Tore hinter ihr schloß. Ihr Erfolg in London war ungeheuer. Das englische Publikum, dem man Kühle nachsagt, reagierte auf die Reize und Beunruhigungen, die von ihr ausgehen, mit genau der Heftigkeit, die sie aus Berlin kannte, – die Rezensionen der Presse hatten genau den hingerissenen und betörten Tonfall wie die unserer Zeitungen (»Alle unsere Herzen der Bergner zum Geburtstag schenken…!«). Auf englisch »bergnerte« sie schon wie im Deutschen, – die fremden Worte zerdehnte und zerpflückte sie mit der gleichen selbstherrlichen Unbefangenheit. Ging man ins Theater, um *Wie es Euch gefällt,* um *Escape Me Never!* zu sehen? Die Bergner wollte man sehen, die Bergner, nur war es natürlich wieder ausverkauft.

Ihre großen Filme *As You Like It, Dreaming Lips, Escape Me Never* haben sie auch in Amerika schnell populär gemacht. Dabei unterstützte sie ihr Mann, der Regisseur Paul Czinner. Das New Yorker Gastspiel hatte nicht ganz den triumphalen Charakter ihrer englischen Premieren, was vielleicht mit den überlebensgroßen, kaum zu erfüllenden Versprechungen zusammenhing, die eine allzu eifrige Vorpropaganda dem amerikanischen Publikum gemacht hatte.

Das Phantastische bleibt bestehen, und der Glanz ihres zweiten Aufstiegs, eines Aufstiegs in der Verbannung, in einer Sprache, die nicht die ihre ist, hat kaum seinesgleichen.

Waren auch dem Schriftsteller Erich Maria Remarque Gespenster erschienen, hatte auch er geheimnisvolle, warnende Vorahnungen gehabt, als er, beträchtlich vor Hitlers »Machtergreifung«, Deutschland verließ? Aber seine Gespenster waren greifbar, sie trugen die Uniformen der Hitlerschen Stoßtrupps, und sie machten einen fürchterlichen Radau. Man hatte Remarques Buch, den sensationellen Welterfolg *Im Westen nichts Neues* in Berlin verfilmt. Die liberale Presse aller Länder hatte den Roman, der in einer äußerst objektiven, wahrheitsgetreuen, oft sogar verlockenden Art vom Krieg erzählt, als »pazifistisch« gepriesen. Der Autor selbst hatte es nicht, oder doch nicht ausschließlich, so gemeint. Er hatte den Krieg in seiner Schrecklichkeit dargestellt, aber es gab viele Szenen in diesem Buch, die von der großen Kameradschaft in der Nähe des Todes, von den abenteuerlichen Reizen des Lebens an der Front, von den Vorteilen der Flucht aus dem bürgerlichen Alltag Zeugnis ablegten. Den Nazis genügte Remarques Ruhm als »Pazifist«, um den politisch desinteressierten, rein-»arischen« jungen Schriftsteller als ihren Feind zu empfinden. *Im Westen nichts Neues* war in einer Millionenauflage unter den Deutschen verbreitet; das war schlimm genug. Nun kam noch dieser Film, und mit der »nationalsozialistischen« Geduld hatte es ein Ende. Die Hitlerbuben randalierten, die republikanische Polizei, wie immer, ließ sie gewähren. Und Remarque, den schon der kolossale und unerwartete Erfolg seines Buches (das sein erstes war) in ungläubiges Erstaunen versetzt hatte, fand sich plötzlich inmitten eines politischen Skandals, den heraufzubeschwören er nicht die leiseste Absicht gehabt hatte.

Er verließ Deutschland, das ihm nicht mehr geheuer war. Unserem Vater, der ihn in der Emigration kennenlernte, sagte er: »Ich bin wie durch Zufall auf die Seite verschlagen worden, auf der ich jetzt stehe; ich weiß aber, daß es, zufällig, die richtige ist.« Und als die Nazis, die schließlich einsahen, daß sie einen argen Fehler gemacht hatten und daß sie den blonden und weltberühmten Remarque daheim sehr gut hätten brauchen können, einen Abgesandten zu ihm schickten, der ihn nach Berlin zurückholen sollte, antwortete er: »Wie? Fünfundsechzig Millionen möchten heraus aus Deutschland, – und ich sollte mich, freiwillig, hineinbegeben? Nicht doch!« Und er blieb, wo er war, in seinem schönen Haus in der italienischen Schweiz, wo er umgeben von guten Bildern und ausgewählten Grammophonplatten seiner Arbeit lebt.

Als wir ihm, vor vielen Jahren, in Berlin zuerst begegneten, hatte er noch nichts geschrieben als ein Buch voll von Cocktailrezepten. Aber *Im Westen nichts Neues* war schon im Entstehen. Seine Situation nach dem bestürzend jähen Aufstieg schien prekär. Was würde jetzt kommen, – wie würde der neue Stern die Hoffnungen erfüllen, die man in ihn setzte? Man beriet in allen literarisch interessierten Kreisen: »Was nun? – Was wird Remarque uns als nächstes liefern?« »Am besten nichts Neues«, sagte ein Scherzbold und charakterisierte damit grausam die Lage eines Künstlers, der fürchten muß, die schwindelnde Höhe, in die ein jäher Erfolg ihn getragen, nicht halten zu können, – abzustürzen, bei allernächster Gelegenheit. Remarques zweites und drittes Buch, *Der Weg zurück* und *Drei Kameraden,* zeugen insofern von dieser Furcht, als sie sich von dem Gegenstand, mit dem ihr Autor einmal so glücklich gewesen, nicht gelöst haben. Sie handeln beide vom Krieg, wenn auch auf andere, weniger direkte Art. *Drei Kameraden* war lange in vielen fremden Sprachen schon erschienen, ehe Remarque sich entschloß, eine deutsche Ausgabe herauszubringen; ängstlich, zweiflerisch und unsicher verschloß er das Originalmanuskript in seinem Schreibtisch. »Am besten nichts Neues«, mag er gedacht haben; aber dann ist der Roman auch im Deutschen ein starker Erfolg geworden, und in Amerika hat man ihn sogar verfilmt. Die Nazis freilich, erbost und rachsüchtig, bedrohen mit Boykott sogar die amerikanischen Schauspieler, die im Film von den *Drei Kameraden* mitgewirkt haben.

KAPITEL III

SPÄTE EMIGRANTEN

COMPROMISE FAILS

Lieber Klaus,

nimm meinen besten Dank für den Glückwunsch und alle Deine Mitteilungen. Ich wußte nicht, daß Deine Eltern vielleicht schon drüben bleiben. Wann sehe ich dann meinen lieben Bruder wieder? Er ist mein letzter Zusammenhang mit der fernen Vergangenheit. Indessen wird der Mut nun bald darin geübt sein, auf Erden wenig Verwandtes zu suchen. Stendhal, aus Turin datiert: »Hier auf der Straße erhebt man den Blick nur bis zur Brust der Begegnenden, wegen ihrer Orden. Die Gesichter sind zu gemein.« Etwa 1820.

Das war auch schon da. Die Gesichter sind dann wieder besser geworden, auch das Gesicht Europas. So wird es nochmals kommen. An Hitler glaub' ich nicht. Die Gesittung geht nicht wie ein Reich unter, und was ist ein Reich? Bei Goethe steht ungefähr, Dein Vater zitierte es mir einst: »Der Untergang eines Reiches ist nichts Wirkliches. Wirklich ist der Brand eines Bauernhofes.« Die Eroberer und Diktatoren vermehren das Unglück der Zeitgenossen, sie geben dem Tod einen Vorsprung vor dem Leben. Das ist schlimm genug, hat aber für die Dauer noch nie etwas geändert.

Die Menschen haben den bewundernswerten Willen, glücklich zu werden. Jetzt soll er ihnen mit Brandbomben ausgetrieben werden: ein untaugliches Mittel. Die Herren des Stahl- und Eisenregens werden ein ganz bescheidenes Ende nehmen, in Käfigen nackt ausgestellt vor Volksmassen, die sie immer durchaus mit sich beschäftigen wollten. Es wird viel Blut kosten, sie zu bekommen. Versprich immerhin Deinen Freunden in Amerika, daß sie Hitler und Genossen eines Tages zu schön bekommen sollen, viel weniger schön und prächtig als diese Schreckgespenster heute der Welt erscheinen, und gar kein Schrecken mehr, außer wenn man sie nötigt, in ihren Käfigen ihre Parteilieder anzustimmen. Dann heulen die anwesenden Hunde.

Auf Wiedersehen, wenn Du vor Deiner Überfahrt mich besuchen willst.

Dein Onkel
HEINRICH MANN

LÄNGST NICHT ALLE, DENEN DIE NA-
zis unsympathisch oder verhaßt waren, konnten sich gleich zur Emigration
entschließen. Viele dachten: Wir müssen abwarten. Es wird vielleicht nicht
ganz so schlimm werden, wie wir es uns nun, im ersten Schrecken, vorstellen. Auch einige große Schriftsteller und Künstler, die mit den Nazis nichts
zu tun haben wollten, dachten so – und handelten danach. Sie blieben
zunächst in Deutschland, obwohl sie keineswegs vorhatten, sich »gleichschalten« zu lassen. Es dauerte oft mehrere Jahre, bis sie zu der bitteren Erkenntnis kamen, daß für einen geistig produktiven Menschen von Anstand
und Selbstgefühl das Leben im Exil dem Leben in einer entwürdigten Heimat doch noch vorzuziehen ist...

Als wir den deutschen Maler Beckmann im April 1933 in Paris fragten:
»Werden Sie nach Frankfurt am Main zurückkehren?«, antwortete er fast
beleidigt: »Aber warum denn nicht?! Natürlich kehre ich nach Hause
zurück. Was hat sich für mich denn geändert? Was habe ich denn mit Politik zu tun? Ich bin doch Maler! Meine Frauen oder Akrobaten oder Landschaften werde ich malen dürfen, ob Hitler regiert oder die Kommunisten
oder der Sultan aus dem Land, wo der Pfeffer wächst. Wie sehr hatte er sich
geirrt! Er durfte seine Frauen und Akrobaten keineswegs malen, »ob nun
Hitler regierte oder der Sultan aus dem Land, wo der Pfeffer wächst«. Der
exotische Fürst hätte vielleicht Respekt vor dem Talent Beckmanns gehabt
oder mindestens Nachsicht mit ihm. Hitler, die empfindsame Künstler-
natur, kennt weder Nachsicht noch Ehrfurcht. Der künstlerische Stil Beckmanns – die harte Führung seiner Linien und die fast wilde Glut seiner
Farben – ist verdächtig: »Das riecht nach Kulturbolschewismus!« rufen die
neu-deutschen Kunstkritiker, – ganz ähnlich wie früher die alten Damen
und Pastoren teils hoffnungsvoll, teils entrüstet »Unzucht« witterten, wenn
sie auf einem Bilde eine nackte Frau oder einen mangelhaft bekleideten
Jüngling entdeckten.

Im Jahre 1937 begegneten wir dem Maler Beckmann auf der Straße in
Amsterdam. »Nun?« erkundigten wir uns teilnehmend. »Nicht mehr in
Frankfurt?« Er zuckte böse die Achseln. »Schluß mit Frankfurt. Schluß mit
Deutschland. – Ich durfte dort nicht mehr ausstellen – es fehlte nur noch,
daß mir das Kultusministerium per Einschreibebrief das absolute Verbot zu
malen übermitteln ließ – wie es mehreren meiner Kollegen passiert ist. –

Man rechnet mich zu den ›Entarteten‹. Nichts zu machen. – Man kann auch woanders anständige Bilder malen und sie ausstellen, und manchmal kann man sie sogar verkaufen…«

Wenn wir Freunde treffen, von denen wir wissen, daß sie unserer Gesinnung sind und daß sie es trotzdem noch Jahre lang im Dritten Reich ausgehalten haben, kommt uns ein Gefühl, in dem Mitleid und Neid sich mischen. Wir spüren Mitleid bei dem Gedanken: Was müssen die alles ertragen und gelitten haben, dort drinnen… Und wir spüren etwas Neid, wenn wir uns überlegen: Was haben die alles gesehen! Wieviele Details des deutschen Alltagslebens kennen die – unzählige, kaum zu schildernde Kleinigkeiten, die uns, die wir von Anfang an im Ausland waren, immer unbekannt bleiben werden.

Gerade von diesen wichtigen und leichten Details – von jenen Dingen, die nicht eigentlich »Vorkommnisse« sind und nicht eigentlich »Tatsachen«, diesen atmosphärischen und psychologischen Nuancen, die sich jeder Statistik entziehen und von denen kein Ausländer Kenntnis nimmt, von diesen zartesten und doch entscheidenden Dingen können solche berichten, die das Leben in Nazi-Deutschland noch selber mitgemacht haben und die nicht nur zu sehen verstehen, sondern auch zu schildern.

Diese Voraussetzungen sind nur in wenigen Fällen erfüllt. Frau Irmgard Keun zum Beispiel ist eine Augenzeugin des deutschen Elends, die zu beschreiben weiß, was sie geschaut hat mit ihren Augen und gehört mit ihren Ohren. Ursprünglich war sie eine Schriftstellerin, der Publikum und Presse gern bestätigten, daß sie amüsant und geschickt sei, während ihr kaum jemand psychologische oder poetische Tiefe nachrühmte. Ihr kleiner Roman *Das kunstseidene Mädchen* war ein populärer, gar-zu-populärer Erfolg gewesen. Was sie aber in Deutschland von 1933 bis 1936 mitansehen mußte, beeindruckte nicht nur ihr Herz, sondern steigerte auch ihr Talent. Als sie das Reich endgültig verlassen hatte, mußte sie sich gleich »von der Seele schreiben«, was ihr die Seele so schwer und kummervoll machte: und sie schrieb den kurzen Roman *Nach Mitternacht* – er ist auch ins Englische übersetzt worden –, der nach unserem Dafürhalten die stärkste, anschaulichste Darstellung des alltäglichen Lebens im Dritten Reich ist, die wir haben. Denn hier handelt es sich nicht um politische Ereignisse dramatischer Art, auch nicht um die Schrecken der Konzentrationslager, der Judenverfolgungen, der Bücherverbrennungen; sondern eben wirklich um den Alltag; um das, was keine Zeitung, kein Reporter zu berichten weiß; um die kleinsten Leiden – die die größten sind. In einem zweiten Roman, *D-Zug dritter Klasse,* der gleichfalls Nazi-Deutschland als Hintergrund hat, bewies die Keun nochmals, wie sehr ihre erzählerischen Gaben gewachsen sind; doch bleibt die epische Studie aus dem Eisenbahn-Coupé hinter dem ersten, so bewegt und so bewegend abgefaßten Bericht an literarischer wie an menschlicher Stärke zurück.

Übrigens ist es bemerkenswert, wie sehr gewisse weibliche Autoren, die in Deutschland von vielen Tausenden gelesen und geliebt wurden, nun auch in der Gunst des internationalen Publikums bleiben. Das gilt nicht nur von Frau Irmgard Keun, deren Bücher auch »draußen« schöne Erfolge zu verzeichnen haben; es gilt ebenso für mehrere ihrer Kolleginnen, die wie sie im Exil sind: Adrienne Thomas, Gina Kaus, Christa Winsloe. Es ist der Mühe wert, darüber nachzudenken, warum gerade diese weiblichen Talente den Ton und die Themen finden, von denen auch Leser in Istanbul oder in London, in Boston oder Rio de Janeiro berührt und gefesselt werden; während Männer, die ihnen an schriftstellerischen und intellektuellen Gaben weit überlegen sein mögen, oft abseits stehen, ihre Werke nur noch für ein paar hundert Kenner schreiben oder sie gar nicht mehr veröffentlichen können. Die Erklärung ist sicherlich teilweise in der größeren weiblichen Anpassungsfähigkeit an den internationalen Geschmack zu finden, einer Fähigkeit, welche die Frauen mit einem gewissen jüdischen Schriftsteller-Typus teilen. Es gibt aber auch tiefere Gründe für das Phänomen der mondialen Beliebtheit weiblicher Autoren. Wir dürfen annehmen, daß die Bücher von Frauen überall vor allem von Frauen gelesen werden. Es scheint also, daß eine Frau aus Detroit sich leichter mit einer Frau aus Frankfurt oder Wien verständigt, als ein Mann aus Paris mit einem Mann aus London. Alle Frauen haben die entscheidenden Interessensphären – ob es sich um Mutterschaft oder um Küche, um Kleidung oder um Flirt, um große Schmerzen oder um kleine Freuden handelt – durchaus gemeinsam. Von den Männern läßt sich das gleiche kaum behaupten... Wenn eine Berlinerin von dem erzählt, was ihr Herz bewegt, wird es auch das Herz einer Dame in Kapstadt bewegen. Die Frauen sind natürlichere Wesen als die Männer. Die Natur verständigt sich überall mit sich selbst. Sie sind auch realistischere Wesen als die Männer. Das gemeinsame Interesse für *Dinge* hebt die geistigen Unterschiede und Spannungen auf. Die Männer, vom Geist besessen, reden hartnäckig aneinander vorbei. Eine Frau spricht – ganz einfach und ohne auf »die Welt als Wille und Vorstellung«, den »kategorischen Imperativ« oder die »Menschenrechte« irgend Bezug zu nehmen – davon, daß ihr Kind die ersten Zähne bekommen hat, daß »die Herren Blonde bevorzugen«, daß Katzen hübsch sind, daß die Liebe sehr wehtun kann – und alle Frauen der Welt bekommen gleich feuchte Augen. Das merkwürdige Paradox ergibt sich, daß der Geist, der einerseits das verbindende, versöhnende, alles umfassende Element zwischen den Völkern ist, auch das trennende, tragisch entfremdende, das Unruhe stiftende Element sein kann.

Um nur ein Beispiel zu nennen: unsere Freundin Christa Baronin Hatvany, die sich als Schriftstellerin Christa Winsloe nennt, war zunächst nur eine schöne, unterhaltende »femme du monde«. Ihr Haus in München war reizend geführt und stand vielen Gästen offen. Vorher hatte sie schon in Budapest und Wien ein »Haus gemacht«; damals war sie mit dem ungarischen Schriftsteller und *grand seigneur* Baron Ludwig Hatvany verheiratet, der im literarischen und auch im politischen Leben seines Landes eine bedeutende Rolle spielte. Unsere Freundin Christa war zu klug, um sich auf die Dauer durch gesellschaftliche Erfolge befriedigen oder auch nur amüsieren zu lassen. Sie hatte künstlerischen Ehrgeiz, der sich zunächst dadurch manifestierte, daß sie niedliche Tier-Plastiken herstellte. Eines Tages erzählte sie uns bei Tische, ziemlich beiläufig: »Kinder, ich will jetzt ein Stück schreiben. Mir ist ein hübsches Thema eingefallen, eine Jugenderinnerung. Ich war doch als kleines Mädchen in so einem seltsamen, feierlich steifen Internat in Potsdam, wo nur Kinder aus ganz ganz einwandfreien Familien sein durften und über das Ihre Majestät, die deutsche Kaiserin, das Protektorat hatte…« – Daraus wurde dann *Mädchen in Uniform* – oft kopiert und nie erreicht! –, erst das Theaterstück, dann der Film, dann der Roman, und es wurde der Welterfolg. Christa Hatvany – die mit ihren Tier-Plastiken und ihren Dinner-Parties bis dahin zufrieden, wenn wohl auch nicht ganz zufrieden gewesen – war ob dieses plötzlichen Ruhmes sicherlich ebenso verwundert wie sie glücklich war. In ihrem Geiste trugen sich keine weltbewegenden Dinge zu; sie hatte also wohl kaum erwartet, daß dieser Geist etwas produzieren könnte, was im Stande war, die Welt, wenn nicht zu »bewegen«, so doch lange Zeit sehr zu rühren und in Atem zu halten. Warum war ihre dramatisierte Kindheitserinnerung plötzlich so interessant für fünf Kontinente? Weil Christa Hatvany in ihrem Herzen ein einfaches, starkes und echtes Gefühl bewahrt und nun wiederentdeckt hatte und weil sie dieses Gefühl so auszudrücken wußte, daß Hunderttausende Schmerz und Wonne der eigenen Kindheit, der eigenen ersten Liebe, die in ihnen nur zugedeckt, aber nicht verschwunden waren, wiedererkannten. Das melancholisch-holde Gefühl solchen Wiedererkennens – dieser angenehme, bitter-süße Stich in der Herzgegend – wurde von den Hunderttausenden dankbar empfangen, wie ein unerwartetes kleines Geschenk.

Es gab Menschen in Deutschland, die 1933 glaubten, daß sie die deutsche Katastrophe wie ein zwar lautes, aber im Grunde unwichtiges und verächtliches Ereignis an sich vorübergehen und, gleichsam in einem langen Winterschlaf, nicht zur Kenntnis nehmen könnten.

Ein großer deutscher Dramatiker, der am 30. Januar 1933 in den Mittagsblättern die Nachricht las, daß Herr Hitler Reichskanzler geworden war, sagte mit einem Achselzucken zu dem Freund, mit dem er im Caféhaus saß: »Was ist schon weiter passiert? Ein Kegel-Club hat seinen Vorstand geändert – das ist alles. Was geht's mich an? Ich sitze zwischen meinen vier Wänden, die übrigens außerhalb der Stadt Berlin, in einer stillen und neutralen Gegend aufgebaut sind, und ich gehe weiter meinen Geschäften nach.«

Der große Dramatiker, der so souveräne und unbeteiligte Gedanken hatte, war Georg Kaiser – ohne Frage eine der originellsten und anziehendsten Gestalten der neuen deutschen Literatur. Er war immer sehr unabhängig gewesen und hatte sich niemals bürgerlichen oder literarischen Konventionen gefügt. Die zugleich barock komplizierten und mathematisch klaren Konstruktionen seiner Dramen und Komödien hatten wie die Produkte einer genialen Laune – halb wie etwas kühl Berechnetes, halb wie etwas willkürlich Improvisiertes, niemals aber wie Bekenntnisse oder wie etwas menschlich Lebendiges gewirkt. Das Geheimnisvolle dieser hoch zerebralen Dialoge und Szenen war, daß sie auf eine seltsam indirekte Art trotz allem wirkten, daß sie nicht nur den Verstand anregten und zur fachmännisch-literarischen Bewunderung nötigten, sondern daß sie auch das Herz berührten – obwohl doch das Herz ihres außerordentlichen Autors an ihrer Entstehung so durchaus nicht beteiligt schien.

Wäre nicht das innerste Gefühl dieses Mannes, der äußerlich mehr einem Börsenspekulanten als einem Dichter gleicht, in die Konstruktion seiner Dramen eingegangen – wäre der Grund, auf dem diese spröden und steilen Stahl-Gerüste sich erheben, nicht doch getränkt mit dem Blut seines Herzens: wir hätten nicht so ergriffen, nicht so bezaubert sein können von der langen Reihe seiner Theaterstücke, – dieser bedeutendsten dramatischen deutschen Schöpfung seit Gerhart Hauptmann und Frank Wedekind, die im »expressionistischen« Stil mit *Gas* und *Von morgens bis mitternachts* begann und über bizarre Komödien wie *Zwei Krawatten,* bis zu so wundersam transparenten, glasklaren und doch geheimnistiefen dichterischen Dramen wie *Oktobertag* führt.

»Ich schreibe, wie ich immer geschrieben habe, meine Stücke werden weiter aufgeführt werden, und ich kümmere mich nicht um den Kegel-Club.« So beschloß es Georg Kaiser im Jahre 1933. Daß er sich irgendwie getäuscht und geirrt haben mußte, wurde ihm zunächst durch den leidigen, auch einfach vom geschäftlichen Standpunkt fatalen Umstand klar, daß seine Stücke durchaus nicht mehr aufgeführt werden durften. Obwohl sie von allem Politischen weit entfernt waren, galten sie im Dritten Reich doch als unerwünscht – wie übrigens auch die Dramen von Frank Wedekind, mit dem Kaiser mancherlei künstlerische und persönliche Verwandtschaft hat –: vielleicht einfach ihrer außerordentlichen Qualität wegen. Frank Wedekind aber ist tot. Ob aus dem Himmel oder aus der Hölle – er selber würde die Hölle wahrscheinlich als Aufenthaltsort für sich schicklicher gefunden haben – mag er nun, mit einigen gleichgestimmten, verewigten Kollegen zusammen diabolisch über ein Propaganda-Ministerium grinsen, das die Aufführung von deutschen Meisterwerken verhindert. Diabolisch zu grinsen ist aber, auf die Dauer, für einen Lebenden ermüdend und langweilig. Georg Kaiser bekam es satt. Er bekam es gründlich satt, zwischen seinen vier Wänden nicht weit von Berlin zu sitzen; Dramen zu schreiben, die er dann in seiner Schublade verstecken mußte; sich höhnische und kluge Gedanken über die Narretei der Menschen zu machen und in den Nüstern den Gestank zu spüren, der vom nahen Kurfürstendamm, dem Potsdamer Platz und der Wilhelm-Straße zu ihm drang. Eines schönen Sommertages, im Jahre 1938, sagte er sich: Nun aber Schluß mit dieser *splendid isolation!* Er packte seine Sachen und fuhr nach Holland. In seinem Gepäck befanden sich nicht weniger als sechs Dramen, die das Rampenlicht noch nicht gesehen hatten. Im nächsten Winter wird man das eine oder andere von ihnen auf europäischen Bühnen bewundern. Die Welt wird staunend zur Kenntnis nehmen, daß da am Rande der deutschen Hauptstadt ein Mann gelebt hat, fast sechs Jahre lang schweigend, während in der Stadt drinnen so lästig viel geredet wurde – aber denkend, aber schaffend, aber in seiner starren Einsamkeit bewegter als die zuckenden Hampelmänner in den Versammlungs-Sälen, Sport-Palästen und den von Scheinwerfern überflammten Ministerien der mächtigen Kapitale.

Der deutsche Schriftsteller, Theaterregisseur und Filmregisseur Ludwig Berger hatte in Berlin und zeitweise auch in Hollywood alle Hände voll zu tun mit Inszenierungen und Film-Manuskripten, mit Proben, Besprechungen, Aufregungen, Intrigen. Seine große Aktivität für Theater und Film brachte ihm manche Freuden und so schöne Resultate wie seine deutschen Märchenfilme, die etwas ganz Besonderes und sehr Hübsches sind, oder wie den sehr populären, musikalisch beschwingten Film *Walzertraum*. Aber irgendwo, in einer geheimen Ecke seines Wesens, empfand er immer: Eigentlich möchte ich einmal etwas ganz für mich machen; etwas, wobei ich an Wirkung und Erfolg gar nicht denke... Sein sentimentaler Herzenswunsch sollte erfüllt werden – freilich unter Umständen, wie er sie gewiß nicht herbeigewünscht hatte. Denn als »das bessere Deutschland« verstummen oder fliehen mußte, da war auch für Ludwig Berger in Berlin kein Platz mehr – obwohl seine Dramen manchmal so patriotische Heldinnen wie die preußische Königin Luise hatten. Plötzlich war Schluß mit den zugleich verdrießlichen und verlockenden Ablenkungen. Zu seinem Glück besaß Berger ein hübsches Landhaus, irgendwo in Mitteldeutschland: dorthin konnte er sich nun zurückziehen. Die stillen Monate und Jahre, die für ihn kamen, nutzte er für eine Arbeit so ausgedehnter und edel-abseitiger Art, wie sie ihm stets vorgeschwebt hatte: Er begann, an einem großen Roman aus der britischen Geschichte, bald nach dem Tod der Königin Elisabeth, zu schreiben. Im Mittelpunkt der Komposition steht Shakespeare – oder, vielmehr, stehen die Shakespeare'schen Dramen; denn was die Person des großen Dichters betrifft, so hat Berger seine sehr eigenen Theorien und Konzeptionen, deren Neuigkeits-Reiz wir nicht dadurch vermindern wollen, daß wir hier schon etwas über ihren Inhalt verraten...

Indessen scheint es, daß Berger von seiner stillen Arbeit, nach der er sich gesehnt hatte, doch nicht so befriedigt war, wie er sich das erträumt und vorgestellt hatte; oder daß von den Geräuschen des neudeutschen Lebens noch zu viel Echo in das Idyll seiner Villa drang: jedenfalls entschloß er sich eines Tages dazu, die poetische Zurückgezogenheit aufzugeben und einem Ruf Folge zu leisten, in Holland wieder als Filmregisseur tätig zu sein, wo wir ihn anläßlich der Uraufführung seines Films *Pygmalion* sahen, eines reizenden Arrangements von Shaws berühmter Komödie.

Es ist nicht nur eine Frage der Gesinnung, sondern auch des Temperaments, des Alters und der persönlichen Lebensumstände, wie leicht oder schwer man sich mit dem Schicksal »Emigration« abfindet und zu welchem Zeitpunkt man sich dazu entschließt, kämpferisch-politisch aktiv zu werden. Den berühmten Chefredakteur und Leitartikler des *Berliner Tageblatts* Theodor Wolff zum Beispiel konnte niemand verdächtigen, mit den Nazis irgend zu sympathisieren oder mit ihnen paktieren zu wollen. Er hatte seinen demokratischen, pazifistischen, in jeder Hinsicht versöhnlichen Standpunkt nicht einmal, sondern Hunderte von Malen in seinen brillant geschriebenen politischen Aufsätzen und Glossen eindeutig und eindringlich genug formuliert. Der alte Herr, dessen Wort in Deutschland durch Jahrzehnte so viel Echo und Einfluß gehabt hatte, schien aber nicht mehr willens oder nicht mehr fähig, im Exil weiter politisch aktiv zu sein. Was er publizierte, waren nur noch Erinnerungen – *Marsch durch drei Jahrzehnte* – und erzählerische Versuche. Unlängst hat er in Nizza, wo er seit Jahren lebt, seinen 70. Geburtstag begangen. Er hat resigniert – und niemand darf ihn wohl gar bitter anklagen, wenn er heute denkt: Ich habe lange genug gekämpft und mich dem Haß ausgesetzt und bin immer mitten drin gewesen. Nun sind andere dran. Nun sind die Jüngeren dran.

Aber auch unter den jüngeren Schriftstellern und Literaten gibt es einige, wenngleich nicht viele, die sich weiter betont außerhalb des politischen Kampfes halten, sei es aus äußeren, sei es aus geistig-inneren Rücksichten. Manche versuchen das, was sie über diese Zeit zu sagen haben, in historischen Gleichnissen auszudrücken oder anzudeuten. Unser begabter Freund

Otto Zarek etwa, hat seit 1933 kein Buch publiziert, das zu den aktuellen Problemen Bezug zu haben *scheint*. Wir müssen hinzufügen, daß dieser Schein trügt. Seine sehr interessanten und mit bemerkenswerter Gründlichkeit gearbeiteten Biographien über den deutsch-jüdischen Philosophen Moses Mendelssohn und über den ungarischen Freiheitshelden Kossuth stecken voll von Analogien zum Heutigen, voll von Anspielungen und, mehr oder minder versteckt, polemischen Hinweisen.

Aus vielen, die 1933 Unentschlossenheit zeigten und erstmal in Deutschland blieben – oder zumindestens nicht den Kontakt mit dem Dritten Reich abbrachen –, sind inzwischen entschlossene Antifaschisten geworden. Die internationale Presse berichtete kürzlich, daß der bedeutende deutsche Dirigent Erich Kleiber – jetzt Inhaber eines argentinischen Passes und in London wohnhaft – eine Gastvorstellung in der Mailänder Scala aus Protest gegen die neuen italienischen Judengesetze abgesagt hat. Deutschland war seit 1933 offiziell antisemitisch. Trotzdem sah Kleiber, der lange Leiter der Berliner Staatsoper war, keinen Grund, die Verbindung mit der Reichskulturkammer sofort abzubrechen. Er zögerte; er hielt sich weiterhin für die »kulturellen Pläne« des Propagandaministers zur Verfügung. Erst die Krise um seinen Kollegen Furtwängler veranlaßte Kleiber, das Reich endgültig zu verlassen. Anscheinend hatte er genügend Erfahrungen mit dem wahren Wesen des Faschismus gemacht.

Wir kennen auch solche, die ihren Entschluß, Deutschland zu verlassen, den sie gleich 1933 gefaßt und ausgeführt hatten, ein paar Monate oder Jahre später wieder bereuten. Unser Freund Herbert Schlüter etwa – ein junger Autor von besonderer Sensibilität und zarter Eindringlichkeit der Psychologie – war 1933 aus spontanem Entsetzen über die deutschen Vorkommnisse ins Exil gegangen. Damals erzählte er uns in Paris: »Wie scheußlich alles dort ist und daß es für mich eben einfach gar nicht auszuhalten war, ist mir aus einem kleinen Vorfall klar geworden, der an sich ganz geringfügig und eigentlich auch gar nicht besonders schrecklich ist. Auf einer Berliner Straße hat mich ein SA-Mann angespuckt. Er tat das, weil er mich für einen Juden hielt, und für einen Juden hielt er mich, weil ich eine etwas lange Nase habe.« Schlüter, dessen schmales Gesicht gewissen vornehm in die Länge gezogenen Mienen auf den Bildern des Greco gleicht, schielte, halb kummervoll, halb stolz, auf seine Nase hinab. »Der

Kerl konnte gut spucken«, erzählte er weiter, »er hatte wohl Übung darin. Es gelang ihm, ganz genau meine Stiefelspitzen zu treffen – es gab einen saftigen kleinen Klatsch. Nun bin ich doch gar kein Jude – zufällig überhaupt nicht –, und ich hätte das dem Burschen ja erzählen können. Aber daran dachte ich nicht. Ich dachte nur: Jetzt packe ich meine Koffer und reise ab.«

Dann lernte der junge Schlüter die Emigration kennen und fand, daß sie nicht leicht zu tragen sei. Es kamen kleinmütige und betrübte Stunden, die ihn mit dem Gedanken quälten: Vielleicht habe ich doch einen Fehler gemacht. Ich hätte den gewandt spuckenden SA-Mann wohl doch nicht gar so ernst nehmen sollen. Das Exil ist bitter... Und er kehrte nach Deutschland zurück.

Aber er blieb dort nicht lange. War die Heimatlosigkeit quälend gewesen – noch quälender fand er es nun in der entstellten Heimat. Er verstand die Sprache nicht mehr, die die Menschen redeten, von denen manche früher seine Freunde gewesen waren. Er zeigte irgendwem ein Kapitel aus dem Roman, an dem er arbeitete, und er erschrak, weil er als Urteil zu hören bekam: »Aber, mein Lieber! Sie sind entschieden hinter der Zeit zurückgeblieben! In Ihrer Prosa ist ja nichts von Blut und Boden! Das ist ja alles ganz international und dünn, ohne Saft und Kraft, immer noch von André Gide und Marcel Proust beeinflußt – es mutet einen fast etwas gespenstisch an, so recht aus einer überwundenen Epoche. Verzeihen Sie das harte Wort, werter Freund, aber das ist ja fast Asphalt-Literatur...«

Da packte der junge Schriftsteller wiederum seine Koffer, und diesmal endgültig. Es ist ihm seither viel Schlimmes und Verwirrendes widerfahren; denn auf der Insel Mallorca, wo er sich zunächst niedergelassen hatte, konnte er auch nicht bleiben, weil sie von den Faschisten besetzt wurde, und nun nehmen die tristen Wanderungen kein Ende. Aber er hat seinen Entschluß – den zum zweiten Mal und nach genauem Nachdenken gefaßten Entschluß – nicht mehr bereut. Er hat erfahren und ausgekostet, daß es Ärgeres gibt als Ruhelosigkeit, Armut und Verlassenheit der Emigration.

Ein viel berühmterer, wenngleich nur um wenige Jahre älterer Kollege unseres Freundes Schlüter – der international erfolgreiche Ernst Glaeser brauchte auch eine lange Frist, ehe er sich zum Exil entschloß, und man kann wohl sagen, daß er sich gänzlich niemals zu ihm entschlossen hat. Hätten die Nazis ihm nur seine »linke« Vergangenheit und besonders seinen anstößigen und sensationellen Roman *Jahrgang 1902* verziehen – er wäre gar zu gerne im Reich geblieben, dem im Grunde alle seine Sympathien gehören. Lange nachdem Hitler schon an der Macht war, lebte und schrieb er noch in Berlin – ja, es gelang ihm sogar, publizieren zu lassen, was er geschrieben hatte; allerdings mußte es unter einem Pseudonym erscheinen. Ängstlich versteckt hinter einem falschen Namen, wirkte im Dritten Reich der Autor, der vielen einmal als eine Hoffnung der »revolutionären deutschen Literatur« gegolten hatte. Auf die Dauer fand sogar seine robuste Natur dies unwürdig und unerträglich: Glaeser wanderte aus.

Etwas Grimm gegen die Nazis, die so wenig entgegenkommend gewesen waren, trug er nun doch in seinem Herzen mit. Diese plausible Verstimmung drückt sich aus in dem ersten Roman, *Der letzte Zivilist,* den er in der Schweizer Verbannung schrieb und der ihm noch einmal einen erfreulichen Welterfolg brachte. Die starke Resonanz, die Glaesers Bücher in verschiedenen Ländern finden, ist weder überraschend noch ungerechtfertigt. Denn dieser Autor rechnet ganz entschieden zu den tüchtigen, die ihr Handwerk verstehen. Er operiert, geschickt und resolut, mit bewährten Mitteln sentimentaler oder dramatischer Art; er vereinigt eine gewisse »herbe Männlichkeit«, auf die viele Leser, besonders weiblichen Geschlechtes, stets wohlgefällig reagieren, mit einer Rührseligkeit, die sich vor allem an patriotischen Themen oder Symbolen entzündet: etwa an dem »Säckchen deutscher Erde«, das ein deutscher Auswanderer auf der Brust trägt und zäh durch alle Zoll-Stationen schwindelt, da er ohne es nun einmal nicht leben könnte.

Um dieses einen Säckchens deutscher Erde willen, das den schönen Schlußeffekt des Romans vom letzten Zivilisten bildet und das in der Tat die Erfindung eines mit dem neu geschaffenen deutschen »Nobel-Preis« ausgezeichneten Poeten sein könnte, – um dieser liebenswürdigen und so echt germanischen Pointe willen könnten die Nazis dem Glaeser manches moralisch, politisch oder stilistisch Fragwürdige, was er früher sich hat zu Schulden kommen lassen, großmütig verzeihen. Und sollte ihnen diese literarische Tat eines deutschen Patrioten als Entschuldigung für längst verjährte Sünden nicht genügen, so wollen wir doch den Berliner Herren verraten und sie ausdrücklich darauf aufmerksam machen, daß es auch im privaten Leben unseres jungen Schriftstellers viele hübsche Züge gibt, die ein Nazi-Herz, das nicht ganz von Stein ist, erweichen sollten. Man weiß es aus bester Quelle, nämlich aus Glaesers eigenem Mund, daß der brave Mann es in Zürich schlechterdings nicht mehr aushalten konnte, als der »Führer aller Deutschen« an sein Volk den Appell ergehen ließ, es möge ihm – wenngleich etwas verspätet – bestätigen, daß er durchaus nach dem Willen der Nation gehandelt habe, als er seine motorisierten Truppen gegen das wehrlose Österreich marschieren ließ. Glaeser eilte an den Bodensee, überschritt erhobenen Hauptes die Grenze – keineswegs nur um sein Säckchen mit deutscher Erde frisch aufzufüllen, sondern um einen der berühmten Stimmzettel mit dem »Ja«-Wort in die Urne zu werfen. Sollte also damals, im Verlaufe des sonderbaren »Plebiszites«, wirklich so viel geschwindelt worden sein, wie böse Zungen behaupten, die Zustimmung des Ernst Glaeser jedenfalls, war eindeutig echt – mindestens eine freiwillig und aus tiefer Überzeugung gespendete Ja-Stimme.

Aus dem Umstand, daß dieser merkwürdige »Emigrant« nicht sofort an der Grenze von den deutschen Funktionären verhaftet wurde, möchten wir schließen dürfen, daß seine Beziehungen zu hohen Berliner Stellen am Ende doch gar nicht so miserabel sind, wie er, bei einer Flasche Wein, es zuweilen pessimistisch behauptet – und daß vielleicht begründete Aussicht besteht, das Dritte Reich werde sich seines verirrten Sohnes gnädig erbarmen und ihn endlich wieder bei den Berliner Fleischtöpfen leben, die Landschaft genießen – und Romane schreiben lassen. Das wäre gut, und das wäre richtig so.

Denn die Emigration ist kein Club, dessen Mitglied zu sein am Ende nicht viel bedeutet. Sie ist Verpflichtung und Schicksal; sie ist eine Aufgabe, und keine leichte. Diese Emigranten sind seltsame Leute. Sie wollen keinen in ihrer Mitte haben, der, kokett und verschlagen, sentimental und geschäftstüchtig, auch »nach der anderen Seite« blinzelt. Einen solchen stoßen sie aus ihrer Mitte. Wohl ihm, wenn er nun noch einen Platz findet, wo er sein Haupt betten kann, das wir nicht einmal mehr mit den Spitzen unserer Finger berühren möchten.

KAPITEL IV

FREIWILLIGE EMIGRANTEN

EXILES BY CHOICE

Viele wurden durch das Exil völlig gelähmt, aber den fähigeren Köpfen verlieh das Exil neue Visionen und frischen Schwung; es vermittelte ihnen, was wirklich wichtig ist, und es lehrte sie, nicht an dem Unwichtigen zu hängen. Wenn diese Menschen, die es nach New York, Moskau, Stockholm oder Kapstadt verschlagen hatte, nicht aufgeben sollten, mußten sie über mehr Dinge und über diese klarer nachdenken, als die, welche ihr Leben auf einem Bürostuhl in Berlin verbrachten. Viele dieser Flüchtlinge wurden geistig reifer, innerlich aufgefrischt, sie erhielten eine neue Jugend. Ihnen wurde die Erfahrung zuteil, daß »der Tod im Leben« die Traurigkeit dieser irdischen Pilgerfahrten in Freude verwandeln kann.

Viele Hoffnungen, inner- und außerhalb des Dritten Reiches, waren an die Exilanten geknüpft. Man glaubte, daß jene, die aus ihrem Heimatland vertrieben worden waren, auserwählt seien, die Barbaren, die davon Besitz ergriffen hatten, zu vertreiben.

LION FEUCHTWANGER

ALLE NICHT-JUDEN – ALLE »ARIER«, um den wissenschaftlich unhaltbaren neu-deutschen Terminus zu gebrauchen, hätten in Deutschland bleiben können. Sogar den politisch Kompromittierten wäre verziehen worden, unter der einen Bedingung; daß sie ihren Widerstand gegen Hitler und seine Politik aufgaben; daß sie auf ihre Feindschaft gegen den Nationalsozialismus verzichteten; daß sie »loyale Bürger« des Dritten Reiches würden. Wer diese Bedingung zu erfüllen willens und imstande war, der konnte in Berlin Karriere machen. Wir haben verschiedene Beispiele von Künstlern und sogar von Politikern, die es glänzend verstanden haben, sich den neuen Verhältnissen im Reich anzupassen.

Alle nicht-jüdischen Deutschen, die ins Exil gingen, haben das also »freiwillig« getan – nicht nur die, die wir in diesem Kapitel erwähnen. Wir sprechen auch an anderen Stellen dieses Buches sehr oft von Exilierten, die »arisch« sind; aber wir weisen längst nicht immer auf diesen Umstand hin. Denn es erscheint uns als durchaus unter unserer Würde, uns dem Jargon der Nazis so weit anzugleichen, daß wir die Unterscheidung »jüdisch – arisch«, eine Unterscheidung, die uns nur sehr wenig interessiert, im Zusammenhang mit Menschen verwenden, die wir nur nach ihrem Talent und nach der Reinheit ihrer Gesinnung beurteilen, nicht nach ihrer »Rasse«.

Es gibt deutsche Nicht-Juden, die bitterlich gekränkt darüber waren, daß die Nazis zunächst gesonnen schienen, sie schonend zu behandeln, um sie vielleicht am Ende doch noch für die »Kulturpolitik« des Dritten Reiches zu gewinnen. Der bayrische Schriftsteller Oskar Maria Graf zum Beispiel – ein urwüchsiger Naturbursche von erheblichem Temperament – geriet ganz außer sich, als er herausbekam, daß die Titel seiner Bücher auf der Liste jener Werke, die Dr. Goebbels in die Flammen werfen ließ, fehlten. Oskar Maria Graf, der aus einer ländlichen Handwerker-Familie stammt, war zeit seines Lebens politisch entschieden links, und vor allem war er unbedingter Gegner des imperialistischen Krieges. In dem Buch, das ihn bekannt machte – der autobiographischen Erzählung *Wir sind Gefangene* – berichtet er, was er während des Weltkrieges, in bauernschlauer, zugleich naiver und durchtriebener Art alles anstellte, um dienstuntauglich und schließlich verrückt erklärt zu werden. Die Herren im Berliner Propaganda-Ministerium fanden dieses Buch gewiß höchst unmoralisch und abstoßend. Es war ihnen aber an Graf aus bestimmten Gründen gelegen. Denn nun sollte in Deutschland Bauern-Literatur die große Mode werden. Während aber die meisten neuen »Blut-und-Boden-Dichter« nur routinierten Kitsch über das »idyllische Landleben« zustande brachten, wußte Oskar Maria wirklich etwas von den Bauern und den kleinen Leuten. Er war vielleicht politisch suspekt, aber jedenfalls hatte er die vorgeschriebene Beziehung zur »deutschen Erde«. Deshalb wollten die Nazis gnädig mit ihm verfahren. Graf aber schrie aus Leibeskräften: »Verbrennt mich! Ich halte es für eine dreckige Schande, von euch nicht verbrannt zu werden!« Und er erreichte es in ziemlich kurzer Zeit, daß alle seine Bücher im Reich verboten wurden.

Nun ist Graf zufrieden. Er lebt in der kleinen Stadt Brünn, in der Tschechoslowakei, und versichert allen Freunden, die ihn dort besuchen, zum Beispiel uns, daß Brünn – nach München, wo er früher gelebt hat –

die schönste Stadt auf der Welt sei, weil es nirgendwo, außer eben in München, besseres Bier als in Brünn gebe. Übrigens bekommt dem bayrischen Handwerker-Sohn die Trennung von der »mütterlichen Erde« recht gut. Seine Prosa wird immer klarer, prägnanter und anschaulicher, und in den kräftig behäbigen Humor, mit dem er die heimatlichen Dinge und Verhältnisse schildert, mischt sich nun ein anderer, zarterer Ton, der vielleicht aus einem Heimweh kommt, das er scheu zwischen den Zeilen verschweigt.

»Verbrennt mich!« – das forderte auch, in einem schönen und mutigen »offenen Brief«, eine aristokratische, eine wirklich adlige Frau: Hermynia zur Mühlen, die in ihren Erzählungen und Romanen Frauen- und Mädchen-Schicksale mit zarten Mitteln oft eindringlich lebendig werden läßt. Als wir sie zum letzten Mal sahen, wohnte sie in einem alten Haus inmitten eines Gartens, der etwas Verwunschenes hatte, in einem Vorort von Wien. Dort dürfte sie aber jetzt wohl nicht mehr anzutreffen sein.

Sogar dem dramatischen und lyrischen Dichter Bertolt Brecht hat man im Jahre 1933 von Berlin aus freundliche Angebote gemacht, ob er nicht vielleicht doch lieber zurückkehren wolle: man würde versuchen, manches zu vergessen, was er in früheren Jahren an Anstößigem geäußert habe. In der Tat, da hätte es gar viel zu vergessen gegeben. Denn es existiert kaum eine Zeile in dem Werk von Bert Brecht, die nicht anstößig für einen guten Nazi wäre.

Er hat bald nach dem Krieg als ein »wilder Kerl«, als ein genialisches *enfant terrible* der deutschen Literatur begonnen. In seinen Gedichten, die er meistens »Songs« nannte, und in seinen Theaterstücken – diesen oft hinreißenden ersten Proben eines kolossalen Talents: *Baal, Trommeln in der Nacht* – war viel vom Whisky-Saufen die Rede und von geographisch weit entlegenen Strömen und Inseln, und es kamen viele englische Kraftausdrücke vor, die nicht immer ganz richtig verwendet waren, die aber dem Ganzen ein Parfum von exotischer Romantik, von Wildwest, Unterwelt in Chicago und toller Matrosenkneipe geben sollten. Aus dem exzentrischen *enfant terrible,* das auf Arthur Rimbaud und François Villon posierte – zwei Kollegen, bei denen er übrigens gelegentlich abschrieb, – wurde ein Dichter von einem geradezu fanatischen Ernst der Gesinnung, von einer dogmatischen Leidenschaft, die sich zuweilen als Zynismus maskiert, die aber in Wahrheit nichts weniger als zynisch ist, sondern von einer fast religiösen Innigkeit. Dieser Dichter nahm die wissenschaftlich formulierte Heilsbotschaft des Marxismus so ernst, wie vielleicht nur ein Deutscher etwas ernst zu nehmen vermag.

Brecht stammt aus einer süddeutschen kleinbürgerlichen Familie. Sein schönes, hartes Gesicht gleicht gewissen Mienen, die mittelalterliche deutsche Künstler in Holz geschnitzt haben. Es ist das Antlitz eines sehr eigensinnigen und sehr begabten Mönches. Und wirklich hat die seltsam trockene Überschwenglichkeit, mit der Brecht an die erlösende Theorie vom Historischen Materialismus glaubt, den Charakter einer asketischen Hingabe, einer eisig intellektuellen Verzückung. »Er hat den roten Schleier genommen...«, haben wir einmal einen Schriftsteller über einen Kollegen sagen hören, der zu den Kommunisten gegangen war.

Brecht dichtet marxistisch. Kaum glaublich, daß dieses möglich ist; aber ein eigensinniger und begabter Deutscher bringt es fertig. Seine Verse, die durch Schönheit der Form und Leidenschaft des Gefühls im vollsten Sinn des Wortes Gedichte bleiben, haben streng marxistische Inhalte. Marxistisches Dogma wird in den *Lehrstücken* gepredigt, die für Arbeiter-Chöre und zur geistig-politischen Erziehung und Erbauung des Proletariats geschrieben sind. Auch das sehr wirkungsvolle und an neuen Schönheiten reiche Arrangement der alten englischen *Beggar's Opera,* das Brecht mit dem Komponisten Kurt Weill zusammen gemacht hatte und dem er seinen weitaus stärksten Theatererfolg verdankte, ist voll marxistischer Pointen und Sentenzen. Die deutsche Bourgeoisie merkte es wohl nicht recht; sonst hätte sie nicht ebenso enthusiastisch applaudiert, wie damals die französische Aristokratie, als man ihr den anstößigen *Figaro* des Monsieur Beaumarchais vorspielte... Die *Dreigroschenoper* war in Deutschland eine Zeitlang fast so populär, wie die *Lustige Witwe* oder der *Lohengrin.* Das breite Publikum machte es sich kaum klar, wie kühn und wie für die Entwicklung der Oper vielleicht entscheidend das Experiment war, das Brecht und Weill hier gewagt hatten und das sie mit der Oper *Mahagonny* gemeinsam fortsetzten. Brecht hat im Exil auf seiner genau und unerbittlich festgelegten Linie fruchtbar weitergearbeitet. Es sind Verse entstanden, der *Dreigroschenroman* und kurze Szenen für ein Theater der Zukunft, die sich mit dem Spanischen Bürgerkrieg beschäftigen oder mit der Opposition im

Dritten Reich. Der Dichter hat sich ein kleines Stück Boden in Dänemark gekauft. Dort haust er mit seiner Familie. »Ich muß nah an der deutschen Grenze sein«, sagt er, wenn man ihn fragt, warum er sich gerade Dänemark als Wohnsitz ausgesucht habe. »Ich muß gleich nach Deutschland können... wenn der Tag da ist.«

Der marxistische Patriot hat in seinem nordischen Exil ein paar Gedichte geschrieben, in denen die Klage um die verlorene Heimat und der Zorn über alles, was dort geschehen ist, mit so echtem Pathos sich ausdrücken, daß diese Verse beinah den herrlichsten Strophen zu vergleichen sind, die Heinrich Heine in Paris im Gedanken an Deutschland gefunden hat. »Oh Deutschland, bleiche Mutter...«, klagte der Dichter Brecht – und wir sind sicher, daß seine Augen nicht trocken waren, als er solchen Jammerruf zur nahen Grenze schickte, sondern daß sie sich salzig feuchteten, obwohl ein konsequenter Marxist Gefühle wohl eigentlich als »kleinbürgerliches Vorurteil« verachten sollte.

Auf der Terrasse eines Pariser Cafés plauderten ein paar deutsche Emigranten miteinander. Man unterhielt sich über das Thema: In welcher Stadt möchtest du am liebsten leben? Der eine sagte: In London, wenn ich viel Geld hätte; der andere: In New York, wenn ich dort was zu tun hätte; der dritte: Auf Tahiti, weil ich von der Welt nichts mehr wissen will; der vierte: Ich ziehe es vor, zu bleiben, wo ich bin – in Paris. Da ließ eine auffallend tiefe, schön sonore Stimme sich vernehmen: »Ich möchte in Berlin leben.« Und der Mann, der das gesagt hatte, fügte düster hinzu: »Ich bin nämlich ein Komiker.«

Der Mann war nicht mehr jung, aber auffallend gut aussehend. Er hatte schönes graues Haar, eine sportlich schlanke Figur und, in einem langen, braungebrannten, streng geschnittenen Gesicht, merkwürdig helle, sehr eindringliche, zugleich hart und freundlich blickende Augen. Es war Leonhard Frank, der zu den sehr erfolgreichen Schriftstellern der Deutschen Republik gehört hatte. Er kam ganz von unten, aus dem Proletariat. Noch während des Weltkrieges hatte er mit einem Novellenband pazifistischer Gesinnung Aufsehen gemacht: *Der Mensch ist gut* konnte damals in Deutschland nicht herauskommen, sondern mußte in einem Schweizer Verlag erscheinen. Leonhard Frank war also schon im Jahre 1917 beinah ein Emigrant. Dann kamen für ihn gute, fruchtbare Jahre. Er arbeitete, er brachte Schönes zustande – *Die Räuberbande, Das Ochsenfurter Männerquartett, Von drei Millionen Drei, Karl und Anna* –, er hatte starke Erfolge, Erfolge besonders auch als Dramatiker; die Ehrungen blieben nicht aus. Leonhard Frank wurde Mitglied der Deutschen Dichterakademie. Geld floß reichlich, zumal er gelegentlich auch für den Film arbeitete. »Das alles ist nun vorbei«, sagte Frank mit einem trostlosen kleinen Kopfschütteln, als ob er das Ganze immer noch nicht so recht fassen könnte. »Berlin war schön… die allerschönste Stadt war Berlin… Wenn ich nur an den Dachgarten vom Hotel Eden denke! So einen schönen Dachgarten finde ich nirgends mehr…« – Wir erinnerten daran, daß es zum Beispiel in New York auch sehr nette kleine Dachgärten gebe. Aber Frank blieb unerschütterlich bei der Behauptung: »So prachtvoll wie der Dachgarten vom Hotel Eden in Berlin *können* sie gar nicht sein. Alle Kellner kannten mich im Hotel Eden, es war so gemütlich. Hier soll ich mit den Kellnern französisch sprechen… Scheußlich unbequem!«

Jemand am Tisch erkundigte sich, ob Frank denn wirklich gern in dem Berlin leben wolle, wie es heute ist. Da wurde Leonhard aber ziemlich zornig. »Sie wollen mir wohl drollig kommen, Sie verdächtige Type, Sie?« sagte er, wobei er Jargon und Akzent eines Berliner Taxichauffeurs grimmig-humoristisch parodierte. »Meinen Sie, bei den Schweinen will ich sein, die heute in Berlin das große Wort führen? Bei den Räubern, bei den Lügnern, bei der Scheißbande? Da *kann* ein anständiger Mensch überhaupt gar nicht sein wollen!« Und nach einer Pause fügte er, die Augen wehmütig umflort, leiser hinzu: »Nein – ich spreche doch von Berlin, wie es war.«

Der Schriftsteller Leonhard Frank leidet besonders bitter unter dem Exil, zu dem er sich ohne Zögern, wie zu etwas Selbstverständlichem, entschlossen hat. Das einzige Buch, das er seit 1933 hat erscheinen lassen – ein kurzer Roman, *Traumgefährten*, der sich auf eine halb phantastisch-poetische, halb psychologisch-analysierende Art mit Geisteskranken beschäftigt, – läßt diese Traurigkeit rührend spüren. Es ist ein ratloser, hilfloser Schmerz in diesem dichterisch schönen und reinen Buch – ein Schmerz, der ganz hoffnungslos wäre, wenn er sich nicht erlöste und gestaltete durch die Schönheit des Wortes, in dem er sich ausdrückt.

Zwischen zwei Völkern leben – zwischen zwei Nationen, die sich wie große, schwierige Brüder abwechselnd lieben und hassen, anziehen und abstoßen; die einander brauchen, ohne einander gar nicht auskommen können und denen es doch oft vorkommen will, als sei für sie beide »nicht Platz genug auf der Erde« –: zwischen Deutschland und Frankreich leben, welch kompliziertes Schicksal! Welch erregendes, an Möglichkeiten reiches, liebenswertes Schicksal, wenn man »etwas aus ihm zu machen«, wenn man es geistig fruchtbar zu machen versteht!

Der Schriftsteller René Schickele ist im Elsaß geboren. Er optierte nach dem Krieg für Frankreich – wurde also *citoyen français* –, lebte aber in Deutschland – freilich in einer deutschen Landschaft, die nahe der französischen Grenze liegt und schon westlich-milden Charakter hat – und schrieb deutsche Prosa, wenn auch eine deutsche Prosa sehr raffinierter, sehr »europäischer« Art, in der die französischen Schwingungen und Töne niemals ganz fehlen. Im Zentrum aller seiner literarischen Arbeiten – seiner Romane, Theaterstücke und seiner besonders schönen Essays – steht das deutsch-französische Problem; das Problem dessen, der sich »zwischen den Nationen« weiß, beiden zugehörig, beiden ein wenig fremd, und im Grunde wohl der Bürger eines europäischen Staates ist, der erst werden soll.

Während des Weltkrieges bedeutete dieses Schicksal furchtbares Leiden. Das Herz René Schickeles war mitten entzweigerissen. Da er weder die Deutschen noch die Franzosen hassen konnte, haßte er nur den Krieg. Er zog sich in die Schweiz zurück und redigierte dort eine pazifistische Zeitschrift, *Die weißen Blätter,* in der viele schöne und bedeutende Dinge erschienen, etwa zum ersten Mal der große Aufsatz über Emile Zola von Heinrich Mann. – Am 9. November 1918, als Deutschland zur Republik und der Krieg als beendet erklärt wurde, fühlte Schickele sich »wie im Himmel«: er hat das später öffentlich festgestellt, und die deutschen Nationalisten haben es ihm nie verziehen.

Als Hitler kam, war ihm die eine Heimat – die deutsche Wahl-Heimat – gleich verleidet und ganz entfremdet. Er kehrte nach Frankreich zurück. Seit 1933 lebt er mit seiner Familie in Nizza. Er schrieb noch Romane in deutscher Sprache – ein sehr hübscher, *Die Witwe Bosca,* erschien 1934: die Figuren dieses Buches bewegen sich vor dem Hintergrund einer französisch-provençalischen Landschaft, die mit einer Liebe, einer heiteren

Genauigkeit und einer schönen Deutlichkeit gemalt ist, wie sie nur noch wenige Schriftsteller der Epoche für die Darstellung von Landschaften aufbringen. Aber dann erinnerte sich Schickele, daß seine Muttersprache, seine mütterliche Sprache, das Französische war – französische Liedchen waren über seiner Wiege gesungen worden, und französisch hatte er die ersten Gebete gelallt –, und er schrieb auf französisch *Le retour*. Heim nach Frankreich: das ist nun die Sehnsucht dessen, den Deutschland, die »zweite Heimat«, enttäuscht hat; zurück ins hellere, weichere und dabei klarere französische Licht. Kann er heimfinden? Will er im Grunde heimfinden? Möchte er wirklich auf das komplizierte, an Möglichkeiten reiche Schicksal verzichten, welches das Schicksal seines Lebens ist? Gibt er endgültig den großen, spannenden, verpflichtenden Ehrgeiz auf, Bürger des Europäischen Staates zu sein, in dem ein endlich zivilisiert gewordenes Deutschland sich mit Frankreich für immer versöhnte?

Im privaten Leben spricht der elsässische Schriftsteller immer noch abwechselnd seine beiden Sprachen: die deutsche und die französische. Manchmal benutzt er im selben Gespräch, fast im gleichen Atemzug, beide Idiome – zum Beispiel, wenn er sich mit seiner Freundin Annette Kolb unterhält. Sie teilt das Schicksal René Schickeles: auch sie ist sowohl Deutsche als Französin: Französin von der Mutter, Deutsche vom Vater her. Übrigens sprach das Milieu, in dem sie aufgewachsen ist – das Milieu der bayrischen Aristokratie, des Münchner Wittelsbacher-Hofes – ohnedies ein Deutsch mit stark bayrischem Akzent und ein saloppes Pariserisch in munterem Durcheinander. Diese lustig-elegante Mischung aus Münchnerisch und Pariser Argot kommt auch zustande, wenn Annette Kolb plaudert – oder wenn sie schreibt. Sie plaudert reizend – und in ihren Büchern gibt es den ganzen etwas konfusen, immer etwas aufgeregten, zerfahrenen, zugleich intelligenten und hilflosen Charme ihrer Person. Annette Kolb hat sich manchmal selbst geschildert – zum Beispiel in ihrem hübschesten und bekanntesten Roman *Das Exemplar*: als die Dame, die immer alles vergißt und verwechselt; aber was die wichtigen, die entscheidenden Dinge des Lebens, was die Gefühle des Herzens und die Gesinnung betrifft, da vergißt und verwechselt sie nichts; da ist alles klar, präzis, deutlich, zugleich zart und energisch. Ein Band, in dem sie ihre Aufsätze, Skizzen und Polemiken gesammelt hatte, heißt *Kleine Fanfare*. Und wie eine kleine Fanfare wird die

Stimme dieser deutschen Französin, dieser französischen Deutschen, wenn sie von dem Nazi-Unwesen spricht. »Ah!« ruft sie aus und macht eine Geste, als wolle sie sich das Haar raufen – was aber gar nicht möglich ist, da sie niemals, selbst am Morgen nicht, ohne Hut erscheint –, »ah, diese Nazis! *Quels salots! Quels cochons!* Was für Schweine!«

Heim nach Frankreich: auch dieser begabten und besonderen Frau ist wohl häufig danach zu Mute. Aber für den Künstler, für den musisch begnadeten Menschen, stellt sich die Entscheidungs-Frage nicht so kalt und hart. In einer höheren, lichteren Sphäre heben die Gegensätze sich auf. Für Annette Kolb heißt diese Sphäre: Mozart. Ihn hat sie immer geliebt. Man muß nicht nur ihr feines Mozart-Buch gelesen haben, um zu wissen, was der Genius von Salzburg ihr bedeutet; man muß sie selber am Klavier Musik von Mozart haben spielen hören. Ursprünglich wollte sie, die Schülerin Busonis, Pianistin werden. Am Klavier hat sie ihre besten Stunden. Man muß sie beobachtet haben: wie unter dem kleinen schwarzen Hut, der auf ihrem adlig schmalen Haupte festgewachsen scheint, ihre Augen träumerisch-selig ins Weite gehen, als sähen sie dort, in der Ferne, zwischen rosigem Gewölk Gestalten auftauchen, die sowohl christlichen Engeln als auch antiken Gottheiten gleichen und deren Lieblichkeit den Sterblichen auf eine sehr tröstliche Art weinen macht.

Prinz Max von Hohenlohe wurde von der nationalsozialistischen Regierung seiner deutschen Staatsbürgerschaft als verlustig erklärt. Solches geschah ihm, weil er einen Aufruf unterzeichnet hatte, der die Bevölkerung des Saar-Gebietes dazu aufforderte, nicht für Hitler, sondern für den Völkerbund zu stimmen; weil er es vorzog, in Paris zu leben, statt in Berlin, und weil seine ganze Art und Gesinnung den deutschen Herren überhaupt nicht gefiel. Da erklärte der deutsche Innenminister – wenn wir uns nicht irren: ein Gentleman namens Frick –: »Prinz Hohenlohe ist von heute ab kein Deutscher mehr.«

Der Prinz – übrigens ein vielseitig begabter Junge – machte sich das harmlose, aber pikante Vergnügen, den Berliner Machthabern öffentlich zu antworten. Er erklärte ihnen: Ich finde es sehr komisch, daß Ihr – ausgerechnet Ihr – mir – ausgerechnet mir! – das Deutschtum durch einen Federstrich aberkennen wollt. Zufällig bin ich Mitglied eines der ältesten und ruhmvollsten deutschen Geschlechter – was man von dem österreichischen Mischling, Herrn Hitler (der eigentlich Schicklgruber heißt), von dem in Ägypten geborenen »Stellvertreter des Führers«, Herrn Rudolf Hess, von dem ganz auffallend un-germanisch aussehenden Herrn Doktor Goebbels und von dem Russen, Herrn Rosenberg, wohl kaum behaupten kann. – Der Prinz ließ dann den »Stammbaum« derer von Hohenlohe folgen – ein sehr kompliziertes und langes Dokument. Die meisten adligen deutschen Familien von großem Namen sind irgendwie mit den Hohenlohes blutsverwandt oder verschwägert. Ein großes Stück deutscher und europäischer Geschichte kommt in der Familiengeschichte derer von Hohenlohe vor. »Aber ein österreichischer Gefreiter nimmt sich das seltsame Recht, mich ›auszubürgern‹!« Ein anderer junger Emigrant, der ein sehr prinzliches Aussehen hat, stammt zwar in Wahrheit nicht von einem alten Fürstengeschlecht ab, wurde aber doch einmal von vielen Tausenden deutscher Bürger als ein Prinz von Hohenzollern gefeiert. Harry Domela hat die höchst amüsante und für die deutsche Republik so beschämend charakteristische Geschichte seines falschen Prinzentums in einem lustigen Buch erzählt. Der sehr phantastische kleine Zwischenfall trug sich zu, lange ehe Deutschland das Dritte Reich war, sondern als es noch als brave Republik galt. Harry Domela – ein gut aussehender Bursche von etwas abenteuerlicher Lebensführung – hatte ursprünglich keineswegs vorgehabt, den Hohenzollern-Prinzen zu spielen. In einer deutschen Kleinstadt glaubten die Leute plötzlich, die Kaiserliche Hoheit, die »inkognito« reise, zu »erkennen« – und nun konnte der junge Mensch ein paar Tage lang alles haben, was sein Herz begehrte; die treuen Republikaner gerieten außer sich vor Entzücken, weil sie einen »echten Prinzen« in ihrer Mitte hatten. Als der Schwindel – an dem der Schwindelnde eigentlich unschuldig war – dann aufkam, ging ein Homerisches Gelächter durch Deutschland und durch die Welt. Harry Domela war über Nacht berühmt geworden. Mit der Geschichte des Hauptmanns von Köpenick, der eine ganze Stadt mittels einer Hauptmanns-Uniform eroberte, und mit einigen anderen deutschen Anekdoten zusammen, wird das Abenteuer Domelas ein klassischer Beweis dafür bleiben, wie erstaunlich leicht die guten deutschen Spießer sich bluffen lassen – und wie glücklich sie sind, wenn sie sich recht tief *verneigen* dürfen vor einer Uniform oder vor einem glatten Gesicht, das ihnen prinzlich scheint, vor einem dicken, mit Orden besäten Bauch oder vor einem kleinen schwarzen Schnurrbärtchen.

Weder der falsche noch der echte Prinz aber – da sie beide anständige Kerle sind – wollen mit den Herren, die sich so viel größer als alle falschen oder echten Prinzen zusammen dünken, irgend etwas zu tun haben.

Emil Ludwig hat einmal erklärt, er habe in seinem Leben nur drei wirklich dichterische Menschen, nur drei echte Poeten gekannt: Richard Dehmel, Gabriele d'Annunzio – und Fritz von Unruh. Unruh zog als ein begeisterter Patriot in den Weltkrieg; er war ein junger preußischer Offizier, wie es viele gibt – oder doch wohl nicht einer, wie es viele gibt; denn ihm war es beschieden, noch während der Krieg tobte, die große, den Geist befreiende und die Seele aufwühlende Wandlung durchzumachen. Der Jüngling aus der alten preußischen Offiziersfamilie wurde zum Apostel des Friedens und der internationalen Versöhnung.

Nun sprach er, wie der Heilige, der aus dem Saulus zum Paulus geworden war, mit feurigen Zungen zu seinem Volk. Er sprach zu ihm durch seine Theaterstücke *Platz* und *Louis Ferdinand,* die von der deutschen Nachkriegs-Jugend wie Offenbarungen bejubelt und geliebt wurden, durch seine Reden und Manifeste. – Unruh hat wirklich das jünglingshaft schöne und geistig bewegte Antlitz eines deutschen Dichters. Die Wirkung, die von seinem literarischen Werk ausging, wurde immer erhöht durch diesen Reiz und dieses Pathos seiner Persönlichkeit. Seine Stellung innerhalb der europäischen Nachkriegs-Literatur erreichte ihren Kulminationspunkt, als Unruh, ziemlich bald nach dem Waffenstillstand, als einer der allerersten deutschen Autoren einen Besuch in Paris machte. Die französischen Kreise, die bereit zu einer Verständigung mit dem demokratischen Deutschland waren, empfingen ihn enthusiastisch. Eine Zeitlang war Fritz von Unruh in Frankreich der berühmteste deutsche Autor; ja, man darf fast sagen, daß er damals in Frankreich einen größeren Ruhm hatte als in der Heimat; ganz ähnlich wie Romain Rolland, der, nachdem *Jean Christophe* erschienen war, in Deutschland stärkeres Ansehen als in Frankreich genoß. Das Buch *Die Flügel der Nike,* das Unruh über seine Eindrücke im Nachbarland erscheinen ließ, wirkte freilich in Paris etwas enttäuschend. Unruhs *elan vital,* seine poetische Fruchtbarkeit hatten in den letzten Jahren vor der deutschen

Katastrophe – als das Unheil sich schon brütend vorbereitete und sein Nahen den Empfindlicheren schon spürbar war – etwas nachgelassen. Auch
im Exil ist er bis heute still geblieben. Aber es sind vielleicht die Schlechte-
sten nicht, denen der Gram, die gar zu große Enttäuschung zunächst den
Mund schließen – und dieses »zunächst« kann »jahrelang« bedeuten. Übrigens wissen wir, daß der Dichter des *Louis Ferdinand* mit großen Arbeiten
dramatischer und, zum ersten Mal, auch epischer Art beschäftigt ist, die
seine Auseinandersetzung mit den dringlichen Fragen der Zeit gestalten
werden. Man darf erwarten, daß der Mann, der sich in einer deutschen
Schicksalswende – der von 1918 – mit so viel Enthusiasmus und geistiger
Tapferkeit bewährt hat, auch zu der schicksalshaften Situation, in deren
Mitte – oder an deren Anfang – wir stehen, sein gewichtiges und gutes
Wort zu sprechen haben wird.

Was für zaubervolle Erinnerungen und Assoziationen bewegen jeden,
der deutsche Dichtung kennt und liebt, wenn er den Namen Clemens
Brentano hört! Der Dichter unvergänglicher Märchen und Lieder – der
sich gegen Ende seines Lebens zur allein seligmachenden Kirche flüchtete,
wie ein sehr müdes Kind in die geöffneten Arme der Mutter – gehört in den
innersten Kreis jener menschlichen und philosophisch-künstlerischen
Sphäre, die wir unter dem Namen »Deutsche Romantik« zusammenfassen.
Ein später Nachkomme des großen Romantikers, Bernard von Brentano
– Schriftsteller auch er, wenngleich kein Dichter – lebt als Verbannter mit
seiner Frau und seinen Kindern in der Schweiz am Zürichsee. Der stolze
und nervöse Mann liebt es allerdings nicht, wenn man ihn mit den »gewöhnlichen Emigranten« in einem Atem nennt. Es trennt ihn manches
von der Mehrzahl derer, mit denen er schließlich doch das Schicksal teilt.
Er unterscheidet sich von den meisten Leidensgenossen nicht nur durch
seine relativ bürgerliche und geregelte Lebensführung, sondern er legt auch
Wert darauf, gewisse Nuancen, sowohl die Gesinnung als auch einfach den
geistigen Rang betreffend, zwischen sich und jenen betont zu wissen. Was
die Gesinnung betrifft, so betont Bernard von Brentano vor allem einen
deutschen Patriotismus, den er bei vielen seiner Leidensgefährten nicht
stark genug ausgeprägt findet. Er wirft diesen eine Neigung zum Inter-
nationalistischen vor – die ihm selber ursprünglich nicht fremd gewesen

sein kann, da er früher der Dritten Internationale, der kommunistischen, sehr nahestand. Gegen intellektuelle und politische Wandlungen ist nichts einzuwenden; Brentano hat sich also gewandelt und wird heute rasend, wenn er das Wort Marxismus hört.

Der sehr ehrgeizige Schriftsteller vergleicht sich und seine Produktion nur mit dem Höchsten, Erhabensten. Wirklich beweisen die beiden einzigen größeren erzählerischen Arbeiten, die bis jetzt von ihm vorliegen – die zwei Romane *Theodor Chindler* und *Prozeß ohne Richter* – ein originelles und interessantes Talent. Der *Prozeß ohne Richter* beschreibt die Erniedrigung eines geistigen Menschen unter der Diktatur des Totalen Staates – ohne daß übrigens das Dritte Reich mit Namen genannt würde. *Theodor Chindler* ist ein breit angelegter Familien-Roman, reich an eindrucksvollen Figuren und Situationen. Im Mittelpunkt der Handlung, die fast ganz während des Weltkrieges spielt, steht ein deutscher Politiker, ein katholischer Abgeordneter. Brentanos Affekte gegen die Institution, der sein großer Vorfahre gläubig-überschwenglich sein irdisches und sein ewiges Heil anvertraute, sind lebhaft und werden übrigens mit klugen Argumenten belegt. Der Enkel des Romantikers erhebt den Anspruch, ein politischer Realist zu sein – und wirklich sind seine Gedanken und Einfälle zu politischen Gegenständen oft anregend, manchmal richtig.

Er sieht sich und will sich geschätzt wissen als den repräsentativen *citoyen* einer zukünftigen Deutschen Republik, die zugleich selbstbewußt und friedenswillig wäre. Wir wünschen dieser Republik, die wir alle ersehnen und für die wir alle arbeiten, ein etwas weniger reizbares Selbstbewußtsein als dasjenige Brentanos. Im übrigen werden in einem künftigen deutschen Staat, wie wir ihn erhoffen, Bürger von der Intelligenz, dem Fleiß und der Begabung, der guten Rasse und der moralischen Integrität dieses Schriftstellers gebraucht und geschätzt sein.

Zwei Söhne »aus gutem Hause« – Ernst und Bruno von Salomon – wurden beide von den gleichen Eltern, von denen gleichen Gouvernanten, in der gleichen Kadetten-Anstalt erzogen. Wenn sie als Knaben miteinander sprachen und spielten, meinten sie vielleicht, ihre beiden Leben würden einander sehr ähnlich bleiben und zu sehr verwandten Zielen führen.

Als Jünglinge waren sie beide nationalistisch, und beide fühlten sich auch hingezogen zu sozialistischen Ideen. Dann aber sollte sich herausstellen, daß bei Ernst von Salomon die Leidenschaft fürs Nationale entscheidend überwog, während bei Bruno das Interesse fürs Soziale tiefer und echter war. Ernst geriet ganz in die Kreise der »völkisch gesinnten«, militant nationalistischen Jugend; er wurde aktiv bei diesen – »aktiv« in der Tat, bis zu einem schauerlichen Grade; denn er war einer von den ruchlosen Jünglingen, die sich an der Ermordung des Ministers Walther Rathenau beteiligten. Rathenau – Philosoph, Geschäftsmann großen Stils und Politiker – hatte für sein Land viel geleistet: während des Weltkrieges, als er die Organisierung der Rohstoff-Verteilung erst inspirierte, dann leitete; nach dem Krieg, als der einzige Außenminister von Talent und Weitblick, den das Reich neben Stresemann jemals hatte. Aber gerade dieses, daß der Jude Minister war – der einzige jüdische Minister übrigens, den eine deutsche republikanische Regierung sich jemals gestattete –, daß ein Jude Deutschland vor der Welt repräsentieren durfte, verziehen die nationalistischen Knaben nicht. Die Revolverkugel traf das zarte, gescheite Haupt des Denkers und Staatsmannes – und der junge Ernst von Salomon durfte das stolze Gefühl haben: Ich bin dabei gewesen.

War er nun erledigt, ein unmöglicher Mann in jenem Deutschland, das damals doch noch nicht ein offizieller Staat der Mörder war? Keineswegs. Nicht nur, daß er selbstverständlich in den Kreisen der extremen Rechten ein gefeierter Held war; auch die liberalen Kreise, die an ihrem gar zu milden Liberalismus bald zu Grunde gehen sollten, fanden den jungen Mörder, der nun anfing, Bücher zu schreiben, »interessant«. Sein Roman *Kadetten* wurde gerade auch von jenen demokratischen Blättern, die mit ihrer vollkommenen Objektivität kokettierten, sehr gelobt. Vielleicht hatte der junge Herr von Salomon gerade damals, in den Jahren der sterbenden Republik, seine beste Zeit. Damals ging er als ein etwas unheimliches, aber faszinierendes *enfant terrible,* als eine reizvolle Kuriosität in den Straßen und den literarischen Salons von Berlin spazieren. Im Dritten Reich ist so ein Mörder keine Besonderheit mehr; es gibt ihrer zu viele. Und wirklich ist es um Ernst von Salomon seit dem Jahre 1933 in Deutschland auffallend still geworden.

Sein Bruder Bruno hatte sich inzwischen sehr anders entwickelt. Er war

nach einigen dramatisch bewegten Umwegen zur radikalen Linken ge-
stoßen. Seit Hitler zur Macht kam, ist er im Exil. Freunde schätzen seine
Zuverlässigkeit und Tapferkeit, und es könnte wohl sein, daß auch sein
literarisches Talent noch von sich reden machen wird. Jedenfalls wird es aus
stärkeren und klareren Quellen gespeist, als das seines »interessanten« Bruders. An diesen schrieb er gleich zu Anfang der Emigration einen offenen
Brief, der aussprach und begründete, was die Umstände unvermeidlich
machten: die endgültige Trennung. *Unter Brüdern* war diese eindrucksvolle
Botschaft Bruno von Salomons überschrieben.

Albert Bassermann ist der größte lebende deutsche Schauspieler. Es gibt
modernere deutsche Bühnenkünstler als ihn, es gibt vielleicht auch interes-
santere, kühnere. Aber es gibt keinen, der Würde und Tragik, das rührend
Kleine und das überwältigend Große eines Menschen so rein und stark auf
der Bühne verkörpert und fühlbar werden läßt. Aus den großen Figuren
der Klassiker, aus Schillers Wallenstein etwa oder dem spanischen König
Philipp, macht er *Menschen,* deren Lächeln und Weinen, deren hilflose
oder stolze Gesten uns berühren, wie das Lächeln und die Bewegungen von
sehr nahen Freunden, – und aus den Personen, die er in einem gemeinen
»Reißer« oder Schwank darstellt, macht er Gestalten, die an Ernst und Stärke des Gefühls beinah den klassischen Helden gleich zu sein scheinen. Wir
erinnern uns, daß eine der ersten Rollen, in der wir ihn sahen, die Hauptfigur in einem ziemlich idiotischen und sehr wirkungsvollen Machwerk, *Der
große Bariton,* war. Sicherlich war der Text, den er damals zu sprechen hatte,
minderwertig und ordinär. Aber *wie* sprach er ihn!

Er kommt aus der naturalistischen Schule, und man sagt wohl, daß er
eine veraltete Technik hat. Aber man vergißt seine Technik, und man denkt
nicht an die Schule, wo er sie gelernt hat. Es steht ein *Mensch* auf der Bühne, wenn dieser erstaunliche alte Bassermann auf der Bühne steht. Es ist etwas in seinen Augen und in seiner Stimme, einer sehr rauhen, belegten
Stimme, die übrigens kein einwandfrei reines Deutsch, sondern den Akzent der Stadt Mannheim spricht, was unser Herz bewegt.

Ist es ein Zufall, daß dieser *grand seigneur* unter den deutschen Schauspielern es nicht im Dritten Reich aushalten konnte? Gewiß: Es hatte private Gründe, die ihm den Entschluß nahelegten, Deutschland zu verlassen:

seine geliebte Frau, die begabte Schauspielerin Else Bassermann, ohne die er nicht leben und nicht Theater spielen wollte, ist »Nicht-Arierin«. Aber der äußere Grund für die Emigration schien nur hinzu zu kommen, um den inneren erst recht zwingend zu machen. Dieser Künstler – der noch auf der Bühne so viel »natürlicher« ist, als heute die Minister oder noch höheren Herren, wenn sie morgens in ihrem Garten spazierengehen, um sich photographieren zu lassen: er paßte nicht in das Hitler-Deutschland.

Nun spielt er, mit Frau Else zusammen, in guten oder in schlechten Stücken, überall dort, wo ein anständiger Deutscher sich noch nicht zu schämen braucht. Manchmal sieht man ihn in irgendeinem mittelmäßigen Provinz-Ensemble, und dann ist es, als sei ein Wesen von anderer Stärke und von anderem Reiz plötzlich in die geringe Mitte von solchen getreten, die so erlauchter Gegenwart kaum würdig sind.

Als wir ihn vor einiger Zeit in irgendeiner Schweizer Stadt wiedersahen – das war im Sommer 1938 – sagte er uns, daß er vorhabe, mit alten Berliner Kollegen, Exilierten gleich ihm, einmal wieder zusammen zu arbeiten: es ist eine deutsche Aufführung der *Gespenster* von Ibsen in Paris geplant, mit Albert Bassermann, Frau Tilla Durieux und Ernst Deutsch. Das dürfte eine Inszenierung werden, die zu sehen sich lohnt! Denn Deutsch ist von den jüngeren Schauspielern einer der charaktervollsten und begabtesten; und Tilla Durieux, die vor allem in den Stücken von Strindberg und Wedekind brilliert hat, ist eine künstlerische Persönlichkeit großen Formats; ihrem Partner Bassermann ebenbürtig, wenngleich verschieden von ihm durch einen radikaleren Stil, einen schärferen, zugleich wilderen und raffinierteren Reiz. Jedoch heben sich, auf einem sehr hohen Niveau, Stil- und Generationsunterschiede auf. Wenn Bassermann und die Durieux sich auf der Szene gegenüber stehen, finden wir nicht mehr einen Schauspieler, der die »Ibsen-Epoche« repräsentiert, mit einer Schauspielerin konfrontiert, die aus der »Wedekind-Epoche« kommt – sondern wir sehen zwei große Künstler und zwei große Menschen zusammen wirken.

Es läßt sich leicht vorstellen, daß gute Schauspieler besonders empfindlich sind gegen all die miserable Schauspielerei, die jetzt im Reich betrieben wird. Es sind ihrer viele auf und davon gegangen – nach London oder nach Prag, nach Zürich oder nach Hollywood –, die keineswegs durch »rassische

Gründe« dazu gezwungen waren. Der Schauspieler Oskar Homolka zum Beispiel, hätte gewiß im Dritten Reich »Herr Staatsrat« werden können; nun entschädigen ihn die großen Erfolge, die er in England hat, für die köstliche Ehrung, die er sich entgehen ließ. – Die besonders attraktive und auf eine sehr eindringliche Art begabte Schauspielerin Carola Neher – sie war mit dem Dichter Klabund verheiratet gewesen, der schöne Sachen geschrieben hat und jung starb, – ging nach Moskau, wo sie eine Weile rege tätig war, auf die Dauer aber auch kein Glück hatte.

Fast niemand – nicht einmal der sonnige Gustav Fröhlich und die gar zu liebliche Lilian Harvey – war in Deutschland so populär wie Conrad Veidt. Alle jungen Mädchen schwärmten für den »dämonischen Conni«, – und nicht nur die jungen Mädchen; auch die Kenner schätzten und bewunderten diesen Schauspieler. – Wie lange ist es her, seit er als *Student von Prag* und im *Cabinet des Dr. Caligari,* dessen Regisseur, Robert Wiene, vor kurzem in der Verbannung gestorben ist, das Publikum faszinierte? Damals, im stummen Film, wirkten nur seine Blicke und Gesten und das starke Spiel seines ungewöhnlich schönen, ausdrucksvollen Gesichtes. Nun wirkt er auch mit der Stimme – einem tiefen, zugleich drohenden und einschmeichelnden Organ –, und diese Stimme bewahrt ihren Reiz, auch wenn sie englisch spricht anstatt deutsch. Denn unser alter, großer Freund Conni ist unter die englischen Schauspieler gegangen – wenn es nicht richtig ist, was die Zeitungen unlängst zu berichten wußten, daß er jetzt zu den französischen geht. In einem französischen Film haben wir ihn bis jetzt noch nicht gesehen; aber wir sind davon überzeugt, er wird auch das glänzend machen – ebenso glänzend wie sein bedeutender Kollege Erich von Stroheim, der jetzt ein seltsam rauhes, aber sehr wirkungsvolles Französisch spricht, nachdem er ursprünglich ein österreichisch gefärbtes Deutsch, dann ein amerikanisch akzentuiertes Englisch gesprochen hatte. Der österreichische Offizier, der mit einer Art von zäher Haß-Liebe an sein Metier gebunden bleibt, stellt nun die halb diabolischen, halb seltsam rührenden Typen, auf die er sein großes Talent spezialisiert hat, in Pariser Produktionen dar: wie unvergeßlich sind seine Auftritte in der *Grande Illusion!* Stroheims Leistung als Regisseur und als Schauspieler für die künstlerische Entwicklung des Films ist bedeutungsvoller, als das große Publikum es sich heute klar macht; eine künftige Geschichtsschreibung des Films wird dieser

Bedeutung gerecht werden. Übrigens scheint Stroheim seiner eigenen Sache sicher zu sein. Trotzig und geduldig bleibt er seinem Stil treu: es ist der Stil eines äußersten, fast bis zur unerträglichen Karikatur getriebenen Realismus. Die zugleich eisig kalte und von geheimnisvollen Leiden zerwühlte Miene dieses Schauspielers scheint, etwas höhnisch und etwas kummervoll, die Zuschauer fragen zu wollen: Gefällt es euch nicht, wie ich spiele? Aber ich *spiele* ja gar nicht! Gefallen euch die großen Schurken und die großen Offiziere nicht, die ich immer wieder darstellen muß, als würde ich durch einen Schicksalsfluch dazu gezwungen? Aber diese großen Offiziere und großen Schurken regieren doch eure Welt... Der geniale Schauspieler wird zum wandelnden schlechten Gewissen der Klasse, aus der er stammt.

Der französische Film hat während der letzten Jahre bemerkenswerte Fortschritte gemacht. Ohne Frage hält heute die Pariser Film-Produktion das höchste künstlerische Niveau in Europa. Es wäre absurd zu behaupten, daß diese schöne Entwicklung vorwiegend deutschen Emigranten zu verdanken sei; vielmehr ist der neue Aufstieg des französischen Films für immer verbunden mit gut französischen Namen wie Jean Renoir oder Louis Jouvet, Sascha Guitry oder Duvivier, René Clair, Harry Baur oder Pierre Blanchar. Es ist aber festzustellen, daß auch mehrere deutsche Regisseure Anteil an dem rapiden Aufschwung des französischen Cinéma haben. Zu ihnen gehört, vor allem, G. W. Pabst – bis zum Jahre 1933 einer der bedeutendsten Führer des deutschen Avantgarde-Films. Unter seinen berühmten Berliner Leistungen sind Filmschöpfungen wie *Dreigroschenoper* und *Kameradschaft;* in einem der interessantesten stummen Filme, die je gedreht wurden – *Die freudlose Gasse* –, ließ er die beiden großen skandinavischen Schauspielerinnen Asta Nielsen und Greta Garbo zusammen auftreten; die Garbo erschien dort zum ersten Mal außerhalb Schwedens. Von den Filmen, die Pabst in Frankreich hergestellt hat, ist einer der reizvollsten und künstlerisch kühnsten der *Don Quixote,* mit dem großen russischen Sänger Schaljapin in der Hauptrolle. Als wir das letzte Mal in Paris waren, konnten wir Pabst nicht sehen; er befand sich mit einem Stab von Mitarbeitern in China. Das ungeheuer tragische Thema des fern-östlichen Krieges – der japanischen Invasion ins »Reich der Mitte« – wird im Zentrum seines neuen Film-Werkes stehen.

Andere deutsche Regisseure waren aber in Paris selbst tätig. Siodmak zum Beispiel – dessen glänzende filmische Adaption von Stefan Zweigs Novelle *Brennendes Geheimnis* unvergessen bleibt – und der hochbegabte, besonders kultivierte Regisseur Ophüls. Diesen fanden wir beschäftigt mit den Vorarbeiten zu einem Film *Die Leiden des jungen Werther.* »Der deutsche Jüngling«, von einer Film-Leinwand französisch redend: es scheint paradox, fast blasphemisch. Und doch – wie viel heimlicher Reiz, wie viel geistige Symbolik in solchem Wagnis! Ein deutscher Regisseur – Ophüls – erklärt dem französischen Schauspieler: »Du brauchst keine besonders deutschen Allüren anzunehmen, weil Du Werther spielst. Werther nämlich ist nicht vor allem ein junger Deutscher; vor allem ist er ein junger Mensch. Er hat geliebt und gelitten, wie junge Menschen überall lieben und leiden, und er ist liebend zu Grunde gegangen, wie es jungen Menschen überall geschehen kann. Spiele Dich selbst, und alle jungen Liebenden werden sich in Dir wiedererkennen, Du wirst Werther sein.«

KAPITEL V

BILDNIS
DES VATERS

PORTRAIT OF OUR FATHER

Liebe Kinder,

Ihr habt da, meine Ältesten, ein Buch nach meinem Sinne geschrieben, Ihr wißt das; denn Ihr wißt, daß ich den Versuch, mich von der deutschen Emigration zu trennen und mir einen nicht vollkommen eindeutigen Sonderplatz unter ihr anzuweisen, vereitelt und mich mit Nachdruck zu Ihr bekannt habe – es ist schon Jahre her. Ich tat es, weil ich nicht wollte, daß die Machthaber in Deutschland länger zögerten, auch mich »auszubürgern«, wie sie Euch und meinen Bruder schon »ausgebürgert« hatten. Und sie zögerten nicht länger.

Euer Buch ist ein Buch der Solidarität, eben jener, auf der ich damals bestand, und wir wollen es nicht nur eine Solidarität im Stolz und im Leide, sondern auch in der Schuld sein lassen. Die deutsche Freiheit, der Staat von Weimar sind zu Grunde gegangen nicht ohne unser aller Mitschuld, – mögen wir uns für das Maß von Tiefstand und Schändlichkeit, das dann nachfolgte, jeder Mit-Verantwortlichkeit billig entschlagen dürfen. Aber es sind Fehler begangen worden, Fehler und Unterlassungen, leugnen wir das nicht; die geistige Führung der Republik hat es vielleicht nicht nach der Seite des Geistes, aber nach der Seite der Führung und des Verantwortungsbewußtseins fehlen lassen, die Freiheit ist zuweilen bloßgestellt, ist oft nicht mit dem Ernst und der Sorgsamkeit behandelt worden, die unter den deutschen Bedingungen und Verhältnissen besonders notwendig gewesen wären, – wen wundert es? Die Freiheit ist ein komplizierteres, ein heikleres Ding als die Gewalt; es ist weniger einfach, in ihr zu leben, als in jener, und wir deutschen Geistigen waren sehr jung in der Freiheit, politisch sehr jung und unerfahren, – so sehr, wie Ihr es damals selbst den Jahren nach wart.

Warum sollte ich es nicht sagen, daß ich Vater genug bin, in Euerer Entwicklung während dieser sechs ernsten Jahre ein Symptom und Beispiel dafür zu sehen, daß die Freiheit reifen kann im Exil? Wie mir, der ich den guten Grund eures Wesens kannte, der tierische Haß, den die heraufkommende Brutalität gerade euch, meinen Kindern, zuwandte, immer ein besonderes Zeichen (wenn es eines solchen bedurfte) ihrer bösen Hirnlosigkeit war, so ist mir nun euer menschliches Erstarken, sind mir Euere Fortschritte im Wollen, Können und Leisten Gleichnis und Gewähr für

die politisch-gesellschaftliche Förderung des deutschen Geistes durch seine Verbannung.

Auch ist gewiß, daß dieser Prozeß in unserem Lande seine genaue Ent-
sprechung hat. Das deutsche Volk macht heute eine harte, von langer
Hand her nicht unverdiente Schule durch, und eines lernt es bestimmt in
ihr, hat es schon, wenn nicht alle Zeichen trügen, gelernt: Was Freiheit bedeutet. Nie hat es das früher gewußt. Wird ihm aber eines Tages durch
Gottes verzeihende Güte die Freiheit wiedergeschenkt, wahrhaftig, ich
glaube, es wird sie zu wahren wissen!

Euer Buch über die deutsche Emigration erscheint in einem günstigen
Augenblick: da nämlich in einer Krise, deren einziger Vorteil das freilich
war, der Seelenzustand des deutschen Volkes, seine Sehnsucht nach Frieden, Freiheit und Recht aller Welt offenbar geworden ist. Das hat die Aufmerksamkeit dieser grenzenlos bedrohten Welt für das nicht offizielle Innenleben des deutschen Volkes erhöht und damit auch ihr Verhältnis zur
deutschen Emigration ins Interessiertere und Sympathischere verändert.
Die Vermutung ist aufgetaucht, daß unsere Warnungen doch vielleicht
nicht aus hetzerischem Ressentiment, sondern einfach aus besserer Kenntnis des grauenhaften Menschenschlages kamen, der Gewalt über Deutschland gewonnen hat, und daß wir tatsächlich die Welt bei Zeiten über diesen Typ hätten belehren können, wenn die Belehrung irgend genehm
gewesen wäre. Euer Buch gibt den reichen individuellen Bestand der deutschen Emigration in wohlgelungenen Portraits. Ich denke, es wird will-
kommen sein.

                                                            EUER VATER.

            WANN WURDE DAS BILDNIS DES VA-
ters zum ersten Mal für uns lebendig? Wir steigen hinunter in die Gefilde
unserer Kindheit: da sind die Wiesen und Hügel der bayrischen Voralpen-
landschaft, in der wir die Sommermonate zu verbringen pflegten. Der Vater, von dem wir meinen, daß er sehr groß ist (er ist gerade mittelgroß in
Wirklichkeit, und ziemlich schmal), kommt mit unserer Mutter die Allee
herauf, die vom Gartentor zum Haus führt. Unser »Tölzhaus« (im Kurort
Bad Tölz gelegen) steht hell vor einem riesenhaften schwarzen Wald, mit
dem Blick auf das immer verschneite Karwendelgebirge. Wir sind damit
beschäftigt, Unkraut auf dem Tennisplatz auszujäten, es ist sehr heiß, entzückt lauschen wir dem Klang der elterlichen Schritte auf dem Kiesweg,
denn er bedeutet Mittagessen. Die Eltern schieben ihre Fahrräder vor sich
her, sie sind im Dorf gewesen, um Einkäufe zu machen; auf dem Hinweg

geht es lustig bergab, wir haben ihnen nachgeschaut, wie sie, leicht und untätig, auf den blanken Maschinen dahinrollten. Jetzt kommen sie langsam zu Fuß daher.

Wir sehen den Vater selten. Trotzdem (oder deshalb?) empfinden wir ihn als groß in unserm Leben, als die höchste Instanz, gegen die es eine Berufung nicht gibt. Er arbeitet morgens von neun bis viertel nach zwölf, nachmittags von vier bis fünf ruht er. Später – »nach dem Tee« – schreibt er Briefe. Wir sollen leise sein zu all diesen Stunden; es ist schrecklich, wenn es dahin kommt, daß er, zornig in der Tür seines Arbeitszimmers stehend, »Ru-he!« fordert, mit einer Stimme, in der Ärger und ein ungläubiges Erstaunen darüber sich mischen, daß wir schon wieder vergessen haben, keinen Lärm zu machen. Manchmal, gegen Abend (wir sitzen auf den kleinen Stühlen, denen wir längst entwachsen sind, im Spielzimmer und langweilen uns mit Hilfe eines Baukastens) ruft er uns. Wir poltern, so schnell wir können, die Treppe hinunter, denn wir wissen: Gegen Abend gerufen zu werden ist gleichbedeutend mit Vorlesung, und nichts ist schöner, als wenn der Vater vorliest. Sein Arbeitszimmer betreten wir nur zu diesem Zweck: eine mäßig große Stube voll von Büchern, roter Plüschbelag bedeckt den Boden, großer Schreibtisch, auf dem peinliche Ordnung herrscht, runder Eichentisch außerdem, voll von Büchern, Chaiselongue, voll von Büchern, alle Stühle voll von Büchern. Nie vergeht ganz der Zigarrenrauch, dessen Duft vermischt mit dem etwas leimig-staubigen der Bücher, den wir als typisch väterlich empfinden.

Der Vater schließt die Tür hinter uns, er hält ein Buch in der Hand, einen Band *Tausendundeine Nacht* oder *Grimms Märchen* oder die Volkserzählungen von Tolstoi. Er liest vorzüglich vor, die Figuren aus den Geschichten erfüllen das Zimmer; wenn sie komisch sind, lachen wir alle, bis wir Tränen in den Augen haben, wir sind ergriffen, gespannt, betrübt und erschüttert, wie die Geschichte es will. Wir wissen, daß der Vater selber Geschichten schreibt (die »noch nichts für uns sind«), aber daß er, wenn er gewollt hätte, auch Schauspieler hätte werden können.

Er liebt leidenschaftlich das Theater und spricht viel davon, wie es sein wird, wenn er uns zum erstenmal hinführt. Wir werden zusammen den *Lohengrin* sehn, sobald wir nur ein bißchen größer sind. Er hätte Musiker werden können, finden wir (er spielt Geige, pfeift ganz prächtig auf die wohllautendste Art) – und im Grunde hätte er Maler werden sollen (manchmal stellt er kleine Zeichnungen für uns her, einen Herrn mit Spitzbart, von dem er, weiß Gott warum, behauptet, daß es der »brasilianische Gesandte« sei; oder einen Gentleman im Frack, den er den »Ballherrn feinster Art« nennt). Sicher ist, daß, wenn die Schriftstellerei ihm aus irgendwelchen, nicht ersinnbaren Gründen verschlossen gewesen wäre, sein Talent ohne Schwierigkeit einen anderen Ausdruck hätte finden können. Wahrscheinlich wäre er Dirigent geworden – das sagt er uns, wenn wir wissen wollen, was er, außer schreiben, am liebsten getan hätte. Manchmal, wenn wir sehr brav gewesen sind oder doch behaupten, es gewesen zu sein, dürfen wir in einem Bilderbuch blättern, das der Vater, zusammen mit dem Onkel Heinrich für ihre jüngere Schwester Carla, die Schauspielerin war und früh gestorben ist, hergestellt hat – in Italien, als sie beide junge Leute gewesen sind. Heinrich, der gern Maler geworden wäre, hat die »schöneren«, die ernsthafteren Bilder gemalt, während die Zeichnungen unseres Vaters von phantastischer, bizarrer Art sind, sie stellen seltsame Zwerge dar, auch Gespenster oder humoristische Untiere. Zu allen Bildern gibt es Verschen und Geschichten, es ist ein sehr schönes Buch, und wir bezweifeln im stillen, ob die Bücher, die er von neun bis Viertel nach zwölf schreibt, annähernd so schön sein können.

Manchmal fragen uns in der Schule die Kinder: »Kümmert sich euer Vater viel um euch?« Unsere Schulzeugnisse bringen wir meist von der Mutter unterschrieben zurück, und wenn wir von irgendeinem »Krach« erzählen, den es zu Hause gesetzt hat, spielt die Mutter in ihm die entscheidende Rolle. Offenbar ist sie es, der unsere Erziehung obliegt, und daher antworten wir auch den Freunden: »Nein, das heißt: ja, man kann das nicht so beschreiben.«

Tatsache ist, daß er sich nicht zu »kümmern« *scheint*. Er findet, daß es besser sei, uns etwas »vorzuleben«, als den Versuch zu machen, direkt und pädagogisch auf uns einzuwirken. Die Atmosphäre des Hauses, die Luft von geistiger Verantwortlichkeit, die Diszipliniertheit, mit der hier gearbeitet wird, die Regelmäßigkeit des Lebens, die heitere Gelassenheit, der von Ironie und Anführungszeichen nie ganz freie Ernst, der seiner Person eignet und der unseren Kinderangelegenheiten ebenso freundlich zugewandt ist wie den »erwachsenen« Dingen, die ihn selber betreffen: die Gespräche, die er mit unserer Mutter führt oder mit seinen Freunden, wenn sie uns zum Mittagessen besuchen – all dies meint er, müsse dazu angetan sein, uns heranbilden zu helfen; außerdem baut er darauf, daß wir, im Grunde, nicht »unvernünftig« sind.

Hat er vielleicht auch seine geheimen pädagogischen Absichten, wenn er uns von seiner eigenen Jugend, seiner Entwicklung, seinem Leben erzählt? Er tut es nur selten, nur ausnahmsweise; vielleicht gerade deshalb beeindruckt es uns so tief. Übrigens sind die Anekdoten aus seiner Kindheit keineswegs »moralisch«, keineswegs »pädagogisch« im üblichen Sinn. Trotzdem aber haben sie alle, auf eine nicht leicht erklärliche Weise, die Kraft, uns zu belehren und unseren eigenen Ehrgeiz zu stacheln.

Der Vater gesteht uns: er ist als Junge sehr faul gewesen – nicht durchaus faul, natürlich, denn er hat ja mit gierigem Eifer Bücher gelesen, Geige gespielt und Gedichte geschrieben –; aber ein träger Schüler, der schlechte Noten bekam und außerdem noch aufsässig gegen die Lehrer war. Von den Lehrern in seiner Heimatstadt Lübeck weiß er unzählige Geschichten – eine komischer als die andere. Und er erzählt uns auch von dem vornehmen, alten Patrizierhaus, in dem er aufgewachsen ist – welches bis heute den Besuchern als das *Buddenbrook*-Haus vorgeführt wird, obwohl der Mann, der dort geboren ist, seit einiger Zeit als Landesverräter im Exil lebt; er erzählt uns von dem Zimmer, das er viele Jahre mit seinem Bruder Heinrich teilte, von seinem ernsten, sehr korrekten Vater, von seiner schönen Mutter, die aus Brasilien stammte. »Und dann?« fragen wir, »was geschah, nachdem du Lübeck verlassen hattest und kein Schuljunge mehr warst?«

Bei solchen Gelegenheiten kann es vorkommen, daß er keine Lust hat zu reden und nur kurz antwortet: »Nun, – dann war ich natürlich erwachsen geworden.« Manchmal jedoch ist er gesprächiger. Er sitzt in seinem Lehnstuhl – einem besonders schönen, alten Lehnstuhl, den er bis heute benutzt – mit übereinandergeschlagenen Beinen, eine Zigarre im Mund, und sagt: »Ja, dann kamen die Jahre in München – wir verließen Lübeck bald nach dem Tode meines Vaters, eures Großvaters. Zu der Zeit hatte ich bereits angefangen zu schreiben – oder genauer gesagt, ich hatte nie damit aufgehört... Aber meine Familie war der Ansicht, ich sollte einen ordentlichen Beruf haben. Eine Zeitlang arbeitete ich bei einer Versicherungsgesellschaft – aber nur kurz; ich wußte, daß das nicht das richtige für mich

war; ich hatte andere Pläne…« Dann pflegt er geheimnisvoll, fast vergnügt
zu lächeln, als ob ihn der Gedanke an diese »anderen Pläne«, die er bereits
damals verschämt in seinem Herzen verwahrte, amüsierte. »Militärdienst
war ganz sicher nicht das richtige für mich«, fährt er fort; »meine Füße
konnten sich nicht an die deutsche Gangart gewöhnen. Ich wurde ziemlich
krank, kam ins Krankenhaus und mußte nach einigen Wochen aus dem
Militärdienst entlassen werden. Mehr Glück hatte ich in einer anderen
Stellung, die ich ungefähr zu diesem Zeitpunkt angenommen hatte: Ich
wurde Herausgeber des *Simplicissimus* – jener Zeitschrift mit den lustigen
Zeichnungen, wißt ihr, von der ihr immer eine Ausgabe auf meinem
Schreibtisch finden werdet. Mein erstes selbstverdientes Geld kam von dieser Zeitschrift. Sie hatten eine meiner Kurzgeschichten angenommen, und
der Verleger belohnte mich mit drei glänzenden Goldstücken: Ich fühle sie
bis heute wie damals in meiner Hand liegen. Der Mann, der mir diese
ersten Goldstücke gab, war Jakob Wassermann!« »Wirklich, der liebe alte
Jakob Wassermann?« fragen wir. »Kennst du ihn schon so lange?« »Ja«, sagt
er, »ich kenne ihn schon so lange. Und wir sind immer gute Freunde
gewesen.«

Welch schöne Abendstunden unter der Lampe, schwerer blauer Zigarrenrauch in der Luft – das ist fast noch schöner als vorgelesen zu bekommen. Unser Vater spricht mit uns über Italien, wo er zusammen mit unserem Onkel Heinrich mehrere Jahre verbracht hat. »Dort begann ich die
Arbeit an den *Buddenbrooks*. Zuerst nahm ich sie gar nicht so ernst. Ich
dachte bei mir: warum nicht ein wenig über Lübeck erzählen? Ich habe so
viele Erinnerungen… das wird meine Freunde in München amüsieren…
Und dann wurde das Buch immer umfangreicher – ich war über dieses
Wachstum erschrocken… aber mir wurde bald klar, daß es nur so ging;
nichts durfte weggelassen werden. Deshalb regte mich der grausame Vor-
schlag meines Berliner Verlegers, guter alter S. Fischer – damals ein ziemlich junger Mann –, das Material um die Hälfte zu kürzen, so daß es in einem Band erscheinen könne, so sehr auf. Ich war eigentlich nicht willens,
dies zu tun. Wenn es auch nur ein Spaß für meine Freunde sein sollte, so
doch ein sehr erschöpfender Spaß. Ich schrieb an Fischer: Ich kann keine
Streichungen erlauben. Lieber verzichte ich auf die Veröffentlichung! Ich
ging ein großes Risiko ein; aber ich hatte Glück – und Fischer ließ mit sich

reden… Der Roman erschien in zwei Bänden und war nicht nur für meine Münchner Freunde ein Vergnügen. Der Erfolg kam stufenweise – nicht sehr schnell, aber stetig. Und jetzt sind die *Buddenbrooks* so berühmt…« Das klingt fast melancholisch, geradeso, als ob Ruhm eine Art Degradierung bedeutete. »Ruhm ist das Fazit aller Mißverständnisse, die über eine Person in Umlauf sind«, sagt Rainer Maria Rilke in einem seiner Werke.

»Und dann? Und dann?« – Wir wollen noch mehr hören; es ist so schön und aufregend, eine Menge über das Leben unseres Vaters zu erfahren; herauszufinden, daß auch er – unser Vater – einmal jung gewesen ist, anderen alberne Streiche gespielt hat, daß auch er um seinen ersten Erfolg kämpfen mußte. »Und dann?« – Jetzt nimmt er die Haltung eines Märchenerzählers ein. Er faßt die Hand unserer Mutter und streichelt sie, während er langsam sagt: »Und dann wurde ich eines Tages in München in ein wunderschönes Haus eingeladen. Ich ging oft dorthin – so oft wie möglich – und dafür gab es einen besonderen Grund. Denn die Tochter des Hauses war so hübsch und so klug und in jeder Hinsicht ziemlich ungewöhnlich – wie eine kleine Prinzessin.« Möglicherweise würde er uns mehr erzählen, und wir gäben alles darum, nur weiter zuhören zu dürfen; aber unsere Mutter sagt plötzlich: »Kinder, jetzt ist es höchste Zeit, ins Bett zu gehen!«

Unsere Mutter ist oft bekümmert, weil wir zu viel »Böses« tun. Wir lügen zum Beispiel allzugern, erzählen Geschichten, an denen kein wahres Wort ist, und ziehen uns durch frei Erfundenes aus der Affäre, wenn sie für uns ungünstig liegt. Erika besonders lügt wie gedruckt. Einmal, als sie es besonders bunt getrieben, kommt es dahin, daß der Vater selber mit ihr sprechen soll, – er soll ihr klarmachen, daß es so nicht weitergehen kann. Seine hellen Augen schauen nachdenklich und, wie es ihr scheinen will, nicht ganz, nicht völlig und bitter-ernst in das verstockte Gesicht des trotzigen und widerspenstigen kleinen Mädchens. Er sagt: »Es ist sehr dumm und überflüssig, daß du immer noch und immer wieder die Unwahrheit sagst. Ich glaube aber, daß du es sehr bald ganz von selber lassen wirst, weil ich dich nämlich für *vernünftig* halte. Es ist völlig unvernünftig, zu lügen, du mußt dir nur vorstellen, was geschähe, wenn wir uns alle gegenseitig anlögen. Das wäre heillos. Sobald du groß genug bist, dir das klar zu machen, wirst du es als unter deiner Würde anschaun, zu flunkern, und, wenn ich dich so stehn sehe: du bist lang und bejahrt genug, das jetzt schon zu spüren.« Er lacht ein bißchen, dann wendet er sich dem Buch wieder zu, mit dem er beschäftigt war, als Erika von der Mutter zu ihm ins Zimmer geschoben wurde. Das Lügenkind ist entlassen. Natürlich hat sie nicht gleich, nicht völlig aufgehört, die lieben Eltern anzuschwindeln. Und kein Kind glaubt ja den »Erwachsenen«, daß es sich jemals ändern, jemals einsichtiger werden wird als eben jetzt, da es sich doch immer als durchaus »fertig«, als »endgültig so und nicht anders« empfindet. Aber die kleine Ansprache über das Unvernünftige und über die Würde hat sie sich gemerkt, und es dauert nicht lang, bis sie, zu ihrer eigenen Überraschung, nicht mehr *gerne* lügt – das Lügen, als etwas abgeschmackt und unter ihren Jahren, nicht deshalb einschränkt, weil es »bös«, weil es »unerlaubt« wäre, sondern weil sie findet, daß sie nunmehr darüber hinausgewachsen sei.

Obwohl die »Zeiten« so »schlecht« sind und obwohl wir wissen, daß die Eltern viele Sorgen haben – Sorgen persönlicher und allgemeiner Art –, gibt es daheim die großen und die kleinen Feste, die mit schönster Ausführlichkeit gefeiert werden. Der Vater liebt die Feste, auf Weihnachten freut er sich beinahe so sehr wie wir: Er baut persönlich eine alte Krippe auf, gruppiert die anmutigen Wachsfiguren unterm Christbaum, serviert dem Hund, der mit einer bunten Seidenschleife geschmückt ist, sein Fest-Essen und wartet mit uns im dunklen »Arbeitszimmer«, während der Baum angezündet wird, in dessen verklärendem Kerzenlicht die Geschenke ausgebreitet liegen, die der Vater mit uns bewundert. Er ist imstande, sich über irgendeinen sinnvollen kleinen Gegenstand, den man ihm beschert, einen Drehbleistift, ein Leselämpchen, so lebhaft zu entzücken wie wir über Zauberkasten oder Kasperltheater.

Seitdem wir unser »Tölzhaus« gegen ein wenig Kriegsanleihe eingetauscht hatten, war es das Münchner Haus an der Isar, in dem sich das Leben abspielte, auch während des Sommers. Wie sehen die Szenen aus, in denen der Vater auftritt? Was stellen sie dar, all die tausend kleinen Momentaufnahmen, die unser Gedächtnis aufbewahrt und in deren Vordergrund er zu sehen ist?

Es ist sehr heiß. Die vier Kinder, fünf- bis zwölfjährig, liegen in Badeanzügen auf der Wiese vorm Haus. Der Vater kommt mit dem Gartenschlauch. Er hat eine besonders erfolgreiche Technik im Spritzen; nicht nur, daß er zu zielen versteht wie kaum ein anderer – er läßt den kühlenden

Wasserstrahl aufs abwechslungsreichste an uns auf- und niedergleiten. »Man muß das mit lockerer Hand machen!« ruft er, »es ist eine Kunst!«

Im Haus das hübscheste ist die Diele. Hier werden die Feste gefeiert, und hier sitzen wir des Abends und hören Musik. Die Diele ist mit braunem Holz getäfelt, die Bücherschränke reichen bis zur Decke. Dort, wo sie sich zu einer Art rundem Erker verjüngt (drei große Fenster lassen auf den Hintergarten den Blick frei), nimmt ihre ganze Breite der große schwarze Eichentisch ein, auf dessen ovaler Platte Bildermappen und Zeitschriften liegen. Auch der Globus steht dort. Vom andern Ende der Diele führt eine Flügeltür in das Arbeitszimmer des Vaters, von dem aus man auf die Terrasse und in den Garten gelangt. Zu beiden Seiten der Glastür, die auf die Terrasse führt, stehen die schönen, goldenen, fünfarmigen Leuchter, die der Vater besonders liebt, weil sie aus seinem großelterlichen Haus in Lübeck stammen; auch die schmalen und vornehmen Empireschränke auf der »oberen Diele« kommen von dort. Es gibt ein paar gute Bilder im Haus, ein sehr hübsches Kinderköpfchen von Lenbach, das unsere Mutter als kleines Mädchen darstellt, zwei oder drei kleine Dürer-Zeichnungen, ein sehr reizvolles Bild von Ludwig von Hoffmann, auf dem hübsch-gewachsene Jünglinge in einer Quelle baden, ein paar Drucke, Reproduktionen nach Breughel, van Gogh, Marées. Der Vater hat an diesen Drucken großen Spaß, er findet, angesichts ihrer, daß wir es erstaunlich weit gebracht haben; sie vermitteln ein Vergnügen, nicht viel geringer als das Original.

Der große Grammophonapparat steht auf der Diele. Der Vater liebt es, Konzerte zu veranstalten; an einem Abend gibt es deutsche Lieder, am andern Tschaikowsky oder Wagner, sehr viel Wagner. Wenn eine Platte kratzt oder eine Frauenstimme schrill klingt in der Höhe, grämt sich der Vater wie ein Künstler, dem am Entscheidungsabend das Wichtigste mißlingt.

In den Gesprächen, die bei Tisch geführt werden und denen wir aufmerksam zuhören auch zu einer Zeit, da wir ihren Inhalt noch nicht begreifen, spielt die Politik eine Rolle, seit wir sieben oder acht Jahre alt sind, seit Beginn des Weltkrieges also. Wir mögen es viel lieber, wenn die Unterhaltung andere Wege geht – die Politik ist ein fremdartiges und feindliches Gebiet. Sobald wir groß genug sind, dürfen wir dabei sein, wenn der Vater am Abend aus seinen eigenen Arbeiten vorliest. Den *Zauberberg*, den *Felix Krull*, die *Josephs*-Romane haben wir kennengelernt, während sie entstanden. Erst waren wir zu dritt Publikum dieser Veranstaltungen (die Mutter, Erika und ich), dann wurden die »Kleinen« zugezogen (Golo und Monika), schließlich waren auch die Kleinsten dabei – jetzt ist es schon ein stattliches Auditorium, das wir stellen.

Der Vater seinerseits liebt es zuzuhören, wenn andere sich produzieren. »Darbietungen«, besonders, wenn sie belustigend sind, bereiten ihm das lebhafteste Vergnügen. Er ist im höchsten Grade amüsabel. »Man könnte die Leute schon amüsieren, wenn sie nur amüsabel wären!« hat Goethe ausgerufen, und diese Eigenschaft des »Amüsabel-Seins« gehört als gute Farbe in das Bildnis des Vaters wie die kindliche Freude an hübschen Gegenständen, an »Festen«, an komponierten Mahlzeiten, an allen Annehmlichkeiten des Lebens. Er ist ein vorzügliches, dankbares, aufmerksames, leicht zu ergötzendes »Publikum«. Seine Freunde lesen ihm – und uns – ihre Arbeiten vor; auch die Kinder geben etwas zum Besten und finden den wohlmeinendsten und hellhörigsten Kritiker im Vater.

Die Politik, dieses Unglück der Erwachsenen, unter die wir uns nun auch schon zu rechnen hatten, machte dem Frieden ein Ende. Der Vater erkannte und haßte früh das Unmenschliche, das er heraufziehen sah. Seine Hoffnung, daß es genügen würde, seinen Landsleuten etwas »vorzuleben« (wie er den Kindern etwas »vorgelebt« hatte, anstatt sie zu »erziehen«), erwies sich als trügerisch. Er spürte, daß es seine Pflicht war, sich direkt und mit dem Einsatz der ganzen physischen Person dem Übel entgegenzuwerfen. (Waren die Deutschen »vernünftig«, im Grunde? Würden sie, ein wenig später, selber einsehen, daß, was sie trieben, »heillos« war? Aber sie schleuderten die Vernunft geflissentlich über Bord und stürzten sich in einen Taumel massenberauschter Raserei, dem die Vernunft ein Greuel war und der ein Greuel war der Vernunft.) Nach den September-Wahlen des Jahres 1930, in denen die Nazis zum erstenmal einen alarmierenden Sieg davongetragen hatten, fuhr unser Vater von München nach Berlin, um in einer dringlich-beschwörenden Rede seinem Publikum Wachsamkeit zu empfehlen. Nazi-Burschen, im Saal verteilt, randalierten. Sie wurden von denen, die gekommen waren, um die Stimme der Vernunft zu hören, niedergezischt. Über dem Lärm stand, schmal und ruhig, der Vater, er sprach weiter, sagte, was er zu sagen hatte, in den Lärm hinein und trotz seiner. Er ist kein Volksredner, dachten wir, denen unten im Parkett ein wenig be-

FRAU KATJA MANN AND KLAUS

THOMAS MANN AND ERIKA IN MUNICH

klommen zumute war, er ist nicht dafür gemacht, gegen johlende Rowdies anzuschreien, warum haben wir ihn nicht davor bewahrt? Warum haben wir ihn nicht gebeten, daheimzubleiben, an seinem Schreibtisch, wo sein Platz ist? Gleichzeitig waren wir stolz auf ihn. Und es ist beinahe sicher, daß, noch damals, im Herbst 1930, ja, später noch, im Herbst und Winter zweiunddreißig, Deutschland vorm Schlimmsten hätte bewahrt werden können, wenn nur die Männer des Geistes, all die Künstler und Intellektuellen von Rang ihren Einfluß geltend gemacht hätten, wenn sie sich »gestellt« hätten zum Verteidigungskampf der Vernunft und Gesittung gegen die Barbarei. Sie haben sich nicht gestellt, und beinahe kampflos siegte der Feind.

Am 11. März 1933 meldeten wir von München aus ein Gespräch nach Arosa an, denn dort verbrachten die Eltern ein paar Ferienwochen im Anschluß an eine Vortragstournee. Es war ein langes, qualvolles Gespräch. Am Ende hatten wir die Zusage der Eltern: sie würden abwarten und zunächst nicht an die Isar zurückkehren.

Als wir selber, am nächsten Tag, in Arosa eintrafen, fanden wir den Vater gefaßt und entschlossen. Er hatte, was in seiner Macht stand, getan, um zu verhindern, was nun geschehen war. *Da* es geschehen war und da seine Stimme in Deutschland jetzt verhallen würde im Waffengeklirr, in dem Geschrei, das die neuen »Führer« erhoben und das alles übertönte, die leisen Rufe der Vernunft und die Wehlaute, die aus den Konzentrationslagern und Gefängnissen drangen, war sein Platz nicht mehr dort, sondern draußen, wo man seine Stimme hören würde und von wo aus sie, vielleicht, allmählich, wieder hineindringen würde in das irregeleitete Land.

Es war ein böser Frühling. Von Arosa wandten wir uns nach Lugano, wo mildere Winde wehten. In Deutschland fing man an, dem »arischen« Nobelpreisträger, dem man seine früheren Unarten allenfalls verziehen hätte, sein Fernbleiben zu verübeln. Sein Paß war abgelaufen, auf den Konsulaten bedeutete man ihm, daß er anstandslos erneuert würde, wenn sein Träger sich nur heim, nach München, bemühen wollte, zur zuständigen Stelle. Das eben wollte er nicht. Man antwortete mit Repressalien. Erst holte man das Auto aus der Garage, dann beschlagnahmte man Vermögen und Haus. Aber die Nachrichten, die im übrigen aus Deutschland kamen, waren so erbitternder, so abscheulicher Natur, daß alles persönliche Ungemach über

ihnen beinahe in Vergessenheit geriet. Diese ersten Wochen nach der
»Machtübernahme« waren deshalb die ärgsten, weil das Unfaßliche gefaßt,
das Unglaubliche allmählich geglaubt sein wollte. Wir waren heimatlos geworden, wir gehörten nirgends mehr hin, es war gleichgültig, ob wir in den
Hotelzimmern saßen, die es in Lugano, oder in anderen, die es in Südfrankreich gab.

Freilich, wir waren arm. Und unsere Mutter muß oft verstört gewesen
sein, als sie es uns zeigte, weil sie nicht wußte, wie dies alles weitergehen
sollte. Alles, was mein Vater erarbeitet und verdient hatte, ja sogar die Le-
bensehrung der schwedischen Akademie, der Nobelpreis, war uns genommen worden. Nun hieß es von vorn anfangen, in fremden Ländern und
Sprachen.

Wir fuhren hinunter, an die Côte d'Azur, verbrachten ein paar Wochen
in Lavandou, ein paar weitere in Sanary. Der Vater arbeitete nicht, es war
zum erstenmal in seinem Leben, daß wir ihn vormittags, zwischen neun
und Viertel nach zwölf, spazierengehend fanden, im Gespräch mit der
Mutter, mit Freunden, allein, dem Unheil nachsinnend, das hereingebrochen war. Die Welt – unsere Welt – war aus den Fugen.

Das Häuschen überm Meer war klein, in dem wir vorläufig zur Ruhe kamen. Aber es gab in ihm ein »Arbeitszimmer«; es gab einen Raum, in dem
wir abends beisammensaßen; es gab ein paar Bücher, und es gab, statt des
vertrauten Rauschens des Isarflusses daheim in München, den Anschlag
der Wellen am felsigen Strand. Wir verbrachten den Sommer in Sanary.
Ein paar große Kapitel *Joseph in Ägypten* entstanden dort, und als wir, im
Herbst, wieder in die Schweiz gingen, um uns fürs erste am Zürichsee niederzulassen, waren wir schon geübte »Emigranten«, die wußten, daß das
Leben weitergeht, was immer geschieht, und daß wir zu Hause sind, wo der
Schreibtisch steht, in welchem Lande auch immer.

Es gehört zu den Vorteilen, die das Exil bietet, daß der Kontakt mit der
Welt intensiviert, ja, daß eine Sorte von Kontakt hergestellt wird, wie Menschen, die von zu Hause kommen, um nach einem Ausflug in die Fremde
dorthin zurückzukehren, ihn kaum kennen. Man war viel gereist »vor Hitler«, man hatte geglaubt, in Europa und sogar drüben in den Vereinigten
Staaten leidlich Bescheid zu wissen. In Wirklichkeit war man überall »zu
Besuch« gewesen, man hatte am Leben der Länder, in denen man sich

vorübergehend aufhielt, niemals teilgenommen. Das ist anders geworden. Und die Freundschaft, die etwa unsern Vater heute mit der Schweiz, mit der Tschechoslowakischen Republik, deren Bürger er ist, oder mit Amerika verbindet, ist tiefer und bedeutungsvoller als die Beziehungen, die sich von zu Hause aus hätten knüpfen lassen. In Deutschland hat man ihn »ausgebürgert«. Er ist ein deutscher Schriftsteller, ob Hitler und die Seinen es wahrhaben wollen oder nicht. Er weiß mehr von Deutschland als in der Nähe derer, die heute darüber entscheiden wollen, was »deutsch« ist und was nicht. Gleichzeitig aber ist er in der freien Welt daheim – überall dort, wo dem Geiste Sympathien leben und wo sich in Frieden und Würde arbeiten läßt. In Amerika ist er während dieser Jahre häufig zu Gast gewesen. Im Winter 37/38 machte er zum erstenmal eine *lecture-tour from coast to coast*, und es war diese Reise, die ihm bestätigte, was er schon lange geahnt hatte: daß dies das Land sei, in dem zu leben am fruchtbarsten, möglichkeitenreichsten, schönsten sein müßte. Die bedeutendste Demokratie dieser Erde hat sich den Exilierten freundlich erwiesen. Mit besonderer Herzlichkeit hat sie ihre Tore denen geöffnet, die ihre Treue zu den demokratischen Idealen mit dem Verlust ihrer Heimat bezahlten. Auf der großen Fahrt, die unsern Vater kreuz und quer durch den Kontinent führte, sind so viel Verständnis, so viel aufnahmefreudige Interessiertheit, so viel Enthusiasmus für die übernationalen Dinge des Geistes und der Kunst ihm begegnet, daß er dankbar und ergriffen spürte: Hier möchte ich bleiben. Er ist in Amerika eingewandert und hat eine Einladung angenommen, sich in Princeton niederzulassen, wo er, im Rahmen der Universität, vereinbar mit der Arbeit an seinem Goethe-Roman und am vierten Band der *Josephs*-Bücher, Vorträge halten wird. Die deutsche Universität Bonn hat ihm den Doktortitel, den man ihm dort, *honoris causa*, einst verliehen hatte, aberkannt. Er durfte sich weiter »Doktor« nennen, da die Universität Harvard ihn zu ihrem Doktor gemacht hatte. Inzwischen ist er auch Doktor von Columbia und von Yale. Dort, in Yale, hatte er überdies die Freude, an einer Feier teilzunehmen, die anläßlich der Eröffnung eines »Thomas-Mann-Archivs« abgehalten wurde. Die schöne und reichhaltige Sammlung von Erstausgaben, Manuskripten, Photographien und Würdigungen seiner Arbeit, die dort zusammengebracht worden ist, zeugt von großer und tätiger Liebe. Während man in Deutschland seine Bücher aus den Bibliotheken holt,

während die Schulkinder dort seinen Namen nicht mehr kennen dürfen,
ist ihm hier, in der Fremde, die schon längst keine Fremde mehr ist, eine
Heimat bereitet.

Das Bildnis des Vaters, ist es dasselbe noch, das aus den Tiefen der Kindheit zu uns emporsteigt in die umwölkte Gegenwart? Erkennen wir dies
Gesicht, das sich zu unserer Winzigkeit herunterneigte, damals, im Garten
des »Tölzhauses«? Das wir verfinstert fanden, als die »Politik« bei uns einge-
drungen war, und das so ruhig über dem Lärm stand, den die Berliner
Nazi-Buben entfesselt hatten? Wir finden in ihm den hellen Blick unter
den dunklen Brauen, die sehr hoch gezogen werden, wenn das Gesicht erstaunt oder wenn es empört ist, die freundliche Gelassenheit und den von
Ironie nicht ganz freien Ernst der frühen Tage. Es ist schmal geblieben, das
Gesicht, mit der stark vorspringenden Nase, die wir alle geerbt haben, und
dem exakt geschnittenen Schnurrbärtchen, dessen »Korrektheit« und her-
renhafte Konventionalität von der Empfindlichkeit der Schläfen, von der
nachdenklichen und schimmernden Tiefe der Augen widerlegt wird. Vermögen wir die Gestalt des Vaters, wie sie uns heute entgegentritt, zu ver-
schmelzen mit jener anderen, in der er sich uns zuerst gezeigt? Aber die
Stimme, die – wenn wir am Abend zusammensitzen in Princeton im Land
Amerika – die Geschichte von *Lotte in Weimar* für uns erzählt, ist die gleiche, die aus der Ecke des Münchener »Arbeitszimmers« Hans Castorp und
Madame Chauchat ihre französische Unterhaltung führen ließ. Ohne
Mühe erkennen wir sie, diese Stimme, ohne Mühe finden wir in der Gestalt, der sie angehört, jene andere wieder, welche die Zeit verwandelt hat.
Denn zwischen und hinter den schmalen Silhouetten steht, verbindend,
klärend und vermittelnd, das Werk.

Es ist schwer, es ist vielleicht fast unmöglich, eine Gestalt, der man
menschlich so nahe ist, »objektiv«, als öffentliche Figur zu sehen und zu beurteilen. Das Werk und die Person sind kaum voneinander zu trennen –
zumal in einem Fall wie dem von Thomas Mann, bei dem Werk und Person so innig zueinander gehören. Alle seine Bücher, und noch die großen literarischen Essays, haben den autobiographischen Charakter, der etwa in
den *Buddenbrooks* und im *Tonio Kröger* sich deutlich manifestiert; der in
Königliche Hoheit, Der Tod in Venedig und den *Bekenntnissen des Hochstaplers Felix Krull* gleichsam durch Masken hindurch zu erraten ist, und der

noch im *Zauberberg* für jeden eindringlich Blickenden deutlich bleibt. Erst in der großen epischen Konzeption von *Joseph und seine Brüder* scheint das autobiographische, bekennerische Element ganz zurückzutreten – und welch reizvolle Überraschung ist es, wenn man es auch hier wieder erkennt und ausfindig macht! Dann bekommen plötzlich die Figuren aus ferner Zeit und in fremder Landschaft seltsam vertraute Züge: der junge Joseph sieht dem Tonio Kröger ein wenig ähnlich; gleichzeitig hat er aber auch eine vage Ähnlichkeit mit Tadzio, dem holden Polen-Knaben, dessen Charme den alternden, seiner Würde müden Gustav Aschenbach zu Venedig so tödlich entzückt; die aussichtslosen Liebesqualen, welche Potiphars Weib – diese Priesterin und *femme du monde,* die ihrerseits so würdig wie Gustav Aschenbach war – nun auch entwürdigt, auch tödlich verzückt um Joseph leiden muß, lassen uns nicht nur an den bitter-süßen Untergang des deutschen Schriftstellers am Lido denken, sondern auch an die problematischen Wonnen, in die ein gewisser Hans Castorp mit sehr schlechtem Gewissen versinkt, da er sein Herz von der Liebe zu Madame Chauchat ergreifen läßt. Denn auch diese Liebe zur Kranken, dieses unerlaubte *Zauberberg*-Abenteuer ist »aussichtslos« wie Aschenbachs Glut, wie Madame Potiphars Verlangen, wie jene etwas spöttische und sehr starke Sehnsucht, die den grüblerischen Tonio Kröger an die »Blonden und Gewöhnlichen«, an die Leichten und Harmlosen bindet. Und noch einmal kehrt das Motiv von der Liebe, die aussichtslos und gerade deshalb so unstillbar heftig ist, wieder in neuer Variation – noch einmal ist es da, wie eine schwermütige Melodie, die durch alle Werke eines Komponisten geht – in jenem Roman um den alternden Goethe, der jetzt entsteht: *Lotte in Weimar.* Denn auch Goethe hat aussichtslos geliebt – aussichtslos lieben *wollen,* als er Lotte liebte, die einem anderen, seinem Freunde, verlobt war. Alle diese Schmerzen und Wonnen gehen ineinander, alle diese Figuren tragen verwandte Gesichter, und in allen diesen Gesichtern erkennen wir, mit Ehrfurcht und Liebe, das *uns* verwandte Gesicht – das Gesicht des Dichters, der dies alles schuf. Es ist Jakobs Gesicht, das gedankenvolle Gesicht des Vaters, der sorgenvoll-zärtlich nach dem Sohne, dem jungen Joseph, späht. Und wie dieses Antlitz sich nun lustig-geheimnisvoll verändert, ist es auch die für alle Grimassen begabte Miene des Hochstaplers Felix Krull; und wie es sich nun würdig-bürgerlich zusammennimmt, ist es das Gesicht des Thomas

Buddenbrook, des letzten Patriziers, der sich von der Lektüre Schopenhauers berauschen läßt wie von einem Gift, und der dann einfach auf der Straße hinstürzt, weil ein Zahnarzt ihm so weh getan hat – oder weil er dieses Leben nicht mehr ertragen will; aber dann kommt wieder eine Verwandlung: das Gesicht wird einerseits noch feierlicher, andrerseits wird es glatter und leichtsinniger: da ist es das Gesicht des Prinzen Klaus Heinrich, der populären und heimlich schwermütigen kleinen Königlichen Hoheit, die so streng und zeremoniell distanziert von den »Gewöhnlichen« leben muß und schließlich doch noch das Glück findet – ein »strenges Glück« –, als die süße und schwierige Braut, das fremde Mädchen namens Imma kommt. Und auch diese Imma erkennen wir: welch vertraute, welch seit erster Kindheit geliebte Züge! Aus der Märchenbraut, der kapriziösen »Erlöserin« des Prinzen, ist die Frau, ist die Mutter geworden – *unsere* Mutter.

Bei solcher Fülle der Erinnerungen und Assoziationen, der Beziehungen und sublimen Zusammenhänge, ist es nicht ganz leicht, »objektiv« zu bleiben. Andrerseits möchten wir aus dem Vorteil einer persönlichen Intimität mit der Lebens-Sphäre des Autors doch keinesfalls den argen Nachteil ziehen, daß wir dieses Werk nur als einen Komplex familianter Anspielungen begriffen und nicht fähig wären, es als eine der schönsten, reichsten und bedeutsamsten Manifestationen deutschen, europäischen und menschlichen Geistes in unserer Zeit zu würdigen.

Der Kreis von Problemen und menschlichen Angelegenheiten, die in dieses Werk eingingen und seine epischen oder intellektuellen Themen bildeten, hat sich sehr allmählich, aber ständig erweitert – bis er so umfassend weit wurde, wie wir ihn heute kennen. Es ist charakteristisch, daß die großen Essays – das heißt: die mehr aufs Allgemeine und Soziale gerichteten Äußerungen – erst seit dem Weltkrieg in der Produktion Thomas Manns eine entscheidende Rolle spielen. Der Problem-Komplex, der diesen Geist durch Jahre fast ausschließlich und mit einer leidvollen Insistenz beschäftigte und bewegte, ließ sich in den epischen Konfessionen, mit Ironie und Schwermut, *gestalten;* aber er war kaum der Gegenstand für gelassene Diskussion. Es ist das Problem des *Künstlers,* das Thomas Manns Werk bis zum Weltkrieg einzig und allein beherrscht. Das Problem der *décadence,* das der großen Chronik vom Niedergang und Untergang einer bürgerlichen Familie, der Buddenbrooks, den geistigen Gehalt gibt, ist nur ein Teil und Ausschnitt des Künstler-Problems. Denn die letzten Buddenbrooks – nicht nur der allzu zarte, allzu zärtliche Knabe Hanno, sondern auch sein Vater Thomas, der noch rüstig schien – sie sind ja eigentlich schon Künstler; sind dem bürgerlich-geschäftstüchtigen Leben entfremdet; sind schon angerührt vom gefährlichen Atem des Geistes.

Das letzte – und eigentlich auch erste – große bürgerliche Epos der Deutschen, *Buddenbrooks*, ist die Geschichte einer Entbürgerlichung. Aus der *décadence* des Patrizier-Geschlechtes wird der Künstler geboren. Freilich: In ihm bleibt ein Heimweh nach den »Wonnen der Gewöhnlichkeit«, nach der beruhigenden Solidität des Bürgertums zurück. Dieses Heimweh ist das Schicksal Tonio Krögers, der »zwischen den Welten« – zwischen Bürgertum und Bohème – seine sehnsuchtsvollen Monologe hält. Die Begriffe »Bürgertum« und »einfaches, starkes Leben« werden hier, auf eine etwas bedenkliche Art, miteinander identifiziert. Tonio Kröger ist »dem Leben« entfremdet, weil er sich dem Bürgertum entfremdet hat.

»Der Künstler« tritt nun in mancherlei Verkleidungen und Maskierungen auf – denn er ist ja auch ein Schauspieler und trägt gern allerlei fremde Kostüme –; aber immer erkennen wir ihn als den vom Leben Distanzierten, den Abgesonderten, als den, der nicht so recht eigentlich dazugehört. Einmal finden wir ihn in der Maske des Prinzen, der nur repräsentiert, anstatt zu *sein;* einmal in der Verkleidung des Hochstaplers, der zu seinen nicht ganz sauberen Zwecken jene Existenzformen spielend kopiert und vortäuscht, die das echte und solide Schicksal anderer, »bürgerlicher« Menschen sind. Zwischen den beiden Sphären, zwischen »Geist« und »Leben«, schwebt, als anmutiger und listenreicher Bote, Eros hin und her.

Eros kann in vielerlei Gestalt erscheinen. Manchmal nimmt er sogar die Form des Hasses an, und anstatt zärtlicher Beteuerungen sind es Flüche, die er vernehmen läßt. Flüche, nicht Liebesschwüre, sind es, die Savonarola, der Asket, gegen das üppigsinnliche Florenz der Medicis schleudert. Aber schließlich ist auch hier Eros im Spiel; der Haß des Asketen ist nur der äußerste, verzweifelte Ausdruck seiner Sehnsucht – was der Priester mit den brennenden Augen, der Mann des »Geistes«, seiner Gegenspielerin, der »Göttin des Fleisches«, in einer dramatisch bewegten Szene ausdrücklich gesteht. (*Fiorenza,* dritter Akt.) »Ich habe dich immer geliebt«, erklärt

Savonarola der großen Hetäre. »Versteh mich doch – ich habe dich immer *aussichtslos* geliebt!« Daraufhin lächelt die Buhlerin, unergründlich und ziemlich höhnisch. – Eros erscheint nicht nur mit Rosenbändern geschmückt; das Parfum, das er verbreitet, ist manchmal recht verdächtiger Art; es ist der Geruch der fauligen Lagunen von Venedig, in den sich gewisse scharfe Odeurs mischen: die Gerüche der Desinfektionsmittel, mit denen man die Cholera bannen will.

»Wer die Schönheit angeschaut mit Augen – ist dem Tode schon anheimgegeben«, heißt es bei einem deutschen Dichter, der in allen Dingen, die den Tod, die Schönheit und die Liebe betreffen, besonders genau Bescheid wußte: August von Platen, dem Thomas Mann in einer großen Studie gehuldigt hat: *Platen, Tristan und Don Quixote.* Denn Eros kann auch als Todesengel erscheinen. Seine Verführung ist zuweilen die Verführung zum Nichts – eben jene Faszination also, die dem armen Thomas Buddenbrook so verhängnisvoll wird, als er in der Gartenlaube Schopenhauer liest, und der Hans Castorp im *Zauberberg* so viele seltsame geistige und sinnliche Erfahrungen verdankt. Der verschlagenste und vieldeutigste unter allen Göttern – als den Platon uns den Eros beschreibt – offenbart sich auch in jenem Gefühl, das Platen besungen und das Thomas Mann als die »Sympathie mit dem Tode« bezeichnet hat.

Die Formel »Sympathie mit dem Tode« ist eines der intellektuellen »Leitmotive«, die durch die Komposition eines langen kritisch-philosophischen Buches gehen: durch die *Betrachtungen eines Unpolitischen,* an denen Thomas Mann während der vier Kriegsjahre, von 1914 bis 1918, gearbeitet hat. Mit diesem Buch kündigt eine Wendung in seinem inneren Leben und in seinem Werk sich an. Das Künstler-Problem tritt zum ersten Mal zurück. An Stelle der Antithese »Geist und Leben«, die in allen Schöpfungen Thomas Manns von *Tonio Kröger* bis zum *Tod in Venedig* dominiert, werden andere Antithesen, andere geistige Spannungen und Gegensatz-Paare zentral.

Gerade in den *Betrachtungen eines Unpolitischen* manifestiert sich, etwas paradoxer Weise, zum ersten Mal das Interesse des Autors fürs Gesellschaftliche, fürs Politische. Allerdings nimmt dieses Interesse zunächst die Form einer ausführlichen und bitter gereizten Polemik gegen jenen Typus des Intellektuellen an, der seine Bemühungen und Interessen vor allem aufs Gesellschaftliche, aufs Politische konzentriert: gegen den westlichen, gegen den demokratischen Typus, der in Deutschland am stärksten durch Heinrich Mann repräsentiert wurde. Der Typus des optimistischen, der Idee des Fortschritts vertrauenden »Zivilisations-Literaten« wird polemisch kontrastiert gegen den Typus des konservativen, pessimistischen, unpolitischen deutschen Romantikers; gegen die französische Rhetorik steht die deutsche Musik; gegen den westlichen Begriff der »Zivilisation« das deutsche Ideal der »Kultur« (demonstrativ mit einem »K«, anstatt mit einem kleinen »c« geschrieben). Die »Betrachtungen« sind ein Pamphlet großen Stils, erregten und leidvollen Herzens geschrieben gegen den Geist der *entente cordiale,* gegen den Geist der Demokratien, die mit dem Deutschland Luthers und Bismarcks im Kriege lagen. Alle Gesinnungen, die in diesem seltsamen und teilweise rührend schönen Buch ausgedrückt sind, hat der Autor heute längst überwunden und hinter sich gelassen. Dennoch hat dieses Buch, innerhalb seines Gesamtwerkes, entscheidende Bedeutung. Daß hier das politische und soziale Interesse zunächst als patriotische Leidenschaft auftritt, ist beinah nebensächlich. Die tiefe, quälende Beschäftigung mit dem »Problem Deutschland« – mit dem komplizierten Schicksal: ein Deutscher zu sein – war nur der erste Ausdruck, das Symptom eines inneren Vorganges. Der Künstler war aus seiner tragisch-ironischen Isolierung in eine *Gemeinschaft* getreten. Plötzlich nahm er, ergriffen und unmittelbar, streitend und leidend teil am Leben, von dem er sich, bis dahin, halb belustigt, halb wehmütig, distanziert hatte. Freilich benahm er sich, innerhalb der neuen Gemeinschaft, zunächst noch etwas ungeschickt, wie ein rechter Künstler und Don Quixote. Zum Beispiel ließ er sich gleich in einen ausführlichen Zank ein – in den großen, aufreibenden Zank mit dem »Zivilisations-Literaten« eben –, dessen eigentliche Gegenstandslosigkeit und Sinnlosigkeit er selbst bald einsehen sollte. War es ein tragischer Augenblick, als es ihm zum Bewußtsein kam, daß er in den *Betrachtungen* gegen Windmühlen gekämpft und vor »Gefahren« gewarnt hatte, die für Deutschland eigentlich niemals Gefahren waren? Denn man muß wohl nicht ernsthaft fürchten, daß Deutschland je in einen »platten Fortschrittsglauben«, einer gar zu glatt und perfekt funktionierenden Zivilisation verfalle. Die Ursachen, um derentwillen man *für* Deutschland fürchten – und aus denen man *vor* Deutschland Angst haben sollte, sind sehr anderer Art.

Übrigens sind die *Betrachtungen eines Unpolitischen* selber in ihrem tiefsten Grunde schon von der Ahnung erfüllt, daß sie ihren etwas hektischen Kampf für etwas führen, was eigentlich schon verloren ist und keine Zukunft mehr hat. Der Patriotismus dieses kuriosen Kriegsbuches ist durchaus nicht frisch-fromm-fröhlicher, stramm zuversichtlicher Art; es ist ein melancholischer Patriotismus, eine Art von mißtrauischer Begeisterung – vertraut nicht nur mit aller Größe, sondern auch mit allen schlimmen Möglichkeiten des Deutschtums; es ist ein pessimistischer Enthusiasmus, der diesem Werk den fast musikalischen Reiz und den nervösen, nicht sehr vertrauenerweckenden Elan gibt. Nicht umsonst ist eines der Leitmotive des Buches die immer wiederkehrende Formel von der »Sympathie mit dem Tode«.

Gerade sie – gerade diese Sympathie mit dem Tode – mußte überwunden werden. So wie Nietzsche seine Liebe zu Schopenhauer, zu Wagner und zur Romantik leidend überwand, um sich ein helleres, strenges Glück dafür zu gewinnen – so überwand der Autor der »Betrachtungen« den melancholischen Konservativismus, die insgeheim etwas skeptische Begeisterung für das, was eigentlich schon verloren war und dem Untergang geweiht. Der *Zauberberg* ist der epische Rechenschafts-Bericht von einer Entwicklung, die über das Interesse für Krankheit, Tod und Verfall zu einem Interesse fürs *Leben* und schließlich zur umfassenden *Sympathie* mit dem Leben und mit den Lebendigen führt. Aber in der neuen, helleren Melodie klingen noch die anderen, die alten, tiefen Töne nach. Die Erfahrungen, die »drunten«, in den Tiefen, gesammelt wurden, sollen nicht vergessen sein, droben im Licht. Die hellen Fluren liebt am besten, wer auch Bescheid weiß in der Unterwelt. »Ist er ein Hiesiger?« fragt Rilke nach Orpheus, der alle irdischen Dinge so schön besang, daß die wilden Tiere sanft wurden. »Nein, aus *beiden* Reichen wuchs seine weite Natur…«

Dieser neue Humanismus, der im *Zauberberg* dialektisch erörtert wird und in den die intellektuelle Symphonie dieses Romans mündet, mußte auch politische Konsequenzen haben. Die politische Wendung tritt ein in der Rede *Von deutscher Republik,* die Thomas Mann 1922 hielt und die sein erstes nachdrückliches Bekenntnis zur Demokratie formuliert. Die nationalistischen Kreise in Deutschland, die, recht kurzsichtiger und ahnungsloser Weise, gemeint hatten, der Autor der *Betrachtungen* würde nun für immer einer der ihren sein, gerieten außer sich vor Zorn und Enttäuschung. Sie schrien: »Verrat!« und hörten auch nicht auf, es zu schreien, als Thomas Mann den Überzeugungen treu blieb, zu denen er nach langer und tief gewissenhafter Entwicklung gekommen war.

Freilich ist seine moralische und politische Entwicklung mit der Rede *Von deutscher Republik* nicht abgeschlossen. Sie führte weiter, und das Tempo, mit dem sie fortschritt, wurde beschleunigt durch den verhängnisvollen Verlauf der Ereignisse in Deutschland. Der Kampf gegen die Barbarei, die in Deutschland drohte und dann schließlich hereinbrach, war wahrhaftig kein »Kampf gegen Windmühlen« mehr. Der »Zivilisationsliterat« und der deutsche Schriftsteller, der nicht der Schüler Zolas und Flauberts, sondern der Schüler Goethes und Nietzsches war, trafen sich in solchem Kampf und vereinigten brüderlich ihre Kräfte. Die schöpferische Antithese, die ursprünglich einmal »Geist und Leben« gelautet hatte, hieß nun längst nicht mehr »Kultur und Zivilisation«, »optimistischer Fortschrittsglaube und romantischer Pessimismus«. Sie hieß jetzt, einfacher und klarer: Kultur (mit kleinem c oder mit großem K geschrieben) – gegen Barbarei. Die Barbarei: das ist die Entwürdigung des Menschen durch den »totalen Staat«, der atavistische Rückfall in die vor-zivilisierte Lebensform des Urwalds, wo das »Recht des Stärkeren« gilt, wo die Begriffe der Gerechtigkeit, der Freiheit und der Barmherzigkeit nur Gegenstand für zynisches Hohngelächter oder für verständnisloses Gaffen bedeuten. Die Barbarei – das ist der Faschismus. Der neue Humanismus aber, das neue und ewig alte Ziel einer Kultur, die nicht mehr auf sozialer Ungerechtigkeit basiert – dies ist die Konzeption, in der Heinrich und Thomas Mann sich begegneten und um derentwillen sie beide zu unversöhnlichen Feinden des Faschismus wurden.

Denn dieser Kultur-Begriff ist umfassend. Er enthält den Begriff der Zivilisation in sich, ohne in ihm aufzugehen oder sich in ihm zu erfüllen. Er ist weiter und tiefer. Er hält dem großen Wert der Vergangenheit, dem unverlierbaren Erbe die Treue – also ist er *auch* konservativ –, und er weist kühn in die Zukunft, er kennt auch sozialistische Hoffnungen – also ist er revolutionär. Er ist seinem Wesen nach synthetisch, statt antithetisch, da er die Gegensätze versöhnt und in sich umschließt, anstatt sie polemisch gegeneinander auszuspielen. Er hat zugleich Würde und Überschwang. Er hat Raum für alles Menschliche und ist der geschworene, unerbittliche Widersacher der dogmatischen Unmenschlichkeit, die vom Faschismus repräsentiert wird.

Es ist vor allem Goethe, an dessen Gestalt und Vorbild Thomas Mann seine neue Vision vom Menschen ehrfurchtsvoll orientiert. Im Wesen Goethes, des größten Deutschen und des größten Europäers, findet er Natur und Gesittung, die nationalen und die übernationalen Eigenschaften am wunderbarsten miteinander vereinigt. – Und doch gibt es in Goethes ungeheurem Geist, der lieber »eine Ungerechtigkeit als eine Unordnung« dulden wollte, ein Element von Starrheit, von aristokratischer Exklusivität, von *Angst* vor Veränderungen, die Unordnungen bringen könnten: Züge und Tendenzen, die den Begriff eines kommenden Humanismus verengen und seine Entwicklung hemmen könnten. Dies weiß Thomas Mann, der die großen Objekte seiner Bewunderung – ob es sich um Nietzsche oder Richard Wagner, um den Preußen Friedrich oder Tolstoi handelte – niemals ohne kritische und etwas skeptische Neugier betrachtet hat. Zwar wird niemand wagen, daran zu zweifeln, daß Goethe sich vom Dritten Reich mit noch stärkerem *degout* abgewendet hätte als von dem patriotischen Lärm der deutschen Freiheitskriege anno 1813. Aber wir haben doch Grund, daran zu zweifeln, ob er mehr aufgebracht haben würde als eben die Geste kalten *degouts;* ob er sich zu einer wirklich kämpferischen Haltung hätte entschließen können. Man weiß, daß der große Herr von Weimar es niemals völlig mit »der Macht« verdarb.

Die kämpferische Haltung aber war eben die, mit der Thomas Mann vor die Öffentlichkeit trat, sowie die Nazi-Gefahr akut wurde. Er hielt es nicht mehr für genug, dem Bilde eines neuen Menschen schöpferisch zu dienen, indem er in *Joseph und seine Brüder* uralte Menschenbilder beschwor und uns nahebrachte und frühe Menschheits-Mythen »humanisierte«. Aus Liebe zur Zukunft empörte er sich gegen die Greuel der Gegenwart. Solange es Zeit war, warnte er seine deutschen Mitbürger – in vielen Artikeln und in vielen Reden –; und als es zu spät war, als das Unglück, das er hatte kommen sehen, ihm den Aufenthalt in der Heimat unmöglich machte – da verstummte er zunächst gramvoll, um dann wieder Worte zu finden, beredte Worte, glühende, zornige, leidvolle und doch nicht trostlose Worte; Worte, die zuversichtlich waren, bei aller Empörung und bei allem Schmerz. Sie wurden nicht nur von der Welt gehört, diese Worte; auch im Reich drinnen fanden sie Echo – wir wissen es. Der berühmte *Brief an den Dekan der Philosophischen Fakultät der Universität Bonn* – diese große Antwort auf die lächerlich kleine Geste, die darin bestand, dem Autor der *Buddenbrooks* den einst verliehenen Ehrendoktor-Titel wieder zu entziehen –, dieser Brief, der Aufsehen in fünf Kontinenten machte, wurde auch in Deutschland gierig gelesen. Unter Gefahren gelesen – wie man sich vorstellen kann! Aber es lag Tausenden im Dritten Reich derart viel daran, Stimme und Meinung Thomas Manns wieder zu hören – anstatt nur immer jene »Stimme ihres Herrn«, deren Klang ihnen schon Brechreiz macht – daß sie Gefängnis und Konzentrationslager riskierten um dieses Genusses, dieser Erfrischung willen.

Keine Frage: die so handelten, die solches wagten, taten es keinesfalls aus literarischer Neugier. Inmitten ihrer unsäglichen Entwürdigung begriffen sie wohl, daß sie nicht ganz, nicht völlig entwürdigt waren, solange diese Stimme noch sprach. Der Trost, den diese zugleich gelassene und entflammte Botschaft ihnen brachte, kam einerseits aus der Erinnerung an eine bessere Vergangenheit; andrerseits enthielt er auch Hoffnung. Die Zukunft Deutschlands, die Zukunft Europas, der Welt kann nicht durchaus düster sein, solang im Dienste dieser Zukunft ein paar stolze und reiche Geister sich tätig bemühen. Daß sie, diese wenigen, nicht erlahmen und tapfer ihr schweres, vielfach angefeindetes Werk weitertun – das ist eine Garantie.

Eine Garantie – wofür? Für die unmittelbare Nähe des Goldenen Zeitalters? Für Ewigen Frieden auf Erden, der allen Menschenkindern solch ein Wohlgefallen wäre? Keineswegs. Aber eine Garantie dafür, daß der Kampf nicht ganz hoffnungslos ist; daß Ziele da sind, um derentwillen er sich lohnt.

So empfanden es die Deutschen, denen das Konzentrationslager drohte. So empfanden die noch-freien Leser auf fünf Kontinenten. So empfinden auch wir.

KAPITEL VI

KULTUR IM DRITTEN REICH

CULTURE IN THE THIRD REICH

EIN JUNGER MENSCH, EIN BERLINER, den wir vor Jahren gut gekannt und dann völlig aus den Augen verloren hatten, meldete sich bei uns in Zürich.

> Ich möchte Euch gerne mal wieder sehen, nach so langer Zeit, und ausführlich mit Euch reden. Nur geht es leider nicht, daß wir uns im Café treffen, wie früher –: Ihr versteht mich doch, ich lebe in Hannover und muß sehr, sehr vorsichtig sein. Vielleicht darf ich Euch in Eurer Wohnung besuchen, am besten abends…
>
> Euer treuer Freund
> OTTO X.

Wir sind meistens zunächst etwas mißtrauisch, wenn sich Leute an uns wenden, die im Dritten Reich leben. Allmählich entsteht eine tiefe Kluft, die schon beinah ein Abgrund ist, zwischen den exilierten Deutschen und den anderen, den Untertanen des »Führers«. Aber das ist ein Unglück, wie uns das genauere Nachdenken sagt, und wir unsererseits sollten nichts dafür tun, daß dieser Abgrund noch tiefer und schließlich ganz unüberbrückbar werde. Es könnte für die Zukunft von entscheidender Bedeutung sein, daß der Kontakt zwischen der Emigration und jenen Deutschen, die vom Nazitum gar nicht – oder doch nicht ganz – infiziert sind, erhalten bleibt. – Aus solchen Erwägungen heraus und zudem einfach aus alter Anhänglichkeit und aus Neugierde antworteten wir unserem Berliner Freunde Otto X.: »Es freut uns, Dich wiederzusehen. Komm zu uns!«

Als er zu uns ins Zimmer trat, erschraken wir darüber, bis zu welchem Grad er sich verändert hatte. Er konnte nicht älter als sechsundzwanzig oder siebenundzwanzig Jahre sein; aber sein Gesicht, das wir als ein weiches Knabengesicht in Erinnerung hatten, zeigte nun merkwürdig scharfe und bittere Züge auf der Stirne und um den Mund. Er hatte schmale und harte Lippen bekommen, und die hellen Augen lagen zu tief in den schattigen Höhlen.

»Du siehst famos aus«, sagten wir aus konventioneller Angewohnheit; aber es kam wohl etwas mühsam und nicht ganz natürlich heraus.

»Das wundert mich«, sagte unser Freund Otto verdrossen.

»Was treibst Du denn jetzt?« erkundigten wir uns. »Du lebst also in Hannover?«

»Ja«, sagte er, »ich arbeite dort in einer Leihbibliothek. Das ist kein Vergnügen. Die meisten guten Bücher hat man mir beschlagnahmt. Es ist fast nur noch Schund, was ich meinen Kunden anbieten darf.«

»Du würdest also eigentlich lieber im Ausland leben?« examinierten wir ihn vorsichtig weiter.

Er zuckte höhnisch die Achseln. »Komische Frage! Natürlich würde ich lieber im Ausland leben! Aber es geht doch nicht, ich kann doch einfach nicht weg. Was soll ich denn bei euch draußen? Ich habe keine Chancen, keine Verbindungen. Wovon soll ich denn leben? Es gibt schon zu viele Emigranten... Meine Eltern, Ihr kennt sie ja, die deutsch-nationalen alten Herrschaften, würden glatt sterben, wenn ich ihnen auf und davon liefe... Ich bin ja auch nie politisch sehr interessiert gewesen... Nein nein«, sagte er resigniert, »ich muß es schon drinnen aushalten – bis zum bitteren Ende... Aber jetzt erzählt mir von Euch!« bat er und änderte den Ton und den Gesichtsausdruck.« Man verliert ja bei uns allen Zusammenhang mit der Welt! Was sind für interessante Bücher erschienen? So erzählt doch ein bißchen!«

Wir erzählten ein bißchen. Aber wir waren egoistisch genug, das Gespräch nicht lange bei der internationalen Literatur und bei der geistigen Produktion der deutschen Emigranten zu lassen; wir lenkten es auf das Thema, über das wir möglichst viel von dem Jungen aus Hannover hören wollten: auf die kulturelle Situation im Dritten Reich.

»Wir im Ausland haben leider den Eindruck«, sagte einer von uns, »als sei der kulturelle Aufschwung im Deutschland seit 1933 nicht ganz von der Großartigkeit, wie der Doktor Goebbels es versprochen hat. Sehr leicht möglich, daß wir uns irren. Aber unseres Wissens ist das Kunstwerk, das für den nationalsozialistischen Geist wirklich repräsentativ wäre, noch nicht geschaffen worden. Uns kommt es vor, als sei während der fast sechs Jahre, die das Nazi-Regime nun dauert, nicht ein neuer Dichter, Musiker oder Maler berühmt geworden – jedenfalls ist der Ruhm eines solchen Genies nicht über die Grenze des Dritten Reiches gedrungen. Die Nazis behaupten doch immer, in der Republik von Weimar seien die echten deutschen Talente infam unterdrückt worden. Warum machen sie sich denn nun nicht bemerkbar?«

»Sie machen sich nicht bemerkbar«, sagte der junge Mann aus Hannover, »weil es sie gar nicht gibt. Das Regime gibt sich wohl Mühe, neue Berühmtheiten künstlich zu schaffen, indem es irgendwelchen bis dahin unbekannten Autoren, die im gewünschten Stil dichten, irgendwelche offiziellen Preise verleiht. Aber das Regime kann nicht erzwingen, daß diese preisgekrönten Nazi-Autoren populär werden. Im Gegenteil: gerade die Art von Literatur, die von den Herren Goebbels und Rosenberg am lautesten gepriesen wird, langweilt das Publikum am meisten. Ich merke es doch in meiner Leihbibliothek…«

»Aber was für Autoren werden vom breiten Publikum respektiert?« wollten wir wissen. »Es muß doch auch angesehene Autoren in Deutschland geben. Der Herr Staatsrat Hanns Johst zum Beispiel, der mit dem ›Führer‹ persönlich so intim sein soll, oder der dämonische Hanns Heinz Ewers, der während des Krieges durch einen fatalen Zufall nicht an der Front, sondern in Amerika war und dann das Heldenleben des berühmten Gigolos Horst Wessel schrieb: die sind doch wohl beide allgemein verehrt?«

»Gar nicht«, erwiderte trocken Otto X. aus Hannover.

Wir zeigten unsere Enttäuschung, unser betrübtes Erstaunen. »Aber wer denn?« fragten wir, immer dringlicher. »Wer wird denn noch ernst genommen in Deutschland?«

»Am ehesten noch so ein paar langweilige ältere Herren«, meinte Otto verächtlich. »So Leute wie Kolbenheyer oder Joseph Ponten oder Emil Strauss… Die kennt man wohl gar nicht im Ausland?«

»Nein, im Ausland sind sie wohl nicht sehr berühmt«, mußten wir zugeben. »Aber wir erinnern uns noch ihrer Namen. Sie waren ja auch schon zu den Zeiten der Republik recht bekannt; die großen jüdischen Verleger druckten ihre Bücher. Mit manchen von ihnen standen wir sogar persönlich in recht herzlichen Beziehungen. Herr Joseph Ponten zum Beispiel, kam in München häufig zu uns ins Haus. Er war meistens recht nervös und ärgerlich, weil die Bücher von Thomas Mann in Deutschland und besonders im Ausland mehr Erfolg hatten als seine. Wir erinnern uns, daß er zu sagen pflegte: ›Sie haben einen *Zauberberg* geschrieben, Herr Mann! Passen Sie auf – der Roman, an dem ich jetzt arbeite, das wird ein Zauber-*Gebirge*!‹ ... So so: das sind jetzt also die Klassiker im Dritten Reich.«

»Vom besseren und anspruchsvolleren Teil des Publikums«, erklärte uns unser Freund, »werden jene Autoren ernster genommen, die sich in einer möglichst stark betonten Distanz zur Regierung halten. Einige konservative, national gesinnte und einwandfrei ›arische‹ Schriftsteller konnten es sich leisten, ihren Widerwillen gegen die Nazis, mehr oder minder deutlich, öffentlich zu zeigen. Ein solcher Fall ist Hans Carossa, der eine sehr feine und gepflegte deutsche Prosa schreibt. Er lebt als Arzt auf dem Lande, in der Nähe von München; kommt nie nach Berlin; hat sich geweigert, in die neue Dichter-Akademie einzutreten, und hat sich niemals um die Gunst der Nazi-Herren bemüht. Das erhöht natürlich ungeheuer sein Prestige bei einem Teil der deutschen Jugend. Andere Phänomene dieser Art, Figuren also, die wirklich unseren Respekt verdienen, sind die alte Frau Ricarda Huch und Ernst Wiechert. Ricarda Huch schreibt fast nur noch über historische Themen, zum Beispiel über das Deutschland zur Zeit der Reformation; aber sie versteht es, in ihren Darstellungen und Betrachtungen mancherlei anzubringen, was man durchaus aufs Moderne beziehen kann und was den Herren in Berlin nicht immer angenehm sein dürfte. Man wagt es aber denn doch nicht, die Werke der ehrwürdigen und berühmten Frau zu verbieten... Ernst Wiechert hat schöne Romane geschrieben, zum Beispiel *Die Majorin*. Aber den besonderen Respekt, den er heute in Deutschland bei gewissen Kreisen genießt, verdankt er wohl weniger seinen literarischen Leistungen als seinem persönlichen Mut. Einmal hat man ihn sogar ins Gefängnis gesteckt, weil er im Auditorium Maximum der Universität zu München während eines Vortrages gar zu kühne Äußerungen über das Regime gewagt hat. Weil er aber den ganzen Weltkrieg mitgemacht hat und immer ein nationaler Dichter war, mußte man ihn bald wieder frei lassen... Die allergrößte Enttäuschung für den Doktor Goebbels ist es wohl gewesen, daß der große Dichter Stefan George sich ihm gegenüber so eisig ablehnend verhalten hat.«

Der Fall Stefan Georges war uns wohl vertraut. Der größte deutsche Dichter der Epoche, den wir alle liebten und bewunderten, hatte für Begriffe und Ideale wie »Demokratie«, »Republik«, »Pazifismus« immer nur die Geste einer kalten, stolzen Verachtung gehabt. Umgeben nur von einem esoterischen Kreis der Jünger, hatte der Hochberühmte, während der Jahre der Republik, unsichtbar der Menge, in hochmütig exklusiver Zurückgezogenheit gelebt. In seinen Versen und Sprüchen hatten gewisse Vokabeln – wie »das völkische Banner« oder »der Führer« –, die später von den Nazis aufgegriffen und demagogisch mißbraucht wurden, eine Rolle gespielt. Deshalb meinte der schlaue Goebbels im Jahre 1933, es würde ihm nun ein Leichtes sein, diesen wahrhaft großen Mann für sich und seine Sache zu gewinnen. Der Herr Propaganda-Minister machte dem Dichter die glanzvollsten Angebote; verlockend zeigte er ihm alle Herrlichkeit dieser Welt und ließ ihn wissen: Du brauchst nur zu erklären, daß du für uns bist, und wir machen dich groß und reich. Präsident der Dichter-Akademie kannst du sein, der Diktator über Deutschlands Geistesleben kannst du werden: komme zu uns, Stefan George, und wir machen eine Art von Halbgott aus dir! – Der große Dichter aber ließ sich nicht locken und nicht verführen. Seine Antwort auf die süßen Töne des Ministers war nur Schweigen – ein furchtbares, kaltes, ein vernichtendes Schweigen. Den Freunden gegenüber freilich schwieg er nicht, sondern sagte deutlich, was er dachte und fühlte über dieses »neue Deutschland«, wie bitterlich enttäuscht er sei und wie tief er es verachten müsse. Er wollte die Ehren dieses »neuen Deutschland« nicht; ja, er wollte nicht einmal dort sterben oder begraben sein. Da er seine letzte Stunde kommen fühlte, reiste er in die Schweiz. Es war in Locarno, einem kleinen Ort im Tessin, wo er, gegen Ende des unseligen Jahres 1933, für immer die Augen schloß. Der letzte Wunsch, den er hinterließ, war: daß er in der Schweiz begraben sein wolle – nicht in der Heimat, die ihm verleidet war.

»Stefan George hat gerade noch lange genug gelebt, um zu verhindern, daß die Nazis ihn für sich, als ›ihren großen Mann‹, in Anspruch nahmen«, sagte einer von uns.

»Rainer Maria Rilke aber ist wohl zu früh gestorben«, stellte Otto mit einem höhnischen kleinen Lachen fest. »Mir scheint, er würde sich im Grabe umdrehen, wenn er wüßte, daß ›der Führer‹ sich seine Büste in das berühmte Landhaus zu Berchtesgaden gestellt hat.«

»Hat er das wirklich getan?« fragten wir beide wie aus einem Munde – diesmal ehrlich und tief erschrocken. »Wir haben etwas dieser Art in der

Presse gelesen. Aber wir haben es nicht ernst nehmen mögen. Rilke und Hitler: es ist eine zu groteske Zusammenstellung.«

»Rilke wird jetzt im Dritten Reich als der große Sudetendeutsche Dichter gefeiert.« Unser Gesprächspartner sagte es mit trockener Stimme, scheinbar unbewegt; aber in seinen zu tiefliegenden Augen gab es wieder dieses böse kleine Aufleuchten.

»Als sudetendeutscher Dichter...«, wiederholten wir. »Das ist aber das Ekelhafteste, was wir seit langem gehört haben.«

»Ja, es ist reichlich ekelhaft«, sagte Otto kurz. »Die Nazis rühmen sich heute: Unser großer Sudetendeutscher Dichter ist in dreißig fremde Sprachen übersetzt worden. Als ob das ihr persönliches Verdienst wäre...«

Wir empfanden buchstäblich Brechreiz bei dem Gedanken, daß die Barbaren den hochgeliebten Namen Rilkes für ihren propagandistischen Unfug mißbrauchten. Rilke, das zarteste, empfindsamste unter allen Genies; Rilke, der Europäer unter den großen Dichtern deutscher Sprache, der sich in Frankreich, Skandinavien, Rußland, der Schweiz, der Tschechoslowakei mehr zu Hause fühlte, als irgendwo in Deutschland, und der das Französische so sehr liebte, daß er gegen Ende seines Lebens versuchte, ein französischer Dichter zu sein; Rilke, der alles Militärische, alles Nationalistische, überhaupt alles Laute, Rohe, Marktschreierische fast krankhaft haßte; Rilke, von dem Hitler oder jemand seinesgleichen nicht eine Zeile zu verstehen oder zu genießen imstande wäre; Rilke, der, wenn er heute lebte, das Dritte Reich nicht betreten dürfte oder wollte – als »weichlicher, degenerierter Geselle«, als von den Tschechen und Franzosen bezahlter Schurke würde er von der Nazi-Presse beschimpft sein –: dieser Rilke – in den Dreck der Nazi-Propaganda gezerrt, nur weil er in einem Gebiet geboren ist, das heute zur Tschechoslowakei gehört.

Wir erkundigten uns, was der Graf Hermann Keyserling mache und ob der einstmals hochberühmte Autor des *Reisetagebuchs eines Philosophen* – die Primadonna unter den deutschen Weisheits-Forschern – heute im Reich noch eine Rolle spiele. »Nein«, sagte der junge Mann von der Leihbibliothek in Hannover, »er spielt gar keine Rolle. Soviel ich weiß, geht es ihm sogar recht miserabel, sowohl psychisch als finanziell. Er hat sich zwar niemals gegen die Nazis geäußert, aber doch auch nicht leidenschaftlich genug für sie. Seine *Schule der Weisheit* in Darmstadt ist aufgelöst; seine neuen Schriften haben wenig Erfolg. Man muß den Nazis das eine lassen: sie haben einen Instinkt dafür, wer zu ihnen gehört und wer nicht. Ein zu hohes intellektuelles Niveau, eine zu umfassende Bildung lassen sie mißtrauisch werden. Die Erfahrung mußte auch Keyserlings begabter Kollege Oswald Spengler machen. Der Mann, der den *Untergang des Abendlandes* geschrieben hatte, konnte wohl erwarten, in dem Lande, das für den Untergang des Abendlandes alles Erdenkliche tut, eine gefeierte offizielle Figur zu werden. Übrigens sollen auch seine persönlichen Beziehungen zu gewissen hohen Nazi-Kreisen eine Zeitlang glänzend gewesen sein. Trotzdem fand er nicht die rechte Anerkennung. Während seiner letzten Lebensjahre war es ziemlich still um ihn geworden. Er starb enttäuscht und verbittert.«

»Manche deutsche Geistesfürsten, die ihren Frieden mit dem Dritten Reich machten, mögen enttäuscht gewesen sein über den Empfang, den man ihnen bereitete«, sagte einer von uns. »Wir denken da vor allem an den alten Gerhart Hauptmann.«

»Gerhart Hauptmann!« So verächtlich hatte Otto bis jetzt noch niemals durch die Nase gelacht. »Niemand nimmt ihn mehr ernst.«

»Aber erlaube mal!« wandten wir ein. »Er hat herrliche Dinge geschrieben: *Die Weber* und *Hanneles Himmelfahrt* und *Rose Bernd* und den *Fuhrmann Henschel.*«

»Das ist es ja gerade«, sagte der junge Deutsche. »Gerade weil er diese schönen Dinge geschrieben hat, nehmen wir ihm sein jetziges Verhalten so bitter übel. Es ist ein würdeloses Verhalten, glaubt es mir! Der revolutionäre Autor der *Weber,* der repräsentative Dichter der Weimarer Republik, hätte niemals die Verneigung vor Hitler machen dürfen. Seine einzige Entschuldigung mag sein, daß er seit Jahren senil ist. Er hat ja seit dem Kriege nichts geschrieben, was noch Bedeutung hätte. Der wirkliche Gerhart Hauptmann, den wir alle geliebt haben, ist tot. Für den anderen, der noch im Fleische herumgeht und im *Berliner Tageblatt* schreibt: *Ich sage Ja,* wenn Hitler ein Plebiszit macht – für den interessieren wir uns nicht mehr. Übrigens sind die Nazis ihrerseits keineswegs besonders stolz auf diesen Renegaten. Seine Stücke werden selten gespielt; jeder Jüngling, der nach dem Geschmack der Hitler und Goebbels dichtet, wird mehr geehrt als der alte Hauptmann.«

Uns fiel eine drollige Geschichte ein, die sich kürzlich in Zürich zugetragen hatte, und wir erzählten sie unserem Freund.

Unser Vater ließ sich bei einem Züricher Schneider einen Anzug machen. Als er neulich zur Anprobe in einer der Kabinen des ersten Stockwerkes stand, kam der Chef des Hauses aufgeregt herbeigelaufen. »Herr Professor!« brachte er etwas atemlos hervor. »In diesem Augenblick befindet sich hier bei mir noch ein ›Star‹, noch ein ›Löwe‹! – Unten im Geschäft steht Herr Gerhart Hauptmann aus Berlin und sucht sich eine Krawatte aus! – Wollen Sie ihn nicht begrüßen, Herr Professor?« erkundigte sich der Chef, nicht ganz ohne Bosheit. Thomas Mann machte eine nachdenkliche Miene und sagte, sehr langsam: »Na…« Daraufhin der Chef, sehr lebhaft: »Sehen Sie: genau das gleiche hat Herr Hauptmann gesagt, als ich ihn fragte, ob er Sie begrüßen wollte. Und er hat noch hinzugefügt! ›Damit warten wir doch wohl besser, bis die Zeiten sich ein wenig geändert haben!‹« – Wir lachten alle. »Damit warten wir, bis die Zeiten sich ein wenig geändert haben!« wiederholte Otto. »Das sieht ihm ähnlich! Wie das unserem alten Dichterfürsten ähnlich sieht!«

Dann unterhielten wir uns weiter über die kulturelle Situation im Dritten Reich. Wir fragten unermüdlich weiter nach den vielen Autoren, die wir früher gekannt hatten. »Und Erich Kästner?« wollten wir wissen. »Was macht Erich Kästner, der so amüsante satirische Verse und das hübsche Jugendbuch *Emil und die Detektive* geschrieben hat?« – Die Antwort – die wir jetzt schon fast im voraus wußten – lautete: »Auch um den ist es still geworden. Er schreibt keine satirischen Verse mehr, sondern kleine Romane, die so harmlos sind, daß sie schon fast wieder wie boshaft wirken. Es ist, als wollte der Verfasser seinem Publikum zeigen: Seht Ihr – solchen Unsinn muß ich nun schreiben, so weit hat man mich gebracht – und Ihr erinnert Euch doch alle, daß ich einmal sehr begabt und witzig gewesen bin!«

Stille geworden – so erfuhren wir – ist es auch um den Lyriker und Essayisten Gottfried Benn, dessen radikale, auf eine schwierige und tiefe Art faszinierenden Verse von einem Teil der Jugend – einer kleinen Elite – schwärmerisch geliebt worden waren. Im Jahre 1933 hatte sich der Dichter dann, zum allgemeinen Erstaunen, mit einem Eifer, der fast irrsinnig schien, zum Nationalsozialismus bekannt. Er hatte Manifeste drucken lassen, in denen vorkam, daß Hitler viel bedeutender als Napoleon sei und daß alle dunklen

Visionen, die er, Gottfried Benn, jemals gehabt habe, nun im Dritten Reich großartig in Erfüllung gingen. Die ekstatischen Freude-Zustände des Lyrikers hatten indessen nicht lange gedauert. Bald sollte sich herausstellen, daß die Nazis mit seiner komplizierten Sprache und seinem interessanten Geist durchaus nichts anzufangen wußten. Gottfried Benn, der eine Zeitlang Vize-Präsident der Berliner Dichter-Akademie gewesen war, zog sich enttäuscht und verbittert in die Provinz zurück. Im Neben- oder Haupt-Beruf war er Arzt für Haut- und Geschlechtsleiden gewesen. Nun wurde er Stabsarzt bei der Reichswehr in Hannover. »Dort sehe ich ihn manchmal spazierengehen«, berichtete Otto. »Er sieht ziemlich melancholisch aus…«

»Es sieht übrigens auf allen kulturellen Gebieten ähnlich aus wie auf dem literarischen«, erklärte er uns. »Neue große Leistungen werden nicht hervorgebracht – und die alten, die wir früher verehrt haben, entsprechen meistens nicht dem Geschmack der herrschenden Clique. Nehmen wir zum Beispiel die Musik. Der ›Führer‹ möchte immer wieder nur die *Meistersinger* hören, und alles, was ihm etwas moderner klingt, gilt als Kulturbolschewismus. Eine Ausnahme wird nur mit dem alten Richard Strauss gemacht, den sein Weltruhm, vorläufig, vor der vernichtenden Bezeichnung ›Kulturbolschewist‹ bewahrt. Übrigens hatte sogar er schon ziemlich ernsthafte Schwierigkeiten mit dem Regime, als er sich vor einigen Jahren ein Libretto von dem nicht-arischen Stefan Zweig schreiben ließ… Der andere weltberühmte unter den lebenden deutschen Komponisten, Paul Hindemith, der etwas überraschender Weise seinen Wohnsitz immer noch im Reich hat, ist total geächtet.« Wir erwähnten, daß wir kürzlich der Uraufführung seiner neuen, sehr eindrucksvollen Oper *Mathis der Maler* in Zürich beigewohnt hatten. »In Deutschland werden wir sie kaum zu hören bekommen«, sagte Otto. »Es sei denn, Hitler, Goebbels, Rosenberg und Göring änderten plötzlich und ›schlagartig‹ ihre Ansichten über moderne Musik… Heute jedenfalls, gilt es fast als Landesverrat, sich mit der Produktion von Hindemith zu beschäftigen. Der große deutsche Dirigent, Staatsrat Furtwängler, der doch in sehr guten Beziehungen zum Propaganda-Ministerium stehen soll, wäre fast in Ungnade gefallen, weil er es sich in den Kopf gesetzt hatte, eine neue Komposition von Hindemith herauszubringen… Sicher ist es überhaupt kein reines Vergnügen, ein Star von Goebbels' Gnaden zu sein. Auch der zweite deutsche Dirigent, der heute gefeiert wird,

Herr Knappertsbusch, hatte schon viele Sorgen und Schwierigkeiten. Eine Zeitlang durfte er überhaupt nicht auftreten und wurde in seiner Münchner Wohnung wie ein Gefangener bewacht, weil er sich irgendwie renitent gezeigt hatte. Jetzt freilich gehört der schöne blonde Herr Knappertsbusch – der übrigens ein begabter Musiker und persönlich wahrscheinlich ein anständiger Kerl ist – zu den Favoriten der ›gereinigten‹ Salzburger Festspiele. Die deutschen Zeitungen schreiben, jetzt endlich werde das schöne Salzburg nicht mehr von den Juden mißbraucht, sondern sei die wahrhaft deutsche Festspiel-Stadt geworden. Das Publikum, das von der Organisation ›Kraft durch Freude‹ in die Mozart-Stadt geschickt worden ist, klatscht nun nicht mehr dem Kapellmeister Toscanini zu, sondern dem Herrn Propaganda-Minister Goebbels, der sich gnädig in Salzburg zeigt und der ja auch ohne Frage für Mozart und Beethoven unvergleichlich mehr getan hat, als der im Dritten Reich unbeliebte italienische Dirigent.« Hier hatte der junge Otto wieder das höhnische Lachen und den bösen kleinen Glanz in den Augen.

»Besonders kompliziert«, fuhr er fort, »ist die Situation für die Maler, weil ›der Führer‹ selber sich um die bildenden Künste mit Leidenschaft kümmert: man weiß ja, daß er selber auf diesem Gebiet ein wenig tätig war, mit nur geringem Erfolg allerdings, ehe er den Beruf wechselte und in die Politik ging. Was die Malerei betrifft, so hat Hitler einen sehr ausgesprochenen und etwas überraschenden Geschmack; er bevorzugt Werke, die noch vor wenigen Jahren von den Kennern als epigonenhafter Kitsch mit einem Achselzucken abgelehnt worden wären. Man muß in dem neuen, prachtvoll ausgestatteten ›Haus der Kunst‹ zu München gewesen sein, um sich von der Seltsamkeit des Allerhöchsten Geschmacks einen Begriff machen zu können… Alles, was wir an der modernen deutschen Kunst geliebt haben, wird nun als ›entartet‹ schroff abgelehnt – und zwar wurden von diesem Todesurteil nicht nur Künstler betroffen, die sich in politischer Hinsicht irgend etwas haben zuschulden kommen lassen, wie Otto Dix, George Grosz oder die wundervolle Käthe Kollwitz, sondern auch Talente, die ganz unpolitisch sind und deren Charakter ›rein nordisch‹ ist – wenn diese Bezeichnung denn überhaupt irgendeinen Sinn haben soll –: zum Beispiel Nolde, Beckmann, Paul Klee oder Barlach. Der Fall des Bildhauers und Dramatikers Barlach ist sogar in besonderem Grade charakteristisch.

Wenn die Nazis es mit ihren eigenen Theorien von der ›germanischen Kultur‹ irgend ernst meinten, müßten sie diesen im stärksten und tiefsten Sinn des Wortes *deutschen,* nordisch-mystischen Künstler anerkennen und feiern. Sie wenden aber auch auf ihn, blöd und schematisch, die öden Formeln ›entartet‹ und ›kulturbolschewistisch‹ an… Vor ein paar Wochen ist er gestorben – verhungert, wie mir seine Freunde berichteten.«

Damit der Bericht aus Deutschland, den wir uns mit gespannter Aufmerksamkeit anhörten, möglichst komplett werde, erkundigten wir uns auch noch nach den Verhältnissen am neuen deutschen Theater. »Es kommt immer seltener vor, daß ich mir eine Aufführung ansehe«, gestand Otto, von dem wir wußten, daß er früher leidenschaftlich gern ins Theater gegangen war. »Meistens ist es langweilig. Die Stücke der neuen Nazi-Dramatiker, die auf höheren Befehl immer wieder herausgebracht werden müssen – allerdings werden sie dann meist geschwind wieder abgesetzt – sind glatt zum Kotzen – wenn Ihr das Wort entschuldigt. Und wenn ich daran denke, wie gut früher in Deutschland gespielt wurde! Jetzt sieht man in Berlin oft Schauspieler, die sich damals in Augsburg kaum hätten sehen lassen dürfen. Am anständigsten sind die Inszenierungen noch im Berliner Staatstheater. Dort haben sie einen Intendanten, der wenigstens sein Handwerk versteht. Diesen Gustaf Gründgens…«

Wir mußten beide lachen. »Ja«, sagten wir, »diesen Gustaf Gründgens, den haben wir mal gekannt…«

Jetzt erst erinnerte sich Otto, »Ganz richtig!« rief er aus. »Du warst ja sogar einmal mit ihm verheiratet, Erika! Damals war ihm nichts modern und fortschrittlich genug, und er behauptete wohl gar, Kommunist zu sein. Inzwischen hat er eine recht seltsame Karriere gemacht; er ist eine Art von Nazi-Minister und ein Busenfreund des Generalfeldmarschalls Göring geworden…«

Die Karriere unseres alten Freundes Gründgens, der in der Tat einmal mit Erika verheiratet gewesen ist und heute die allerhöchsten Ehren in Berlin genießt, hatten wir ziemlich genau verfolgt. Die krasse Wendung, die seine Gesinnung und seine Entwicklung genommen hatten, konnte uns kaum überraschen: wir kannten ihn, und wir wußten, daß sein ungeheurer, durchaus zynischer Ehrgeiz stärker war als irgendeine andere Eigenschaft seines ziemlich kompliziert zusammengesetzten Wesens. Erika äußerte, mit einem etwas verächtlichen Wohlwollen: »Möge er glücklich sein, mein komischer alter Gustaf! Nun hat er also, was er sich stets so brennend gewünscht hat: das Rieseneinkommen und die schönen Automobile und das Schlößchen in der Nähe von Berlin, die fette *publicity,* die Freundschaft der Mächtigen und sogar den ehrenvollen Titel ›Staatsrat‹. Schade nur, daß unter all dem Glanz nicht nur sein Charakter gelitten zu haben scheint, sondern auch sein Talent. Im Dritten Reich mag es sich ja noch vergleichsweise prächtig ausnehmen. Aber ich fürchte, in Paris, New York oder Hollywood würde man den Guten auslachen: sein Glück, daß er in diesen Städten total unbekannt ist. Neulich habe ich, in einem Schweizer Provinznest, einen neuen Film von ihm gesehen, er hieß *Kapriolen.* Er spielte da so einen Bonvivant und schnöden Herzensbrecher; du gütiger Himmel – wie war er langweilig, übertrieben, geschmacklos! Wirklich – ich habe mich allen Ernstes geschämt, daß in meinem Paß einmal ›Frau Gründgens‹ stand…«

»Überhaupt die deutschen Filme!« rief einer von uns. »Was ist aus denen geworden! Der ganze Niedergang deutscher Kultur wird einem deutlich, wenn man es gelegentlich riskiert, sich eine neue Produktion der Ufa anzusehen. Schauspieler, die früher etwas gekonnt haben, schneiden jetzt Grimassen wie alte Clowns und schnarren wie die Unteroffiziere, statt vernünftig zu sprechen. Emil Jannings zum Beispiel – den wir übrigens auch noch gut gekannt haben, als er ein aufrechter Republikaner war, und der heute ein besonders glühender Hitler-Verehrer sein soll: was ist aus einem tüchtigen, bewährten Mimen wie dem Jannings geworden! Es ist wirklich trostlos!«

»Ja, es ist trostlos«, gab Otto zu. »Überall dieselbe Öde, überall das gleiche, gewaltsam gesenkte Niveau, wohin man auch immer schaut: in den Universitäten oder den literarischen Zeitschriften, im Theater und im Film, in den Bilderausstellungen wie den Verlagen! Die ganze Situation in unserem Lande wäre nicht weit davon entfernt, durchaus trostlos zu sein – wenn es nicht eben doch etwas gäbe, was trösten könnte. Unter den jungen Leuten, und nicht nur unter den jungen, macht ein Widerstand gegen diesen ganzen Unfug sich allmählich bemerkbar: heimlich zunächst, unterirdisch, in verschwörerischen Sekten. Da trifft man sich abends an verborgener Stelle; da liest man Schriften, die geächtet sind vom Regime;

da diskutiert man und macht sich gemeinsam Gedanken – Gedanken, die sich im Grunde alle nur mit dem einen Thema beschäftigen: mit dem zukünftigen Deutschland – wie es aussehen wird, wie seine Kultur sein soll, wenn die Nazis gestürzt sind. Vielleicht sind es erst ein paar Hunderte, die solchen Gedanken und Gesprächen nachgehen im Dritten Reich; vielleicht sind es aber auch schon ein paar Tausende oder Zehntausende – ich weiß es nicht; die nachdenklichen und aufsässigen Gruppen haben noch zu wenig Kontakt miteinander. Aber einmal – es kommt der Tag – werden sie zueinander finden, und die, welche bis jetzt nur gegrübelt und geflüstert haben, werden laut sprechen, und schließlich werden sie sogar handeln. Damit warten wir nur – um nochmals unseren heruntergekommenen alten Dichterfürsten, den Gerhart Hauptmann, zu zitieren –, bis die Zeiten sich ein wenig geändert haben.«

KAPITEL VII

VON DER ANDEREN SEITE

FROM THE OTHER SIDE

Zu den vielen glückhaften Umständen, die den Aufstieg des deutschen »Führers« begleiteten, gehört das Auftauchen der (nicht von ihm entdeckten) Bezeichnung »Nationalsozialismus«. In diesem Wort finden sich die beiden großen Sehnsüchte der Deutschen in den Jahren der »nationalen Erniedrigung«, die dem Versailler Frieden folgten und die außerdem Jahre der wirtschaftlichen Not gewesen sind, zusammengefaßt. Wer dies Wort »National-Sozialismus« auf das Banner seine Partei geschrieben hatte, der mußte zwei Dinge wollen: Deutschland als freie und geachtete Nation zwischen den Völkern und Deutschland als Hort einer neuen sozialen Gerechtigkeit, die nicht »von Moskau diktiert«, nicht »nach fremdem Muster zugeschnitten«, sondern genau so sein würde, wie Geschichte und Struktur des deutschen Volkes sie verlangten.

Hitlers Anhänger in den Jahren vor seiner »Machtergreifung«, die Masse seiner Anhänger, all die arbeitslosen jungen Leute, die Ladenmädchen und enttäuschten Soldaten des Weltkrieges, hörten seinen revolutionären Ruf nach dem nationalen Sozialismus und folgten ihm. Freilich, – auch wenn sie den Mann nicht erkannten, wenn sie nicht imstande waren, die verwirrte und verwirrende Lügenhaftigkeit seiner Versprechungen, das moralisch und geistig beschämende Niveau jeder seiner Äußerungen zu ermessen: sie hätten sich fragen können: »Wer steht hinter ihm, wer bezahlt seine Presse, seine Reisen, seine Wahlkampagnen?« Und aus der Antwort: »Die Schwerindustrie und der Großgrundbesitz sind es, die dort stehen und zahlen« hätten sie ihre Schlüsse ziehen können. (Umgekehrt allerdings konnten auch seine Mäzene sich ausrechnen, daß man sie betrügen würde, betrachteten sie sich die Wählerschaft ihres Agenten.) Der »Führer« stand blinzelnd zwischen seinen Auftraggebern, die ihn bestellt hatten, den Sozialismus zu verhüten, und dem Volk, das ihn, den Sozialismus heraufzuführen, gerufen hatte. Er verachtete aus ganzem Herzen das Volk, und also war es glaubwürdig, wenn er den Geldleuten versicherte, alles Gerede vom Sozialismus sei »Taktik«, ein Köder für die dummen Massen. Gleichzeitig verabscheute er seine Chefs, die Industriekapitäne, denn er allein wollte die Macht im Lande. Also glaubte ihm das Volk, wenn er in echter Gehässigkeit von den »Bonzen« sprach, den »gebildeten Herren«, denen man es schon zeigen werde.

Die besseren unter seinen Leuten, diejenigen, die es ernst meinten mit dem Programm der Partei, die aufrichtigen »Nationalsozialisten«, haben früh begonnen, am Doppelleben ihres »Führers« Anstoß zu nehmen. Lang vor seiner »Machtergreifung« hatte er ihnen Beweise des Verrates, seiner opportunistischen und nichts als machtbeflissenen, volksfeindlichen und maßlos selbstherrlichen Natur gegeben. Zu den fähigsten und aktivsten Köpfen innerhalb der »Nationalsozialistischen« Partei gehörten bis zum Jahre 1930 die Brüder Gregor Strasser und Otto Strasser, der einen ihrer wichtigsten Publikations-Betriebe, den »Kampf-Verlag« leitete. Am 4. Juli 1930 sagten sie und ihre Gruppe sich von Hitler los. Um den wahren deutschen Sozialismus vorzubereiten, gründeten sie ihre *Schwarze Front,* die dem »Führer« Hitler in der Folge viel zu schaffen gemacht hat. Sieger blieb dieser nicht, weil er stärker, sein Programm einleuchtender, seine Versprechungen glaubwürdiger gewesen wären, sondern weil er »blinzeln« konnte, infolge seiner molluskenhaften Fähigkeit, die Gestalt zu wechseln und sich immer abwechselnd als Volksfreund und Beglücker der Armen und als Retter der Reichen zu präsentieren. Als der Vorhang sich über dem ersten Akt der deutschen Tragikomödie senkte und der von beiden Seiten gestützte Kanzler die Maschinengewehre endlich hatte, war klar, daß schon im zweiten Akt der Betrug ans Licht kommen und die Verwirrung groß sein müßte. Denn nun sahen sie alle: diesem ging es um seine Macht und um nichts sonst auf der Welt. Manche hatten es während des ersten Aktes schon gemerkt, und unter ihnen haßte er am unversöhnlichsten diejenigen, die seine Freunde gewesen waren. Gregor Strasser ließ er ermorden, Otto gelang die Flucht ins Ausland. Seit 1933 lebt er in Prag. Seine Zeitschrift, *Die Schwarze Front,* hat er in die breitere *Dritte Front* umgewandelt, seinem Programm haben sich die verschiedensten Splittergruppen der deutschen Emigration, alle, die sich zu »national-kommunistischen«, »völkisch-sozialistischen« Tendenzen bekennen, angeschlossen.

Es ist interessant, die Divergenz zwischen Hitler und den aufrichtigen »Nationalsozialisten«, die noch heute eine der größten Gefahren darstellt für die Fortexistenz des Dritten Reiches, am Fall der Brüder Strasser zu beobachten. Das große Gespräch zwischen Otto Strasser und Hitler im Mai 1930, das zum Bruch zwischen ihnen führte und das Strasser innerhalb einer umfangreichen Broschüre *Aufbau des deutschen Sozialismus* in Prag hat erscheinen lassen, ist aufschlußreich.

Der »Führer« hatte Strasser kommen lassen, um ihm wegen »parteischädigenden Betragens« Vorwürfe zu machen. Man hatte den ersten Nazi-Minister (Frick in Thüringen) in der Presse des Strasserschen »Kampf-Verlages« angegriffen, und man hatte sogar an seinen, Hitlers, Maßnahmen Kritik geübt. Damit hatte man »bewußt einen Unterschied zwischen Idee und Führer« gemacht und »die Idee höher gestellt als den Führer«!

Strasser erwiderte: »...es ist für mich geradezu ein Wesenszug des deutschen protestantischen Menschen, daß für ihn die Idee das Höchste ist, jene Verpflichtung des Gewissens, das die höchste Instanz ist für sein ganzes Tun. Schon rein praktisch bedingt die Tatsache, daß der Führer krank werden, sterben, daß er abweichen kann von der Idee, daß Ausgangspunkt und Ziel jeder inneren Einstellung immer die Idee sein muß, davon Führer und Unterführer nur Diener sind, Vollzugsorgane, und auch das halte ich geradezu für den Eckpfeiler der deutschen, der protestantischen Auffassung. Ideen sind göttlichen Ursprungs, sind von Ewigkeit, und wir Menschen sind nur die Gefäße, sind nur der Leib, ›in denen das Wort Fleisch ward‹.«

Hitler daraufhin: »Das ist alles bombastischer Unsinn, der am grünen Tisch ausgeheckt ist. Hier handelt es sich einfach darum, daß Sie jedem Parteigenossen das Recht geben wollen, über die Idee zu entscheiden, sogar darüber zu entscheiden, ob der Führer noch der sogenannten Idee treu ist oder nicht. Das ist schlimmste Demokratie, für die es eben bei uns keinen Platz mehr gibt. Bei uns sind Führer und Idee eins, und jeder Parteigenosse hat das zu tun, was der Führer befiehlt, der die Idee verkörpert und allein ihr letztes Ziel kennt.«

Der ganze Hitler ist in dieser Äußerung.

Strasser gab sich denn auch nicht zufrieden. Er bestand darauf, daß »die Idee das Bestimmende« zu sein hätte und daß »das Gewissen die Entscheidung trifft, wenn zwischen Idee und Führer ein Zwiespalt auftaucht oder besteht...« Hierauf bot Hitler dem Streitbaren kurzentschlossen ein Amt an, er sollte »Reichspressechef der Partei« werden und »dann Ihre (Strassers) von mir so hoch geschätzte Arbeitskraft und Intelligenz in den Dienst der Bewegung stellen«. Aber Strasser wollte nicht. Ihm lag vor allem daran, den »Führer« auf seine eigene Idee soweit festzulegen, daß Verrat an ihr nicht mehr möglich schien.

»Ich habe den Eindruck«, sagte er, – »als ob alles, was Sie gegen den ›Kampf-Verlag‹ anführen, nur Scheingründe wären und als ob der Hauptgrund der von uns gepredigte revolutionäre Sozialismus wäre, den Sie abdrosseln möchten.«

»Mit heftigen Worten«, heißt es weiter in Strassers Bericht, »wies Herr Hitler diese Meinung zurück: ›Ich bin Sozialist... ich habe als einfacher Arbeiter angefangen. Ich kann heute nicht sehen, wenn mein Chauffeur ein anderes Essen hat als ich... Aber sehen Sie, die große Masse will nichts anderes als Brot und Spiele, die hat kein Verständnis für irgendwelche Ideale, und wir werden nie damit rechnen können, die Arbeiter in erheblichem Maße zu gewinnen. Wir wollen eine Auswahl der neuen Herrenschicht, die nicht, wie Sie, von irgendeiner Mitleidsmoral getrieben wird, sondern die sich klar darüber ist, daß sie auf Grund ihrer besseren Rasse das Recht hat zu herrschen, und die diese Herrschaft über die breite Masse rücksichtslos aufrecht erhält und sichert.‹«

Strasser darauf: »Herr Hitler, ich bin geradezu bestürzt über eine solche Ansicht. Sie gehen hier von einer rassenmäßigen Betrachtung aus, die ich von Grund auf für falsch halte. Nach meiner Ansicht ist die Rasse nur das ursprüngliche Rohmaterial. Beim deutschen Volk waren es zum Beispiel vier bis fünf Rassen, die als Baumaterial dienten. Hierzu kommen dann die geopolitischen, klimatischen und sonstigen Einflüsse, der Druck von außen und die fortschreitende innere Verschmelzung, aus welchem Prozeß sich das entwickelt, was wir Volk nennen. Und als nächster Grad bildet sich aus dem historischen Erleben... jene dritte und höchste Form, die wir Nation nennen... Ihre von Herrn Rosenberg stammende rassenmäßige Betrachtung negiert nicht nur die große Aufgabe des Nationalsozialismus, nämlich Nationwerdung des deutschen Volkes, sondern löst sogar dies Volk selbst auf. Sie verneint also das, was ich wesentlich mit als Aufgabe

und Sinn der kommenden deutschen Revolution ansehe.« Hitler: »Das ist
reiner Liberalismus, was Sie da sagen!«

So sind seine Antworten. Er wirft mit Fremdworten um sich, die er vage
als kränkend empfindet, ohne ihren Inhalt zu begreifen und ohne daß dieser Inhalt das geringste mit dem zu schaffen haben muß, was der Partner
vorgebracht hat. Strasser läßt denn auch nicht locker. Er besteht auf der
Klärung des Parteiprogrammes und möchte wissen, ob Hitler bereit ist,
den »Kampf für den deutschen Sozialismus« wirklich zu führen. Seine
nächste Frage war denn auch eine Provokation: »Was würden Sie«, – fragte
er geradeheraus, – »wenn Sie morgen die Macht in Deutschland übernehmen, übermorgen mit der Krupp AG (Rüstungs-Industrie Konzern) tun?
Bliebe hier bei Aktionären und Arbeitern bezüglich Besitz, Gewinn und
Leitung alles unverändert, so wie heute, oder nicht?«

»Selbstverständlich!« rief Hitler und blinzelte in sich hinein, seinen Auftraggebern zu. Dem Gesprächspartner freilich muß auch ein kleines Blinzeln gegönnt werden. »Nur wenn die Leute nicht im Interesse der Nation
handelten, dann würde der Staat eingreifen...«

Strasser: »Ja, Herr Hitler, dann dürfen Sie aber auch nicht von Sozialismus reden...«

Hitler: »Der Ausdruck Sozialismus ist an sich schlecht, aber vor allem
heißt das nicht, daß diese Betriebe sozialisiert werden *müssen,* sondern nur
daß sie sozialisiert werden *können*...!«

Man stelle sich den Führer einer Partei vor, der erstens den Namen, den
diese Partei führt und der ihr Programm enthält, »schlecht« nennt und der
zweitens erklärt, die Aufstellung dieses Programms bedeute ja noch nicht,
daß es realisiert werden müsse, sondern nur daß es realisiert werden könne!
Ist es zu verwundern, daß Otto Strasser, dem es ernst war mit dem nationalsozialistischen Programm, dem Manne den Rücken kehrte, dessen Verrat
schon damals, drei Jahre, ehe seine Chefs ihm die Macht in die Hände
spielten, so klar zutage kam?

Wir haben den Doktor Otto Strasser in der Verbannung ausführlich gesprochen. Er ist nationaler Sozialist geblieben und gehört eben deshalb zu
den erbittertsten Gegnern derer, die sich in Deutschland so nennen. Er ist
leidenschaftlich, intelligent und energisch. Und er ist als Typ etwa das, was
seinem Ideal entspricht. Er ist ungeheuer »deutsch«, blond, eckig, kraftvoll.

Der süddeutsche Dialekt, den er spricht, gibt ihm etwas Volkstümliches, auch sein Lachen – er lacht gern, laut und herzhaft – wäre geeignet, ihn populär zu machen. Er ist ein guter Kämpfer, weiß sich in engem Kontakt mit den Gruppen der innerdeutschen Opposition, die mit ihm den nationalen Sozialismus wollen, wobei freilich zu bedenken ist, daß auch die illegalen Mitglieder der früheren sozialdemokratischen und kommunistischen Parteien heute eine neue, nationalbetonte Sozialisierung erhoffen, ohne deshalb in allen Stücken mit Strasser konform zu sein, dem, wie sie meinen, aus seiner Zeit mit Hitler noch zu viel Nationalsozialistisches im Hitlersinn anhaftet. Wir vermögen nicht zu entscheiden, ob Strasser und die Seinen eine Macht darstellen werden im »Vierten Reich«; heute stellen sie einen Faktor dar im Kampf gegen Hitler, einen um so wichtigeren, als sie aus seinen eigenen Reihen rekrutiert sind.

Die Konzentrationslager in Deutschland und Österreich sind überfüllt. Die Feinde des Regimes, die »politisch unzuverlässigen Elemente«, die Aufsässigen und Enttäuschten werden täglich zahlreicher, und immer beunruhigender für die Machthaber wächst die Zahl der oppositionellen Nazis, die Zahl derjenigen, die den Verrat ihres »Führers« durchschauen und sich voller Ekel und Wut von ihm abwenden. Man sperrt sie ein, soweit man ihrer irgend habhaft werden kann, viele hat man umgebracht (schon damals, am 30. Juni und seither), aber das unterirdische Murren geht weiter, und kein Lager wird daran etwas ändern. Viele von Hitlers früheren Freunden sind in die Emigration gegangen, manche, um sich in Sicherheit zu bringen, andere, um dort draußen gegen ihn arbeiten zu können.

Den früheren Presseberater und Auslands-Propagandisten der Partei, Doktor Ernst Hanfstaengl, genannt »Putzi«, werden wir der ersten Gruppe zurechnen müssen. Putzi hatte sich schrecklich zu ängstigen, ehe er sich schließlich entschloß, aus dem Machtbereich seines »Führers« zu entfliehen. Wir haben den baumlangen, freundlich aussehenden, kurzsichtigen Münchner Herrn als Kinder gut gekannt. Er war viel auf der Straße zu sehen, wo er unbeschäftigt und zu Plaudereien aufgelegt herumschlenderte; er wußte nicht genau, was er mit sich anfangen wollte, interessierte sich für nichts besonders dringlich, spielte zwar Klavier (daß er so schön Wagnern rauschen lassen konnte, hat es dem Hitler später besonders angetan!), aber es war offensichtlich, daß sich auf dies nette kleine Talent kein Beruf gründen ließ. Die Politik lag ihm ursprünglich ganz fern, und es waren Freund-schaftsdienste rein gesellschaftlicher Natur, die ihm den »Führer« verpflich-teten. Putzi ist aus guter Münchner Familie, er kannte in unserer Stadt Gott und die Welt, während Hitler nach »Beziehungen«, die ihm weiter-helfen konnten, auf der Suche war. Putzi, der sich langweilte, fand Hitler drollig. Außerdem mag sein Antisemitismus ihm eingeleuchtet haben. Gute Münchner Familien waren oft antisemitisch. So führte er den Auf-strebenden in die Gesellschaft ein und erhielt dafür, nach der »Machtergrei-fung«, sein Amt. Die Zahl der »gebildeten«, der »salonfähigen«, nicht ir-gendwie deutlich gestrauchelten, nicht vom bürgerlichen Wege gestürzten, nicht entwurzelten Existenzen innerhalb der Hitlerschen Garden war ge-ring. Putzi gehörte zu den wenigen »Söhnen aus gutem Haus«, die da offizi-ell mitmachten (denn die »Förderer«, die Finanziers und Auftraggeber zo-gen es vor, im Dunkeln zu bleiben). Und so war es nicht die sprichwörtliche »Treue« des »Führers«, wenn er Putzi, der ihm behilflich gewesen war, nicht gleich fallen ließ. Putzi sprach fremde Sprachen, er hatte eine amerikani-sche Mutter und daher eine amerikanische Universität besucht; er kannte also Menschen in diesem wichtigen Land. Obwohl er so töricht war, konn-te es sein, daß er noch einmal nützlich sein würde. Aber Putzi war zu töricht. Es fehlte ihm an Selbstbeherrschung – er redete. Irgendwann im August 1934 redete er mit dem amerikanischen Rechtsanwalt William O. Thompson, der das Gespräch in der *Nation* wiedergab. Scheinbar hatte sich Putzi bei dieser Gelegenheit ziemlich gehenlassen. »Verflucht seien diese Oxford-Professoren!« rief er während der Unterhaltung aus. »Ich schicke ein paar von unseren Burschen rüber und lasse ihr Oxford nieder-brennen.« Putzi bestritt die Äußerung später, lehnte es aber ab, Maßnah-men gegen die *Nation* oder gar gegen Mr. Thompson zu ergreifen. Putzi ergreift nicht gerne Maßnahmen; er ergriff keine gegen die englischen, französischen und tschechischen Zeitungen, die ein Dokument veröffent-lichten, welches angeblich eine Erklärung des am 30. Juni 1934 ermordeten Hauptmann Ernst war, in der Putzi als einer der Komplizen des Reichstags-brandes genannt wurde. Seltsamerweise schwieg er zu dieser ernsten Be-schuldigung, sogar als ihn der schwedische Senator Georg Branting öffent-lich aufforderte, die Sache vor Gericht zu bringen. Das alles war sehr merkwürdig und höchst ärgerlich für Putzis Chef. Außerdem hatte er die dumme Vorstellung, in manchen Dingen (eben den Dingen, die er aus der großen Welt kannte) mehr zu verstehen, als sein »Führer«. Er soll ihm ein paar Mal, wenn es um den Umgang mit der Welt ging, ganz kess widersprochen haben. Das hat den Führer dermaßen geärgert, daß er dem Putzi eines schönen Tages nicht zum Geburtstag telegraphierte, was für diesen ein offenes und drohendes Zeichen dafür war, daß er in Ungnade gefallen wäre. Ob Hitler seinen Putzi nur kränken oder ob er ihm an den Kragen wollte, steht nicht fest. Uns erscheint ersteres glaubwürdiger. Putzi war ganz ungefährlich, und es hätte nicht gelohnt, ihn umzubringen. Sicher ist, daß er ein schlechtes Gewissen hatte, ihm war für seinen »Führer« nichts Rechtes gelungen. Einmal hatte man ihn nach Amerika geschickt, er sollte der Universität Harvard (derselben, die er als Student besuchte) eine Hitlerbüste zum Geschenk machen. Das Geschenk wurde zurückgewiesen, und Putzi brachte das ansehnliche Ding beschämt in die Heimat zurück. Von seiner Flucht aus dem »Dritten Reich« erzählt man sich trotzdem, daß sie ganz überflüssig gewesen sei. Ein paar Scherzbolde, so sagt man, hätten sich darüber unterhalten, daß man heute den Harmlosesten, den Anerkanntesten und Bestsituierten aus dem Lande ängstigen könnte, wenn man nur eine Andeutung fallen ließe, daß Gefahr im Anzug sei. Eine Wette kam zustande, dergemäß einer der Teilnehmer, ein Herr, der mit der Gestapo auf gutem Fuße stand, in Putzis Gegenwart verlauten ließ, nicht jeder, der sich in Sicherheit wiege, sei es de facto, und manch einer tue besser wegzureisen, und zwar klüger jetzt als nachher. Putzi floh (natürlich, zum Geburtstag hatte man ihm außerdem nicht gratuliert!) alsbald nach London, und der unter den Scherzbolden, der auf »Flucht« gesetzt hatte, gewann seine Wette. Die Anekdote mag wahr sein oder erfunden, sie wirft sowohl ein Licht auf das moralische Gewicht von Putzis Emigration als auch auf die wackelige Situation hochgestellter Nazi-Personen im allgemeinen.

Draußen wurde Dr. Hanfstaengl als Emigrant begrüßt; er hat gleich am Anfang nicht sehr freundlich über seinen »Führer« gesprochen. Sei es, daß er ohnedies nicht mehr heim wollte, sei es, daß er sich die letzten Chancen durch unvorsichtiges Geplauder verpatzt hat: Er ist noch heute einer der unseren. Man hat viel von einem Buch geschwärmt, das er gegen Hitler vorbereite, und es ist wahr, daß er viel Interessantes erlebt haben muß und vielleicht technisch imstande wäre, es aufzuschreiben. Wir glauben, daß er zu ängstlich ist, wir halten ihn für einen Hasenfuß. Und so müssen wir denn Putzi als stille Zierde der Emigration hinnehmen.

Es ist lustig zu beobachten, wie bunt auch diese Emigration, die Emigration der Nazis, zusammengesetzt ist, wie es Menschen aus den verschiedensten Schichten sind, die plötzlich nicht mehr mittaten. Da ist Hanfstaengl, ein persönlicher Intimus des »Führers«, ein Wirrkopf und ein Hohlkopf, unfähig jemals eine eigene politische Vorstellung zu haben; dann gibt es wiederum Strasser, den echten »Nationalsozialisten«, dessen Aufrichtigkeit und Prinzipientreue ihn davon abhielten, Hitlers Freund zu bleiben.

Da ist andererseits der frühere Chef der Reichswehr und Kriegsminister des Dritten Reiches, Generalfeldmarschall von Blomberg, den wir erst kürzlich im Schweizer Exil bei Lugano haben Kaffee trinken sehen. Der alte General saß mit seiner jungen Gattin auf der sonnigen Terrasse und war guter Dinge, bis der Kellner, wohl um ihm zu schmeicheln, »Berliner Kuchen – ganz frisch« anbot. Da wurde er böse und zornig. »Weg damit!« rief er degoutiert. »Weg mit dem Zeug! Ich will nichts hören von Berlin, weder in Kuchenform noch sonstwie!«

Man kennt die Geschichte seines *downfall's*. Von Blomberg, der mit dem General von Reichenau zusammen die einzige, wirklich verläßliche Stütze repräsentierte, die Hitler in hohen Reichswehrkreisen (in der Generalität) besaß, war den Nazis vom Schlage Himmler schon lange ein Dorn im Auge. »Partei gegen Reichswehr«, hieß die Parole, und die Partei empfand die Reichswehr häufig als Hemmschuh, als altertümlich-reaktionäres Hindernis auf dem Wege zu außenpolitischen Abenteuern! Als Blomberg heiratete, waren Hitler und Göring Trauzeuge. Die Braut war sehr jung, und sie war nicht »standesgemäß«, sondern vielmehr die Tochter einer Masseuse. Das wußte Hitler. Was er aber nicht wußte und was unmittelbar nach der Hochzeit gräßlich ans Licht kam, war, daß der Chef der Gestapo, Himmler, seit langem einen Akt ausgearbeitet hatte, in dem der jungen Generalin ein unverzeihlich lockerer Lebenswandel, ja ein gewerbsmäßiges Liebesleben nachgewiesen wurde, das nun gekrönt war durch die beispiellose Eheschließung in Gegenwart des »Führers«. Diesen Akt unterbreitete der schlaue Himmler Hitler, als es zu spät und das scheußliche Malheur bereits geschehen war. Blomberg stürzte, und mit ihm stürzte ein ganzes Grüppchen von Himmlers Feinden, denn es gibt immer gleich eine richtige »Reinigung« bei den Nazis, wenn irgendwo Staub fliegt! Nun sitzt der würdige General, Ritter des Eisernen Kreuzes I. Klasse, des Nazi-Adlers und des Ordens *Pour le Mérite,* mit seiner jungen Gattin (die sehr adrett und säuberlich aussieht und der wir keine der Himmlerschen Unterstellungen zutrauen mögen) im Exil und schüttelt sich, wenn nur das Wort »Berlin« an sein Ohr klingt.

Die politische Bedeutung der Emigranten für die Welt besteht darin, daß sie über Deutschland besser Bescheid wissen, als noch der informierteste Ausländer dies jemals könnte. Sie können die Reaktionen Deutschlands vorausberechnen, sie wissen, was geschehen würde, wenn dem Regime eine, eine einzige, deutliche Niederlage erwüchse. Die vom 21. Mai in der Tschechischen Frage etwa, hätte genügen können, wenn sie international als Niederlage deutlich und unbarmherzig charakterisiert worden wäre. Da man sie keusch vertuscht hat, verlor sie die Hälfte ihrer Wirkungskraft! Und sie ermessen den Abgrund, der heute schon zwischen dem Regime und einem großen Teil unseres Volkes klafft und der tiefer wird, mit jedem Tag. Ihnen ist wenig geschehen, verglichen mit dem, was unseren Landsleuten in Deutschland täglich angetan wird, sie leben in der Freiheit, und schämen müßten sie sich, wollten sie die Freiheit nicht nützen, um denen zu helfen, denen man sie gestohlen hat, um die zu warnen, die sie verlieren könnten.

Von den »Nazi-Emigranten« trennt uns viel. Wir waren Hitlers geschworene Feinde, seit er in München seine ersten Reden hielt, über die so viel gelacht worden ist. Sie mußten den »großen Mann« ganz aus der Nähe sehen, um zu erkennen, was uns aus weiter Ferne mit Ekel erfüllte. Im Kampf gegen ihn sind sie gute Bundesgenossen, denn sie haben das Feuer der enttäuschten Liebe, und den Verräter hassen sie aus wissenden Herzen.

KAPITEL VIII

DAS ENDE
ÖSTERREICHS

THE END OF AUSTRIA

Unsere Generation wuchs in dem enthusiastischen und unerschütterlichen Glauben an die Mission Europas auf. Wir glaubten, Europa müsse den Frieden erhalten, einmal als seinen kostbarsten Besitz und zum anderen als sicherste Garantie für seine alte Kultur, um den Fortschritt voranzutreiben und die Welt in eine neue Menschlichkeit zu führen. Obwohl Europa seinen heiligsten Auftrag so beschämend verraten, sich selbst in mutwilliger Selbstzerfleischung zerstört hat, obwohl einzelne Länder aus moralischer Verantwortungslosigkeit eine Doktrin und aus Brutalität ein Glaubensbekenntnis gemacht haben, werden wir unseren Glauben nicht verraten. Wir setzen unsere Hoffnung in die Jugend junger Länder – vor allem Amerikas; es ist ihre Aufgabe, die Freiheit des Geistes und die Menschlichkeit für die Welt zu retten.

STEFAN ZWEIG

Sils Baselgia, 11. März

Liebe E. –

Ich bin allein auf dem Berg und allein in der Hütte. Ich bin eine Menge gelaufen, habe eine Menge gearbeitet und eine ganze Menge Kirsch getrunken (am Abend!). Der Schnee ist sechs Fuß hoch, aber die Sonne hat mehr Kraft als im Sommer unten im Tal. Ich sehe wie ein Neger aus. Doktors[1] Hauptbeitrag zum Skifahren ist, mir zwischen die Beine zu geraten. Er stellt sich ganz naiv vor, daß der einzige Zweck einer Abfahrt darin besteht, mich zu Fall zu bringen. Er sitzt jetzt hier, sein Kopf auf meinem Knie, und ist die Verkörperung weiser Unschuld, sehr drahthaarig, gutgelaunt und friedfertig. Wir haben das Radio angestellt. Beromünster empfangen wir nicht, aber Wien. (Wellenlängen machen sich über Grenzen lustig – es scheint seltsam, in den Schweizer Alpen zu sitzen und Wien zu hören.) Alles hier ist über die Volksabstimmung übermorgen froh und darauf gespannt. Sie sagen, Schuschnigg seien 80% sicher – ich bin auch davon

---

[1] Der Hund

überzeugt. Wien spielt »patriotische« Musik – es ist wunderbar. Haydns *Variationen zu Gott erhalte* – es klingt klar, hell und entschlossen. Erinnerst Du Dich an die Variationen über die Melodie von *Deutschland, Deutschland über alles?* Jedesmal wenn wir sie hören, versetzen sie mir und dem Doktor einen Stich...

Entweder ist der Haydn sehr lang, oder er hat sehr spät angefangen. Auf der Uhr ist es 11.40, und Radio Wien hört gewöhnlich um halb zwölf auf. Es ist merkwürdig, wie schnell man sich dieser Tage unbehaglich fühlt. Nicht einmal das Radio kann zehn Minuten länger als sonst spielen, ohne daß man sich sorgt, ob nicht etwas passiert ist. Sogar Doktor ist ruhelos – aus natürlichen Gründen, nehme ich an. Ich werde ihn hinauslassen. Es ist herrlich draußen – schwarz, weiß und gold. Die Sterne glitzern in der dünnen Luft, und alles ist so still, daß es einem gegen den Strich geht, das Radio einzuschalten. Hoffentlich hat es endlich aufgehört – es ist drei Viertel zwölf.

Nein – es hat nicht aufgehört – es spricht noch, und ich muß Dir sagen, daß ich ziemlich sicher bin, daß etwas Schreckliches passieren wird. Ein Mann spricht (keine sehr »österreichische« Stimme) – er ist außerordentlich nervös – er stottert, verheddert sich. »Ich, als Innenminister –« Das muß Seyß-Inquart, der Nazi sein. Mein Gott, worüber spricht der Mann! »Österreichs Unabhängigkeit – ein freies, unabhängiges Österreich.« Aus dem Mund eines getreuen Hitleranhängers klingt das wie Hohn. Ich kann nicht mehr schreiben. Ich muß zuhören – warte – ich werde später weiterschreiben.

Ich kann mir keinen Reim darauf machen. Warum spricht Schuschnigg nicht, wo es nur noch sechsunddreißig Stunden bis zu der Volksabstimmung sind? Jetzt wieder Musik – beruhigende Musik – alte österreichische Marschmusik – ein Straußwalzer. Wenn es nur nicht Mitternacht wäre, dann wäre es in Ordnung. Doktor heult. Wenn Du doch da wärest, oder ich wäre nicht hier. Es ist schrecklich, allein zu sein, wenn die Welt vielleicht untergeht. Ich habe ausgeschaltet und versucht zu lesen – ich kann nicht. Unter Folterqualen kann man nicht lesen. Sie haben Herrn Seyß-Inquarts Rede aufgenommen und senden sie zwischen den Musikstücken. Schuschnigg muß irgend etwas passiert sein – irgend etwas Schreckliches muß Österreich passiert sein – da – jetzt sagt jemand einen Sprecher an – die

Musik geht weiter – der angekündigte Sprecher ist »in einer Konferenz« –
die Hörer mögen bitte ein wenig warten. Die Stimme des Ansagers ist angenehm und musikalisch – eine Wiener Stimme, aber eine zitternde. Ich wäre
nicht überrascht, wenn diese Stimme mit Revolvern zum Sprechen gezwungen würde.

Erinnerst Du Dich, E., an den Einakter vor Jahren? Eine Frau ist allein in
einem einsamen Haus und telephoniert mit ihrem Mann, der sich sechshundert Meilen entfernt in der Hauptstadt aufhält. Während sie spricht,
beginnt jemand an der Tür herumzubasteln. Sie spricht weiter, während
der Mörder sich anschleicht. Keine Hilfe weit und breit. Die Frau steht in
der Mitte des Raumes, ihre Stimme ist heiser vor Angst, aber sie spricht
weiter. Langsam und leise kommt der Mörder näher. »Er hat ein Messer in
der Hand!« sagt sie zu ihrem Mann. »Ich habe kein Geld«, sagt sie. »*Du*
weißt, daß ich kein Geld habe«, als wolle sie ihren Mann beschwören, es
dem Mörder zu bestätigen. Der Mörder grinst – und hebt langsam das
Messer.

Mir kommt es vor, als sei ich diese Frau – die Frau, die am Telephon ermordet wird. Ich schreibe weiter. Es ist fast zwei. Die Musik zerrt an den
Nerven – Walzer, Walzer – Lieder, Lieder – da, eine kurze Pause – und jetzt
ein neues Lied – Um Gotteswillen! Das Horst-Wessel-Lied! (Der Mörder
hebt das Messer.) Ich kann nicht mehr zuhören – die harmlose, kleine Melodie hat sich in ein Symbol des Schreckens verwandelt – ich kann nicht
zuhören. Das ist das Ende.

Es *ist* das Ende. Unser ruhiger Raum ist von dem Gebrüll der Mörder erfüllt – viele Mörder. Heil Hitler, Heil Deutschland – Heil Hitler – ich kann
es nicht begreifen.

Was wird mit unseren Freunden geschehen?

Leb wohl,

K.

Washington, 10. März (spätabends)

K., mein Lieber,

es ist eine Dreifachschande, Dich so lange ohne Neuigkeiten zu lassen.
Aber andererseits rase ich herum wie ein Wanderplanet, und wo soll ich die
Zeit hernehmen? Wie Du aus der Adresse schließen kannst, siehst Du mich

in der Hauptstadt, obwohl wir noch diesen Morgen in New York waren. Z.[1] hielt am Morgen eine Rede im Rathaus, es gelang uns gerade noch, den Mittagszug zu erwischen, und am selben Abend sprach er hier. Es ist beeindruckend zu sehen, wie die Leute einem Menschen wie ihm zuhören, besonders wenn man bedenkt, daß sein Vortrag sich mit »demokratischen«, aber in keiner Weise speziell amerikanischen Belangen und Problemen beschäftigt. Ein Großteil davon beschäftigt sich mit unserem alten Europa, und das intelligente und wache Interesse, das die Leute an diesem komplizierten Gegenstand zeigen, berührt einen und weckt Hoffnung.

Nach dem Vortrag eine große Feier, gesteckt voll von Diplomaten, wie man es in Washington D.C. gewöhnt ist. Es gab sogar Champagner. Wir waren in Hochstimmung – scheinbar hatten sich die Wolken über unseren Köpfen für ein paar Nachtstunden verflüchtigt. Übrigens hat der Himmel hier etwas Südliches. Die Sterne strahlen heller als in New York. (Champagner?) Ich sprach mit einigen »Eingeweihten«, die wissen sollten, was vor sich geht. (Weiß irgendwer irgend etwas?) Sie alle schworen auf Schuschnigg, der angeblich nicht nur entschlossen ist, sich allein standhaft zu behaupten, sondern der sicherlich von Mussolini unterstützt wird. (Eine schöne Unterstützung, aber da bleibt einem nichts anderes übrig, um so mehr, wenn man vom ›Teufel‹ noch einmal auf Probe aus Berchtesgaden auf die Erde geschickt wird.)

Es ist Donnerstagabend oder eigentlich mehr früher Freitagmorgen. Die Volksabstimmung ist übermorgen. Das wichtigste Datum seit dem Januar 1933. Sonntag, der 13. März. Ich mache dreizehn zu meiner Glückszahl, wenn es ein schwarzer Tag für die Apostel der Gewalt und – endlich – ein Sieg der Wahrheit wird. Gute Nacht. Sei stark und lasse dich nicht unterkriegen. Wir müssen direkt weiter nach Philadelphia – morgen ist »der einzige Auftritt des großen Mannes« dort.

Good-bye, bis bald

E.

P. S. Philadelphia, 11. März

Was haben wir durchgemacht! Und wie absurd kommt es mir vor, da wo ich gestern aufgehört habe weiter zu schreiben, als sei nichts geschehen!

---

[1] Der Vater

Was geschehen ist, bedeutet momentan das Ende der Welt, und es gibt nichts Entsetzlicheres, als wenn einem das Ende der Welt, wie eine mittelmäßig aufregende Neuigkeit, verkündet wird.

Wir sind ein paar Stunden mit dem Zug gefahren (unser Abteil war friedlich und ruhig – ein »Luftholen« zwischen den »Auftritten«). Im Hotel versammelte sich die übliche »Pressekonferenz«. Während M. nebenan die Abendsachen auspackte, tauchten die Journalisten, acht oder zehn, auf, und das Spiel begann. Die Spielregeln sind, daß die Herren von der Presse ihre Fragen in Englisch stellen, Z. antwortet deutsch, und ich übersetze seine Antworten ins Englische. Seit Wochen sind wir gewöhnt, daß Österreich in den ersten Fragen erwähnt wird. »Was denken Sie über Österreich, Doktor Mann?« Und seit Wochen haben wir »über Österreich nachgedacht« – mit Furcht und Hoffnung. Heute klangen »unsere« Antworten besonders zuversichtlich. Und die Journalisten ließen uns (aus Neugierde – Hilflosigkeit – Takt – Sadismus – oder einfach, weil sie uns, wenn auch nur ein oder zwei Minuten, schonen wollten? – ich weiß es nicht) weiterreden – drei oder vier Minuten; jetzt kommen sie mir wie eine Ewigkeit vor. »Schuschnigg wird festbleiben«, übersetzte ich. »Uns wurde gesagt, er sei fest entschlossen und von Mussolini unterstützt.« »Nun«, sagte ein junger Reporter gedehnt (ich sehe jetzt noch sein Gesicht – seine Freude darüber, das Neueste zu wissen, und sein Schuldbewußtsein, weil der Schlag so vernichtend war), »wissen Sie denn nicht –« Und dann sprachen sie alle gleichzeitig –: Das Ultimatum des »Führers«, Europas Schweigen, das Verschieben der Volksabstimmung, die deutschen Truppen auf dem Vormarsch. Jeder Satz war wie ein Hieb mit der Axt. Wir müssen ganz grün ausgesehen haben, und so etwas wie Mitleid regte sich sogar in ihren Journalistenherzen. Einer von ihnen sagte, Wien sei noch nicht verloren. Aber wir wußten, wie verloren, wie furchtbar verloren...

Ganz die Deine,
E.

Die Kollektiv-Tragödie »Österreich« schien abgeschlossen –: wer weiß freilich, ob definitiv, ob für immer? Jedenfalls: zunächst kam kein Laut des Widerspruches mehr aus dem »befreiten Land«, welches der deutsche Diktator mit seinen Truppen, Tanks, schweren Geschützen und Flugzeugen besetzte, wie ein feindliches, im Krieg besiegtes Territorium. Das einzige, was man von dort noch hörte, war das schallende Selbst-Lob der »Sieger« (die es nicht nötig gehabt hatten, zu kämpfen) und der kommandierte Jubel einer Bevölkerung, die zitternd »Heil!« schrie, während die Bombengeschwader ihres »Befreiers« im einschüchternden Paradeflug über sie hinzogen... Wer kümmerte sich noch um die zahllosen Einzel-Tragödien, die privaten, individuellen Trauerspiele, die nun begannen? Nur von ganz wenigen nimmt die Welt – überfüttert mit Sensationen, abgestumpft gegen einen Jammer, der gar zu massenhaft auftritt – überhaupt noch Notiz.

Vae victis! Wehe den Besiegten! ... An dem Maß von Großmut oder von Grausamkeit, mit dem die Erfolgreichen die Unterlegenen behandeln, hat sich immer das menschliche, kulturelle, moralische Niveau der ersteren ablesen lassen. In dem besonderen Falle Deutschland–Österreich ist noch zu bedenken, daß ein eigentlich »feindliches« Verhältnis keineswegs bestanden hatte. Die einzige Schuld der Regierungen Dollfuß-Schuschnigg hatte darin bestanden, daß sie ihre Heimat, die auf eine eigene große politische und kulturelle Geschichte stolz war, nicht ohne weiteres vom autoritär und totalitär regierten Nachbar-Staat annektieren lassen wollten. Hitler haßte Schuschnigg: weil dieser, als einer der ganz wenigen in Europa, überhaupt gewagt hatte, irgendwelchen Widerstand gegen ihn zu leisten: zuletzt noch durch den Überrumpelungs-Versuch des österreichischen Plebiszites (über dessen Geschicklichkeit sich streiten läßt). Der österreichische Kanzler mußte büßen. Sein Los ist schrecklich; seine Zukunft dürfte noch schrecklicher sein. Nur ziemlich wirre, übrigens einander häufig widersprechende Nachrichten über ihn gelangen in die Welt. Es ist anzunehmen, daß alle diese Nachrichten von *einer* Zentrale – dem Berliner Propaganda-Ministerium – lanciert werden: mit der Absicht, die Welt-Öffentlichkeit konfus zu machen und ihre Neugierde allmählich abzustumpfen. Goebbels spekuliert: Die internationale Öffentlichkeit wird es müde werden zu raten: Ist der österreichische Ex-Kanzler noch in Schloß Belvedere? Hat man ihn in ein Gefängnis überführt? Oder in ein deutsches Konzentrationslager? Oder gar in ein Irrenhaus? Sehr wohl möglich ist es, daß man eines Tages etwas über einen geheimnisvollen Selbstmord Schuschniggs zu lesen bekommen wird... Die etwas romantisch-melodramatisch klingende Nachricht von der Eheschließung des verhafteten Ex-Kanzlers mit der Comtesse Czernini wird übrigens von Freunden dieser Dame bestätigt. Die Frage drängt sich auf: Würde Hitler eine ebenso treue Freundin zur Seite haben, in einer ähnlichen Situation? Vielleicht fragt sich der deutsche Führer dies selbst… Inzwischen aber genießt er hemmungslos seinen Triumph. Mit tausend sadistischen Schikanen, unzähligen kleinen Erniedrigungen wird nun der Mann gequält, der ein paar Wochen früher noch der offizielle Gast des deutschen Staatsoberhauptes in Berchtesgaden war. Zum Beispiel wird Schuschnigg gezwungen, sich den ganzen Tag am Radio das Triumphgeheul der Sieger und die »Begeisterung« der Volksmassen anzuhören: ein wahrhaft diabolischer Einfall. Von der Beredsamkeit des »Führers« war Schuschnigg schon in Berchtesgaden entsetzt. Freunde berichteten später, in welchem Zustand der Erschöpftheit, des *Grauens,* wie angewidert und wie hoffnungslos er damals die Villa am Obersalzberg verließ. »Er hat fünf Stunden lang ohne Unterbrechung *gebrüllt*!« war sein fassungsloser Bericht. Vielleicht ist dies dem »Führer« durch irgendwelche Zwischenträger zu Ohren gekommen. Um sich für diese despektierliche Äußerung zu rächen, hat Hitler nun, vielleicht, die infame Strafe des Zuhören-Müssens verhängt…

In diesen furchtbaren Tagen und Wochen nach dem 11. März sprach die internationale Presse von einer »Selbstmord-Epidemie« in Österreich. Niemals wird einwandfrei festzustellen sein, welche von diesen Selbstmorden, die einen Monat nach der Machtergreifung in Österreich durch die Nazis schon nach Hunderten gezählt wurden, *echte,* wie viele *fingierte* gewesen sind. Warum richteten so viele den Revolver gegen sich selber oder nahmen Gift? Fürchteten sie sich vor der Verhaftung und den Torturen, die sie mit sich bringt? Vielleicht ertrugen sie einfach die Entwürdigungen nicht, die man ihnen nun antat, und die Entwürdigung, der ihre Heimat ausgesetzt war.

Ein Mann, den wir gut kannten, war Rudolf Beer, der Theaterintendant, ein typischer Wiener, freundlich und kultiviert, der unzählige junge Talente entdeckt und gefördert hat. Er wurde von einer Gruppe junger SA-Männer gehetzt und schändlich mißhandelt. Er lag einige Tage zu Hause, unfähig sich zu bewegen. Ein Freund ging ihn besuchen. »Sein Auge war zugeschwollen wie das eines Boxers«, erzählte uns der Freund, »aber er war so zerkratzt und voll blauer Flecken, wie niemand, der einen fairen Kampf hinter sich hat.«

Als er kaum stehen konnte, nahm Rudolf Beer eine Packung Veronal ein, drehte das Gas auf, legte sich hin und starb. Viele trauerten um ihn; sogar die jungen, blonden Nazischauspieler, von denen viele seine Schüler und Schützlinge gewesen waren, schüttelten betrübt den Kopf. »Hast du von Beer gehört?« fragten sie sich gegenseitig. »Das war nicht nötig.« Aber es war nötig. Wenn ein Mann an ein Leben in Freiheit und Würde gewöhnt ist, beendet er dieses, sobald er ein Gefangener ist, geächtet und entehrt.

Ein anderer, besonders schrecklicher und dramatischer Fall ist der des Schauspielers und Literaten Egon Friedell. Dieser stürzte sich aus dem Fenster. Er hatte zu den populären Originalen Wiens gehört: ein riesiger, fetter Mann – ungeheuer witzig und amüsant. Sein eigentlicher Ehrgeiz war es, ein guter Schauspieler zu sein – er hatte bei Max Reinhardt humoristische Charakterrollen gespielt, aber seine Leistungen waren immer halb dilettantisch geblieben; es ärgerte ihn, daß man ihn als Schriftsteller ernster nahm, denn als Akteur. Wenn er einmal einen besonders freundlichen Applaus hatte, murmelte er dem Kollegen, mit dem zusammen er sich verneigte, wütend zu: »Das gilt doch nur wieder meiner Kulturgeschichte!« Wirklich hatten seine drei dicken Bände *Kulturgeschichte der Neuzeit* ihn berühmt gemacht. Ein sehr geistvolles, sehr originelles, nicht immer ganz zuverlässiges Buch, abgefaßt in einem Stil, der sich an der Grenze zwischen gediegener Wissenschaftlichkeit und anmutiger Plauderei reizvoll bewegt. Die geistige Haltung Friedells war eine ausgesprochen anti-marxistische. In der letzten Zeit gab es bei ihm sogar Sympathien für gewisse Tendenzen, die auch bei intellektuellen Nazis vorkommen; er spielte gerne mit modischen Begriffen wie »Dynamik«, »Irrationalismus«. Eine seiner letzten Arbeiten dedizierte er dem großen norwegischen Romancier Knut Hamsun, dessen Sympathien für den Faschismus im allgemeinen und für den Nationalsozialismus im besonderen bekannt und oft provokant sind. Hamsun soll sich sehr über die Widmung gefreut haben; er schrieb an Friedell, daß sie ihm schmeichelhafter schiene als der Nobel-Preis – der für den norwegischen Nazi-Verehrer vielleicht ein wenig entwertet war durch den Umstand, daß auch der deutsche Friedensfreund und Märtyrer, Carl von Ossietzky, ihn erhalten hatte. Friedell ließ den geschmeichelten Brief Hamsuns – seinerseits geschmeichelt – auf dem Umschlag seines Buches als »Empfehlung« abdrucken. All dies geschah aus einer Freude am Paradoxen;

dem Autor der *Kulturgeschichte* lag vor allem daran, *nicht* das zu tun, was
man von ihm erwartete; zu verblüffen, zu überraschen. Aus purer »Originalität« leistete er sich einen kleinen Flirt mit dem Todfeind. Denn im Grunde wußte er wohl immer sehr wohl, daß diese »Dynamiker« seine Todfeinde waren: das hat er bewiesen durch seine letzte, schreckliche Tat. Übrigens
hatte er, noch ehe die Armee des Dritten Reiches Österreichs Grenze überschritt, seine Freunde wissen lassen, daß er ein solches Vorkommnis keinesfalls überleben würde. Als die Nazis dann in Wien einzogen, brach er
zusammen. Er stürzte sich aus dem Fenster, als SA-Leute an seiner Wohnungstür klingelten. Nachher stellte sich heraus, daß sie gar nicht gekommen waren, um *ihn* zu holen. Sie hatten sich in der Wohnungstüre geirrt.
Friedell ist eigentlich durch ein Mißverständnis ums Leben gekommen...

Für einige wenige verwendete sich das Ausland. Der Duke of Windsor
telegraphierte an Hitler – dessen Gastfreundschaft er seinerseits in Berchtesgaden genossen –, um Gnade zu erwirken für den großen Halsspezialisten Professor Neumann – der sich einmal geweigert haben soll, den überanstrengten Kehlkopf des »Führers« zu operieren – und für den Baron
Rothschild, auf dessen Besitzung der Duke eine noch herzlichere Gastfreundschaft gefunden hatte als in der Villa am Obersalzberg. Am meisten
beunruhigte sich die Welt um das Schicksal von Sigmund Freud: Würden
die Nazis es wagen, dem hochberühmten Greis Leid anzutun? Immerhin
wagten sie es, ihm und seiner Familie die Pässe abzunehmen. Wer weiß,
was ihm sonst noch geschehen wäre, wenn nicht die amerikanische Legation ihn ausdrücklich als ihren Schützling erklärt hätte. Übrigens hatte diese
noble Geste genau die gewünschte Wirkung: die Manuskripte, Korrespondenzen und Kollektionen Freuds blieben verschont. Der »spontane Volkszorn«, der sich, ohne den amerikanischen Einspruch, sicherlich am Besitz
(wenn nicht an der Person) des großen Forschers vergriffen hätte, trat nicht
in Aktion. Nazis pflegen nur über Schutzlose herzufallen. Sie verstehen es
sehr wohl, ihre Wut zu bändigen, die Äußerungen ihres Unwillens für spätere Gelegenheiten aufzusparen, wenn im Augenblick irgendein Risiko mit
ihnen verbunden wäre.

Der Forscher und Denker Freud ist den Nazis seit jeher in einem ganz
besonders intensiven Grade verhaßt. Seine Lehre, seine Methode des Denkens, die ganze Struktur seines Geistes sind den Fanatikern der »Rasse«,

den »Blut-und-Boden«-Mystikern Gegenstand eines primitiven Abscheus, in den sich übrigens auch eine gewisse Beängstigung mischt. In der Tat sind kaum größere geistige und moralische Gegensätze vorstellbar als die zwischen der Tiefenpsychologie Freuds – die sich mit den Dunkelheiten des menschlichen Unterbewußtseins nur beschäftigt, um sie zu *erhellen* (also mit höchst sittlich-moralischer Tendenz und Absicht) – und der falschen »Tiefe« gewisser neu-deutscher Philosophen, die das Dunkle, Trübe, Chaotische genießen und nicht den allermindesten Wert darauf legen, es hell werden zu lassen. Diese neudeutschen Philosophen – Vor-Läufer oder Mit-Läufer des Nationalsozialismus, seine Wegbereiter oder seine Schmarotzer, oder beides – schwärmen von der »Seele« und vom »Blut« und polemisieren gegen den Geist.

Diese Männer, die den Ehrennamen des Intellektuellen nicht mehr verdienen, da sie ihrer höchsten Verpflichtung frevlerisch untreu werden, verkünden: »Der Geist ist der Feind des Lebens.« Von Sigmund Freud aber ist das Wort: *»Es gibt keine Instanz über der Vernunft.«* – Unbedingte intellektuelle Sauberkeit und leidenschaftlicher intellektueller Mut – eine ins Heroische gesteigerte geistige »Zivilcourage« – sind die Eigenschaften, die ihn am vorzüglichsten charakterisieren. Freud hat das Menschengeschlecht wirklich einen Schritt vorwärts geführt. Natürlich verabscheuen ihn jene, die alles darauf anlegen, den Menschen zu einem gefährlichen Schritt nach rückwärts zu zwingen. Übrigens haben diese neuen Halbgötter, diese »Führer« und Diktatoren auch allen Anlaß, den großen Seelen-Arzt und Seelen-Kenner zu *fürchten.* Man stelle sich die gründliche Analyse einer Diktatoren-Psyche vor, und man begreift die erbitterte Aversion des »Führers« und seiner Gefolgschaft gegen den Erfinder und Meister dieser psychologischen Methode. Als Antwort auf Erkenntnisse und Denk-Resultate, die ihnen unbequem sind – weil geeignet, Illusionen zu zerstören –, haben die Nazis nur *eine* Antwort: den Schlag mit der Faust ins Gesicht; die Peitsche; die dunkle Zelle – und dazu das Hohngelächter: »Nun analysiere weiter, alter Mann – wenn du kannst!!«

Es ist eine tragische Situation, und sie hat traurig-symbolische Bedeutung: der zarte Greis, der ein tätiges, kämpferisches, ganz nur der Idee geweihtes Leben lang das Chaotische, Dunkle, Triebhafte bekämpfte – indem er es analysierte, muß als Hochbetagter, als Patriarch, den Triumph des

Chaotischen, den frechen Sieg des Anti-Geistes mit Augen schauen. Lauter Figuren und Typen, die eigentlich seine Patienten sein sollten, treten nun als seine Herren auf. Es kann keine Frage sein, daß Freud Tragik und Bedeutung dieser Geschehnisse völlig bewußt, mit seiner ganzen geistigen Klarheit, Wachheit und Schärfe aufnimmt und erfaßt. Das hohe Alter hat seinen immer exakt funktionierenden Verstand nicht müde oder stumpfer gemacht. Die langen Qualen einer schlimmen Krankheit haben nur seine Physis zu schwächen vermocht, nicht seinen Geist. Vielleicht werden sich in Freuds Nachlaß die bedeutendsten und aufschlußreichsten Notizen zu allerlei Themen von brennender Aktualität finden; etwa zur Psychologie der Diktatoren – und der Massen, die sich von ihnen diktieren lassen; zu jener komplizierten, keineswegs *nur* ökonomisch deutbaren, kollektiven Krankengeschichte, welche als »Geschichte des Faschismus« in die Historie eingeht.

Als Sigmund Freud im Jahre 1936 seinen 80. Geburtstag beging, huldigte ihm unser Vater mit einem Vortrag *Freud und die Zukunft,* den er in mehreren europäischen Hauptstädten und später übrigens auch in Nordamerika hielt. In Wien verlas Thomas Mann den Vortrag zwei Mal: einmal vor dem großen Auditorium, dann in einer Privatwohnung: in der Wohnung Freuds, dem es sein Gesundheitszustand nicht erlaubt hatte, der öffentlichen, ihn ehrenden Veranstaltung beizuwohnen. Unser Vater war bewegt und beeindruckt von der Begegnung mit dem großen alten Mann, dessen Wirkung auf das gesamte kulturelle Leben der Epoche, auf die Literatur des zwanzigsten Jahrhunderts und auf sein eigenes Werk im besonderen er so hoch einschätzt (wie es in dem Vortrag selbst dargelegt ist). Später schilderte er uns die Begegnung: besonders hatte die Bescheidenheit des Weltberühmten ihn gerührt – eine Bescheidenheit, die sich in einer fast kindlichen Freude über die literarische Ehrung äußerte, deren Gegenstand er war. »Er hat sehr genau zugehört«, erzählte uns unser Vater. »Es ist ihm gewiß nichts entgangen. Ich mußte nur etwas lauter sprechen als gewöhnlich…« In seinem Antlitz und besonders in seinem Blick gab es schon den Schein einer sanften Verklärung, wie sie nur jenen zuteil wird, die beginnen, sich von den Hoffnungen und Sorgen des Irdischen loszulösen. Der alte Freud sprach auch von seinem Tode – mit der stoischen Ruhe des Arztes, der sich zu viel mit ihm beschäftigt hat, als daß er ihn noch grauenvoll fände, und des Philosophen, der zu viel vom Leben weiß, als daß sein Verlust ihm noch sehr beklagenswert erscheinen könnte. Es war bei Gelegenheit einer liebenswürdigen und gescheiten Bemerkung, die er über den Roman *Joseph und seine Brüder* machte, daß des Todes Erwähnung getan wurde. »Den dritten und letzten Band werde ich vielleicht schon nicht mehr lesen können«, sagte der Alte, übrigens ohne jede Feierlichkeit, sondern durchaus sachlich und gelassen. Zum Abschied schenkte er seinem Gast eine Flasche kostbaren Tokayer-Weines: es war ein Tropfen von besonders edler Sorte und wohl fast so alt wie der Mann, der ihn gespendet hatte – wie wir später mit einer etwas wehmütigen Freude im Züricher Familienkreis konstatierten.

Die ganze Schicht, die bis zum März 1938 Österreich kulturell repräsentiert hatte, löste sich innerhalb von vierundzwanzig Stunden in Panik auf... Manche Schriftsteller wurden ins Gefängnis gesteckt, obwohl sie sich niemals eine politisch suspekte Äußerung hatten zuschulden kommen lassen – einfach, weil sie einen zu komplizierten, zu differenzierten, zu anspruchsvollen Stil schrieben und deshalb als »Kulturbolschewisten« galten. Der bedeutende Romancier Hermann Broch zum Beispiel, dessen Hauptwerk, *Die Schlafwandler,* von der literarischen Kritik oft mit dem *Ulysses* von Joyce in einem Atem genannt wurde, hatte sich mit tagespolitischen Fragen niemals befaßt: er wurde trotzdem verhaftet. Besonders schlimm erging es dem Autor Raoul Auernheimer, ein anmutiger und sehr kultivierter Geist, dessen Gewicht und Tiefe sich freilich mit dem von Broch nicht vergleichen lassen: er wurde in das berüchtigte Konzentrationslager Dachau bei München überführt; dies war die Strafe dafür, daß er eines seiner letzten Bücher, mit ehrerbietig-loyalen Worten, dem Kanzler Schuschnigg dediziert hatte. Viele Monate lang wurde Auernheimer in Dachau festgehalten. Nicht einmal seine engsten Freunde wußten, ob er noch lebte. Schließlich gelang es Emil Ludwig in Zusammenarbeit mit amerikanischen Konsularbeamten, seinen österreichischen Kollegen zu befreien. Vor wenigen Wochen ist Auernheimer in die Vereinigten Staaten eingereist.

Allen denen, deren Namen – aus welchen Gründen auch immer – auf einer der sorgsam ausgearbeiteten »schwarzen Listen« figurierten, wurde die Abreise aus Österreich, die Flucht ins Ausland von Anfang erschwert oder unmöglich gemacht, und zwar sowohl von seiten der neuen Nazi-

Behörden, die den Verfemten entweder gleich in Wien die Pässe abnahmen oder sie an der Grenze aufhielten, als auch von seiten der angrenzenden Länder, die kaum noch Emigranten aufnehmen wollten. Furchtbar sind die Berichte über einen »Unglücks-Zug«, in dem vierundzwanzig Stunden nach dem »Umsturz« in Österreich eine große Anzahl von besonders gefährdeten und exponierten Personen sich in die Tschechoslowakei retten wollten; sie wurden samt und sonders an der Grenze aufgehalten und nach Wien zurückgeschickt. Einer von ihnen, der bekannte Reiseschriftsteller Höllriegel – mit seinem echten Namen Bermann – bekam aus Schmerz, Wut und Todesangst einen regelrechten Tobsuchtsanfall. Er verfiel in Krämpfe, stürzte sich aufs Geleise, klammerte sich an die Schienen und brüllte: »Ich will nicht zurück! Ich lasse mich nicht zurückbringen!!« Es nützte ihm alles nichts. »*Wie ein Paket*« – so berichtete ein Pariser Blatt – wurde Höllriegel, ein zarter, über-sensibler, übrigens herzleidender Mensch, in den Zug geworfen, der ihn nach Wien zurückbrachte. Diese grauenvoll gellenden Schreie – »*Ich will nicht zurück!! Ich lasse mich nicht zurückbringen!!*« – können sogar den, der sie nicht selber mit anhören mußte, aber nur mit ein *wenig* mit-leidender Phantasie begabt ist – bis in die Träume verfolgen ...

Manche sind glücklicher – oder sagen wir richtiger: weniger unglücklich als dieser Ärmste gewesen: sie erreichten das Ausland. Eine neue Welle von intellektuellen Flüchtlingen tauchte in den Cafés der westlichen europäischen Hauptstädte auf. Die meisten von ihnen machten zunächst in Zürich Station. Die Schweiz hatte sich als relativ gastlich erwiesen. Von Zürich aus wollten sie nach Paris und London weiter – und dann: nach New York. Amerika ist die große Hoffnung. Auf der See-Promenade von Zürich, in den Cafés dieser Stadt oder in den Wohnungen von Freunden begegneten wir im April und Mai des Jahres 1938 vielen vertrauten Gesichtern. »*Sie* auch hier, mein Lieber? Und auch Sie, gnädige Frau? ... Zuletzt haben wir uns wohl, vor einem halben Jahr, im Salzburger Café *Bazar* oder im Wiener *Hotel Imperial* getroffen ... Was haben Sie nun für Pläne? Sie hoffen, daß amerikanische Visum zu bekommen? ... Ja, die Initiative des Präsidenten Roosevelt, ein internationales Comité für Emigranten betreffend, war ermutigend ... Sie werden sich sicherlich wohlfühlen, – ›drüben‹ ... Gewiß: zu Anfang mutet manches ein wenig fremdartig an; aber Sie werden sich sehr schnell einleben, ich bin davon überzeugt…«

»Wenn das Ihr Vater erlebt hätte!« sagt man zu einem jungen Mann mit gescheitem, energischem, kräftig-gesundem Gesicht: es ist Heinrich Schnitzler, der Sohn des großen österreichischen Schriftstellers Arthur Schnitzler, der vor einigen Jahren gestorben ist: glücklicher Weise – muß man jetzt beinahe sagen. Er hatte zu den vornehmsten, reinsten Repräsentanten der Wiener Kultur gehört. Wenn man in den Erzählungen und Theaterstücken Schnitzlers liest, spürt man mit Wehmut und mit Entzücken: Was für einen unendlichen, unaussprechlichen Zauber muß diese Stadt Wien, gerade in der letzten Epoche ihres Glanzes – in den fünfundzwanzig Jahren vor dem Weltkrieg also – gehabt haben! Denn *Wien* – das war ja recht eigentlich die Stadt der Begegnungen und Vermischungen; so vielerlei fand dort zueinander; kulturelle Strömungen und Überlieferungen aus allen Himmelsrichtungen trafen sich dort… Das soll nun alles vorbei sein, Wien soll eine deutsche Provinzstadt werden, geistig ebenso stramm von Berlin dirigiert wie politisch und ökonomisch.

»Was hätte Ihr Vater dazu gesagt?« fragten wir den jungen Schnitzler. Der schüttelte traurig den Kopf. »Denken wir nicht daran.«

Wir saßen in einer kleinen Gartenwirtschaft in der Nähe von Zürich, am See. Die Frau des jungen Schnitzler war dabei, etwas nervös und bekümmert, denn sie hatte ihr Baby – »Es ist erst ein Jahr alt!« sagte sie in einem Ton, als wollte sie jemanden um Mitleid bitten – in Wien zurücklassen müssen und war nun voller Besorgnis, wann sie es wiederbekommen würde. – »Ich will nach New York«, erzählte Heini Schnitzler, »und will versuchen, dort Stücke meines Vaters zu inszenieren.« In Wien hatte er eine gute Stellung als Regisseur an einem der größten Theater. – »Wahrscheinlich werden Sie Glück haben«, sagten wir ihm. »Ihr Vater ist sehr berühmt in den USA – und Sie haben Talent…«

In der gleichen ländlichen Wirtschaft – man hat von dort einen hübschen Blick auf die freundlich bewohnten Ufer des Zürichsees, und es gibt gute Weine – trafen wir, ein paar Tage später, mit dem Schriftsteller Carl Zuckmayer zusammen, der etwas von Weinen versteht. Er stammt aus Westdeutschland und ist berühmt geworden durch eine Komödie, in der hauptsächlich vom Trinken gesprochen wird: *Der fröhliche Weinberg*. Mit

diesem Stück hatte er einen der stärksten Erfolge, die das deutsche Theater-
leben in dem letzten Jahrzehnt vor Hitler überhaupt gekannt hat. Es ist ein
kräftiges, lustiges, geschickt gebautes Lustspiel. Literarisch hochstehender
und interessanter sind einige seiner anderen Arbeiten, zum Beispiel das
satirische Schauspiel *Der Hauptmann von Köpenick*. Zuckmayer hatte
sich mit seiner Familie seit Jahren – schon vor der Hitler-Katastrophe in
Deutschland – in Österreich niedergelassen: in einem Nest bei Salzburg,
namens Henndorf. Seine schöne Besitzung dort mußte er nun aufgeben.
Sein Talent ist von einer saftigen Vitalität, nicht sehr differenziert, mit
Möglichkeiten zum populär Wirksamen. Er erzählte uns, daß ihn schon
jetzt irgendwelche Film-Geschäfte nach London riefen. Trotz dieser guten
Aussichten hatten er und seine Frau bedrückte Mienen. Sie hingen so sehr
an ihrem Gehöft in der schönen Salzburger Landschaft. »Und die Leute
dort waren so brav!« versicherte uns Frau Zuckmayer, als müßte sie vor uns
die Bauern und Handwerker der Salzburger Gegend, die nun wohl fast alle
Nazis geworden waren, entschuldigen. »Nur aus Unwissenheit und weil es
ihnen so miserabel ging, sind so viele zu den ›Hitlern‹ gegangen – wie man
in der Gegend dort sagt. Manche hängen noch immer sehr an uns, obwohl
sie doch wissen, daß wir für ihren Hitler wenig Sympathie haben. Da ist
zum Beispiel ein junger Kerl, der ist schon lange Nazi gewesen, zu einer
Zeit, als es in Österreich noch gar nicht vorteilhaft war. Er kam dann auch
mal ins Gefängnis wegen irgend so einer Lausbüberei, an der er sich beteiligt hatte. Weil er ein netter Kerl war, auch im Grunde anständig, hatten
wir Mitleid mit ihm und schickten ihm ins Gefängnis was zu essen und
trinken und zu rauchen. Das hat er uns nun nicht vergessen. Als Kameraden von ihm unser Haus plündern wollten, stellte er sich vor die Türe und
schrie sie an: In dieses Haus kommt mir keiner! Die Zuckmayers sind feine
Leute! Als ich im Gefängnis gesessen bin, wer hat mir denn da was geschickt? Habt ihr etwa mir was geschickt?! Einen Dreck habt ihr mir geschickt! Aber von den Zuckmayers – von denen habe ich eine gute Wurst
bekommen und Obst und einen spannenden Roman auch. In *das* Haus
kommt mir keiner!! – Unsere brave alte Haushälterin hat uns das berichtet...«

Auch die Zuckmayers sagten uns, daß sie nach Amerika wollten. Beinah
alle Künstler, die aus Wien geflohen sind, wollen in den Vereinigten Staa-

ten, in New York oder in Hollywood ihr Glück versuchen. Die Schauspielerinnen, die noch vor kurzer Zeit in Wien vom Publikum gefeiert wurden,
gehen jetzt nur noch mit einer englischen Grammatik unter dem Arm spazieren: sie wollen sich in der englischen Sprache perfektionieren, ehe sie die
Fahrt über den Atlantik antreten. Ihr Ehrgeiz ist nun der Broadway oder
der amerikansiche Film. – Die schöne Frau Sibylle Binder zum Beispiel, deren Spezialität es ist, auf der Bühne gekrönte Damen, Fürstinnen mit leicht
melancholischem Einschlag darzustellen, träumt davon, ein Stück über die
Kaiserin Elisabeth von Österreich, mit dem sie während der letzten Monate in Wien einen besonders starken Erfolg hatte, für Amerika bearbeiten zu
lassen und in New York darin aufzutreten. – Auch die Ungarin Lilly Darwasch, die meistens auf deutschen Bühnen gespielt hat, ist entschlossen zu
erproben, ob ihr Temperament auf das Broadway-Publikum die gleiche Attraktion ausübt wie auf das Publikum in Budapest, Wien und Berlin. Sie ist
die Gattin von Franz Molnar – dem Dichter des *Liliom,* dem raffinierten
Konstrukteur vieler brillanter Komödien. Auch er hat mit Wien eine Heimat verloren. Im Hotel *Imperial* – dem gleichen Hotel, das unlängst völlig ausgeräumt werden mußte, weil der »Führer« für eine kleine Weile dort
zu logieren geruhte – war Molnar einer der populärsten Gäste gewesen.
Man erzählte sich in ganz Wien die witzigen Äußerungen, die er in der
Halle des Hotels »Imperial« machte – so wie man sich in Paris die Drollig-
keiten des alten Tristan Bernard erzählt. – Molnars Leben ist pedantisch
eingeteilt: eine gewisse Zeit in Venedig; eine andere in Cannes; dann:
Wien, Hotel *Imperial;* dann: Karlsbad; Cannes, an der Côte d'Azur; Budapest. Früher hatte auch Berlin zu diesem luxuriösen und starren Turnus
gehört; dort war er in der Bar des Hotels *Eden* ebenso zu Hause wie in
Wien in der *Imperial*-Bar. Erst fiel Berlin weg; nun Wien. Europa wird
eng.

Die Stimmung unter den neuen Wiener Emigranten, die in Zürich eine
Durchgangs-Station machten, war bedrückt, aber nicht ohne Hoffnung.
Beinahe alle rechneten damit, daß sie es drüben, in den USA, schon irgendwie schaffen würden. Uns fragten sie, als die schon erfahrenen Exilierten,
gern ein wenig um Rat... Besonders die jüngeren Menschen fanden wir
zuversichtlich. Für Ältere ist es schwerer, sich an die neue, abenteuerliche
Situation – an das In-der-Luft-hängen, Keinen-festen-Boden-unter-den-

Füßen-haben – zu gewöhnen. Aber auch die Betagten gaben sich redliche und rührende Mühe, gute Miene zum schlimmen Spiel zu machen. Der humoristische Schriftsteller Roda Roda zum Beispiel tat sein bestes, immer noch ein wenig drollig und amüsant zu sein: seit so vielen Jahrzehnten ist das Drollig-und-amüsant-Sein ja sein Beruf. Wahrscheinlich hat kein anderer lebender Mensch so viele gute Anekdoten gewußt und mit so souveräner Technik erzählt wie der alte Roda Roda. – Wir verbrachten in Zürich den Abend seines 66. Geburtstages mit ihm: ein etwas wehmütiges Fest… Meistens hielt Roda die Hand seiner Frau. Er sagte uns: »Heute ist ein bedeutsamer Tag für mich! Ich kenne meine Frau genau mein halbes Leben lang. Ich habe sie nämlich am Abend meines 33. Geburtstages kennengelernt…« Damals war Roda Roda noch eine der prominenten Figuren des literarischen Münchens vor dem Kriege. Seine Komödie *Der Feldherrenhügel* machte volle Häuser, und volle Häuser gab es, wenn er selber auftrat, um in Cabarets seine berühmten Anekdoten vorzutragen. – Er verließ München, als die Nazis kamen. Und fünf Jahre später mußte er Wien verlassen. »Und wohin wollen Sie nun?« fragten wir ihn.

Er sagte, als wäre dies gar nichts Besonderes oder irgendwie Überraschendes: »Jetzt will ich für eine Zeitlang nach Tokio. Mein Sohn hat dort eine Stellung. – Kennen Sie Tokio? Ist es angenehm dort?«

»Tokio ist aber schrecklich weit«, sagten wir. Aber dann mußten wir gleich an eine melancholische kleine Geschichte denken, die von einem Freunde Roda Rodas, einem anderen Meister der »kleinen Form«, dem Wiener Schriftsteller Alfred Polgar stammt. – Ein Emigrant fragt den anderen: »Wo wollen Sie sich denn nun niederlassen?« Der Gefragte antwortet: »In Ecuador.« Darauf der erste: »Das ist aber furchtbar *weit.*« Und der andere, mit einem Achselzucken: »Weit – *wovon?*« – Die kleine Pointe hat viel bitteren und tiefen Sinn.

»Man steht vor einer ganz neuen Situation. Noch einmal fängt alles von vorne an. Wie als ganz junger Mensch wird man sich noch einmal frisch bewähren müssen. Das ist hart – aber auch schön. So hart paradox es klingen mag: für mich persönlich bin ich beinahe froh, daß die Dinge in Österreich sich so radikal entwickelt haben. Nun kommt wieder das Ungewisse, das Abenteuer – wie es sich für einen Dichter gehört.«

Der uns das sagte, war von all den aus Österreich entwichenen Künstlern, denen wir um diese Zeit begegneten, mit weitem Abstand die größte, die bedeutendste und faszinierendste Figur: Franz Werfel. Auch er hatte, zusammen mit seiner Frau, Alma Mahler-Werfel, zunächst am Zürichsee im Hause von Verwandten Zuflucht gefunden. Bei ihnen war die Tochter der Frau Alma aus erster Ehe, die Bildhauerin Anna Mahler, Gustav Mahlers Tochter. Werfels Gattin war in erster Ehe mit dem großen Komponisten verheiratet, in zweiter mit dem berühmten Architekten Gropius. Die junge Anna Mahler, ihrerseits, war die Frau des Komponisten Ernst Křenek und die Frau von Paul Zsolnay, der jahrelang der wichtigste Verleger Österreichs war. Die Bücher Werfels sind sämtlich bei ihm erschienen. In den letzten Jahren konnte man das bedauerlich finden: Zsolnays Entwicklung war keine erfreuliche, sein Verlag verlor an Ansehen und Würde, da Zsolnay um jeden Preis mit dem Dritten Reich in guten Beziehungen bleiben wollte; Werfel war sein letzter großer Autor. – Eine andere Tochter Frau Almas – aus der Ehe mit Gropius – ist unlängst als junges Mädchen gestorben. Ihrem Andenken widmete der Komponist Alban Berg ein Violin-Konzert: »Dem Andenken eines Engels«.

Wir sagten Werfel, wie sehr wir seinen letzten Gedichtband *Schlaf und Erwachen* liebten. Aus einer gewissen Scham – denn es ist ja immer irgendwie peinlich, einem Dichter gar zu großes Lob über sein Werk zu sagen, – verschwiegen wir, daß wir es beide für das schönste Gedicht-Buch in deutscher Sprache halten – seit den letzten Dingen, die Rilke vor seinem Tod geschrieben hat. Werfel schien sich darüber zu freuen, daß wir die Rede auf seinen Gedichtband brachten. »Solche Bücher haben ja heute eine so geringe Wirkung«, sagte er. »Wer interessiert sich noch für Gedichte? Wo ist das Publikum für ein Buch wie *Schlaf und Erwachen?*« – Werfel ist als Lyriker berühmt geworden und hat heute seine großen Erfolge mit den Romanen. (Übrigens dürfte Werfel in der neuen deutschen Literatur der einzige Fall sein, daß ein Autor sich mit gleich starker Wirkung auf den Gebieten des Gedichtes, des Dramas und der Erzählung bewährt hat – wie es zur Epoche der klassischen deutschen Literatur noch beinah selbstverständlich war.)

Die Erfolge, die Werfel mit seinen Romanen hat – etwa die gewaltige Popularität des *Verdi* in Deutschland oder die sensationelle Wirkung des Buches *Die vierzig Tage des Musa Dagh* in den USA – beweisen, daß er das Populäre, den Ton, der auf die breite Masse wirkt, mit dem Nuancierten, Differenzierten, hoch Literarischen zu vereinigen versteht. Die Fülle, Reichhaltigkeit, Verschiedenartigkeit dieses Werkes sind imposant. Neben den Gedichtbänden, die wohl eigentlich den kostbarsten Teil des Œuvres ausmachen, steht die stattliche und schöne Reihe der Romane: *Barbara oder Die Frömmigkeit, Die Geschwister von Neapel, Der Abituriententag, Verdi, Die vierzig Tage des Musa Dagh* und das neueste Buch *Höret die Stimme.* Daneben die kürzeren Erzählungen, von denen einige, zum Beispiel *Der Tod des Kleinbürgers,* Meisterwerke sind; und neben diesen wiederum die Dramen *Der Spiegelmensch, Der Bocksgesang, Paulus unter den Juden, Juarez und Maximilian.* Alle diese Werke scheinen durchströmt und aneinander gebunden durch das gleiche, ganz echte und ganz starke Gefühl; es ist das gleiche Gefühl, das sich zuerst so überwältigend in den Gedichten äußerte: ein sehr ursprünglich-religiöses Gefühl; ein ständig inniges Sich-Bemühen um Gott; eine ständige leidenschaftliche Frage nach dem Sinn des Hier-Seins, nach der metaphysischen Aufgabe und der metaphysischen Schuld des Menschen. In seinen frühen Versen schien Werfel alle Kreatur – von den Tieren bis zu den Engeln – umarmen zu wollen. Sein Liebes-Impetus, der so stürmisch begann, hat niemals nachgelassen; alle seine Bücher sind erfüllt von ihm; er ist nur ruhiger, gelassener, männlicher geworden – weniger sentimentalisch-überschwenglich als in den Anfängen des Jünglings. Diese Liebe, die mitleidsvolle und bewunderungsvolle Sympathie mit allem Lebendigen ist spürbar in jeder dichterischen Äußerung von Werfel: ja sie ist *hörbar* wie eine starke Musik. Es gibt sehr viel Musik in Werfels Dichtungen, es ist auch sehr viel von der Musik die Rede in ihnen. Er liebt die Musik, nicht nur in seinem großen Musiker-Roman, dem *Verdi,* den man als die »Ilias der Musik« bezeichnet hat, ist sie der heimliche Held. Mit Musik meint er aber vor allem die italienische: der *Verdi* ist ja nur eine epische Verteidigung der italienischen Oper gegen die deutsche Musik, gegen Wagner... Der amerikanische Freund und Verleger Franz Werfels, Ben Huebsch von Viking-Press, erzählte uns einmal von einem Abendessen, das er mit dem Autor des *Verdi* und dem Autor des *Ulysses,* mit James Joyce, zusammen in Paris hatte. Die beiden Männer sprachen fast nicht miteinander: sie *sangen;* sie sangen sich gegenseitig italienische Arien vor. Es muß ein seltsames Diner gewesen sein mit den beiden singenden Dichtern...

Werfel hat eine sehr schöne Stimme: einen warmen, tiefen, sehr musikalischen Bariton. Er könnte übrigens auch seinem Aussehen und seiner Art, sich zu kleiden, nach ein Musiker sein; andererseits hat er auch Züge von einem Geistlichen. Seine Sympathien fürs Katholische sind, durchaus entfernt von jedem Snobismus, ganz echt und ursprünglich. Sie verbinden sich auf eine sonderbare aber legitime Art mit einer starken und bewußten Verbundenheit an jüdische Überlieferungen, wie sie sich gerade in seinen letzten Arbeiten, in dem Drama *Der Weg der Verheißung* und in dem Roman *Höret die Stimme,* manifestiert.

Werfel war in Wien mit einigen führenden Katholiken befreundet gewesen, zum Beispiel mit dem jetzt verhafteten Hollnsteiner, dem Beichtvater Schuschniggs; übrigens hatte er auch zum Kanzler selbst persönlichen Kontakt gehabt. Der Salon der Frau Alma Mahler-Werfel galt als eines der gesellschaftlichen Zentren im Wien der Dollfuß- und Schuschnigg-Ära. Manchmal wurde der mondän-politische Betrieb dem Dichter und Hausherrn zu viel; er zog sich dann aufs Land zurück, nach Baden bei Wien, wo er in einem kleinen Hotel wochenlang einsam arbeitete. »Die Stadt lenkt mich ab«, sagte uns Werfel. »Ich kann nicht gut in der Stadt arbeiten. Immer muß ich hinaus, auf die Gasse, oder ins Café – ich denke immer, ich versäume etwas, wenn ich im Zimmer sitzen bleibe, irgend etwas ganz Unerhörtes, Wunderbares…« – Wir haben von ihm keinen Ton der Klage gehört über den Verlust seines Hauses, seiner Bibliothek, seines Wagens, seines ganzen Besitzes. Nur Frau Alma sprach einmal betrübt von gewissen Dingen, die sie in Wien bei der hastig improvisierten Abreise zurücklassen mußte, »die schönen Partituren von Mahler und von Bruckner«, sagte sie. »Das fällt wohl nun alles den Nazis in die Hände. Aber was können die damit anfangen?«

Wir wunderten uns darüber, daß sie die Abreise nicht frühzeitiger vorbereitet, nicht wenigstens die kostbarsten, unersetzlichsten Dinge in Sicherheit gebracht hatte. »Nach dem Besuch Schuschniggs in Berchtesgaden«, sagte einer von uns, »wußte doch jeder, wie furchtbar gefährlich die Situation war. Warum haben Sie nicht damals schon Ihre Abreise vorbereitet? Sie waren doch deutlich genug gewarnt…« – Frau Werfel erklärte: »Gerade in den Wochen, die zwischen dem Berchtesgadener Gespräch und der endgültigen Katastrophe lagen, dachten wir am wenigsten an Flucht. Damals dachten wir nur an Widerstand, nur an Kampf. Wir waren optimistisch – alle unsere Freunde in Wien waren optimistisch während dieser Wochen. Wir vertrauten Schuschnigg. Wir glaubten nicht, daß er kapitulieren würde – wie er es dann getan hat...« Aus ihren Worten war Enttäuschung zu hören.

Es war die junge Anna Mahler, die dieser Enttäuschung deutlicheren Ausdruck gab. »Schuschnigg hat eine große Möglichkeit ungenutzt vorbeigehen lassen!« erklärte sie heftig. »Im allerletzten Moment muß er die Nerven verloren haben... Sie hätten Wien um diese Zeit sehen sollen! In der Bevölkerung – bei den Katholiken wie bei den Sozialdemokraten – gab es eine fast wilde Kampfesstimmung. Die Arbeiter waren bereit zu vergessen, daß Dollfuß im Februar 1934 hatte auf sie schießen lassen. Nicht *für* Schuschnigg, aber *trotz* Schuschnigg wären sie noch einmal auf die Barrikade gegangen, um für die Unabhängigkeit Österreichs, um gegen Hitler zu kämpfen. Schuschnigg hat ihnen keine Gelegenheit mehr dazu gegeben...«

»Das, was wir Wiener Tradition, Wiener Kultur nennen«, sagte Werfel, »wird vielleicht mit dem, was jetzt geschehen ist, ganz zu Ende sein. Die Geschichte wird feststellen, daß es ein höchst reizvolles Phänomen gewesen ist, das nun vernichtet wird. Es ist seltsam – ich habe in diesen Tagen oft drüber nachdenken müssen –: Am Rande des Deutschen Reiches, in Wien und im deutschsprechenden Prag, hat es eine literarische Blüte gegeben, während das Reich selber sich dem Geist, der Literatur schon mehr und mehr entfremdete.«

»Aber erlauben Sie!« sagte einer von uns. »In den Jahrzehnten vor dem Weltkrieg war auch die reichsdeutsche Literatur nicht eben arm. Es gab eine Fülle von großen Figuren...«

»Gewiß«, gab Werfel zu. »Es gab große Figuren. Es gab Stefan George und Gerhart Hauptmann, und Frank Wedekind und Ihren Vater und Heinrich Mann. Aber alle diese standen entweder abseits vom öffentlichen Leben des Kaiserreichs, oder sie standen sogar in dezidierter Opposition zu ihm. Von keinem dieser Dichter läßt sich sagen, daß er das Deutschland Wilhelm II. repräsentiert hätte. Schnitzler und Hofmannsthal aber *repräsentierten* das Wien der Jahrhundertwende – das Wien bis zum Krieg. Was sie gemacht haben, ist im schönsten Sinn des Wortes ›Heimatkunst‹. Die Wiener Literatur dieser reichen Epoche ist wirklich ein organischer Bestandteil des Wiener Lebens gewesen. Ebenso verhält es sich mit der deutschen Literatur, die damals aus Prag kam. Rainer Maria Rilke – obwohl er immer im Ausland lebte und freiwillig ein fast so ruheloses, unbehaustes Leben führte wie heute wir Emigranten erzwungenermaßen – hat seine Herkunft nie verleugnet. Erinnerungen an Prag sind bis zum Schluß in seiner Lyrik lebendig geblieben, das slawische Element bei ihm ist sehr wichtig: es ist zum Beispiel charakteristisch, daß die beiden Pole und Zentren seines geistigen Lebens Paris und Moskau waren, so wie Prag sich heute – politisch und kulturell – nach Frankreich einerseits, nach Rußland andererseits orientiert. Und wie intensiv ist diese pragerische Stimmung bei dem sonderbaren, rührenden, genialen Franz Kafka… Welch eine merkwürdige, späte, etwas problematische, etwas barocke Blüte, die der deutsche Geist damals in diesen östlichen, keineswegs nur-deutschen Städten hervorgebracht hat! Zugegeben: es war eine ziemlich bleiche Blume, eine Kellerblume fast – aber sie duftete doch, sie hatte doch echtes Leben…«

Es wäre interessant gewesen, darüber zu diskutieren, inwiefern mit Werfel selbst, dem Prager mit Wohnort Wien, die geistige Tradition und die eigene Atmosphäre dieser östlichen deutschen Städte, die scheinbar mit Rilke und Hofmannsthal ein Ende gefunden hatten, zu neuer Jugend erweckt wurden und wieder weltweiten Einfluß erlangten.

Werfel ist nicht der einzige, der in der Epoche nach dem Weltkrieg den Ruhm Österreichs in die Welt getragen hat. Der andere ist Stefan Zweig. Auch in seinem Werk sind spezifisch österreichische, ja: wienerische – Elemente und Traditionen lebendig. Aber Zweigs Bücher konnten sich eine Popularität in fünf Kontinenten gewinnen, auf die der große Hugo von Hofmannsthal verzichten mußte. Die einzige international wirklich berühmte Dichtung von Hofmannsthal ist der *Rosenkavalier,* dessen Welterfolg wohl mehr Richard Strauss zu danken und jedenfalls ihm mehr zugute gekommen ist als Hofmannsthal. Die Bücher von Stefan Zweig sind, wie unlängst die *Gesellschaft für Intellektuelle Zusammenarbeit* in Genf statistisch feststellte, in mehr fremde Sprachen übersetzt, als die irgendeines anderen lebenden Autors.

Zweig empfängt die Sympathien, das Interesse der ganzen zivilisierten Welt, weil er seinerseits ein großes Maß an Sympathie für die Welt hat. Er war immer ein Weltbürger, von Jugend an Kosmopolit; leidenschaftlich interessiert an fremden Literaturen – vor allem an der französischen, für deren Ruhm in den deutschen Ländern er als Kritiker viel geleistet hat. Mitten im Weltkrieg war er dezidierter Pazifist, damals verband ihn die innigste Freundschaft mit Romain Rolland, und im Jahre 1918 veröffentlichte er einen großen, schönen Essay über den Anti-Kriegs-Roman von Henri Barbusse *Le Feu.* Seine Beziehungen zu den französischen Freunden, Rolland und Barbusse, mußten sich lockern, als diese militante Kommunisten wurden. Zweig blieb dort stehen, wo Romain Rolland etwa während des Weltkrieges stand; das heißt: er predigt weiter die Gewaltlosigkeit; er ist durchaus Demokrat und Pazifist geblieben; er ist kein Freund der »Diktatur des Proletariats« geworden. Er ist mehr Beobachter als Kämpfer; mehr Psychologe als Politiker. Die Polemik ist niemals seine Sache gewesen. Mit dem *Erasmus von Rotterdam* hat er eine Art von geistiger Autobiographie geschrieben. Wie der große Humanist zur Zeit der Reformation, versucht er es, sich außerhalb des politischen Kampfes, jenseits der Parteien, *au-dessus de la mêlée* zu halten. Radikale Antifaschisten haben ihm diese »Erasmische« Haltung, den Mangel an Aktivismus, an kämpferischem Elan bitter zum Vorwurf gemacht. Sie scheinen zu übersehen, daß es verschiedene Arten der »guten Sache« gibt.

Der Freiheit stellt er seine großen schriftstellerischen Mittel zur Verfügung. Er gewinnt die breiten internationalen Lesermassen zunächst durch die Brillanz, die Verve seines Stils, außerdem durch seine außerordentliche Gabe, jedes Material, mit dem er sich beschäftigt, sei es in Form der psychologischen Novelle, des analytischen Essays oder der Biographie, dramatisch zu pointieren, das spannende, erregende Moment herauszuarbeiten. In seinen Büchern gibt es niemals tote Stellen. Seine Studien über abstrakte, schwierige Gegenstände – über Sigmund Freud etwa oder über Nietzsche – haben die gleiche unmittelbare Wirkungskraft, wie seine Darstellungen sinnlich faszinierender Figuren: Casanova, Maria Stuart, Marie Antoinette. In seiner Prosa – nicht nur in seiner erzählenden, sondern sogar in seiner essayistisch-theoretischen – gibt es immer eine Atmosphäre von Sinnlichkeit, ein geheimnisvolles erotisches Fluidum. Es ist charakteristisch, daß seine beiden berühmtesten Bücher – *Marie Antoinette* und *Mary Stuart* – zwei große Liebende als Heldinnen haben. Gerade in seiner Meisterschaft der erotischen Psychologie ist Stefan Zweig typischer *Wiener:*

der Schüler Arthur Schnitzlers nicht nur, sondern auch der Schüler Freuds.

Zweig wurde von der neuen Österreichischen Katastrophe weniger unmittelbar betroffen, als etwa Werfel oder viele andere seiner Wiener Freunde. Er hatte sich, schon seit Jahren, von Österreich mehr und mehr gelöst: teils, weil die politische und kulturelle Atmosphäre ihm dort nicht mehr behagte (die Sympathien Werfels für das Katholische teilt er keineswegs); teils einfach aus einem Bedürfnis nach Unabhängigkeit, Unbeschwertheit, unbedingter Freiheit, welches bei ihm mit den Jahren sich steigert, anstatt abzunehmen. In einem Alter, da andere seßhaft und ruhebedürftig werden, zog er ein Hotelzimmer seinem schönen Haus in Salzburg vor. Er verkaufte das Haus und die außerordentliche Sammlung von Handschriften, die er mit so viel Liebe und Geduld angelegt hatte. »Ich will keinen Besitz!« haben wir ihn oft sagen hören. »Besitz beschwert, macht alt, fett, träge. Ich will mit einem Handkoffer unterwegs sein, nirgends angebunden, frei…«

Natürlich wurde er, trotzdem, durch die Annexion Österreichs schmerzlich betroffen. Im April 1938 schrieb er uns aus London: »Über Verluste hätte ich nicht minder zu klagen als alle anderen. Aber anläßlich einer solchen Weltkatastrophe scheint mir dies nicht erlaubt. Schon atmen und halbwegs frei sein, ist heute eine Gnade…« Diese Gnade genießt er. Er bleibt jung dabei. Wer ihn nachts in einem Café-Haus beobachtet – er ist Wiener genug, um ohne das Café-Haus nicht leben zu können –, wie er mit jungen Menschen zwanglos, heiter und angeregt plaudert, würde nicht meinen, einen über Fünfzigjährigen zu sehen, der die Bürde des Weltruhms trägt. Wir kennen ihn seit über zehn Jahren; er hat sich in all der Zeit kaum verändert. Wie viele junge Talente hat er durch privaten Rat und öffentliches Lob gefördert; es sind ihrer beinahe zu viele; eine Zeitlang erschien in Deutschland kaum ein Buch eines neuen Autors, ohne ein »empfehlendes Wort« von Stefan Zweig auf dem Umschlag. Ein dicker Band gesammelter Essays und kurzerer Aufsätze – *Begegnungen mit Menschen, Büchern, Städten* –, der im Herbst des Jahres 1937 erschienen ist, beweist, wie umfassend, wie produktiv diese schöne Empfänglichkeit, diese seltene Gabe, sich in fremdes Werk, in fremdes Leben versetzen zu können, bei Zweig ist. Übrigens ist er auch mit dieser – beinah weiblichen – Eigenschaft typischer Österreicher; Hofmannsthal, von dem die schönsten literarischen Essays stammen, die in diesem Jahrhundert deutsch geschrieben wurden, hatte sie in besonderem Maße.

Bruno Walter, der große Dirigent und, wir sind stolz darauf, unser guter Freund, ist kein Wiener. Doch fraglos liebte er Wien als Stadt am meisten. In Wien begann er unter der geistigen Führung Gustav Mahlers seine Karriere. Mahler, dem Meister, blieb er sein ganzes Leben lang treu verbunden. Und im Wien der Regierung Schuschnigg feierte er seine größten Erfolge.

Als sich die österreichische Katastrophe ereignete, war Walter mit seiner Frau in Amsterdam, wo er jedes Jahr im *Concertgebouw* eine Reihe Konzerte dirigiert. Klaus sah ihn einige Wochen vor Schuschniggs Fall. Walter war zuversichtlich. »Schuschnigg wird sich halten«, sagte er immer wieder. Er stand zu dem österreichischen Kanzler, den er gern hatte und bewunderte, in freundschaftlichen Beziehungen. Er mochte nicht daran glauben, daß sich eine große neue Schreckensherrschaft ankündigte, die sein ganzes Leben verändern sollte. Als der Schlag kam, war es um so härter.

Er wurde von der Katastrophe auf mehrfache Weise betroffen; der schlimmste Schock war für ihn, den hingebungsvollen Vater, als er erfuhr, daß seine Tochter Lotte in Wien verhaftet worden war. Sie hatte ein absolut zurückgezogenes Leben geführt und sich niemals mit Politik befaßt. Zunächst war es nicht einmal bekannt, daß sie die Tochter des Dirigenten war. Eine gesamte Bridgegesellschaft war verhaftet worden, weil die Gastgeberin, eine jüdische Dame, eine Auseinandersetzung mit der Hausmeisterin gehabt hatte. Die Hausmeisterin rief die Gestapo an. »Bei Frau X ist eine verdächtige Ansammlung von Leuten. Am besten kommt jemand vorbei und nimmt die ganze jüdische Bagage mit.« Die Gestapo tat, worum sie die verärgerte Hausmeisterin gebeten hatte. Ein Lastwagen wurde vorbeigeschickt. Die gesamte Gesellschaft – ausnahmslos unschuldige Leute – wurde ins Gefängnis gebracht und in Untersuchungshaft gehalten. Lotte Walter mußte vierzehn Tage lang mit fünf weiteren Frauen eine Zelle teilen, die gerade groß genug für zwei gewesen wäre.

Wir haben den erschütternden Brief aufbewahrt, in dem uns Frau Walter später die Freilassung ihrer Tochter mitteilte.

Pix

BRUNO WALTER
'Farewell to Salzburg'

Liebe Erika – lieber Klaus, –

In Eile einige Zeilen, um mitzuteilen, daß Lotte heute freigelassen wurde. Sie war mit einigen Freunden, mit denen sie zufällig zusammen war, verhaftet worden, und es dauerte drei Tage, bis wir herausfanden, daß sie im ... Gefängnis war. Ich habe heute mit ihr telephoniert. Sie scheint guten Mutes. Vielleicht war es für uns schlimmer als für sie. Ihr könnt Euch vorstellen, was wir durchgemacht haben. Bruno war weg, als wir telephonierten. Als er hörte, daß sie frei war, brach er in Tränen aus... Ich bin froh, daß Ihr die ersten seid, die von ihrer Freilassung erfahren.

Während Bruno Walter von der Sorge um das Schicksal seiner Tochter gequält war, mußte er in Amsterdam seine großen Symphoniekonzerte dirigieren. Es kann sein, daß die für eine solche Arbeit erforderliche Konzentration eine Erleichterung für ihn war – sicherlich waren die Ovationen ein Trost, mit denen ihn das holländische Publikum als Protest gegen die von ihm erlittene Verfolgung begrüßte.

Bruno Walters Fähigkeit zum Enthusiasmus ist eine unbegrenzte. Das Musikstück, dessen Aufführung er gerade vorbereitet, hält er stets für das vollkommenste, überragende, unvergleichliche: er ist wie die Mutter, die, als man sie fragte, welches von ihren Kindern sie am meisten liebe, antwortete: »Immer das, an welches ich gerade denke...« Aber nicht nur auf seinem eigentlichen Fachgebiet: auch für literarische Kunstwerke bringt Walter diese schöne, spontane Hingerissenheit auf. Er hat sie auch in seinen menschlichen Beziehungen: deshalb ist er ein so wunderbarer Freund. Er gehört zu den ältesten und nächsten Freunden unseres Vaters. Seit fünfundzwanzig Jahren sind die Beziehungen zwischen seiner Familie und unserer von einer Intimität, die niemals eine Trübung gekannt hat. Mit seinen Töchtern, Lotte und Grete, sind wir in München aufgewachsen wie mit Schwestern: Walters hatten ihr Haus in dem gleichen Villen-Vorort wie wir, nur ein paar Schritte von dem unseren entfernt. Wir stellten zusammen die allerfurchtbarsten Dummheiten an, mit noch ein paar anderen Freunden wurden wir wirklich zum Schrecken der Gegend, zu einer ganz gefährlichen Bande, so daß Frau Walter – ihrerseits eine temperamentvolle, prachtvoll natürliche Person – eine Zeitlang den Verkehr verbieten wollte.

Das nützte gar nichts, wie sich denken läßt: wir trafen uns heimlich. Mehr Erfolg hatten schon die väterlich ernsten Reden, mit denen Bruno Walter selber in uns drang. Sie überzeugten uns schließlich davon, daß es zwar selbstverständlich und passend sei, sich ziemlich bös aufzuführen – aber doch in gewissen Grenzen. *Gar* zu böse – so gelobten wir uns – wollten wir nun, Onkel Bruno zu Gefallen, nicht mehr sein… Wir liebten und bewunderten ihn sehr. Er war unumschränkter Herr, Gott und Meister in einem Zauberreich, zu dessen Pforten nur er die Schlüssel besaß: im Zauberreich der Musik… Die Tore zum magischen Bezirk sprangen auf, wenn Walter uns Opern-Billetts schenkte: er hatte im Münchner Opernhaus – dessen Generalmusikdirektor er war – zwei Parkett-Sitze, über die er jeden Abend verfügen konnte: es waren die beiden Eckplätze, links, in der ersten Reihe – niemals werden wir sie vergessen. Niemals vergessen werden wir die Fülle der Eindrücke, mit denen wir damals beschenkt wurden: die *Entführung aus dem Serail* oder *Don Pasquale,* die *Meistersinger,* der *Freischütz* oder Hans Pfitzners *Palestrina;* nun, in der Erinnerung kommt es uns vor, als wären alle diese Aufführungen durchaus vollkommen gewesen. In Wahrheit waren es Inszenierungen von hohem, besonderem Rang. Walter hatte damals die Münchner Oper auf ein Niveau gebracht, wie sie es später niemals mehr erreichte.

Es waren damals schon – in den Jahren 1922 und 1923 – antisemitische Tendenzen, die seine Position in München allmählich immer problematischer werden ließen. Das große Publikum vergötterte ihn. Aber ein Teil der Presse begann schon, ihm nachzusagen, seine Interpretation deutscher Werke sei nicht »germanisch« genug.

Inzwischen hatte seine Weltstellung eine solche Solidität gewonnen, daß er den Verlust des Münchner Postens leicht verschmerzen konnte. Er wurde überall in Europa und in den Vereinigten Staaten gefeiert. In Berlin – wo es damals liberaler und fortschrittsfreundlicher zuging als im reaktionären München – boten sich ihm neue Wirkungsmöglichkeiten an der Charlottenburger Oper. In dem Jahrzehnt von 1923–33 war Bruno Walter der erste Dirigent Deutschlands (oder, um genauer zu sein: er und Furtwängler waren die beiden ersten Dirigenten Deutschlands). Den Nazis galt er – ähnlich wie Einstein, Max Reinhardt oder Thomas Mann – in einem besonderen Grade als ein kultureller Repräsentant der Republik von Weimar.

Im Jahre 1933 gehörte Bruno Walter zu den ersten prominenten Künstlern, denen jede weitere Wirkung in Deutschland durch die Nazi-Propaganda unmöglich gemacht wurde. Er dirigierte damals die berühmten Konzerte des *Gewandhauses* in Leipzig. Anfang März, kaum daß die Hitler-Diktatur etabliert war, wurde Walter bedeutet, man könne leider für sein Leben nicht garantieren, es sei sehr wohl möglich, daß »gerechter Volkszorn« den Saal stürme, um mit Stinkbomben und Revolver seine Entrüstung kundzutun, wenn Walter es wagen sollte, noch einmal auf dem Podium zu erscheinen und die Ehre der deutschen Nation zu beleidigen, indem er Mozart, Beethoven oder Brahms dirigierte. Walter mußte das Leipziger Konzert in letzter Stunde absagen – und es gehört zu den Dingen, die stets für die Nachwelt ein Gegenstand des verständnislosen Erstaunens und des Widerwillens sein werden, daß kein Geringerer als Richard Strauss es war, der sich bereit erklärte, für Walter einzuspringen und das Leipziger Konzert, statt seiner, zu leiten. Wir wissen, daß Bruno Walter durch dieses Verhalten des großen Komponisten tief und bitter getroffen worden ist. Das hinderte ihn indessen nicht, in der Emigration weiter die Musik von Richard Strauss zu dirigieren. Ich erinnere mich, daß ich in Amsterdam einmal die Aufführung eines der frühen Werke von Strauss unter Walter hörte, und daß ich nachher mein Erstaunen äußerte: »Wie bringen Sie es fertig, sich noch weiter mit der Musik von Strauss zu beschäftigen – nach allem, was er selber Ihnen angetan hat?« – Walter erwiderte einfach: »Aber das eine hat mit dem anderen doch nichts zu tun! Der *Till Eulenspiegel* oder der *Don Juan* bleiben schön – ganz gleich, wie ihr Schöpfer sich in einer moralischen oder politischen Frage verhalten hat. Ich würde ihm nicht die Hand geben, wenn ich ihm heute auf der Straße begegnete. Ich fühle aber, daß ich nicht das Recht habe, dem Publikum seine Werke vorzuenthalten, die schon zum klassischen Besitz deutscher Musik gehören...«

Bruno Walter ist in Deutschland sehr geliebt worden. Vielleicht hat Furtwängler vom Publikum ebenso viel Bewunderung empfangen wie er; aber er empfing, in stärkerem Grade als irgendein anderer, ein Gefühl, das man wohl als Zärtlichkeit bezeichnen darf... Von einem rührenden und späten Beweis solcher Liebe erzählte Walter uns erst vor einiger Zeit. Er war, auf dem Wege zu einem Konzert nach Stockholm, mit seiner Frau durch Deutschland gereist – natürlich ohne Aufenthalt zu nehmen. Die

Durchreise konnte er sich, bis jetzt, als Inhaber eines österreichischen Passes gestatten, ohne Unannehmlichkeiten zu riskieren. In Berlin mußte er den Zug wechseln und hatte eine halbe Stunde lang auf dem Perron des Bahnhofes zu warten. »Einige Menschen erkannten mich«, berichtete Walter. »Ganz einfache Leute, junge Menschen, Studenten vielleicht, auch ein paar Mädchen. Es sammelte sich eine kleine Gruppe – mir war es zunächst gar nicht ganz angenehm, ich wußte ja nicht, von welcher Art die Gefühle dieser Menschen waren – vielleicht würde man mich beschimpfen… Ich stieg möglichst schnell in den Zug, der sich bald in Bewegung setzte. In diesem Augenblick aber – ich trat ans Coupé-Fenster, weil ich doch neugierig war, was für Gesichter die Leute auf dem Perron nun machten –, in diesem Augenblick fingen ein paar Menschen an, mir zuzuwinken, und alle lächelten mir zu, und einige riefen etwas. Ich verstand erst nicht, was sie riefen; aber dann begriff ich, daß es ›Auf Wiedersehen!‹ hieß. Einige riefen auch ›Gute Reise!‹, aber die meisten ›Auf Wiedersehen!‹ Ich war so gerührt, daß ich fürchtete, gleich weinen zu müssen.«

Die Liebe, welche das deutsche Publikum ihm heute nicht mehr entgegenbringen *darf* – Bruno Walter empfängt sie reichlich in den anderen musikalischen Zentren des Erdteils. Doch eins wissen wir sicher: ob er Ovationen in New York erhielt oder sich im Engadin erholt, wo immer der große Mensch und Musiker sein mag, was immer er gerade tut, niemals wird er seinen Kummer verschmerzen über den Verlust Österreichs.

In einem Pariser Café, zum Beispiel am Boulevard Saint-Germain oder Montparnasse, kann man den österreichischen Dichter Joseph Roth sitzen sehen. Er sitzt, ein wenig in sich zusammengesunken, vor einem unheimlich starken, unheimlich schwarzen Liqueur, dessen düstere Farbe die Stimmung seiner Seele zu spiegeln scheint. Roth ist ein passionierter Wiener, obwohl er nicht in Wien geboren ist; aber die wenigsten »Wiener« sind wirklich aus Wien; die meisten stammen aus Graz oder aus Galizien. Joseph Roth behauptet, er sei leidenschaftlicher Monarchist und treuer Anhänger der Habsburger; niemand hat je ganz ergründet, wie ernst er das meint. In seinem schönen Roman *Radetzkymarsch* freilich ist das altösterreichische, monarchische Pathos produktiv geworden und künstlerisch verwertet. In seinem berühmtesten Buch aber, dem *Hiob,* das ihn auch in den

angelsächsischen Ländern am meisten bekannt gemacht hat, dominieren
ganz andere Elemente: östliche Elemente, jüdische Stimmungen, eine alt-
testamentarische Tragik. Ähnlich wie Werfel – wenngleich mit anderen
Nuancen – stilisiert Joseph Roth sich abwechselnd als guter Katholik und
als treuer Jude. Ein Dichter hat das Recht zu solchen Paradoxen. Und Roth
ist zuweilen ein Dichter; immer aber ein ausgezeichneter Schriftsteller.
Während des Krieges war er Offizier der k. und k. österreichischen Armee.
Als in Wien die Nazis zur Macht kamen, gab er in Form eines offenen Briefes sein Offiziers-Diplom an die neuen Herren zurück: Es gibt keine österreichische Armee mehr – schrieb er ihnen –, und mit der Nazi-Armee will
ich ganz und gar nichts zu tun haben. *Klage um Österreich* war der Titel,
den Joseph Roth unmittelbar nach der Katastrophe in einer deutschen, in
Paris erscheinenden Zeitschrift veröffentlichte – ein schöner, innig gefühl-
ter Aufsatz, geschrieben in der reinen, makellos sauberen, klassisch klaren
Prosa, die für diesen Autor charakteristisch ist. Eine *Klage um Österreich*
waren auch die Gespräche, die wir mit dem *Hiob*-Dichter, der kummervoll
vor seinen dunklen Schnäpsen saß, in den Cafés *Les deux magots* oder *Le
select* oder *Le dôme* führten.

Wir gedachten zum Beispiel eines gemeinsamen Wiener Freundes, des
Schriftstellers Karl Tschuppik, der ein paar Monate vor der »Eroberung« –
der »Befreiung« – Österreichs gestorben war. Tschuppik war einer der lie-
benswürdigsten, charmantesten Menschen gewesen, die man treffen konnte. Wenn wir nach Wien fuhren, freuten wir uns immer am meisten auf die
Begegnung mit ihm. Er gehörte zu Wien, er war ein Wiener Typ – etwa so,
wie Peter Altenberg einer gewesen war. Das ganze Jahr bewohnte er ein
hübsches Dachzimmer im Hotel *Bristol:* der Manager des großen, elegan-
ten Etablissements überließ ihm diese kleine Wohnung zu einem relativ
minimalen Preis – er schien Tschuppik für unentbehrlich für das Hotel zu
halten. In den Büchern Tschuppiks ist ein Teil seines persönlichen Reizes
wiederzufinden – freilich nur ein Teil: in seiner Biographie der Kaiserin
Maria Theresia etwa und besonders in seinem letzten Roman *Ein Sohn aus
gutem Hause,* dessen Held ein jüngerer Bruder von Schnitzlers Anatol zu
sein scheint. Auch diese melancholische und amüsante Erzählung von der
Jugend eines österreichischen jungen Herren ist eine »Klage um Österreich«.
Sie endet mit Resignation – an einem Julitag des Jahres 1914. Der junge

Herr – er ist noch ein Kadett und in viele Liebesabenteuer zart verstrickt – bekommt die Mitteilung, daß er an die Front muß. Der Himmel brennt in Feuer-Farben: es sind die Farben eines großen Sonnenuntergangs...

»Unser Freund Tschuppik ist rechtzeitig gestorben«, sagte uns Roth. »Er hat sich den Moment gut ausgesucht. Wahrscheinlich wußte er ganz genau, was in Österreich passieren würde. Die deutsche Armee vor seinem geliebten Hotel *Bristol* aufmarschierend: das hätte er nicht ertragen. Er hat die Preußen gehaßt. Er wollte nicht mitansehen, daß die Barbaren Wien eroberten – und kein Prinz Eugen war zur Stelle, die Stadt zu beschützen, wie damals gegen die Türken. Als unser Freund Tschuppik starb, war mir eigentlich schon klar, daß alles verloren war...«

Ist alles verloren? Die Historie geht schnell, und Gott allein weiß, was für Überraschungen uns noch bevorstehen.

Graf Coudenhove-Kalergi, der Prophet, Vorkämpfer und Organisator der »paneuropäischen« Idee, hatte den Plan, aus Wien, der großen repräsentativen Hauptstadt ohne Hinterland, die Kapitale Paneuropas zu machen. Wien, Zentrum des endlich geeinigten Erdteils, ein schöner Traum – und er hat viel Einleuchtendes. In der Tat: diese schöne Stadt, im Schnittpunkt germanischer und slawischer Kultur, in inniger Berührung aber auch mit Strömungen, die aus Frankreich und aus Italien kommen, bringt viele Eigenschaften mit für die große, repräsentative Funktion (viel mehr etwa als das einerseits zu provinzielle, andererseits zu rein französische Genf). Eine Zeitlang schien die Konzeption »Paneuropa« – die, wie man sich erinnert, Großbritannien und Rußland nicht mit einbezog – nicht mehr so hoffnungslos weit von ihrer Verwirklichung. Das war zur Epoche Stresemanns und Briands. Besonders der große französische Staatsmann sympathisierte mit den Ideen des Grafen Coudenhove. Inzwischen hat die Paneuropa-Bewegung den bittersten Rückschlag erlebt. Ihr Führer aber – ein zarter, aber energischer, von seiner Idee gläubig erfüllter Mann – gibt die Hoffnung nicht auf. Auch er ist heute ein Flüchtling. Seine schöne Wohnung in Wien – sie war der Teil eines alten Klosters und diente früher dem Abt als vornehm-zurückgezogene Unterkunft – mußte er räumen, als die Hitler-Leute einzogen. Diese hätten ihn mindestens eingesperrt und mit einer Zahnbürste die Straße putzen lassen. Sie verabscheuen ihn – erstens, weil sie die Paneuropa-Idee nicht mögen; dann aber auch, weil Coudenho-

ve, der halb Japaner, halb europäischer Aristokrat ist, öffentlich erklärt hatte, er lege keinen Wert darauf, als »Arier« anerkannt zu werden. Die Nazis,
die es mit ihren heiligen Prinzipien nicht immer ganz ernst nehmen, wenn
die Tagespolitik es ratsamer erscheinen läßt, sie zu verleugnen, wollten die
Mongolen, aus Freundschaft für Tokio, zu »Ehren-Ariern« machen. Graf
Coudenhove-Kalergi – übrigens ein auffallend schöner Mensch und ein
leibhaftiger Beweis dafür, was für prachtvolle biologische Resultate »Ras-
senmischungen« haben können – legte keinen Wert auf diese Ehre und erklärte es öffentlich. Nun hat auch er – gestern noch eine prominente Figur
des offiziellen Wiens – mit seiner Frau, der großen Schauspielerin Ida Roland, das Schweizer Asylrecht für politische Flüchtlinge in Anspruch nehmen müssen.

Wird er noch erleben, daß seine Hoffnungen und Träume in Erfüllung
gehen? Werden wir's noch erleben?

Finis Austriae geht ein Jammerruf durch die zivilisierte Welt, die das unabhängige Österreich geliebt hat. Aber beim Ende Österreichs wird es nur
bleiben, wenn auch Europa verloren ist. Wer an Europa und seine moralischen Reserven glaubt, wird auch die Zukunft des kleinen, vielgeliebten,
heute gedemütigten Österreich betreffend nicht ohne Hoffnung sein.

KAPITEL IX

SOLIDARITÄT

SOLIDARITY

DIE GROSSEN SCHRIFTSTELLER UND Künstler Europas sind gegen den Faschismus. Es gibt betrübliche Ausnahmen. Wir denken dabei nicht an die Opportunisten in Berlin oder Rom, diese Hanswürste der Macht mit ihren fetten Gehältern, wie z. B. seine Exzellenz Signore Marinetti, der berühmte »Futurist«, der alte Scharlatan und Intimus des »Duce«, der während des Überfalls auf Abessinien den erstaunlichen Zynismus aufbrachte, öffentlich zu erklären, daß solch ein Krieg für einen »Futuristen« das profundeste und ausgesuchteste ästhetische Vergnügen sei. Wir denken dabei auch nicht an die paar Exzentriker in Paris, wie André Germain, die es für klug und originell halten, sich für Hitler auszusprechen, nur weil Frankreich als solches, aus gutem Grund, gegen ihn ist. Wir denken dabei mehr an wirklich erschreckende und erstaunliche Fälle, wie Knut Hamsun, der so absolut fern der Welt in seinem nordischen Heim lebt, daß er nicht mehr erkennen kann, was ein zivilisierter Mensch zu ertragen bereit ist und was einfach unerträglich ist. Vielleicht bildet sich dieses griesgrämige, alte Genie ein, kein zivilisierter Mensch mehr zu sein; er benimmt sich mit Sicherheit nicht wie einer. Es mag sein gutes Recht sein, das Loblied auf das Dritte Reich öffentlich zu singen, obwohl seine Anhänger etwas befremdet sind, daß er solch nachdrücklichen Gebrauch von seinem Recht macht. Jedenfalls lief es sogar alten Freunden von Hamsun kalt den Rücken herunter, als der Autor von *Hunger, Pan* und *Der Segen der Erde* es sich plötzlich in den Kopf setzte, einen Märtyrer im Gefängnis zu beleidigen und zu verhöhnen, Carl von Ossietzky, der damals noch nicht den Nobelpreis erhalten hatte, aber bereits in einem Konzentrationslager interniert war. Muß ein Mensch unvermeidlich bösartig werden, wenn er sich gegen den Fortschritt stellt? Es scheint fast so… Aufrechte Intellektuelle jedenfalls hatten sich in allen Ländern um des Fortschritts willen zum Antifaschismus bekannt.

Das trifft natürlich auch auf Skandinavien zu. Äußerungen von Selma Lagerlöf, Hamsuns großer Schriftstellerkollegin, lassen keinen Zweifel an ihrer Abneigung gegenüber dem Phänomen Faschismus. Was die junge literarische Generation in Schweden betrifft, so sind ihre begabtesten Repräsentanten radikal antifaschistisch; wir brauchen nur den Namen Lagerkvist zu erwähnen, dessen Stück *Der Henker* eine so kompromißlose und eindeutige Anklage totalitärer Staaten war, daß seine Aufführung von allen, die offen oder heimlich mit Diktatoren sympathisieren, als unerträgliche Provokation aufgefaßt wird.

Wir antifaschistischen deutschen Schriftsteller haben überall Freunde. Wir treffen zum Beispiel mit ihnen bei den Zusammenkünften des PEN-Klubs, der internationalen Autorengesellschaft, zusammen; es ist ein großes Vergnügen für uns, dem alten Kämpfer Wells die Hand zu schütteln oder dem großen Franzosen Jules Romain, der 1933 und 1934 beinahe den Schmeicheleien des Berliner Propagandaministeriums erlegen wäre. Er war im Dritten Reich Teilnehmer von Treffen unter dem Vorsitz des »Jugendführers« Herrn Baldur von Schirach. Als er sich von der ganzen schrecklichen Sache lossagte, war die Wirkung um so größer. Der berühmte Autor von *Die guten Willens sind* ist selbst ein Mensch guten Willens und steht jetzt fest auf der Seite des Rechts.

Wir treffen Freunde in Amsterdam und Zürich, in Brüssel, Stockholm, Kopenhagen und Helsingfors, in Sofia, Bukarest und sogar in Budapest. Wir treffen sie in Prag, wo wir dem »großen Mann« der modernen tschechischen Literatur, dem großartigen Autor und Dramatiker der Tschechoslowakei, Karel Čapek, einen Besuch abstatteten. Er hatte einen klaren und scharfen Geist, der sich oft in beißenden und extrem komischen Satiren ausdrückte. Sein Stück *Die weiße Krankheit*, welches überall in Europa mit großem Erfolg aufgeführt wurde, ist eine exzellent konstruierte, aggressive und tragikomische Anklage sowie Entlarvung der faschistischen Diktatur. *Die weiße Krankheit* ist ein geheimnisvolles, widerwärtiges und tödliches Leiden, das überall, wo der Faschismus an die Macht gerät, als Seuche ausbricht. Schlußendlich vernichtet sie den Diktator selbst, und zwar zu dem Zeitpunkt, als seine Wünsche und Ziele erreicht sind und das Chaos der Weltkriege hereinbricht. *Die weiße Krankheit* zeigt den Dichter von seiner klügsten, humorvollsten und elegantesten Seite. Darüber hinaus zeigt es Čapek als einen Kämpfer von Qualität, der auf höchster Ebene und von dem Wachturm des Geistes aus Krieg zu führen verstand.

Wir müssen sagen »er war ein klarer, scharfer Geist«, denn Karel Čapek ist tot. Er konnte nicht in der Tschechoslowakei bleiben – so sagte er –, aber er wäre nicht in der Lage gewesen, außerhalb zu leben. Der Verlust für die Welt ist groß. Die Opfer der »weißen Krankheit« haben sich um ein weiteres, schweres und schreckliches Opfer vermehrt.

Wir besuchten auch Max Brod, den Repräsentanten der deutschen Sprache in der Tschechoslowakei. Er hat in seinen historischen wie auch modernen Romanen die ganze geheimnisvolle Atmosphäre dieser alten Stadt eingefangen. Es ist ein seltsames und anrührendes Vergnügen, Brod über seinen großartigen toten Freund Franz Kafka sprechen zu hören: er hat immer wieder etwas Neues, Charakteristisches und Spannendes über jenes scheue, ritterlich-edle Genie zu erzählen. Brod hat die große Gesamtausgabe von Kafkas Werken herausgebracht, und er ist der Verwalter vieler seiner nachgelassenen Werke. Ohne den Eifer dieses Freundes von Kafka hätte die Welt niemals *Der Prozeß, Das Schloß, Amerika,* die Tagebücher und die meisten Erzählungen kennengelernt. Denn Kafka, der zu seinen Lebzeiten praktisch nichts veröffentlicht hat, hatte den Wunsch geäußert, daß all seine Manuskripte nach seinem Tode verbrannt werden sollten. Aus Liebe gehorchte Brod nicht.

Wir treffen Freunde in Paris, viele Freunde. Einer der besten ist Henri Barbusse, dessen ruhiger Gelehrtenhabitus widersprüchlich scheint, denkt man an den Glanz, der von seinem Werk ausstrahlt, an den feurigen Geist, der der Welt mitten im Weltkrieg jenen bewegenden Roman *Das Feuer* bescherte. Wir treffen Jean Giraudoux, dem die Freundschaft zwischen deutschen und französischen Intellektuellen immer schon viel bedeutet hat und dessen Romane und Stücke in ihrem Charme und in ihrem leuchtenden Zauber so unwiderstehlich sind. Und wir treffen Philippe Soupault, übersprudelnd und enthusiastisch wie immer, ob voller Liebe, wenn er von seinen Tourneen durch die Vereinigten Staaten erzählt, oder voller Haß, wenn er über den europäischen Faschismus spricht; und Julien Green, über dessen ernstem, erstaunlich jugendlichem Gesicht dieselben dunklen, schönen Schatten eines heimlichen Kummers wie über seinen Romanen liegen. Wir treffen Jean Cocteau, den reinsten der Poeten des zeitgenössischen Frankreichs, in dessen seltsamer Welt sich die alten Götter mit ihren barocken Kopfbedeckungen zu den klassischen Falten ihrer Gewänder mit den bezaubernden, verzauberten *Kindern der Nacht* aus dem Pariser Nachtlokal *Bœuf sur le toit,* benannt nach Cocteaus gleichnamigem Ballett, zu einer gewagten und absurden, feierlichen und exzentrischen Pantomime vereinen. Sogar unser Freund Cocteau, der sich scheinbar vor dem gewöhnlichen Elend dieser Welt hinter drapierten Statuen und orientalischen Pfeifen verbarrikadiert hat, ist nicht gegen den Schrecken gefeit, der die Luft Europas verpestet. Dieser Dichter, von der gleichen vorzüglichen, aber gefährdeten poetischen Prägung wie Baudelaire und Verlaine, ist nicht zu stolz, seinem Abscheu und Unwillen offen Ausdruck zu verleihen. »Dieses Dritte Reich«, hörten wir ihn sagen, »ist eine schmutzige Sache, die schon viel zu lange dauert.«

Wir treffen auch die große, politische Publizistin Madame Geneviève Tabouis, die *grande dame* unter Frankreichs Schriftstellerinnen, deren Artikel die große Attraktion des *L'Œuvre* sind. Ihre sanfte, aber durchdringende Stimme wird niemals müde, Frankreich, Europa und die Welt mit einem unerschöpflichen Vorrat an Argumenten und Beispielen vor dem Unglück, welches die totalitären Staaten vorbereiten, zu warnen, und Madame Tabouis weiß mehr als die meisten europäischen Journalisten über die Einzelheiten dieser Vorbereitungen.

Den Freund, den wir am liebsten in Paris trafen, gibt es nicht mehr. Der junge Schriftsteller René Crevel, der wußte, daß seine Krankheit unheilbar war, zog es vor, seinem Leben ein Ende zu bereiten. Alle, die ihn kannten, waren von dem Zauber seiner Persönlichkeit und seines Geistes berührt, wie auch von etwas, nicht ganz von dieser Welt, etwas, das Besorgnis hervorruft, weil es immer in andere, reinere Sphären zu entweichen scheint. In seinem Blick – er hatte große, klare Augen unter stark geschwungenen, dichten Augenbrauen – war ein Feuer, in dem sich Zärtlichkeit und unerbittlicher Ernst mischten, wie in den Augen eines Erzengels. Das Böse, wovon er nicht eine Spur in sich hatte, war ihm verhaßt. Es ist fast überflüssig zu erwähnen, daß er den Faschismus verabscheute. Am Ende seines Lebens wandte er mehr und mehr Zeit und Talent auf den politischen Kampf. Aber während der ganzen Zeit, in der er politische Manifeste schrieb oder Treffen organisierte, flammten in seinen weitgeöffneten Augen mysteriöse Blitze auf, und manchmal schien es, er lausche irgendwelchen Stimmen, die ihn wegriefen, – weit weg von uns und unseren irdischen Sorgen.

Im Sommer 1935 wurde in Paris ein Kongreß internationaler Schriftsteller gegen Krieg und Faschismus abgehalten. René Crevel war einer der Organisatoren des Treffens gewesen. Einen Tag vor Eröffnung des Kongresses drehte er in seiner Wohnung den Gashahn auf und nahm Gift. Als wir in Paris ankamen, sagte uns der erste Freund, mit dem wir in Kontakt kamen, am Telephon: »Habt ihr noch nicht gehört? René Crevel ist tot.« Ein Schatten lag über dem Kongreß.

Diese großartige Demonstration von Schriftstellern, Dichtern und Denkern kann von denen, die daran teilgenommen haben, niemals vergessen werden. An den Wänden der Kongreßhalle stand in unsichtbaren, aber leuchtenden Buchstaben geschrieben: »Intellektuelle aller Länder, vereinigt euch! Intellektuelle aller Länder, legt Zeugnis ab! Intellektuelle aller Länder, sagt der Welt, was ihr haben wollt und was ihr nicht dulden werdet! Sagt der Welt, was ihr liebt, aber sagt ihr auch, was ihr haßt!«

Und sie taten es...

Es wurde sehr still im Saal; denn André Gide war auf das Podium getreten. Er sprach ohne rhetorisches Pathos; aber die Wirkung, die von ihm ausging, war ungeheuer. Alle in der Versammlung empfanden: Wie schrecklich groß muß die Gefahr für den Frieden, für die persönliche Freiheit, für die abendländische Kultur geworden sein, wenn dieser Mann, der größte unter den lebenden Schriftstellern Frankreichs, die Einsamkeit aufgibt, die ihm so teuer ist, um mit seinen Anklagen und Beschwörungen vor die Menge zu treten. Wenn er den großen Monolog unterbricht, der sein ganzes Werk von *L'immoraliste* über die *Faux-monnayeurs* bis zu den *Nouvelles nourritures* gewesen ist, um den Menschen, seinen Brüdern, zuzurufen: Hütet euch, Kameraden! Furchtbares, Nicht-wieder-gut-zu-machendes wird geschehen, wenn ihr nicht all eure Kräfte zusammennehmt, all eure kleinen Streitigkeiten zurückstellt, um einer menschenwürdigen Zukunft willen, die wir uns erobern müssen! Enthusiastischer Beifall dankte dem Appell André Gides. Freilich, viele von denen, die damals dem großen Schriftsteller zujubelten, waren später von ihm enttäuscht, weil er seinerseits von der Sowjet-Union enttäuscht gewesen ist.

Es sprachen der Deutsche Heinrich Mann und der Franzose Julien Benda, der in seiner berühmten Schrift *La trahison des clercs* das Versagen der Intellektuellen vor der moralischen und intellektuellen Welt-Krise analysiert und gegeißelt hat. Es sprachen der Däne Andersen-Nexø, dessen gutmütig-bedeutendes Haupt zugleich väterlich und kindlich zwischen den durchgearbeiteten, etwas scharfen und etwas müden Mienen der jungen französischen Schriftsteller wirkte, und der Engländer Aldous Huxley. Ja, auch Huxley war zu der Versammlung gegen Krieg und Faschismus gekommen: noch vor fünf Jahren hätte er sich wahrscheinlich skeptisch und spöttisch abseits gehalten. Als er *Point Counter Point* schrieb, betrachtete er alles Menschliche aus einer ironischen Distanz. Seither ist mit ihm eine große Wandlung vorgegangen: der Roman *Eyeless in Gaza* ist das erregende epische Zeugnis dieser Veränderung seines Herzens. Müde von zu viel Erkenntnissen, erschöpft von unendlichen Zweifeln, hat der Klügste und geistig Erfahrenste unter den Schriftstellern seiner Generation ein paar große, einfache Begriffe gefunden oder wieder-gefunden, die seinem inneren, und nicht nur seinem inneren Leben eine neue Richtung geben. Der Begriff der tätigen Nächstenliebe erwies sich plötzlich als tiefer, stärker und reizvoller als tausend philosophische Nuancen, intellektuelle Verfeinerungen, mit denen dieser unersättlich neugierige Verstand vorher gespielt hatte. Da stand Aldous Huxley nun auf dem Podium und sprach sein einfaches Wort...

Es sprachen der junge holländische Philosoph und kritische Schriftsteller Menno ter Braak, ein entschlossener Liberaler und tapferer Verteidiger der großen europäischen Werte, und André Malraux, dessen rednerische Qualitäten fast erschreckend sind: Er gehört zu den wenigen Schriftstellern von großem Format, denen die Fähigkeit eignet, die ganze Intensität ihres Wesens, die ganze Leidenschaft ihres Geistes nicht nur durch das geschriebene, sondern auch durch das gesprochene, das geflüsterte, das geschriene Wort mitzuteilen. Es sprachen der Russe Ilja Ehrenburg, der mehr und mehr die Rolle eines offiziösen Verbindungsmanns zwischen der jungen französischen Literatur und der Literatur seines Landes spielt, und Louis Aragon, dessen Bücher *Les cloches de Bâle* und *Les beaux quartiers* viele seiner Landsleute als die ersten wahrhaft repräsentativen Gesellschaftsromane des Jahrhunderts, als erste legitime und zeitgemäße Fortsetzung des epischen Riesenunternehmens der Balzac und Zola bewundern. Durch eine Botschaft aus dem kleinen Ort in der Schweiz, wo er sein stilles und tätiges Leben führt, sprach Romain Rolland, dessen sanftes und entschiedenes Wort immer und überall in schöner Deutlichkeit dort zu hören ist, wo es um die Sache des Rechtes und des Fortschrittes geht.

In den Korridoren und am Buffet werden die Themen weiter besprochen, die Gegenstand der öffentlichen Diskussionen und Reden waren. Wir gesellen uns zu einer Gruppe, bei der sich Landsleute finden. Wir begrüßen Frau Anna Seghers und unseren Freund, den Kritiker und historischen Schriftsteller Ludwig Marcuse. Man führt »Autoren-Gespräche«, Unterhaltungen, wie sie alle Schriftsteller überall auf der Welt miteinander haben, ehe man zu den allgemeinen, den politischen Dingen kommt. Wir fragen Marcuse, der sein großes, kluges und sympathisches Löwen-Haupt mit einer freundlichen Gravität durch die Menge trägt: »Wie sind Sie mit dem Erfolg Ihres Buches über Ignatius von Loyola zufrieden?« Er sagt, danke der Nachfrage, man darf nicht klagen, die Zeiten sind nicht eben glänzend, ich habe ganz nette Kritiken, und mein Buch wird sogar ins Englische übersetzt. Auch sein Buch über Wagner macht gute Fortschritte, erzählt er uns noch. Er hofft, es im Herbst abzuschließen. Klaus erkundigt sich dann noch bei ihm, warum die Besprechung über seinen – Klausens – Roman, die Marcuse irgendwo hat erscheinen lassen, nicht ganz so hübsch war, wie man es sich in träumerischen Stunden wohl erhofft hatte... Frau Seghers ihrerseits, von den jungen deutschen Autoren, die sich mit proletarischem Milieu beschäftigen, eine der besten, ist im Gespräch mit Erwin Piscator, dem berühmtesten Theaterregisseur der Berliner Avantgarde von 1929, der eine Zeitlang in Moskau gearbeitet hat und sich nun in Paris niederläßt. In Moskau hat er eines der Bücher von Anna Seghers, *Aufstand der Fischer von St. Barbara,* das in Deutschland mit dem Kleist-Preis ausgezeichnet worden ist, verfilmt. Wir sprechen von diesem Film, und wir sprechen von Piscators Planen. »Ich mochte eigentlich nach Amerika fahren«, sagt er, »ich möchte eine große Tournee mit deutschen Schauspielern und ein paar guten Stücken durch die Vereinigten Staaten machen... Es steht aber noch nichts fest... Man muß sehen, wie sich alles entwickelt...«

»Intellektuelle aller Länder, vereinigt euch!« Bei einer so furchtbaren Gelegenheit wie dem Spanischen Bürgerkrieg, der längst kein »Bürgerkrieg« mehr ist, hat eine solche Parole ihre Feuerprobe zu bestehen. Sogar der, den die inneren Vorgänge in Deutschland und in Italien, der japanische Über-

fall auf China, der italienische Raubzug gegen Abessinien, die deutsche An-
nektion Österreichs noch nicht belehrt hatten darüber, *was der Faschismus
ist:* angesichts der widerwärtigen Koalition der spanischen Rebellen-Ge-
neräle mit den beiden Diktatoren *gegen das spanische Volk,* angesichts des
unbeschreiblichen und mit unbeschreiblicher Geduld Jahre lang getragenen Martyriums dieses Volkes, mußte noch der Blinde sehend werden
und die schauerliche, schamlos nackte Fratze erkennen, die man mit dem
Wort »Faschismus« viel zu höflich bezeichnet.

Die Intellektuellen mußten Stellung nehmen, und die Besten unter ihnen taten es mit Nachdruck und Leidenschaft. Von überall her – aus Frankreich und den USA, aus England, Skandinavien, Holland und der Schweiz
kamen die Äußerungen der Solidarität mit dem überfallenen spanischen
Volk. Es ist bemerkenswert, daß in diesem Falle auch Autoren, deren
Sympathien sonst eher auf der konservativen Seite sind, sich öffentlich für
die Sache der angegriffenen spanischen Demokratie einsetzten. Besonderes
Aufsehen machten überall die sehr dezidierten, sehr leidenschaftlichen
Äußerungen mehrerer großer französischer Katholiken: François Mauriac –
Membre de L'Académie –, der Theologe und Moralkritiker Jacques Maritain
und Georges Bernanos, Autor der berühmten Romane *Sous le soleil de Sa-
tan* und *Journal d'un curé de campagne,* klagten in großartigen Manifesten
den General Franco und seine internationalen Hintermänner an. Der Vorwurf, den diese religiösen Schriftsteller den spanischen Faschisten und
ihren Helfern machen, gipfelt darin, daß von den Rebellen der Name
Christi mißbraucht, das Christentum selber geschändet werde. »In Jahr-
hunderten wird dies nicht wieder gutzumachen sein!« rief Mauriac den
faschistischen Mordbrennern und Bombenwerfern zu. »Da Ihr es gewagt
habt, im Namen des Herrn, als ›Beschützer von Kirche und Christentum‹
Eure Greueltaten zu verüben, wird das spanische Volk nun für lange die Sache dessen, der für uns am Kreuze starb, und die Sache des General Franco
miteinander identifizieren.« Und Georges Bernanos brauchte ein ganzes
Buch, die 361 Seiten seiner großen Kampfschrift *Les grands cimetières sous la
lune* brauchte er, um seinen Schmerz, seine Empörung, seine tiefe christliche Entrüstung über das, was er auf der von den Faschisten besetzten Insel
Mallorca mitangesehen hatte, in die Welt zu schreien.

Es bezeugten eindrucksvoll ihre Solidarität mit der Sache des spanischen

Volkes unsere britischen Freunde: der junge Kritiker und Dichter Brian Howard, der Romancier Christopher Isherwood, die jungen Dichter Wystan Auden, Stephen Spender und viele andere. Wystan Auden ist der Gatte von Erika Mann. Als er ihr eines Tages sagte: »Ich will nach Spanien fahren! Es geht nicht an, daß ich mich nur mit dem geschriebenen Wort für die spanischen Kameraden einsetze; ich will bei ihnen sein«, da waren wir vielleicht zuerst etwas erschreckt, aber wir freuten uns auch.

Immer mehr von denen, die wir kannten und schätzten, stellten sich der Sache der Spanischen Republik, nicht nur mit dem Wort, sondern auch mit der Person zur Verfügung. Einer unserer holländischen Freunde, der Schriftsteller Jef Last, verlor sogar seine Staatsangehörigkeit und wurde »heimatlos«, wie wir es zu Anfang der Emigration gewesen waren, weil er in die Reihen der spanischen Volksarmee eintrat. Als er es später wagte, in die Niederlande zurückzukehren, mußte er ins Gefängnis. Der Einspruch seiner Kollegen befreite ihn.

Je länger die tödlich ernste, die wahrhaft entscheidende Auseinandersetzung in Spanien währte, desto deutlicher empfanden wir: Was dort vor Madrid, vor Valencia, am Ebro, in Barcelona geschieht, ist das wichtigste historische Ereignis seit dem Weltkrieg. *Unsere* Geschicke entscheiden sich dort, *tua res agitur,* man muß dabei gewesen sein, man muß es gesehen haben, man muß Zeuge sein.

Im Sommer 1938 entschlossen wir uns, die Einladung mehrerer europäischer Zeitungen und spanischer Freunde anzunehmen und für einen längeren Aufenthalt in jene Gebiete zu fahren, die von den spanischen Republikanern verteidigt werden. Wir wußten: Es werden keine fröhlichen leichten Wochen oder Monate sein, die wir dort verbringen werden.

Wir hatten im Ohr und im Herzen die Rhythmen des Gedichtes *Spain,* das Wystan Auden unter dem Eindruck seines spanischen Aufenthaltes geschrieben hatte – und für das er übrigens, etwas paradoxer Weise, mit einem höchst offiziellen britischen Staatspreis »für das schönste Gedicht des Jahres« ausgezeichnet worden war:

But today the struggle.

»Bis hierher reicht unser Gebiet«, sagte unser Begleiter und fuhr mit dem Bleistift auf der Landkarte umher. »Dies ist der Ebro, dort liegt Tortosa, das uns gehört, dort drüben sind schon die andern.«

Alle Menschen hier, Spanier und Nicht-Spanier, haben eine Art, »wir« zu sagen und »unser«, die ein starkes und rührendes Gefühl der Gemeinsamkeit erzeugt, »unser Fluß«, »unsere Befestigungen«, »einer von uns«.

Es war klares und schönes Wetter, als wir an die Front fuhren, von der wir wußten, daß sie jetzt etwa 180 Kilometer von Barcelona entfernt ist. Alle zehn bis zwanzig Kilometer hielten Wachtposten uns auf. Es ist schwer durchzukommen, vor allem, wenn man eine Frau ist. Ungläubig musterten die Uniformierten Erikas Legitimationspapiere.

Während der vier oder fünf Stunden Fahrt hatte man Zeit, sich innerlich vorzubereiten, sich Rechenschaft abzulegen über das, was man fühlt. »Ich bin Pazifist«, weiß man, »ich glaube nicht an den Krieg als an ein Mittel, er ist menschenunwürdig und gemein, er repräsentiert einen argen Rückfall in Zustände, die wir überwunden hofften.« So denkt man freilich, aber man ertappt sich dabei, daß man so gute Gedanken immer wieder herbeirufen muß, daß sie nicht eigentlich gegenwärtig und zwingend sind. Zwingen muß man sich vielmehr, sie zu fassen. Was man *fühlt,* ist das folgende: »Kampf, es wird gekämpft, wir kämpfen. Hier wird nicht gekuscht, nicht verschleiert, nicht gelogen und feige zurückgewichen. Hier wird nicht akzeptiert, was gegen Recht und Anstand geht. Man ist überfallen worden, der Feind der Menschheit, der da droht, erpreßt, wühlt, der dort ein Land diebisch in die Tasche steckt, der überall auf der Welt seine Finger in einem Spiel hat, das unheimlich und schmutzig ist, hier hat er sein wahres Gesicht gezeigt, mit Junkers- und Fiat-Flugzeugen ist er dahergekommen und hat gehofft zu siegen, wieder einmal kampflos, gestützt auf seine unfaire Übermacht. Er ist enttäuscht worden, »wir« kämpfen. Und uns bewegte die Freude darüber, daß dies existiert: dies Stück Spanien, auf dessen Wiesen und Hügeln (»unseren Wiesen«, »unseren Hügeln«) gekämpft wird für die großen Ideen der Menschheit, Freiheit, Wahrheit und Würde.

Der Kommandant der 45. Division, Befehlshaber über vierzehntausend Soldaten, hieß Jorge Hans. Er ist Deutscher, wie wir, Emigrant, wie wir, Intellektueller, wie wir, Demokrat, wie wir, Pazifist, wie wir. Der »Sohn aus gutem Hause« hat die Erziehung genossen, die ihm zukam, sechs Jahre Kadettenschule, zwei Jahre Weltkrieg; der Siebzehnjährige ist freiwillig ins Feld gegangen und hat es schnell zum Offizier gebracht. Er liebte Deutsch-

land und war bereit, für seine Heimat zu sterben. Nach dem Krieg: Enttäuschung, Abscheu, Degout vor allem Militärischen, Beschäftigung mit Literatur, mit Politik, mit fremden Sprachen. Nach Hitlers »Machtergreifung«:
sofortige Emigration. Leben in aller Herren Länder, friedliche Arbeit im
Dienste der Demokratie und des Friedens. Nach dem faschistischen Über-
fall auf Spanien spürte dieser Pazifist, daß ein Pazifismus um jeden Preis
den Krieg provoziert, statt ihn zu verhindern. Er trat den internationalen
Brigaden bei, half im Winter 1936, Madrid zu verteidigen, wurde Führer eines Bataillons, einer Brigade, einer Division. Jetzt sind es etwa zehntausend
Spanier, die seinem Kommando unterstehen, und an die viertausend Angehörige beinahe aller Nationen, Amerikaner, Franzosen, Italiener, Österreicher, Deutsche.

Als wir bei seinem Stab eintrafen – das Quartier ist idyllisch am Wasser
gelegen, zwei kleine Villen und ein paar Schuppen bilden die Unterkunft –
trat der Teniente Coronel Hans uns entgegen: ein großer und blonder
Norddeutscher. Er hatte die zusammengenommene und korrekte Haltung
des preußischen Offiziers, die Nazis wären stolz, gehörte er zu ihnen. Da er
aber zu uns gehört, fanden wir in seinem Gesicht nicht bloß die Härte und
Entschlossenheit, die man braucht als Soldat, und in seiner Stimme nicht
bloß den entschiedenen Klang, der Gehorsam fordert. Dieser hier vereinig-
te den gelockerten Charme, die freundliche Gesittung des kultivierten und
gescheiten Zivilisten mit der Unbedingtheit und Einsatzbereitschaft des
Menschen, der erkannt hat: es ist besser, kämpfend zu sterben, als zu leben
ohne die Freiheit.

Er war ein guter Gesellschafter, Jorge Hans. Er machte uns mit den Offizieren seines Stabes bekannt, dabei stellte sich heraus, daß er zumindest vier
Sprachen sprach. Auf deutsch, englisch, französisch und spanisch sagte er
ihnen, daß wir gleich etwas zu essen haben müßten. In Barcelona, das wußte er, konnten wir nichts bekommen haben als ein wenig *garbanzos* (gelbe
Erbsen) in schlechtem Öl gebacken, und auch das war lange her. Während
in den großen Städten der Republik die Verpflegung ein gefährliches Problem darstellte, war dafür gesorgt, daß wenigstens die Soldaten bei Kräften
blieben. An der Front gab es Fleisch und Kartoffeln, Eier und Brot. Wir
saßen in der niedrigen Stube beim Mahl, zum erstenmal im Leben in einer
Art »Offiziers-Kasino«. Erika hatte ihren Platz zwischen Hans und einem

Mann aus Wien, dem das leibliche Wohl der Division anvertraut war. Er
war »Intendant«, und ihm unterstanden alle Lebensmittel. Der Wiener
freute sich, weil wir aus Süddeutschland waren, »Landsleute«, sagte er, »ja
das war grauslich, wie ich neulich aufgewacht bin, als Untertan vom Hitler«. Er sprach den unverfälschtesten Dialekt, auch sein Spanisch hielt man
für wienerisch, wenn man nicht sehr genau hinhörte. Er war der Spaßvogel
am Tisch, man merkte gleich, daß er die Scherzbold-Rolle ganz bewußt
spielte, deshalb flocht er auch sofort etwas vom Münchner Bier und von
den feschen Madeln in Barcelona in die Unterhaltung ein. Wir fragten ihn,
ob er Nachrichten habe von seinen Leuten in Wien; da wurde er ernst und
schüttelte traurig den Kopf: »Nein, das ist wie abgeschnitten. Ich weiß gar
nicht, ob sie noch leben. Sie sind Sozialdemokraten, alle, man wird sie eingesperrt haben, oder umgebracht. Aber wir werden es den Banditen zeigen!« Und jetzt hatte sein Gesicht den Ausdruck von tödlicher Entschlossenheit, der den Menschen hier eignete.

Coronel Hans erkundigte sich nach gemeinsamen Freunden. »Wie geht
es dem Kisch?« fragte er, »Und was macht Bodo Uhse?«

Den Schriftsteller Egon Erwin Kisch hatten wir vor der Abreise in Paris
gesehen. »Er schreibt an einer Autobiographie«, berichteten wir, »die
Knopf in Amerika bei ihm bestellt hat. Das kann sehr interessant werden.
Er hat, weiß Gott, genug erlebt, und er erzählt mit solcher Lebendigkeit!«
Es war merkwürdig, mit einem Divisions-Kommandanten über deutsche
Literatur zu sprechen an der spanischen Front. Aber Hans war Feuer und
Flamme. »Ich liebe Kischs Bücher sehr«, sagte er, »den *Rasenden Reporter*
oder *Eintritt verboten*. Erinnert Ihr Euch an die grausig exakte Schilderung
von ›Lourdes‹? Das ist unvergeßlich. Er hat die Reportage zu etwas ganz anderem und neuem gemacht, das ist kein Journalismus mehr, das ist Literatur. Habt Ihr das Australienbuch gelesen?«

Ja, wir kannten Kischs australische Abenteuer. Sie fingen damit an, daß
der Schriftsteller, der als Delegierter zu einem Friedenskongreß reiste, Gott
weiß warum, an der Landung gehindert werden sollte. Er sprang vor den
Augen der Custom-Leute über Bord. Schwimmend, mit verstauchtem Fuß
erreichte er die Küste. »Er ist sehr mutig«, sagte Hans, »und deshalb sehr
populär hier unten. Die Soldaten lieben ihn. Er ist oft und lang hier gewesen, und er hat viel für uns getan und geschrieben. Man glaubt nicht, wie

wichtig es ist, daß die Spanier sehen: wir sind nicht ganz verlassen, man verrät uns nicht überall. Wir haben Freunde. Während die Welt der Diplomaten uns zynisch im Stich läßt, gibt es unter den gewöhnlichen Sterblichen aller Länder Menschen, die zu uns stehen. Diese moralische Unterstützung ist wertvoll, das muß man wissen!«

Wir erkundigten uns nach der zahlenmäßigen Bedeutung der Internationalen Brigaden und hörten, daß sie nicht sehr groß sei. Es waren neuntausend Menschen im Anfang (aber Mussolini gibt dreimal zwanzigtausend Italiener, die auf Francos Seite kämpfen, offiziell zu. »Dabei vergißt er weitere hunderttausend«, sagte Hans). »Inzwischen hat man bei uns viele von den Ausländern heimgeschickt, man will beweisen, daß man ohne sie auskommen kann. Deshalb muß ich jetzt auch ohne Bodo Uhse auskommen. Das ist betrüblich, wenn auch politisch folgerichtig. Habt Ihr ihn gesehen?« Ja, auch Bodo Uhse ist in Paris gewesen zur Zeit unserer Abreise von dort. Er war ein wenig mitgenommen von den Strapazen des Krieges, übrigens auch einfach traurig, nicht mehr an der Front zu sein. Jetzt arbeitet er an einem Buch, das nicht nur von seinen Erfahrungen in der Emigration und in Spanien sprechen wird, sondern auch von dem, was er in Deutschland erlebt hat. Uhse war ein Anhänger von Hitler gewesen, ein Angehöriger seiner Sturmtruppen. Voller Ekel hatte er sich abgewandt, als er erkannte, daß alles Gerede vom »nationalen Sozialismus« lügnerisch war und daß sein »Führer« nichts wollte als die Macht. »Wenigstens ist er leidlich heil geblieben hier unten«, sagte uns sein Freund Hans, »andere haben weniger Glück gehabt. Wie viele sind gefallen! Und wie viele hat man so zugerichtet, daß an Weiterkämpfen nicht zu denken war. Gustav Regler zum Beispiel, wir haben nicht geglaubt, daß er durchkommen würde.«

Wir wissen, daß unser Freund und Landsmann Regler nicht eigentlich Soldat gewesen ist. »Er war ›Politkommissar‹, nicht wahr?« fragten wir.

Hans erklärte uns: »Als ›Politkommissar‹ lag er meist in den vordersten Linien. Er hatte die Aufgabe, die Moral der Truppe hochhalten zu helfen, den Soldaten den Sinn der Befehle zu erklären, ihnen unsere Situation deutlich zu machen und die Beziehung zwischen Truppe und Kommando lebendig zu erhalten. Auf einer Erkundungsfahrt, die den ungarischen General Lukatsch das Leben gekostet hat, wurde Regler, im gleichen Wagen mit Lukatsch, schwer verwundet. Es waren Granaten, er hat die

Splitter noch im Leib, aber ich glaube, es geht ihm besser, und er arbeitet wieder.«

Gustav Regler ist ein ungewöhnlich begabter Schriftsteller. Sein Roman vom *Verlorenen Sohn,* in dem der Katholik und frühere Klosterschüler sich mit seiner Kirche auseinandersetzt und mit der Gegenüberstellung Christentum-Sozialismus, gehört zum Interessantesten, was die junge deutsche Literatur zu bieten hat. Augenblicklich schreibt der Rekonvaleszent an einem Buch, daß die Internationalen Brigaden zum Gegenstand hat.

Während wir plauderten, erschienen Posten an der Tür. »*Aviación*«, meldeten sie, »*Aviación!*«, und auf der Stelle verwandelte die angeregte und internationale, kleine Tischgesellschaft sich in eine konforme Truppe schlagbereiter Soldaten. Wir sprangen auf. Es war unser Freund Hans, der sofort die Küchenmädchen in die Unterstände schickte, dann erst gab er seine Weisungen den Offizieren. Die fünf Aeroplane, die mit bloßem Auge im klaren Blau zu erkennen waren, kamen schleunigst näher. Die Abwehrgeschütze donnerten, und dann fauchten die Bomben. Rauchwolken stiegen. Brennen die Häuser drüben überm Wasser? Die Apparate nahmen Richtung auf uns. »Unsere *refugios* sind ziemlich gut«, sagte Hans, der fürchtete, wir möchten uns ängstigen. Aber wieder ging es, wie auf der Herfahrt schon: die vernünftigen Gedanken, die auf Flucht und Rettung gerichtet waren, mußten herbeigeholt werden. Was von selber kam, war das Gefühl der Wut, des Widerstandes und des Aushaltenwollens an der Stelle, auf der man stand, ganz, als diente man schon damit der Sache. »Ziemlich sinnlos, was die Herren treiben«, konstatierte Hans, »dort drüben wohnt keiner mehr, das Gebiet ist von Zivilisten evakuiert, und unsere Leute sind natürlich in den Unterständen. Aber denen kommt es nicht darauf an. Dreißig, vierzig, fünfzig Bomben, und jede einzelne dieses Typs kostet fünfhundert bis sechshundert Dollar. Sie lassen sich ihre ›Zermürbungstaktik‹ was kosten!«

Weil dieser Abschnitt nun ständig bombardiert wurde, mußte man das Quartier aufgeben. Die Faschisten schienen zu wissen, daß der gefürchtete und gehaßte Kommandant hier hauste, deshalb schickten sie täglich ihre tödlichen Vögel. – Und so sehr »sinnlos« war ihr Treiben doch wohl also nicht! Weiter drinnen im Land, unter schützenden Olivenbäumen, würden morgen die Zelte aufgeschlagen sein. Aber am Abend dieses Tages fuhren wir nach Tortosa.

The city that was Tortosa, hat ein englischer Journalist seinen Bericht überschrieben, nachdem er die Stadt gesehen hatte, die sechzig Stunden lang von den Faschisten bombardiert worden war. Die Straße, die nach Tortosa führte, lag in der Schußlinie. Sie des Tags zu befahren, wäre Selbstmord gewesen, auch des Nachts war größte Vorsicht geraten. Langsam, im Finstern (kein Licht am Wagen, und auch der Mond war verhüllt, günstigerweise) näherten wir uns den Ruinen. Von drei Seiten flammten drüben überm Ebro Scheinwerfer auf, die Tageshelle verbreiteten. Sie drehten sich im Kreise, auf der Suche nach etwas, nach Opfern, nach uns.

»Wir haben nicht genug Scheinwerfer«, sagte Hans, – »wir haben nicht genug Abwehrgeschütze, – da, jetzt sind wir im Lichtkegel!« (Keine Angst in unsern Herzen, keine Lust davonzulaufen, Wut und etwas wie Freude darüber, hier zu sein!) Ein paar flache Schüsse fielen, wir passierten die »Todeskurve«, die nur der schmale Ebro-Fluß vom Feinde trennte. Da waren die ersten Häuser der Stadt. Zu Fuß, ohne zu sprechen, gingen wir hinein nach Tortosa. Hier wohnte keiner mehr. Was noch am Leben gewesen war, nach den ersten Bombardements, war evakuiert worden, Zehntausende von Flüchtlingen waren ins Land zurückgeströmt oder hielten sich in den Bergen versteckt, jetzt gab es hier nur noch Soldaten, die eingegraben auf Wache lagen, und uns, die wir zwischen den Trümmern daherkamen, Geister in einer Geisterstadt. Die leeren und zerfetzten Kulissen der Häuser wären so unheimlich nicht gewesen, hätte es nicht die Reste des Lebens, die verzweifelten Überbleibsel der Menschen gegeben, die hier gehaust und gearbeitet haben. Da lag eine kleine Ziehharmonika zwischen Schutt und Steinen, hier stand in der Nacht ein Stuhl aus einem Friseur-Salon, aus einem Fenster wehte ein Stückchen bunte Seide klagend im Wind.

»Unsere Leute liegen im alten Castilio«, erklärte man uns, »paßt auf, wir müssen über die Trümmer klettern.«

Steine, Bretter, Löcher, aus denen undefinierbar und grausig die Spuren der Menschen schauten, zerbrochene Lämpchen, ein Kinderkleid, ein Buch, das verkohlt war. Das alte Schloß hatte dicke Mauern, und es hatte unterirdische Gänge, die ausgebaut und befestigt waren. Es war ein Uhr nachts, und die Soldaten schliefen bis auf jene, die Wache hielten. Tief unter der Erde waren ihre Lager aufgeschlagen, Hunderte lagen auf flachen Matratzen. Wo der Gang sich erweiterte, hatten sie versucht, sich ein bißchen einzurichten. Schwer und verwunderlich lehnte eine eichene Standuhr am Felsen, gerettet aus einem zerschossenen Haus und heruntergeschleppt in dies finstere Quartier. Da wir den Aussichtsturm erkletterten, waren wir wieder den Scheinwerfern ausgesetzt, die unentwegt ihre gefährlichen Kreise zogen. Wir warfen uns nieder ins Geröll, nur wenn die Dunkelheit uns beschützte, konnten wir übers Mäuerchen schauen, hinüber in die Häuser der andern, der Feinde, die dort auf der Lauer lagen. Haßten wir sie? Ach, nein, nicht sie waren es, die wir haßten. Nicht die Burschen dort drüben, die taten, was man ihnen befahl.

Auf dem kleinen Balkon des Bischofspalastes, den wir jetzt betraten (ehrwürdiger alter Bau mit zerrissenen Wänden und verwundeter Pforte), waren wir nur noch fünfzig Meter entfernt von ihnen. Der stille Fluß floß daher, unter zerschossenen Brücken. Artilleriefeuer in der Ferne. Lastwagen fuhren drüben im Dunkeln, eine ganze Kolonne. Hans gab seine Weisung, ein Maschinengewehr war anders zu postieren, er sprach sehr leise, man könnte uns hören am feindlichen Ufer. Wir schauten ihn an. War er derselbe noch, mit dem wir vor ein paar Stunden gelacht und geplaudert hatten? War er »einer von uns«? Sein Blick kam zurück vom anderen Ufer. »Ich werde Zivil anziehen und kein Soldat mehr sein, sobald dies hier in Ordnung ist«, sagte er, – »freilich: in Ordnung, muß es erst sein, hier und überall.« Wir nickten. »Er ist einer von uns«, spürten wir, und: »Er hatte recht: dies mußte in Ordnung sein. Beschämend und schrecklich, daß es Maschinengewehre gab. Aber da es sie gab und da sie ruchlos verwandt wurden im Dienste des Schlechten, mußte das Bessere sich wehren, mit Maschinengewehren, wenn es denn anders nicht ging.«

Der Stab zog um, von den Häusern in die Zelte, und wir waren dabei. Hier gab es kein Wasser, in dem man schwimmen, keine *refugios,* in die man fliehen konnte, aber hoffentlich auch keine Junkersflugzeuge für die nächsten Tage.

Am Nachmittag kam Ludwig Renn zu Besuch, »Il Commandante Renn«, ein alter Freund und Kollege. Dies letztere in seiner Eigenschaft als deutscher Schriftsteller; seine Romane *Krieg* und *Nachkrieg* haben ihn berühmt gemacht in Deutschland, verhaßt freilich auch bei Hitler und den Seinen, die im übrigen den Generalstabsoffizier und Aristokraten nicht ungern gesehen hätten. Die Unverfrorenheit, Bücher geschrieben zu haben,

die den Machthabern nicht gefielen, hat Renn in einem Konzentrationslager gebüßt. Erst nach Monaten der Gefangenschaft gelang es ihm, in die
Freiheit zu entkommen. In Spanien weilte er seit zwei Jahren schon. Er half,
die zusammengewürfelte Miliz des Kriegsanfangs in eine organisierte Armee zu verwandeln. Über ein Jahr lang hatte er im Felde gekämpft. Jetzt leitete er die Schule, in der die Offiziere der 45. Division ausgebildet wurden.

»Sie lernen alles bei mir«, erzählte er uns, »Geschichte und Schießen,
Brückenbauen und Manieren.« Langaufgeschossen, sehr schmal, ein wenig
linkisch und verlegen stand er vor uns in seiner graugrünen Uniform. »Die
Schule müßt Ihr sehen«, sagte er, »wir haben einen herrlichen Garten, dort
arbeiten meine Schüler, und dort liegen sie in der Sonne, wenn ›Pause‹ ist.
Manche von den Jungens haben kaum lesen und schreiben gekonnt, als sie
zu mir kamen. Aber sie begreifen erstaunlich schnell, und heute befassen sie
sich nicht nur mit militärisch-strategischen, sondern auch mit literarischen
und weltanschaulichen Fragen.«

Im Zelt, das Coronel Hans jetzt bewohnt, seinem »Häuptlingszelt«, lag
ein prächtiger Perserteppich (aus den Trümmern von Tortosa); sogar einen
richtigen Schreibtisch gab es und auf ihm das Telephon. Ein Grammophon
hatten wir auch, und weil der Abend da war (es war sehr dunkel unter den
Olivenbäumen, wir zogen es vor, kein Licht zu brennen, um den Faschi-
sten-Bombern kein leuchtendes Ziel zu bieten), wollten wir ein bißchen
Musik machen. Die *Lieder der Internationalen Brigaden,* die Ernst Busch
auf Platten gesungen hatte, kannten wir noch nicht. Busch, der in Berlin als
Schauspieler und Kabarettist sehr berühmt gewesen ist, hielt sich seit sechzehn Monaten schon hier unten auf. Aber gleich nach Ausbruch des Dritten Reiches hatte er, wiewohl »Arier«, Deutschland verlassen. In Spanien
hat er für die Soldaten gesungen, in den Schützengräben, er hat all ihre
Märsche und Lieder gesammelt und als kleines, vielsprachiges Buch herausgegeben; er hat in Barcelona diese Platten herstellen lassen, die spielen
die Soldaten an stillen Abenden wie diesem oder am Morgen, wenn sie in
die Schlacht ziehen. Es war tröstlich zu denken, daß jeder, der hier helfen
wollte, die Möglichkeit hatte zu helfen. Die pädagogische Bemühung der
Schriftsteller und Intellektuellen ist wichtig, und die ermutigende und an-
spornende Wirkung ist es, die von Künstlern wie Busch ausgeht. Unter den
Liedertexten (soweit sie nicht von den Soldaten selber stammen) sind viele

von einem emigrierten deutschen Autor, dem Verfasser der populärsten deutschen Arbeiterlyrik, Erich Weinert, »Arier« auch er; es fällt auf, wie viele unter den deutschen Freiwilligen im Verteidigungskampf der spanischen Republik nicht-jüdisch sind, während doch Hitler uns glauben machen möchte, es sei wieder einmal das »Weltjudentum«, das dort gegen ihn zu Felde ziehe.

Ernst Buschs Stimme ist zugleich spröde und gewinnend. Er singt ganz ohne Pathos, aber mit einer Exaktheit und Intensität, die allen Gefühlen den denkbar stärksten, dabei einfachsten Ausdruck geben. »Spaniens Himmel breitet seine Sterne«, singt die Stimme. Eine Ziehharmonika spielt die zugleich kindliche und kriegerische Begleitmusik. »Die Heimat ist weit…«, singt sie, »doch wir sind bereit, wir kämpfen und siegen für Dich, Freiheit!«

Dies ist das Lied der Thälmann-Kolonne, die ihren Namen trägt zu Ehren von Ernst Thälmann, der seit sechs Jahren in Deutschland gefangen gehalten wird. »Dem Faschisten werden wir nicht weichen!« – es ist der Chor der 11. Brigade, der nun einsetzt, »schickt er auch die Kugeln hageldicht. Mit uns stehn Kameraden ohnegleichen, und ein Rückwärts gibt es für uns nicht!« Trompetenstöße, Trommelwirbel, aber die Ziehharmonika trägt die Melodie. Der Orgelklang, zu dem sie sich aufschwingt, macht, daß das Kriegslied zum Choral wird, fromm und feierlich kommen die Stimmen der Männer, »doch wir sind bereit, wir kämpfen und siegen für Dich, Freiheit!«

Die antifaschistische Solidarität aller, die in der spanischen Republik an der Arbeit sind, ist stark und ermutigend. Auch Menschen, die ursprünglich politisch nicht oder wenig interessiert waren, werden von ihr ergriffen.

Im Restaurant des Hotels *Metropol* in Valencia saßen wir am Tisch mit den Korrespondenten der französischen, englischen und amerikanischen Presse. Die glänzend geschriebenen, schmissigen, sachlich vorzüglich fundierten, dabei warmherzigen Spanien-Berichte von Mathews in der *New York Times* hatten uns in Amerika über den Verlauf dieses Krieges immer aufs exakteste informiert. Unvergeßlich seine Schilderung des großen Bombardements von Barcelona im März 1938, das klang wie Welt-Untergang, und dieselbe Nummer der *Times* brachte die ersten Nachrichten von der Untat an Österreich! Jetzt saß er uns gegenüber, der baumlange, schweigsame, schlaksig amerikanische *fellow*, der hierhergekommen war, um diesen Feldzug zu *covern,* wie er vorher den italienischen in Abessinien *gecovered* hat. Er war heute an der Front und erzählte von den Befestigungsarbeiten der Republikaner in der Levante. »Das Terrain ist günstig für uns«, sagte er, »viele Hügel, es wird nicht leicht sein für die Faschisten, da vorzurücken.« »Günstig, für uns?« Aber es war ein Amerikaner, der da sprach, und gewiß kein Freund der »Roten«, (kein Revolutionär,) ein objektiver und kühler Beobachter. Uns fiel ein, daß er im Grunde Emigrant war, wie wir, nicht aus seinem eigenen Land, dem großen und freien Amerika, aber doch aus dem unseren, in dem zu leben und zu arbeiten ihm unmöglich gewesen wäre, da er über Spanien die Wahrheit geschrieben hatte. Auch nach Italien konnte er nicht mehr, die faschistischen Diktaturen waren ihm verschlossen, wie sie es für uns sind. Neben ihm saß George Soria, der für *Humanité* schreibt. Er ist der junge intellektuelle Franzose, wie er im Buch steht, brünett, lebhaft, gescheit. Seine Unterhaltung mit Madame Bola Bolalewskaia, der Vertreterin der *Prawda,* führte er auf spanisch, es war ein literarisches Gespräch, wir merkten, daß von Hemingway die Rede war, dem populärsten amerikanischen Dichter in Spanien.

Nach der Mahlzeit, die schnell vorüber war (es hatte wieder die gelben Erbsen gegeben und ein Stückchen steinharten Fleisches, nachher freilich ein wenig Obst – Valencia ist glücklicher als Madrid und Barcelona, hier wächst Obst und Gemüse –), machten alle sich auf zum Bureau der auswärtigen Presse, um zu telegraphieren. Wir traten hinaus auf die Straße, eine internationale kleine Familie, verbunden durch das Absonderliche der Situation, in der man sich befand, und durch die Gefahr, die allen gleichmäßig drohte. Es war eine schöne und sternklare Nacht. »Very good bombing-moon«, sagte Mathews und schielte mißtrauisch zum Himmel, in dem silbrig der Vollmond leuchtete.

Valencia, trotz der Nähe der Front, die nur etwa dreißig Kilometer entfernt lag, und trotz der ständigen Bedrohung durch die Bomber, war eine lebhafte, ja lustige Stadt. Man hatte gelesen, alle Theater wären geschlossen, die Kaffeehäuser dürften nur noch ein paar Stunden am Tag in Betrieb sein, auch Kinos, die spielten, gäbe es nicht mehr. Nichts von alledem traf zu. Eine große Menge vergnügter Menschen schlenderte vom Mittag bis in den späten Abend auf den Hauptstraßen einher, saß beim ungezuckerten Erdnuß-Kaffee in den Lokalen, füllte die Säle der Theater und Lichtspielhäuser. Viele Soldaten, zu kurzem Urlaub entlassen oder unterwegs von Madrid zur Levantefront, warfen freigiebig mit Peseten um sich, viele Mädchen, einladend geschminkt und farbenfreudig geputzt, fingen sie auf. Auf dem großen Blumenmarkt gab es die schönsten Blumen zu kaufen. In aller Sorge, Mühsal und Todesnähe erstanden Menschen, die hungrig waren, sich ein paar Rosen und Nelken. Damit schmückten sie ihr Haus, das morgen in Trümmern liegen konnte. Dies Seltsame, daß das Leben weiterging, im Grunde unverändert weiterging, was immer geschah, hier im bedrohten Valencia war es besonders auffällig.

Während wir über den dunklen Hauptplatz schlenderten – es gab keine Straßenbeleuchtung in den Städten der Republik – begannen die Sirenen zu heulen. Es war der dritte Alarm dieses Tages. *»Didn't I tell you?«* sagte Mathews und schaute rachsüchtig nach dem Mond. Nun verschwanden die Menschen von den Straßen, die Lichter in den Fenstern verlöschten, wie ein einziges verängstigtes Tier zog die große Stadt sich ganz in sich zurück. Im Lärm der Abwehrgeschütze und der Bombeneinschläge, aus der Hafengegend kommend, war nun auch das Surren der niedrig fliegenden Maschinen bedrohlich zu vernehmen.

KAPITEL X

DIE TOTEN

THE DEAD

Die Emigration ist eine grosse, weit verzweigte Familie. Wenn irgendein geistiger oder politischer Repräsentant der Emigration vom Tode abberufen wird, dann haben wir alle das bittere Gefühl des Verlustes. Uns wird betrübt zu Mute, als hätte uns ein Verwandter verlassen.

Als das Hitler-Regime sich in Deutschland eben erst etabliert hatte, im Jahre 1933, wurden die bezahlten Mörder schon zu den Emigranten geschickt. In Marienbad in der Tschechoslowakei sitzt ein friedlicher Schriftsteller und Philosoph in seinem kleinen Hause am Schreibtisch. Durch das geöffnete Fenster trifft ihn eine Kugel; der Mann am Schreibtisch bricht tot zusammen. Die Kugel wurde gesendet von einem Mordbuben, der die deutsche Grenze gerade erst überschritten hatte und der, nach getaner Arbeit, zurückkehrte auf deutsches Gebiet, wo ihn ohne Frage fetter Lohn erwartete. Der Name des Gemeuchelten war Professor Theodor Lessing.

Er hatte niemals den Ehrgeiz gehabt, eine Rolle im politischen Leben des Reiches zu spielen. Trotzdem war er von den nationalistischen und reaktionären Kreisen schon seit Jahren mit besonderer Heftigkeit gehaßt und mit Verleumdungen verfolgt worden. Den unversöhnlichen, unerbittlichen Grimm dieser strengen Wächter über die »deutsche Ehre« hatte er sich durch einen harmlosen Artikel zugezogen, den er gelegentlich einer Präsidenten-Wahl publizierte. Der Aufsatz enthielt eine gerecht wagende, durchaus nicht gehässig-respektlose, sondern gelassen urteilende Charakteristik des Generalfeldmarschalls von Hindenburg, der damals das Idol der Nationalisten war. Lessing wagte es, seine Meinung auszudrücken, daß er Herrn von Hindenburg – einen weder sehr gescheiten noch auch nur zuverlässigen Greis – nicht für den geeigneten Repräsentanten des Deutschen Volkes halte. Ein Sturm der Entrüstung ging los; der Artikel wurde tausendfach zitiert – in entstellter Form, wie sich denken läßt. Die Nazi-Presse behauptete, Lessing habe den verehrten Generalfeldmarschall einen »Massenmörder« genannt – was der Philosoph sich niemals hatte einfallen lassen. Man schwor dem Denker, der es sich herausgenommen hatte, den »Heros des Weltkrieges« nicht bedingungslos zu bewundern, schreckliche Rache, und diese Rache nahm man, als es in Deutschland kein Gesetz mehr gab; nämlich als die Nazis regierten.

Übrigens wollten die deutschen Nationalisten, als sie auf Professor Lessing schießen ließen, natürlich nicht nur den Verfasser des ominösen Hindenburg-Artikels treffen; sondern auch einfach einen Repräsentanten jenes Typs, den sie als »Intelligenzbestie«, als »zersetzenden Geist« und als »Kulturbolschewisten« zu bezeichnen lieben. Daß der Philosoph niemals ein Bolschewist, niemals ein Marxist gewesen war, störte die Auftraggeber der Mörder nicht: auf Nuancen kam es ihnen nicht an. In Lessings Denken gab es neben humanitären, fortschrittlichen Elementen auch pessimistische und romantische. Der Titel seines großen autobiographischen Werkes *Einmal und nie wieder,* in dem er das Wesentlichste, was er gelebt und gedacht hat, zusammenfaßt, verrät schmerzliche Stimmungen und spricht für kein durchaus heiter-optimistisches Verhältnis zum Leben. Zu dieser bedeutenden Nachlaß-Schrift des ermordeten Lessing hat der tschechische Dichter und Forscher, der Shakespeare-Übersetzer und Direktor des Prager Nationaltheaters, Ottokar Fischer, das Vorwort geschrieben. Er war unter den Tschechen einer der gelehrtesten und verständnisvollsten Kenner deutscher Literatur – ein Mittler von Rang und Ansehen zwischen slawischer und germanischer Kultur. Er starb ungefähr fünf Jahre nach Theodor Lessing, ermordet auch er, aber nicht von einer Kugel, sondern vom Entsetzen: das Grauen und der Schrecken töteten den herzkranken Mann, als er in den Zeitungen die Berichte über die Eroberung Wiens durch die Nazis las: die Zeitung in der Hand, brach er leblos zusammen... Dies geschah im März des Jahres 1938.

Die Brüder Rotter, zwei sehr erfolgreiche Berliner Theater-Unternehmer, hatten sich im Jahre 1933 im kleinen Fürstentum Liechtenstein, das malerisch und friedlich zwischen der Schweiz, Österreich und Deutschland liegt, ihr Asyl gesucht. Dort lebten sie von dem vielen Geld, das sie in Berlin mit ihren keineswegs besonders interessanten, aber geschickt aufgezogenen, populären Operetten und Musical Shows so reichlich verdient hatten. Gerade daß die Brüder Rotter erfolgreich gewesen waren, verziehen die

Nazis ihnen nicht. Man hätte die beiden gar zu gerne in einem Konzentrationslager totgeprügelt, wie so viele andere. Die Vorstellung, daß sie in einem komfortablen Hotel im Ausland saßen, war den Herren zu Berlin unerträglich. Man beschloß, die Brüder Rotter nach Deutschland entführen zu lassen.

Die Burschen, die von der deutschen Mordzentrale nach Liechtenstein entsandt wurden, waren geschickt; sie machten sich durch Vermittlung des Hoteliers, bei dem die Rotters wohnten, an die Brüder heran. Die ließen sich darauf ein, mit den Landsleuten, die sich unter irgendwelchen Vorwänden an sie gewandt hatten, eine Autofahrt zu unternehmen. Unterwegs merkten sie, wohin die schlimme Fahrt gehen sollte: nach Deutschland, wo der Tod in gräßlichster Form sie erwartet hätte. Als sie das Furchtbare konstatierten, die teuflischen Absichten ihrer »Gastgeber« erkannten, befanden sie sich schon nahe der Reichsgrenze in gebirgiger Gegend. Ihr Schreien, ihr tobendes Protestieren nützte nichts; der Wagen bewegte sich in rasender Fahrt weiter, der verhängnisvollen Grenze zu. Ein Kampf der Verzweiflung begann. Einer der beiden Brüder stürzte sich aus dem Fahrzeug, er zerschmetterte sich den Kopf an einem Felsen. Der andere entkam in die Schweiz. Die Mörder waren auf deutschem Gebiet schnell in Sicherheit; man empfing sie mit hohen Ehren. Zwar hatten sie nicht, wie es ihr Auftrag gewesen war, ihre Opfer lebend mitgebracht; immerhin war es ihnen geglückt, den einen von ihnen umzubringen. Man fand, das sei schon eine hübsche Leistung und Grund genug, für die Burschen im Städtchen Konstanz am Bodensee ein offizielles Bankett zu geben, bei dem die Schulkinder der ganzen Gegend anwesend sein mußten. Deutsche Kinder ließen die glorreichen Mörder des jüdischen Theaterdirektors freudig hochleben.

Es war etwas später, daß der Fall des exilierten Journalisten Berthold Jacob zur internationalen Sensation wurde. Diesmals war der Agent der Nazis, ein gewisser Wesemann, weniger glücklich. Berthold Jacob war den Nazis fatal, weil er der Welt viel über die deutschen Rüstungen mitzuteilen wußte, zu einem Termin, als Hitler und seine Freunde es noch für ratsam hielten, die deutsche Mobilmachung in Permanenz vorläufig geheim zu halten. Dem Agenten Wesemann, der als ein Förderer und Gönner der exilierten deutschen Schriftsteller aufgetreten war, gelang es, Jacob, der damals in Straßburg lebte, nach Basel zu locken, wo die deutsch-schweizerische

Grenze verläuft. In einem Wagen betäubte Wesemann den Ahnungslosen und entführte ihn auf deutsches Gebiet. Das Passieren der Grenze mit dem Bewußtlosen machte keinerlei Schwierigkeiten, die Beamten waren instruiert, Wesemann handelte im Auftrag hoher Berliner Stellen. Erst auf deutschem Boden kam Jacob wieder zu sich. Man schaffte ihn nach Berlin; die Absicht war, ihn dort vor ein »Volksgericht« zu stellen, wegen Hochverrates verurteilen und hinrichten zu lassen. Der energische Protest der Schweiz, deren Hoheitsrechte durch Wesemanns Streich frech verletzt worden waren, kam dazwischen: die Nazis, die immer nachgeben, wenn man in der deutlichen Sprache zu ihnen spricht, die sie verstehen, mußten Jacob nach Basel zurückschicken. Dort fand übrigens später ein Prozeß gegen den Gestapo-Agenten Wesemann statt, der interessante Aufschlüsse über die Organisation und die verschiedenen Tricks der deutschen Spitzel, Provokateure und berufsmäßigen Kidnapper brachte.

Ganz im Sinne und zur Zufriedenheit der hohen Auftraggeber wurde das Verbrechen an dem Ingenieur Formis in der Tschechoslowakei durchgeführt. Formis war ein ehemaliger Nationalsozialist von der radikalen Richtung. Da er konsequenter National-Sozialist war, mußte er – ähnlich wie Hitlers alter Freund und Mitarbeiter Strasser – zum Feinde des Dritten Reiches werden. Der Ingenieur Formis richtete in einem kleinen Flecken auf tschechoslowakischem Gebiet einen Geheim-Sender ein, den er zur Anti-Propaganda benutzte. Seine aufklärenden, warnenden Vorträge waren mit solcher Kenntnis abgefaßt und mit so viel Leidenschaft vorgetragen, daß man im Reich sehr schnell auf sie aufmerksam wurde. Die jungen Leute, die gegen gute Bezahlung und obendrein wohl noch mit dem Gefühl im Herzen, eine gute Tat zu begehen, zu Mördern werden, scheinen in Berlin nicht schwer zu finden zu sein. Wieder machten mehrere sich auf, diesmal waren es drei, es war auch eine Dame darunter – im Dritten Reich scheint selbst das schwache Geschlecht lüstern nach den Lorbeeren des Meuchelmörders –, sie trugen lustige Kostüme, fesche Kleidung, für den Wintersport gemacht, der große Wagen fehlte ihnen nicht, die Brieftaschen waren voll Geld, die falschen Pässe schienen in Ordnung: sie waren von einer reichsdeutschen Amtsstelle angefertigt worden. So trafen die drei gutgelaunten Menschen in der Tschechoslowakischen Republik ein, lernten den Ingenieur Formis kennen und gewannen sein Vertrauen. Zu ihrer Überraschung wehrte sich der Mann, als sie ihn nach schon bewährtem Rezept betäuben wollten, um ihn auf deutsches Gebiet zu entführen. Der Widerstand bekam ihm sehr schlecht. Die drei flotten Menschen ermordeten ihn noch auf tschechoslowakischem Boden. Man weiß nicht, ob die hübsche deutsche Dame im Skikostüm dabei mitgeholfen oder ob sie nur amüsiert zugeschaut hat. Nach erledigter Pflicht kehrte das charmante Trio in seinem großen Auto in die liebe Heimat zurück. Den Tschechen gelang es noch, die Nummer des Wagens zu identifizieren. Aber dadurch wurde der Ingenieur Formis nicht mehr lebendig, und die Mordbande ging natürlich straflos aus. Eine tschechische Amtsstelle telephonierte das Polizeikommissariat jener deutschen Provinzstadt an, deren Zeichen der Wagen getragen hatte. »Können Sie für uns feststellen, welchen Inhaber das Fahrzeug mit der Nummer so-und-so hat?« fragte der tschechische Beamte. Der deutsche Kollege antwortete gefällig: »Aber gewiß! Warten Sie nur bitte einen Augenblick!« Erst nach längerer Pause kehrte er an den Apparat zurück, und seine Stimme klang wohl ein wenig bedrückt, als er vorbrachte: »Leider darf ich Ihnen in diesem besonderen Fall keine Auskunft geben.«

Solche Fülle ungesühnter Missetaten mußte eine schreckliche psychologische Wirkung in den Kreisen der deutschen Exilierten haben. Sicherlich sind viele der Selbstmorde nicht nur auf die wirtschaftliche Not, das Heimweh, die geistige Ratlosigkeit zurückzuführen, sondern auch einfach auf die *Angst,* die Angst davor, ermordet zu werden. Ohne Frage hat dieses Angst-Motiv seine Rolle im Fall des Schriftstellers und Journalisten Kurt Tucholsky gespielt, der sich im Dezember 1935 in Schweden vergiftete.

Tucholsky, wichtigster Mitarbeiter und eine Zeitlang Herausgeber der linken Berliner Wochen-Zeitschrift *Die Weltbühne,* war sehr mutig gewesen. Vielleicht hatte er sich sogar zu weit nach vorne gewagt und mit seinem Witz, seiner Bosheit, seinem drohenden Ernst die Wut des deutschen Spießers zu sehr provoziert. Denn die leidenschaftliche, kluge Kritik dieses Autors galt nicht nur dem Nazi, dem Nationalisten, dem Reaktionär, sondern auch ebenso heftig dem »Lauwarmen«, dem angeblich »Liberalen«, der nicht den Mut zu seiner eigenen Gesinnung hat, dem sozialdemokratischen Spießer, auch dem kommunistischen Spießer, auch dem jüdischen Spießer. Es ist nicht richtig, daß Tucholsky die Deutschen gehaßt hat, obwohl er seine Kritik am Deutschtum oft bis zum Maßlosen, manchmal bis zum Geschmacklosen trieb: in seinem Buch *Deutschland über alles!* etwa, das ihm von den »Gutgesinnten« nie verziehen wurde. Hätte er sein brillantes und vielseitiges Talent auf diese ununterbrochene, bittere, höhnische, kämpferische Auseinandersetzung mit dem deutschen Wesen verwendet, wenn er es nicht irgendwo, mit einem sehr empfindlichen, sehr geheimen Teil seines Herzens auch geliebt hätte? Unter fünf Pseudonymen, die er sich wie fünf Masken abwechselnd vors Gesicht hielt – obwohl alle Welt wußte, welches Antlitz sich hinter den Masken verbarg, – schrieb er in der *Weltbühne* und in anderen fortschrittlichen Berliner Blättern seine wütenden, klagenden, spottenden Glossen und Manifeste. Als aber die Nazis zur Herrschaft kamen, verstummte er. Seit 1933 ließ er kein Wort mehr drucken. Er hatte das Seine getan, hatte nichts unversucht gelassen, hatte mit allem Nachdruck, der ihm gegeben war, immer wieder gewarnt vor dem Unheil, das er schaudernd kommen sah.

Er distanzierte sich von der politisch und literarisch aktiven Emigration. Selbst nahe Freunde wußten seine schwedische Adresse nicht; seine gesamte Korrespondenz leitete er über eine Deckadresse in Zürich. Zu so düsteren Vorsichtsmaßregeln bestimmten ihn nicht nur der Gram und das Bedürfnis, ganz allein zu sein, sondern auch die Furcht: es war seine gewiß nicht unbegründete fixe Idee, daß die Nazis planten, ihn umzubringen. Viele meinten, daß er während seiner letzten Jahre beinah wahnsinnig gewesen sei, und wirklich war seine tiefe, völlige Depression nicht ohne pathologische Einschläge, die übrigens auch physische Ursachen gehabt haben mögen. Man vereinfacht aber das Problem, wenn man die Erkenntnisse, zu denen seine verzweifelte Enttäuschung ihn führte, als die Vorstellungen eines Geisteskranken abtut. Ein Brief, den er einige Tage vor seinem Tode an einen Freund, den Schriftsteller Arnold Zweig, schrieb und der später teilweise veröffentlicht wurde, zeugt davon, daß seine tiefe Verbitterung, seine innere Verstörtheit ihm auch manch wahre, harte Erkenntnis brachte. Dieses Schreiben, das nicht als Abschiedsgruß stilisiert ist, aber die Melancholie und die schmerzliche Würde eines »letzten Grußes« hat, ist eine einzige Anklage gegen alles Deutsche, auch gegen die deutsche Linke, die Tucholskys Meinung nach komplett versagt hat und in der Emigration weiter versagt, und gegen die deutschen Juden. Tucholsky, schon zum Tod entschlossen, schreibt: »Man hat eine Niederlage erlitten. Man ist verprügelt worden, wie seit langer Zeit keine Partei, die alle Trümpfe in der Hand hatte. Was ist nun zu tun? Nun ist mit eiserner Energie Selbsteinkehr am Platze. Nun muß, auf die lächerliche Gefahr hin, daß das ausgebeutet wird, eine Selbstkritik vorgenommen werden, gegen die Schwefellauge Seifenwasser ist. Nun muß – ich auch! ich auch! – gesagt werden: Das haben wir falsch gemacht, und das und das, und hier haben wir versagt. Und nicht nur: die anderen haben … sondern: wir alle haben.« Und über Deutschland schreibt er an einer anderen Stelle des letzten Briefes: »Ich habe mit diesem Land, dessen Sprache ich so wenig wie möglich spreche, nichts mehr zu schaffen. Möge es verrecken, möge Rußland es erobern – ich bin damit fertig.« Wer Ohren hat zu hören, der erkennt auch noch in dieser furchtbaren Formulierung den Ton der enttäuschten Liebe, den Aufschrei des tausendfach und nun endgültig Desillusionierten.

Der Selbstmord Tucholskys war nicht das einzige Ereignis seiner traurigen Art. Ein anderes – um nur noch ein besonders aufsehenerregendes Beispiel zu nennen – war der Fall des berühmten Strafverteidigers Max Alsberg, der gleich zu Anfang des Exils, 1933, in der Schweiz seinem Leben ein Ende machte. Alsberg hatte in Berlin eine enorme Position gehabt, er war einer der hervorragendsten, höchstbezahlten Anwälte des Reiches gewesen. Übrigens war er nicht nur als Verteidiger bekannt, sondern auch als Dramatiker: ein Stück von ihm, *Voruntersuchung,* das sich mit Justiz-Problemen beschäftigte, hatte auf vielen deutschen Bühnen dauerhaften Erfolg. Der ehrgeizige, vom Glück verwöhnte Mann ertrug nicht die Erniedrigung der Verbannung. Gestern war sein Haus noch ein Zentrum der Berliner Gesellschaft gewesen, wo sich die Diplomaten mit den prominenten Schauspielern trafen und Frau Gustav Stresemann von einem Tenor der Staatsoper im Tangoschritt geführt wurde – die Berliner *society* der Nachkriegsjahre gefiel sich in seltsamen Vermischungen und Begegnungen –; heute saß er in einem Hotel in den Schweizer Bergen; aus der Heimat, wo er geglaubt hatte, sehr beliebt und angesehen zu sein, erreichten ihn nur noch Stimmen des Hasses, der Verachtung, und die Zukunft, die vor ihm lag, war dunkel. Da machte er Schluß … Ein Fall unter vielen.

Man kann auch freiwillig sterben, ohne zu Gift oder Revolver zu greifen; es gibt kompliziertere Methoden. Man kann auch sterben, einfach weil man nicht mehr leben will.

Der große Romancier Jakob Wassermann war während der letzten Jahre seines Erdendaseins ein trauriger, gebrochener Mann. In sein Gesicht mit der hohen Stirn und den großen, dunklen Augen hatten sich tief die Zeichen des Schmerzens eingegraben. Seine Züge hatten zuletzt den Ausdruck von Gram und Ekel. Zu Freunden, die nach seinem Befinden fragten, sagte er düster: »Ich mag nicht mehr...« Man sah es ihm an, daß er »nicht mehr mochte«. Die Veränderung, die sich an ihm vollzogen hatte, war schauerlich. Wir hatten den bedeutenden und seltsam würdigen Mann seit unserer Kindheit gekannt; er war einer der ältesten und nächsten Freunde unseres Vaters gewesen. Sein halb befangen-majestätisches, halb gutmütig-schalkhaftes Wesen war uns von jeher vertraut. Er gehörte zum engen Kreis des Hauses, in die Reihe jener ehrwürdigen »Onkel«-Figuren, von denen der eine oder der andere manchmal zu Besuch erschien und bei Tische das ernste Gespräch der Erwachsenen unterbrach, um für uns Kinder einen kleinen »Onkel-Scherz« zu machen.

Zuletzt begegneten wir Jakob Wassermann im Winter 1934, als er von einer Vortrags-Tournee durch Holland zurückkam und auf dem Weg zu seinem Heim in Altaussee (Österreich) in Zürich Station machte. Wir fragten ihn, wie die Tournee gewesen sei: »Wie eine Beerdigung«, war seine Antwort.

Das war im Dezember 1934. Wassermann starb in seinem schönen Haus zu Altaussee in der Neujahrsnacht des Jahres 1935. Das letzte, was er auf dieser Erde tat, war, daß er seinen jungen Kindern und ein paar Freunden aus den Bleifiguren, wie man sie in der Neujahrsnacht über dem Feuer schmelzen läßt, die Zukunft deutete. Er selber aber wollte von der Zukunft nichts mehr wissen. Er wollte das neue Jahr nicht mehr sehen.

Jakob Wassermann hatte ein hartes, kompliziertes Leben gehabt. Er kam von ganz unten, war sehr arm gewesen. Die großen Erfolge hatten lange auf sich warten lassen. Ein ungeheurer Fleiß war eine der charakteristischen Eigenschaften des Autors gewesen, »ein Riesen- und Bienen-Fleiß«, wie einer seiner Kollegen es einmal genannt hat. Als er dann berühmt geworden war, nahm er die Pflichten der Repräsentation auf eine feierliche Art ernst – mehr noch als die gesellschaftlichen die Pflichten geistiger und pädagogischer Natur. Während des letzten Jahrzehnts seines Lebens trat das pädagogische Interesse, der erzieherische Ehrgeiz immer mehr ins Zentrum seiner

geistigen Existenz. Junge Menschen waren dankbar für die tiefe, leidenschaftlich bemühte Anteilnahme, die der große Erzähler an den Problemen, an der Entwicklung ihrer Generation nahm. Sie wendeten sich vertrauensvoll an ihn: junge Menschen suchten ihn auf, wenn er irgendwo in
Europa Vorträge hielt, oder sie pilgerten nach Altaussee; vor allem aber
schrieben sie ihm Briefe, sehr viele lange Briefe, in denen von den intellektuellen und materiellen Sorgen der Absender ausführlich und dringlich die
Rede war. Wassermann beantwortete alle diese Schreiben, die wie Hilfe-
schreie zu ihm kamen. Häufig haben wir ihn sagen hören, daß diese enorme Korrespondenz ihm mindestens ebenso viel Zeit wegnehme, wie seine
eigentliche Arbeit.

In den Jahren 1920 bis 1930 hatte er eine bedeutende Stellung. Er rechne-
te zu den ersten deutschen Schriftstellern und zu den wenigen, die einen
wirklich internationalen Ruf hatten. Seine Bücher, *Caspar Hauser, Das
Gänsemännchen, Christian Wahnschaffe, Der Fall Maurizius* und all die anderen, erreichten in Deutschland sehr hohe Auflagen. Bei seinen Reisen ins
Ausland, vor allem auf seiner Amerika-Tournee, durfte er feststellen, daß
seine mächtige literarische Leistung nicht nur in der Heimat starkes Echo
hatte. Er war damals ein wohlhabender Mann und liebte es, mit seiner
zweiten Frau, der Schriftstellerin Marta Karlweis-Wassermann, zusammen
in einem fürstlich großen Stil zu leben. Wie beinah alle, welche die Armut
gekannt haben, genoß er mit naivem Behagen das Wohlleben. Er bevorzugte elegante, oft etwas auffallende Kleidungsstücke. Als er einmal in einem
schönen, stark karierten Sportanzug auf der Promenade von St. Moritz spa-
zierte, sah er an sich hinunter und bemerkte mit seiner tiefen, sonoren
Stimme, der faszinierenden Stimme eines orientalischen Märchenerzählers: »Wenn ich bedenke, daß es einmal eine Zeit gegeben hat, wo ich *nicht*
elegant gewesen bin!«

Die letzten Jahre seines Lebens aber waren wieder düster umschattet, wie
der Anfang gewesen war. Die finsteren Komplikationen, die ihm den Frieden raubten, waren zum Teil privater Natur. Die Umstände seiner Existenz
waren ebenso dramatisch und verworren wie in einem Roman von Jakob
Wassermann; tiefer aber noch als unter den häuslichen Wirrnissen litt er
unter dem, was das deutsche Volk ihm, seinen Rassegenossen, seinen Ge-
sinnungsfreunden antat. Es hatte für ihn immer ein zentrales Lebens-Pro-

blem bedeutet, daß er Deutscher und Jude, daß er deutscher Jude war. *Mein Weg als Deutscher und Jude* war der Titel einer seiner autobiographischen, konfessionellen Schriften. Das semitisch-orientalische Element in seiner geistigen Struktur, in seinem erzählerischen Talent hat er niemals verleugnet, sondern stolz betont. Aber andererseits wußte er – und jeder gerechte, nicht voreingenommene Kritiker mußte es ihm bestätigen –, daß er so »deutsch« war wie nur irgendein rein »germanischer« Autor. Er hatte nicht nur allen Reichtum deutscher Kultur, sondern auch allen Reiz und alle Melancholie der deutschen, besonders der mitteldeutschen, fränkischen Landschaft tief in sich aufgenommen. Gerade seine schönsten und reinsten Werke, *Das Gänsemännchen, Caspar Hauser, Der Aufruhr um Junker Ernst,* diese Bücher, die länger gelesen und geliebt werden dürften als die sensationellen Romane vom Typus des *Fall Maurizius,* haben den innig deutsch-romantischen Charakter.

Als wir zum letzten Mal einen anderen alten Freund, den Kunsthistoriker Meier-Graefe, in seinem Heim in Südfrankreich, nicht weit von Toulon besuchten, sagte er zwar keineswegs: »Ich mag nicht mehr«, sondern redete viel von Zukunftsplänen, von einer Reise nach Ägypten etwa, die seiner Gesundheit sicherlich gut tun würde. In Wirklichkeit war ihm anzusehen, daß ihm an seiner Gesundheit durchaus gar nicht mehr gelegen war, er hatte sich aufgegeben; seine schon fast erstarrte Miene, seine beinah erloschener Blick schien sagen zu wollen: Meine Zeit ist aus… Er fragte uns: »Sie kommen aus Paris?« Und fügte wehmütig hinzu: »Ja – Paris ist schön… Ich sehe es nun nicht mehr…« »Wieso siehst Du es denn nicht mehr?« mischte sich erschrocken seine junge Frau ins Gespräch. Er lächelte rätselhaft und machte eine müde, abwinkende Gebärde mit seiner Hand, die groß und weiß wie Kalk war und auf der dicke blaue Adern stark hervortraten.

Ja, er hatte Paris gekannt und genossen – das Paris der Jahrhundertwende. Er war ein intellektueller *grand seigneur* gewesen: wunderbar aussehend, verliebt in die Frauen, zu Hause in allen Hauptstädten des Kontinents, glänzender Anekdoten-Erzähler, seinen internationalen Ruhm genießend: seine große *Geschichte der modernen Malerei,* seine Standard-Werke über van Gogh, Greco, Cézanne hatten ihn überall bekannt gemacht. Er war ein Europäer, der besser ins kultivierte 19. als ins militante 20. Jahrhundert zu passen schien; jedenfalls paßte er durchaus nicht ins Nazi-Zeitalter. Er war

Nicht-Jude und politisch niemals hervorgetreten. Aber er war ein prononcierter Anti-Barbar.

Auch ein anderer, den der Tod schon gezeichnet hatte, benahm sich aus Taktgefühl noch recht munter, als wir in Paris, in der Wohnung der Madame Carl Sternheim, zum letzten Mal mit ihm zusammensaßen: es war Alfred Flechtheim, der Berliner Kunsthändler und Begründer der berühmten Zeitschrift *Der Querschnitt*. Auch er war ein amüsanter Mann, der ein bewegtes und erfolgreiches Leben hinter sich hatte. Sein Interesse für Boxkämpfe und Sechstage-Rennen war ebenso leidenschaftlich gewesen wie das für die Bilder von Picasso, Braque, Paul Klee oder für die Tier-Statuetten der Renée Sintenis. Die ziemlich exzentrischen Maskenfeste in seinem Berliner Haus waren ebenso bekannt und beliebt gewesen wie die Ausstellungen in seiner Galerie, zu denen die Kenner aus ganz Europa kamen. Er hatte einen jüdischen Charakterkopf von fast grotesker Häßlichkeit und von großem Charme. In Paris damals, ein paar Monate vor seinem Tod, erzählte er uns: »Morgen muß ich nach Berlin fahren, um mich von meiner Frau scheiden zu lassen. Die arme Person würde in Deutschland die ärgsten Unannehmlichkeiten haben, wenn sie mit mir verheiratet bliebe.« Wir waren erstaunt, daß er sich nach Berlin wagte. Er zuckte die Achseln. »Ich nehme mir am Bahnhof einen geschlossenen Wagen«, sagte er, »fahre zu meiner lieben Frau, lasse mich geschwind scheiden und kehre nach London zurück.« So geschah es. Nur daß die ganze etwas riskante Expedition sich dann als überflüssig herausstellte; denn Flechtheim starb, wenige Monate nachdem er im geschlossenen Wagen, wie ein Verbrecher, der sich zu verstecken hat, durch sein geliebtes altes Berlin gefahren war.

In Paris starb Otto Bauer, ehemaliger Führer der Sozialdemokratie in Österreich und ohne Zweifel einer der exzellentesten und wichtigsten Theoretiker unter den europäischen Marxisten.

Wer weiß und wer kann es entscheiden, ob nicht manche von denen, die im Exil schnell gestorben sind, noch ein langes, fruchtbares Leben hätten haben können, wenn man sie nicht vertrieben hätte aus der Heimat? Der Schauspieler Alexander Moissi zum Beispiel, einer der ganz wenigen Bühnenkünstler, die ohne Hilfe des Films Weltruhm gewonnen hatten, schien noch keineswegs fertig, noch ganz und gar nicht am Ende zu sein, als das Dritte Reich sich etablierte. Wer ihn zuletzt in einer seiner alten »Glanz-rollen« sah, als Oswald in Ibsens *Gespenstern* zum Beispiel, oder in Tolstois *Lebendem Leichnam,* mochte finden, daß seine Schauspielerei schon etwas starr, etwas routiniert und müde geworden war: er kopierte gleichsam sei-nen eigenen, von anderen Schauspielern tausendfach kopierten Moissi-Stil. In neuen Rollen aber, die er frisch studiert hatte, fand er immer noch und immer wieder überraschende, bezaubernde Töne, kluge, originelle Nuan-cen; seine Stimme, in der ein italienischer Akzent immer spürbar blieb, die-ses unvergleichliche Organ, in dem die Schwärmerei Romeos sich mit der Trauer Hamlets zu verbinden schien, brachte neue Klagen, neue Jubel-Lau-te hervor. Auch wer Moissi im Leben kannte, bekam während der letzten Jahre vor Hitler keineswegs den Eindruck, einen gebrochenen, fertigen Mann vor sich zu sehen. Wir waren zwischen 1930 und 1933 oft in Berlin oder in Salzburg mit ihm zusammen. Vor allem in Salzburg, das er so sehr liebte und wo er in Hofmannsthals *Jedermann* seinen großen Erfolg hatte, war er immer lustig und gut in Form und erschien beinahe jünglingshaft. Auf der Promenade am Fluß oder durch das Café *Bazar,* wo die Amerika-nerinnen ihm neugierig nachschauten, schlenderte er in seiner echten Salz-burger Tracht, die zu seiner zerwühlten Künstler-Physiognomie etwas seltsam wirkte. Er hatte es übrigens gerne, wenn die Frauen auf ihn auf-merksam wurden; denn er war ein Charmeur – wenngleich ein Charmeur, der beim Flirt die tragische Nuance bevorzugte. Den jungen Mädchen warf er zugleich verführerische und trostlose Blicke zu; er siegte, indem er um Mitleid warb. Im Café *Bazar,* angesichts eines Glases guten Tiroler Weines und eines hübschen Mädchens, haben wir ihn wehmütig summen hören: »Es wird ein Wein sein – und ich werd nimmer sein. 's wird schöne Maderln geben – und ich werde nimmer leben...«

Als er 1933 Deutschland verlassen hatte – Moissi, der Nicht-Jude und im Grund ganz unpolitische Mensch, lehnte jede Verbindung zum Dritten Reich strikt und unbedingt ab –, unternahm er es, eine zweite künstlerische Karriere zu beginnen: eine Karriere als italienischer Schauspieler. Er hatte Erfolge auf der italienischen Bühne und im Film. Mussolini, damals noch nicht im Bann der »Achse«, rühmte den Emigranten als den »größten Schauspieler Italiens«. Aber Moissi hatte seine physischen und psychischen

Widerstandskräfte wohl doch überschätzt. Gerade als er im Begriffe war, zu einer neuen großen Tournee aufzubrechen, kam der Tod: der so oft und so erschütternd den Tod gemimt hatte, das feierliche oder elende Sterben auf einem Königsthron, in einem Wald, einer Hütte, auf den Stufen einer Treppe, in einem Prunkbett: irgendwo, in der italienischen Provinz, in einem gleichgültigen, fremden Zimmer lernte er das unbarmherzige Gesicht des echten Todes kennen.

In Hollywood starb der Berliner Komiker Paul Graetz. Er war einmal sehr populär gewesen, die halbe Hauptstadt lachte über seine Witze und sprach von ihm als »unser Paule«. Die Nazis aber fanden, er sei ein »volksfremdes Element«. »Paule« wurde in die Fremde geschickt. Er wartete geduldig auf den »zweiten Aufstieg«, der ja vielen seiner Berliner Kollegen im Ausland zuteil geworden war. Schließlich schien er ganz nahe, der zweite Aufstieg: in Hollywood war dem hochbegabten Komiker eine gute Rolle angeboten, aber sein Herz hatte wohl die lange Entfernung von Berlin nicht vertragen, er konnte die gute Rolle, auf die er so lange gehofft hatte, nicht mehr spielen, er konnte überhaupt keine Rollen mehr spielen. An seinem Grabe sprach Max Reinhardt; er hatte nasse Augen, als er von »Paule«, mit dem er so viel zusammengearbeitet und über den er so viel gelacht hatte, Abschied nahm.

In New York, wo er während seiner letzten Lebensjahre als Dozent tätig gewesen war, starb der Schriftsteller und Architekt Werner Hegemann. Die Gegenstände, die ihn während seines Lebens am intensivsten und nachhaltigsten beschäftigt hatten, waren die moderne Wohnkultur und Friedrich der Große von Preußen gewesen. Den Preußenkönig hatte er mit einer Art von zäher Haß-Liebe verfolgt und mehrere Bücher über ihn geschrieben, die sehr geistvoll waren und von vielen Deutschen als sehr respektlos empfunden wurden. Die Wut der deutschen Nationalisten verfolgte ihn bis über den Ozean; er hatte auch in New York gegen seine alten Nazi-Feinde zu kämpfen.

In England starb der große deutsche Chemiker und Nobelpreisträger Haber, der Erfinder jenes »Haber-Bosch-Verfahrens«, ohne das die Deutschen den letzten Krieg überhaupt nicht hätten führen können. Es wird heute noch in Deutschland als eminente Leistung nationaler Wissenschaft gepriesen und übrigens von der deutschen chemischen Industrie weidlich benutzt, obwohl der geniale Erfinder seinen Posten in Deutschland als Nicht-Arier verloren hatte und das Reich mit Schimpf und Schande verlassen mußte.

In seiner Wohnung in Nizza, Südfrankreich, starb der Sexualforscher, Arzt und Schriftsteller Magnus Hirschfeld, der Begründer und Leiter des berühmten *Instituts für Sexualwissenschaft* in Berlin, der Sachverständige in zahllosen Prozessen, der Spezialist in allen Problemen der Sexualpathologie und besonders der Homosexualität, der Erfinder des vielleicht falschen, aber jedenfalls epochemachenden Terminus vom »dritten Geschlecht«. Magnus Hirschfeld, den wir viele Jahre lang gekannt und geschätzt hatten, sah, mit hängendem weißem Schnurrbart und wohlwollenden klugen Augen aus wie ein hilfsbereiter Großpapa. Wirklich kam es ihm nicht nur darauf an, die Wahrheit zu erkennen. Seine andere Haupt-Absicht war, mittels der erkannten und erforschten Wahrheit Gutes zu tun: nämlich die, die von einer veralteten Moral als »lasterhaft« oder »entartet« bezeichnet und zum Kerker verurteilt wurden, zu retten, indem er ihnen attestierte, sie seien nicht kriminell, sondern vielleicht krank und jedenfalls »anders als die anderen«. Der sittliche Ernst dieses Forschers stand für jeden gerechten, ernsthaften Beurteiler außer Frage; jede Frivolität lag ihm fern; sein Lebenswerk ist bedeutend und übrigens erfüllt vom Geist einer echten Humanität, einer aktiven Sympathie für alles Menschliche. Müssen wir eigens betonen, daß die Nazis ihn von jeher als ein »altes Schwein«, einen »dreckigen Pornographen« bezeichneten? – Als das Dritte Reich ausbrach, hatte Hirschfeld das Glück, sich auf einer Weltreise zu befinden. Sein Institut wurde sofort geschlossen; die höchst kuriosen Sammlungen, die der Fleiß eines langen Lebens angelegt hatte, vernichtet oder gestohlen und mißbraucht. Hirschfelds Werke flammten auf dem Scheiterhaufen, und mit ihnen brannte eine Puppe, die den Verhaßten darstellte, womit Goebbels und seine Banditen ohne Frage ausdrücken wollten: Solches oder noch Schlimmeres wäre dem Alten geschehen, wenn wir seiner nur habhaft hätten werden können. Hirschfeld – also durch guten Zufall einem mittelalterlichen Martertode entgangen – gründete in Frankreich, wo man seine Leistungen schätzte, eine neue Existenz. Wir besuchten ihn in Paris, dann in Nizza. Sein Ende war friedlich.

Während wir an diesen Zeilen schreiben, im Sommer 1938, erreicht uns die Nachricht, daß einer unserer Freunde, der deutsch-ungarische Schriftsteller Ödön von Horváth in Paris von einem Baum erschlagen worden ist. Ödön Horváth ist einer unserer Besten gewesen.

Er war ein Dichter, nur wenige verdienen diesen Ehrennamen. Die Atmosphäre echter Poesie war in jedem Satz, den er geschrieben hat, und sie war auch um seine Person, war in seinem Blick, seiner Rede. Mit einem Lächeln, das kindlich, aber nicht ganz ohne Grausamkeit war, liebte er es, wunderliche und schreckliche Geschichten vorzutragen, Geschichten, in denen seltsame Krüppel und groteske Unglücksfälle, komische, ausgefallene, fürchterliche Begebenheiten eine Rolle spielten. Übrigens hatte er wohl auch Ahnungen, und zwar recht deutliche Ahnungen, was sein eigenes Ende betraf. Als wir ihm zuletzt in Zürich begegneten, ein paar Tage ehe ihn sein sonderbares und grausiges Schicksal traf, sagte er uns, und sagte er zu anderen Freunden: »Ich habe keine Angst vorm Krieg oder vor der Gefangenschaft. Ich habe Angst *vor der Straße.* Auf der Straße kann etwas passieren. Ein Ziegelstein kann einem auf den Kopf fallen...« Dann machte der gesunde, kräftige junge Mann sein Testament, das er seinem Verleger in Amsterdam anvertraute.

Dieser Dichter war auch Moralist. Wäre er nicht im Grunde doch ein Moralist gewesen, er hätte sich ja sehr wohl mit Nazi-Deutschland abfinden können, wo man gegen den ungarischen »Arier« nicht viel einzuwenden gehabt hätte und wo seine Vorliebe fürs schauerlich Groteske üppig auf ihre Kosten gekommen wäre. Indessen trennte er sich deutlich vom Dritten Reich. Er erschauerte vor dem Bösen, das im Dritten Reich täglich schamlos-nackt triumphiert. Der Roman, den er im Exil veröffentlicht hat, *Jugend ohne Gott,* ist von der ersten bis zur letzten Zeile atemberaubend erfüllt von diesem Schauder. Die gottlose Jugend, die der tragische Kollektiv-Held dieses außerordentlichen Buches ist, hat keine Ideale, keinen Glauben mehr. Ein materialistisches Zeitalter hat ihr den Glauben genommen; der Faschismus hat ihr für die verlorene Religiosität keinen Ersatz gegeben, sondern nur die Gewaltanbetung und die Brutalität als Prinzip. Die Jugend ohne Gott ist sowohl traurig als auch böse; sie ist grausam und melancholisch. Die trostlose und gefährliche Jugend, die Horváth meint und beschreibt, ist die Jugend des Dritten Reiches. Aber das Politische selber kommt in dieser Erzählung, die durchaus nicht Reportage, sondern ganz und gar Poesie ist, nur indirekt vor. Die politische Tendenz des Buches ist nur zwischen den Zeilen zu lesen; dort allerdings deutlich genug.

Und nun die Klage der Freunde: Warum so früh? Warum gerade er? Was hätte er noch alles machen können! Wie bitter wird er uns fehlen! Wir stimmen ein in die Klage. Doch mischt sich in unsere Trauer noch ein anderes Gefühl – ein Gefühl, das oft sehr mächtig in uns ist, wenn Menschen und besonders wenn Dichter »ihren eigenen Tod« sterben. (»O Herr, gib jedem seinen eignen Tod!« flehte Rainer Maria Rilke.) Der Tod von Dichtern vollzieht sich häufig auf eine Art, die unheimlich genau zum Stil ihrer Werke paßt: sie müssen schließlich erleben oder sterbend erleiden, was sie erst nur träumten. Unbarmherzig erfüllt sich an ihnen ein Schicksal, das sie, diese spielerischen Götter, bis dahin nur über ihre erfundenen Geschöpfe verhängt hatten. Der unschuldige Baum auf der schönsten Straße der Welt, der an einem vorüberschlendernden Dichter zum Mörder wird: es könnte ein Einfall des Dichters Ödön von Horváth gewesen sein.

Viele Glieder der großen, weit verzweigten Emigrations-Familie sind heimgegangen zu den Schatten und in den Frieden. Wie ehren wir, die wir noch zum Leben verurteilt oder noch vom Leben begnadet sind, das Andenken der Dahingegangenen am besten? Indem wir das weiter lieben und verteidigen, was sie geliebt und verteidigt haben; indem wir hassen und verachten, was sie gehaßt und verachtet haben; indem wir, so lange die Kraft reicht, jene Fahnen hochhalten, die unsere Freunde, tödlich ermüdet, senken mußten.

AKTIVITÄT IN EUROPA

WORK IN EUROPE

ÜBER DAS PROBLEM »DEUTSCHE Emigration« haben wir oft mit holländischen, französischen oder Schweizer Freunden gesprochen. Sie sagen meistens das gleiche: »Es ist ein furchtbar schweres Problem. Wir haben doch in unseren Ländern selber Arbeitslose. Wie sollten wir da noch Verdienstmöglichkeiten für Zehntausende von exilierten Deutschen schaffen?«

Es wäre viel zu erwidern – zum Beispiel, daß die deutsche Emigration – zwischen hundert und einhundertfünfzigtausend Personen, die sich nicht nur über die europäischen Länder, sondern auf alle Kontinente verteilen – zahlenmäßig nirgends eine bedeutende Rolle spielen kann; weiter: daß diese exilierten Deutschen ihren Gastländern beinah nie »zur Last fallen« (um einen heute international beliebten und für uns kränkenden Ausdruck zu gebrauchen), sondern auch den Konsum und Umsatz des betreffenden Landes erhöhen. Sogar wenn sie von Unterstützungen leben, so werden doch diese Summen niemals von den Regierungen oder den Steuerzahlern des Landes aufgebracht; vielmehr durchaus freiwillig, von privater Seite. Oft kommt das Geld sogar aus dem Ausland: es wandert etwa von Nordamerika nach Frankreich oder von England in die Tschechoslowakei, so daß selbst jene, die von den »milden Gaben« der jüdischen, politischen oder christlichen Organisationen existieren müssen, praktisch und vom Interesse-Standpunkt der Gastland-Regierung aus gesehen, einfach Verbraucher, Konsumenten sind, nämlich Leute, die irgendwelches Geld ausgeben, das ihnen von irgendwelcher Seite zukommt. Was nun die betrifft, die mit einem großen oder kleinen Kapital ins Land gekommen sind und die Erlaubnis erwirkt haben, sich selbständig als Unternehmer zu betätigen, einen Laden, eine Fabrik, irgendein Geschäft zu eröffnen, so ist doch nicht zu vergessen, daß sie ihrerseits Angehörige eben jener Nation, die ihnen die Arbeits-Erlaubnis gewährt hat, beschäftigen und etwas verdienen lassen, ganz abgesehen von den direkten oder indirekten Steuern, die sie natürlich wie jeder andere Bürger entrichten.

Es ist selbstverständlich, daß der aus seiner Heimat Vertriebene, der in einem freieren, besser regierten Land Gastfreundschaft findet, diesem Land nicht nur Loyalität, sondern auch Dankbarkeit schuldig ist und entgegenbringt. Solche Dankbarkeit aber braucht uns nicht vergessen zu lassen, daß ein arbeitender Mensch nicht nur nimmt, sondern auch gibt. Wir reden hier nur von denen, die etwas leisten; die anderen, die bequem von ihren Zinsen leben, stoßen ohnedies auf wenig Schwierigkeiten und sind fast überall gern gesehen.

Kommen wir auf unser besonderes Gebiet, das kulturelle. Hier kann gerechterweise kaum davon die Rede sein, daß ein exilierter Deutscher, der sich in seinem Gastland betätigt, einem anderen dadurch »etwas wegnähme« oder für irgendwen ein »unerwünschter Konkurrent« sei. Jeder Künstler, und überhaupt jeder geistig produktive Mensch, leistet doch etwas, was kein anderer leisten könnte; was den Charakter und den Stempel seiner Persönlichkeit trägt: wäre er nicht »originell«, wäre er nicht »unvergleichlich«, er verdiente nicht den Ehrennamen eines Künstlers und Schöpfers. Preußen, um nur irgendein Beispiel zu nennen, hatte sich *à la longue* nicht zu beklagen, daß es die französischen Hugenotten-Familien, die vor den Protestanten-Verfolgungen flohen, gastlich bei sich aufgenommen hat; diese Familien und ihre Nachkommen haben viel Nützliches, Gutes, Schönes für Preußen getan. (Einer unserer großen Poeten, Chamisso, stammt von einem französischen Emigranten-Geschlecht.) Wir glauben nicht, daß es dünkelhafte Überhebung ist, wenn wir hoffen und meinen, daß auch jene großen und kleinen Länder, die uns jetzt durch ihre Toleranz und Gastfreundschaft verpflichten, später nicht bereuen werden, daß sie innerhalb ihrer Grenzen freiheitlich und fortschrittlich gesinnte Deutsche haben wirken lassen.

Sehen wir uns doch ein paar bestimmte Fälle an! Die Engländer etwa sind stolz auf ihre musikalischen Festspiele in Glyndebourne, die es an Reiz des Milieus und an künstlerischem Niveau mit den Salzburger Festspielen, so wie sie »in der guten alten Zeit« gewesen sind, wohl aufnehmen können. Natürlich hat ein exilierter deutscher Dirigent dankbar zu sein, wenn er bei

W. Toscanini

FRANZ WERFEL

Poet, playwright, novelist, and
philosopher

Marcel Sternberger

STEFAN ZWEIG

Most translated living author

CHRISTA WINSLOE

Once a 'Mädchen in Uniform'

ELISABETH BERGNER

'Bergnering' in a new language

einer Veranstaltung von solchem Rang mitwirken darf. Aber andererseits, haben nicht auch die Engländer und ihr internationales Sommer-Publikum dadurch gewonnen, daß sie sich den Dirigenten Fritz Busch verpflichteten?

Er war früher der Generalmusikdirektor der Dresdner Oper. In Dresden fanden seit Jahren alle Uraufführungen der Opern von Richard Strauss statt. Warum blieb Fritz Busch, ein reiner »Arier« und blonder, breitschultriger Hüne, nicht in Dresden, als die Nazis kamen? Politisch hatte er sich niemals als »Linker« exponiert; eher war er konservativ und deutsch-national gewesen. Zum Pech für die Nazis, die ihn gern behalten hätten, war er ein anständiger Kerl. Er schmiß alles hin: den schönen Titel »Generalmusikdirektor« und das noch schönere Einkommen. Nun dirigiert Fritz Busch, der genau so aussieht, wie sich jedes naive Herz einen »richtigen deutschen Mann« erträumt, Opern und Symphonie-Konzerte in Argentinien, wohin er fast jedes Jahr einmal reist, oder in der Schweiz, in Kopenhagen – oder in Glyndebourne.

Dort ist er übrigens nicht der einzige emigrierte Deutsche, der sich um die schönen Mozart-Aufführungen verdient macht. Einer seiner Mitarbeiter ist der Schauspieler und Regisseur Karl Ebert, der für viele der Inszenierungen verantwortlich zeichnet. Ebert ist »reiner Arier« wie sein Freund Busch; auch er hatte eine angesehene, einträgliche Position im Reich, und auch ihm »paßte der ganze Kram nicht mehr«, als die Nazis kamen. Wir haben ihn, als wir Kinder waren, in so ur-germanischen Helden-Rollen, wie der Karl Moor in Schillers *Die Räuber* eine ist, gesehen und sehr bewundert. Vielleicht war sein revolutionäres Pathos gerade in dieser klassischen deutschen Partie zu echt, als daß er sich mit dem Pathos des Dr. Goebbels hätte abfinden können.

Ein anderer, der für die Ausstattung und die Dekorationen der britischen Festspiele neuerdings verpflichtet wurde, ist der Bühnenbildner Teo Otto. Er hatte in Deutschland zuletzt für die Berliner Staatstheater gearbeitet. Sein außerordentliches Talent wurde anerkannt. Ein profitabler Aufstieg schien sicher, als er es vorzog, der Reichshauptstadt und allen großen Karriere-Möglichkeiten, die sich ihm boten, brüsk den Rücken zu kehren. Otto hat den Winter über ein Engagement am Schauspielhaus in Zürich.

Von diesem Züricher Schauspielhaus darf man heute sagen, daß es die

beste und literarisch anspruchsvollste deutsche Bühne ist. Seinen Aufschwung hat es ohne Frage nicht nur den deutschen Emigranten zu verdanken. Zürich ist eine Stadt von alter Theater-Kultur, und übrigens liegt die
Direktion und künstlerische Leitung des Schauspielhauses in den Händen
von Schweizern; aber es ist sicher, daß die deutschen Emigranten zu solchem Aufschwung wesentlich beigetragen haben. Für das Zürcher Institut
wurde die Verfolgung und Ächtung von jüdischen oder politisch suspekten
Schauspielern und Regisseuren im Reich zum bedeutenden Vorteil. Viele,
die in Berlin oder München, Frankfurt oder Hamburg beliebt und respektiert gewesen waren, kamen nun in die Schweiz. Einige von ihnen wurden
nach Basel engagiert, zum Beispiel der Regisseur Gustav Hartung, der
künstlerischer Leiter mehrerer großer deutscher Theater gewesen war, ein
Mann von starkem literarischem Ehrgeiz, großer Erfahrenheit und einer
bemerkenswerten Intensität des Wesens. Die meisten aber fanden sich im
Ensemble des Zürcher Schauspielhauses, das wirklich den Namen eines
Ensembles, das heißt einer Gemeinschaft verdient. Denn die Menschen,
die dort zusammen arbeiten, sind nicht nur durch einen gemeinsamen
künstlerischen Willen, sondern auch durch eine Gesinnung und durch gemeinsame Leiden miteinander verbunden.

In einem wirklichen Ensemble sollte es keine Stars geben, und das Züricher Schauspielhaus hat keine. Wenn der Schauspieler Wolfgang Langhoff
sich einer besonderen Popularität erfreut, so ist es, weil er nicht nur als Darsteller berühmt ist, sondern auch als Autor: sein Buch *Die Moorsoldaten,*
dessen deutsche Ausgabe in einem Schweizer Verlag erschienen und dann
in die meisten Weltsprachen übersetzt worden ist, hat ihm viele Freunde
geworben und ist englisch unter dem Titel: *Rubber Truncheon, being on ac-*
count of thirteen months spent in a concentration camp veröffentlicht. Der
gutaussehende blonde junge Deutsche, für den die Zürcher Damen
schwärmen, wenn er auf der Bühne Helden oder Liebhaber spielt, hat auch
noch den Nimbus dessen, der als »Privatperson« Ungewöhnliches und
Hartes bestanden hat.

Ein anderer Künstler, der in Zürich schon bekannt war, ehe er ans
»Schauspielhaus« kam, ist unsere Freundin, die Charakterschauspielerin
Therese Giehse. Sie war eine der Hauptdarstellerinnen jenes literarisch-
politischen Kabaretts *Die Pfeffermühle,* das wir schon erwähnt haben und

das von einem der zwei Autoren dieses Buches, von Erika Mann, gegründet und geführt worden war. *Die Pfeffermühle,* die am 28. Februar 1933 in München schließen mußte, stellte sich im Herbst des gleichen Jahres dem Züricher Publikum vor. Die kleine Truppe von jungen Deutschen, Schweizern und Österreichern trat mit ihren Liedern und kurzen Szenen zunächst in einem engen, rauchigen Wirtshaus-Saal in der Züricher Altstadt auf. In den Jahren, die folgten, bis zum Herbst 1936 gastierte das antifaschistische Kabarett mit seinen lustigen und bitteren, grotesken oder anklagenden Nummern nicht nur in allen Städten der Schweiz, sondern auch in der Tschechoslowakei und in Holland, in Belgien und Luxemburg; schließlich im Februar 1937 auch in New York, in den Räumen der *New School for Social Research.* Damals hatte die *Pfeffermühle* schon über tausend Vorstellungen hinter sich, und sie hätte in Europa auch noch tausend weitere haben können, wenn nicht die deutschen Konsulate und Legationen sich über die herzliche Aufnahme, welche die kleine deutsche, anti-hitlerische Truppe überall fand, gar zu sehr geärgert hätten. Der Ärger dieser deutschen Herren ging in der Tat so weit, daß sie es sich nicht verdrießen ließen, bei den Regierungen jener Länder, in denen das Kabarett gastierte, Beschwerden einzureichen. Aus dem Ganzen wurde eine hochpolitische Angelegenheit, die sich dadurch verschärfte, daß die Nazis und ihre Schweizer Bundesgenossen, die »Frontisten«, in Zürich einen wilden Skandal gegen die *Pfeffermühle* arrangierten: Stinkbomben wurden geschmissen, und da die Polizei eingreifen mußte, kam es sogar zu einer Schießerei. Fast die ganze Schweizer Öffentlichkeit, Presse und Publikum, nahmen für die *Pfeffermühle* Partei. Das war ehrenvoll und erfreulich, aber es nützte nicht viel. Das Kabarett bekam die Spiel-Erlaubnis nicht mehr…

Es ist eine merkwürdige Tatsache, daß sehr rohe Menschen meist auch sehr empfindlich sind. Dieses psychologische Kuriosum kann man mit besonderer Genauigkeit an den Nazis beobachten. Sie sind zwar ihrerseits enorm aggressiv; jammern und toben aber, sowie jemand ein unfreundlich Wörtlein gegen sie flüstert. Uns Emigranten zum Beispiel, beschimpfen sie, wo sie nur können. Keine Verleumdung ist ihnen infam genug. Wenn wir aber unsererseits antworten – und sei es auch nur mit Ironie und Spott –, dann geraten sie schier außer sich. Ihre Wut über die *Pfeffermühle* war nur ein Teil jenes großen Zornes, jener bitterer Gekränktheit, die sie angesichts jeder theatralischen oder literarischen Aktivität der Emigration empfinden. Es schmerzt sie im Tiefsten, daß sie nicht dazu in der Lage sind, die Revuen und Zeitungen, die von Emigranten herausgegeben werden, verbieten zu lassen. Zu ihrer völlig verständnislosen Empörung gibt es in den nicht-faschistischen europäischen Ländern immer noch etwas, das sich »Pressefreiheit« nennt.

Die Franzosen etwa lassen sich nicht ohne weiteres von Berlin aus diktieren: Verbietet die Wochenschrift *Das Neue Tage-Buch,* denn wir sind mit ihrem Inhalt nicht einverstanden, und unsere höchst sensible Natur leidet unter dem Bestehen dieser Revue. *Das Neue Tage-Buch* existiert weiter und hat eine gute Auflage. Sein Leiter, Leopold Schwarzschild, hat die Zeitschrift, die früher nur *Das Tage-Buch* hieß, aus Berlin, wo sie Jahre lang eine bedeutende Rolle in politischen wie in literarischen Kreisen spielte, nach Paris gerettet. Schwarzschild, dessen ursprüngliches Spezial-Gebiet die Ökonomie und Finanz-Wissenschaft war, führt seinen publizistischen Kampf gegen die Nazis mit Witz und Wissen, mit Konsequenz und unermüdlichem Eifer. Die großen Analysen der politischen und ökonomischen Weltsituation – unter besonderer Berücksichtigung der deutschen –, die er allwöchentlich gibt, werden nicht nur von einem großen Teil der Emigration gierig gelesen, sondern auch von Politikern, Geschäftsleuten und Journalisten in vielen Ländern sehr genau beachtet. Schwarzschild ist von allen Publizisten, die Deutschland verlassen haben, ohne Frage der begabteste. Seine Feinde werfen ihm vor, er sei »destruktiv«. Das ist insofern richtig, als er stärker und eindrucksvoller im Widerlegen als im Verteidigen oder Begründen einer Sache ist; übrigens auch stärker in der Analyse einer schon bestehenden Situation als in der Voraussage einer kommenden. Er ist unbedingter, leidenschaftlicher Antifaschist; aber er ist keineswegs ein Revolutionär. Im Gegenteil: die Erlebnisse und Erkenntnisse, die die letzten Jahre für ihn mit sich brachten, haben ihn eher konservativ werden lassen. Seine Sympathien gehören am meisten einem »reformierten Kapitalismus«; in diesem Zusammenhang hat er sich auch viel mit dem *New Deal* und mit Roosevelt beschäftigt. Er ist nicht Sozialist und hat, gerade in letzter Zeit, ausgesprochen anti-marxistische Tendenzen gezeigt, die ihn mit dem politisch radikal gesinnten Teil der Emigration in Konflikte gebracht haben. Schwarzschilds persönliche Integrität konnte bei diesen Streitigkeiten ebenso wenig in Frage gezogen werden, wie sein publizistisches Genie. Wir finden diese Streitigkeiten bedauerlich und hoffen, daß sie nicht dauern werden – nicht nur und nicht vor allem, weil wir mit dem Herausgeber des *Neuen Tage-Buchs* persönlich befreundet sind, wie auch mit einigen, die ihn zur Zeit nicht grüßen; sondern weil wir es unwürdig und unklug finden, den Nazis, die den liberalen Schwarzschild ebenso unversöhnlich wie seine marxistischen Gegner verabscheuen, das Schauspiel dieses internen Zerwürfnisses, dieses »Bruderzwistes« zu bieten. Unsere Freunde in Paris, Prag oder Amsterdam zanken sich über ideologische oder taktische Nuancen; die lachenden Dritten aber sitzen in Berlin.

In Berlin wurde während der Republik-Jahre mit dem *Tage-Buch* zusammen meistens eine andere politisch-literarische Wochenschrift genannt: *Die Weltbühne*. Ihr Gründer war Siegfried Jacobsohn, einer der glänzendsten Publizisten, die Deutschland jemals gehabt hat. Er schrieb ursprünglich fast nur über Theater; später auch über politische Gegenstände. Nach dem Tode Jacobsohns leitete Carl von Ossietzky die *Weltbühne*. Im Exil wird *Die Neue Weltbühne* von einem politischen Schriftsteller namens Hermann Budzislawski redigiert. Er steht den marxistischen Kreisen näher, als etwa Schwarzschild dies tut; ist aber auch seinerseits nicht an eine Partei gebunden. Seine politischen Aufsätze zeichnen sich durch ihre Prägnanz und Klarheit aus. Er beschönigt nichts, und er verkleinert nicht die Gefahren; aber er ist im Gegensatz zu manch anderen Journalisten der deutschen Emigration ein dezidierter Anti-Defaitist. Sein Optimismus hat etwas Erfrischendes; denn er ist weder ein rhetorischer Trick, noch stammt er aus Kurzsichtigkeit oder Blindheit; vielmehr aus einem Vertrauen zu der Sache, die dieser Autor als »die gute« erkannt hat.

Die Neue Weltbühne, die bis zum Sommer 1938 in Prag erschien und deren Redaktion dann nach Paris verlegt wurde, zählt zu ihren Mitarbeitern Autoren von erstem Rang, wie Heinrich Mann oder Arnold Zweig, oder den philosophisch-politischen Essayisten Ernst Bloch, dessen kulturkritisches Buch *Erbschaft unserer Zeit* zum Interessantesten gehört, was während der letzten fünf Jahre an theoretischer Prosa in deutscher Sprache geschrieben worden ist.

Neben den beiden Wochen-Revuen, die »parteilos«, wenngleich von einer klaren politischen Physiognomie sind, gibt es noch mehrere periodische Publikationen, die die Ansichten und besonderen Interessen bestimmter Gruppen und Parteien vertreten: die deutschen Sozialdemokraten haben ihre Organe, die antifaschistischen Katholiken, die Kommunisten haben die ihren. Außerhalb oder oberhalb der Parteien wiederum steht die einzige Tageszeitung, welche die deutsche Emigration aufzuweisen hat, die *Pariser Tageszeitung.* Ihr Begründer war Professor Georg Bernhard, der Jahre lang Chefredakteur der Berliner *Vossischen Zeitung* gewesen ist und im politischen Leben der Weimarer Republik eine gewisse Rolle gespielt hat. Die *Vossische Zeitung,* die von den Nazis abgeschafft wurde, hatte dem großen Berliner Verlags-Konzern Ullstein gehört, und mit diesem Namen verbinden sich für den deutschen Intellektuellen Vorstellungen, die einerseits imposant, andererseits aber durchaus nicht erfreulich sind. Ein gewisser Rest von »Ullstein-Stil«, d. h. von einer gar zu »schmissigen«, zu sehr für den »Boulevard« berechneten Art des Schreibens und Arrangierens, haftete eine Zeitlang auch der *Pariser Tageszeitung* noch an, die übrigens politisch jederzeit integer und ein zuverlässiges Informationsorgan gewesen ist. Seit einiger Zeit hat die redaktionelle Leitung des Blattes sich geändert: Professor Bernhard schied aus. Ihre neue Leitung läßt es sich mit Eifer angelegen sein, nicht nur ihre Auflagenziffer, sondern auch ihr politisches und literarisches Niveau zu erhöhen.

Aus London schickt Alfred Kerr seine amüsanten Berichte: Kerr, der letzte aus der Generation von deutschen Publizisten ganz großen Formats, zu denen Karl Kraus gehörte. – Kerr war viel mehr als nur der brillanteste Berliner Theaterkritiker. Sein Name wird in einer objektiv geschriebenen deutschen Literaturgeschichte einen ehrenvollen Platz haben. Denn dieser Kritiker hat die Entwicklung des deutschen Dramas um die Jahrhundertwende und in den Jahrzehnten, die folgten, entscheidend beeinflußt; seine genial-boshaften Polemiken gegen Hermann Sudermann sind ebenso unvergänglich wie seine enthusiastischen Analysen der Werke von Gerhart Hauptmann, jenes Gerhart Hauptmann, für den Kerr sich immer wieder mit so unermüdlicher Leidenschaft eingesetzt hat und der ihn im Jahre 1933 so bitter enttäuschen sollte. Als der alte Dichter seinen erbärmlichen Kotau vor den Nazis machte, schrieb Kerr ihm den zornig und schmerzlich bewegten öffentlichen Abschiedsbrief. Wahrscheinlich wird dieser Brief in

Deutschland einmal für bedeutender und großartiger gelten, als irgendetwas, was Hauptmann zur gleichen Zeit hervorgebracht hat. Kerr war immer stolz darauf, daß er nicht nur ein Kritiker, sondern auch ein Dichter – ein analytischer Dichter; ein poetischer Analytiker – sei.

Ein anderer Autor von internationaler Bedeutung, der häufig politische Leitartikel oder Glossen für die *Tageszeitung* macht, ist Rudolf Olden, dessen Bücher über Hindenburg und Hitler wichtige Dokumente der Epoche sind. Seine Hitler-Studie hat den charakteristischen Untertitel: *Der Agent der Macht*. Olden sieht und beschreibt den deutschen »Führer« nicht als den »großen Mann«, der »von unten kommt« und sich, ein isoliertes Genie, seinen Aufstieg erkämpft hat; vielmehr als die Kreatur, eben als den »Agenten« jener Mächte, die in Deutschland immer ausschlaggebend waren: des hohen Offiziers-Corps und der ostpreußischen Junker, der Großgrundbesitzer. Oldens Auffassung mag einseitig sein; jedenfalls ist sie geistvoll und enthält bemerkenswerte Elemente des Wahren. In letzter Zeit läßt Olden sich vor allem über die Zustände des öffentlichen Lebens in England und über die Probleme der britischen Politik vernehmen. Er lebt in London oder Oxford und ist Mitarbeiter an mehreren Londoner politischen und literarischen Revuen; sein Hitler-Buch ist in England ein starker Erfolg gewesen.

Die deutschen Schriftsteller im Exil können nicht alles, was sie sagen oder gestalten wollen, in dünnen Wochenschriften oder Tagesblättern erscheinen lassen. Sie brauchen große literarische Revuen. Zu Anfang der Emigration gab es ihrer zwei: der Schriftsteller und Verleger Wieland Herzfelde gab in Prag monatlich die *Neuen Deutschen Blätter* heraus. Sie entsprachen im Stil dem Verlagsunternehmen, in dessen Rahmen sie erschienen und das Herzfelde schon in Berlin geleitet und berühmt gemacht hatte: der Malik-Verlag war immer deutlich und betont politisch gewesen. Zu seinen Autoren hatten, in Berlin wie später im Exil, einige der großen Russen, etwa Gorki und Ilja Ehrenburg, junge deutsche proletarische Schriftsteller und übrigens auch Upton Sinclair gehört. Mit der Aufzählung dieser Namen, zu denen wir etwa noch Malraux und Barbusse, Bert Brecht und Egon Erwin Kisch nehmen können, ist der Charakter der *Neuen Deutschen Blätter* fast schon beschrieben. Die Zeitschrift, die übrigens gut geleitet, immer von aktuellem Inhalt war, erschien zwei Jahre lang.

Zwei Jahre lang hat Klaus Mann in Amsterdam eine literarische Monats-Revue herausgegeben, deren Namen *Die Sammlung* war. Als Protektoren dieser Zeitschrift zeichneten: André Gide, Heinrich Mann und Aldous Huxley. Der Herausgeber der Zeitschrift bemühte sich, ein Forum für *alle* vom Faschismus nicht infizierten geistigen Kräfte zu schaffen; außer den Autoren der deutschen Emigration kamen in der *Sammlung* französische, englische und amerikanische, holländische, skandinavische und schweizerische Schriftsteller zu Wort. Arbeiten von André Gide, Edmond Jaloux, René Crevel, Jean Cocteau und Philippe Soupault, von Hemingway und Huxley, vom Grafen Sforza und Ortega y Gasset erschienen dort zum ersten Mal in deutscher Sprache.

Die *Sammlung* wurde herausgebracht vom Querido-Verlag in Amsterdam. Der Name dieses großen holländischen Hauses, das seit Jahrzehnten zu den ersten Verlagsunternehmen der Niederlande gehört, wird von all jenen, denen das Schicksal deutscher Literatur am Herzen liegt, nie vergessen werden. Einige Monate, nachdem die Verfolgungen des freien Geistes im Reiche begonnen hatten, im Sommer 1933, einigte sich der angesehene holländische Verleger mit einem jüngeren deutschen Kollegen, Fritz Landshoff, der nun das neue deutschsprachige Unternehmen dem alten niederländischen angliederte. Landshoff hat aus dem deutschen Querido-Verlag innerhalb von wenigen Jahren ein Institut von internationalem Ruf, eines der ersten europäischen Verlags-Häuser gemacht.

Im Querido-Verlag erscheinen nicht nur die berühmten »großen Tiere« der deutschen Emigration, Emil Ludwig etwa oder Heinrich und Thomas Mann, sondern auch jüngere Schriftsteller, deren Bücher erst während der letzten Jahre bekannt geworden sind. Querido verlegt die *best-seller* Lion Feuchtwanger oder Vicki Baum; aber er bringt auch Autoren von schwierigerer, spröderer Art, etwa die Romane des hochbegabten Alfred Döblin. Dieser Schriftsteller hatte vor Jahren einen großen internationalen Erfolg mit seinem Roman *Berlin Alexanderplatz,* eine Art von kühner und origineller Variation auf *Manhattan Transfer* von Dos Passos. Leute, die vom Rang deutscher Prosa und von der Echtheit dichterischer Visionen etwas verstehen, haben auch viele andere Bücher von Döblin bewundert; zum Beispiel den großen Wallenstein-Roman oder die utopische Erzählung *Berge, Meere und Giganten.* Im Exil hatte Döblin, der ziemlich still und zurückgezogen in Paris lebt, seine Verehrer zunächst dadurch überrascht, daß er erklärte: Ich will kein deutscher Schriftsteller mehr sein. Ich bin nur noch Jude. Mich interessieren nur noch jüdische Probleme. In Wirklichkeit aber war sein Geist viel zu umfassend und zu empfindlich, als daß er sich so sehr hätte spezialisieren und verengen können. Er blieb weiter, leidenschaftlich und phantasiebegabt, mit dem Menschlichen, mit *allem* Menschlichen beschäftigt: dafür sind die Romane, die Döblin im Exil bei Querido hat erscheinen lassen, die Bücher *Pardon wird nicht gegeben, Die Fahrt ins Land ohne Tod, Der blaue Tiger,* starker, eindrucksvoller Beweis.

In Berlin leitete Fritz Landshoff mit Walter Landauer zusammen den Kiepenheuer-Verlag, bei dem viele der besten von den jüngeren deutschen Autoren erschienen. Landauer ist nun gleichsam der »Konkurrent« seines Freundes Landshoff geworden, obwohl dieser Ausdruck »Konkurrent« kaum im Scherze erlaubt ist, wo es sich um zwei Unternehmen und zwei Menschen handelt, die so viel sachliche und nicht nur »sachliche« Interessen gemeinsam haben. Denn der Verlag Allert de Lange, dem Landauer in Amsterdam vorsteht, ist die genaue Ergänzung, das gleichgesinnte und gleich-orientierte Gegenstück zum Querido-Verlag. Bei der Produktion von Allert de Lange werden, stärker als bei Querido, historische und theoretisch-politische oder wirtschaftliche Werke berücksichtigt.

Zu den literarischen Beratern und übrigens zu den treuesten Autoren dieses Verlages gehört der junge Schriftsteller Hermann Kesten, der auch in Berlin schon dem Hause Kiepenheuer nahestand. Bei Kiepenheuer erschienen in den Jahren von 1927 bis 1932 seine ersten Romane *Joseph sucht die Freiheit, Glückliche Menschen, Der Scharlatan,* die durch die höchst persönliche Intensität ihres Stils, durch die oft schauerlich groteske Vielfalt ihrer Bilder und Einfälle und durch ihren ziemlich makabren, bitteren Witz Eindruck machten. Der junge Autor war ein Schüler der großen französischen Moralisten und Pamphletisten, vor allem ein Schüler Voltaires. Von den Lebenden hatte ihn am meisten Heinrich Mann beeinflußt. Er liebte es, als ein Zyniker zu erscheinen, und zeigte sich dem Publikum gern mit einem diabolischen Grinsen im Gesicht. Im Grunde war er ein Moralist. Bis zu welchem Grade er Moralist war und wie heilig ernst er Begriffe wie »Freiheit« und »Gerechtigkeit« nimmt, erwies sich erst so recht im Exil. Als er noch in der Heimat lebte, hatte er sich grauenvolle und schaurig komische

Situationen ausgedacht, die ihm für den Zustand und das eigentliche Gesicht der modernen Gesellschaft charakteristisch schienen. Da aber diese moderne Gesellschaft nun, im Faschismus, ihr wahres Gesicht so schamlos nackt enthüllte und als sich herausstellte: es war ärger, als die kühnste Phantasie es sich hatte träumen lassen, da wandte sich der moralistische Satiriker, der nun nichts mehr zu übertreiben fand, angewidert und entsetzt von dieser zeitgenössischen Sphäre ab. Hier gab es nichts mehr zu karikieren. Diese Welt war selber grauenvoll-groteske Karikatur... In zwei großen historischen Romanen, die Kesten während der letzten Jahre geschrieben hat, *Ferdinand und Isabella* und *König Philipp von Spanien,* schien er uns zeigen zu wollen: Im Grunde war die Welt immer so wie heute. Und übrigens, fügt der Moralist hinzu, hat es auch immer einzelne gegeben, Helden des Geistes und der Gesinnung, die sich gegen all dies Schlechte, Ruchlose, gegen Ungerechtigkeit, Gewinnsucht, Machtgier auflehnten und protestierten; die kämpften, vielleicht erfolglos kämpften, aber doch nicht sinnlos. Dieser bittere Satiriker ist wohl im Grunde davon überzeugt, daß das Gute im Menschen niemals aufhören werde zu wirken und daß es sich vielleicht einmal, irgendwann durchsetzen werde. Seine Ausflüge ins alte Spanien haben ihn unserer Gegenwart, deren leidvolle Züge er in der Historie wiedererkannte, nicht entfremdet. Das Buch, an welchem er jetzt arbeitet, hat als Hintergrund den Spanischen Bürgerkrieg; es wird *Die Kinder von Guernica* heißen.

Hermann Kesten war einer der Autoren, deren Beiträge der Herausgeber der *Sammlung* am liebsten veröffentlichte. Die literarische Monatsschrift existiert nicht mehr; die finanziellen Schwierigkeiten waren zu groß – schon in normalen, friedlichen Zeiten sind die literarischen Revuen auf Mäzene angewiesen, und was für Gönner fabelhafter, gar nicht auffindbarer Art benötigen sie erst im Exil! Man erwartete, daß in gewissem Sinne die Nachfolge der *Sammlung* eine *Zweimonatsschrift für Freie Deutsche Kultur* antreten würde, die unter dem Titel *Maß und Wert* seit über einem Jahr in Zürich erscheint und als deren Herausgeber, neben dem Schweizer Schriftsteller Konrad Falke, Thomas Mann signiert. Redakteur ist ein Literat namens Ferdinand Lion, Verfasser mehrerer interessanter, etwas abseitiger kunstphilosophischer und ästhetischer Schriften. Lion hat es verstanden, in *Maß und Wert* zuweilen Beiträge von bemerkenswert feinem Niveau zu vereinigen; auch hatte er das Glück, seinen »Herausgeber« gleichzeitig als Mitarbeiter zu haben: Thomas Manns neueste Arbeit, sein kleiner Roman aus der Goethe-Zeit, *Lotte in Weimar,* erschien fortsetzungsweise in diesen Blättern. Indessen muß festgestellt werden, daß erhebliche Teile der literarischen Emigration von Herrn Lions Redaktionsführung, alles in allem, enttäuscht sind. Die etwas launenhafte Exklusivität, in der er sich vielen exilierten Autoren gegenüber gefällt, ist, so meinen manche, dem Blatt nicht stets von Nutzen gewesen.

Verleger von *Maß und Wert* ist der Schweizer Doktor Emil Oprecht. Seine Verdienste und die seiner ebenso aktiven Frau um das freie deutsche Schrifttum und um die Produktion der deutschen Exilierten im besonderen können gar nicht hoch genug eingeschätzt werden. Oprecht, dessen verlegerische Unternehmungen verschiedene Namen haben (Europa-Verlag, Verlag Oprecht und Helbling usw.) hatte eine Fülle substantieller politischer und ökonomischer Schriften und viele wesentliche Romane herausgebracht. Bei ihm erschien das Buch über Hitler von Konrad Heiden – ein Werk, das sich durch besondere Objektivität und intime Kenntnis des historischen Details auszeichnet und dessen internationaler Erfolg bedeutend ist. Durch die Publikation dieser einen Arbeit wurde Heiden, ein noch junger Mann, der bis dahin nur einem engeren Kreise von politisch oder literarisch interessierten Deutschen bekannt gewesen war, zu einem Autor von Weltruf. Übrigens ist Oprecht der Verleger, beinah darf man sagen: der »Entdecker« des größten Talents unter den jüngeren italienischen Autoren antifaschistischer Gesinnung. *Fontamara, Brot und Wein, Die Reise nach Paris* von Ignazio Silone sind in deutscher Sprache bei Oprecht erschienen und haben von Zürich aus ihren Siegeszug in die Welt angetreten. Oprecht ist auch der Verleger des berühmten Briefes von Thomas Mann *An den Rektor der Universität von Bonn.* Die Romane von Thomas Mann erscheinen jetzt in Stockholm, bei Bermann, dem Nachfolger und Schwiegersohn des großen Berliner Verlegers S. Fischer. Doktor Bermann hatte es verstanden, sich lange Zeit in Berlin zu halten; hatte dann in Wien einen Verlag, Bermann-Fischer, eröffnet und ist nun, nach der deutschen Invasion in Österreich, zum zweiten Mal emigriert, diesmal nach Schweden.

Die Tradition der Prager *Neuen Deutschen Blätter* setzt eine Monatsschrift fort, die seit einiger Zeit in Moskau erscheint und deren Redaktion jetzt nach Paris verlegt werden soll. Die Zeitschrift *Das Wort* hat keinen parteipolitischen Charakter; sie führt den literarischen Kampf gegen den Faschismus auf breiter Front, mit vielen und verschiedenartigen Mitarbeitern. Mit ernster Konsequenz und mit Erfolg bemüht sich die Redaktion dieser Revue besonders darum, neben dem Aktuellen auch »das deutsche Erbe« zu pflegen; bei ihren Lesern die Erinnerung an die großen geistigen Taten unserer Klassiker wachzuhalten. Durch Zitate älterer Autoren, die *Das Wort* fast in jeder Nummer bringt, wird erwiesen, daß die Werke der »großen deutschen Epoche« sehr viel lebensvoller und reicher an zukunftsträchtigen Elementen sind, als der »gebildete Durchschnittsmensch« es sich meistens bewußt macht. – Die Herausgeber der Moskauer Zeitschrift sind: Lion Feuchtwanger, Bert Brecht und Willi Bredel, ein junger proletarischer Autor aus Norddeutschland, der ein Konzentrationslager bei Hamburg aus langer eigener Erfahrung kennt. Bredel hat die Erlebnisse, die er im Dritten Reich bei der illegalen politischen Arbeit und in der Haft hatte, in mehreren Büchern beschrieben; das beste von ihnen ist der Roman *Dein unbekannter Bruder,* der in einfacher, anspruchsloser Sprache ein eindrucksvoll plastisches und genaues Bild vom Leben und Leiden deutscher Arbeiter unter der Hitler-Diktatur gibt. Der Autor ist seinerseits ein einfacher, offener, sympathischer Kerl geblieben, wie er ihrer so viele in seinem Buch schildert. Er spricht den unverfälschten Dialekt der »Waterkant«, den braven Hamburger Akzent, und nimmt sich mit seinem runden, zugleich treuherzig naiven und gescheiten Gesicht in Paris, Moskau oder Barcelona recht wie »ein Stück deutscher Heimat« aus.

Eine andere deutsche Revue von gutem Niveau, die *Internationale Literatur,* die in Moskau gedruckt wird, hat als Herausgeber den Lyriker Johannes R. Becher, in dessen Versen Schmerz und Hoffnung, Zorn und Zuversicht, Heimweh und kämpferischer Wille sich zu schöner, strömender Beredsamkeit verbinden.

Wir haben unserer Hoffnung Ausdruck gegeben, daß die europäischen Länder, die allen diesen Künstlern und Intellektuellen nicht nur das Asyl, sondern auch die Möglichkeit, frei zu wirken, gewähren, ihre Toleranz und Gastlichkeit nie zu bereuen haben werden, sondern einmal werden feststellen können: Auch wir haben etwas von diesen Fremden gehabt – etwas

Anregung und Bereicherung; sie haben ein wenig frischen Wind mitgebracht.

Wie – und wenn sie noch etwas anderes zu bieten hätten, ein Geschenk, das fast beschämend ist für den, der es gibt? Wir meinen, daß manche deutsche Emigranten und das Schicksal, das sie zu Emigranten hat werden lassen, den noch freien Bürgern anderer Nationen als Warnung dienen könnten. Wenn wir das sagen, denken wir vor allem an die vertriebenen deutschen Politiker, an die Leiter oder hohen Funktionäre der geschlagenen und aufgelösten deutschen Parteien. Ob Katholiken oder Kommunisten, ob Konservative oder Demokraten: sie haben alle ihr Teil Schuld an dem Unglück, das über unser Vaterland hereingebrochen ist. Durch zu sanfte Toleranz oder zu starre Orthodoxie, durch falsche Taktik oder schwachen Charakter sind sie wohl samt und sonders mitverantwortlich für das große deutsche Unglück, das zum Unglück der Welt zu werden droht. Freilich: die Umstände waren aufs furchtbarste gegen sie; oft will es uns vorkommen, als wäre es ungerecht oder sinnlos, einzelne Männer schuldig zu sprechen, wo ein finsteres Verhängnis gewaltet hat. Aber die geschlagenen deutschen Politiker wären wohl heute die ersten, zuzugeben, daß man mit dem Wort »Verhängnis« nicht alles erklären und entschuldigen darf. Die schlimmste Sünde dieser Politiker war, daß sie uneinig untereinander gewesen sind, uneinig angesichts einer so lawinenhaft anwachsenden Gefahr wie dem Nationalsozialismus. Wir wissen, daß in den verschiedenen Kreisen der verbannten deutschen Politiker ein Prozeß der Besinnung im Gange ist, der zu einer Einigung aller antifaschistischen Kräfte führen könnte und führen müßte. Die ungeheure Bedeutung dieses Prozesses liegt auf der Hand, besonders wenn man bedenkt, wie dringend die zerstreuten und zersplitterten oppositionellen Kräfte drinnen im Reich Beispiel und Vorbild der Emigration brauchen. Freilich stehen der kämpferischen Vereinigung aller antifaschistischen deutschen Parteien und Gruppen immer noch erhebliche Schwierigkeiten, Differenzen taktischer oder prinzipieller Art, im Wege. Inzwischen haben die nichtfaschistischen Politiker in den Ländern, wo die deutschen Sozialdemokraten und Katholiken, Kommunisten und Liberalen Asylrecht genießen, reichlich Gelegenheit, am Schicksal ihrer heimatlos gewordenen Kollegen zu ermessen, was für Konsequenzen Irrtümer und Fehler haben können, die in der Weimarer Republik begangen wurden und die anderwärts zu vermeiden man gut täte.

In Paris sprachen und debattierten wir mit vielen der wichtigsten ehemaligen deutschen Parteiführer. Ihre derzeitige Arbeit wird still, natürlich, fast im geheimen verrichtet. Sie tragen zu Publikationen von Zeitungen und Pamphleten bei, in denen sie die Mitglieder ihrer früheren Parteien, die jetzt in alle Welt zerstreut sind, mit allen erdenklichen Informationen von »innen« und »außen« versorgen. In erster Linie allerdings halten sie den Kontakt mit ihren Freunden in Deutschland aufrecht, und sie sind bestrebt, zwischen ihnen und der Welt im großen und ganzen Verbindung herzustellen. Sollen wir Namen erwähnen?

Eine der interessantesten und vielversprechendsten Persönlichkeiten unter ihnen ist Hermann Rauschning, der wirklich einer »von der anderen Seite« ist, denn er war ein glühender deutscher Nationalist. Er war Senatspräsident in der »Freien Reichsstadt« Danzig – die in Wirklichkeit überhaupt nicht frei, sondern von den Nazis beherrscht war. Deshalb trat Rauschning zurück und ging ins Exil. Kürzlich hat er in der Schweiz ein Buch mit dem Titel *Die nihilistische Revolution* veröffentlicht, welches sich auf die Nazi-Revolution bezieht. Dieses Buch zeigt nicht nur die profunden Kenntnisse des Autors über den Charakter der Nazis und ihrer endgültigen, höchst gefährlichen Ziele; es beweist auch, daß Rauschning einer der sehr wenigen deutschen Staatsmänner und politischen Denker im Exil ist, der fähig und bereit wäre, eine wichtige Rolle in der deutschen Republik der Zukunft zu übernehmen.

Dann gibt es noch Doktor Spiecker (der frühere Kabinettsvorsitzende der Regierung Brüning) – ein weiser und aktiver Katholik; dann sind da die Sozialdemokraten Wels, Stampfer und Max Braun (letzterer erlangte Ruhm im Kampf um das Saargebiet, in dem er außerordentlich populär war); dann Franz Dahlem, der Kommunist, der über eine lange Zeit in Spanien kämpfte; Willi Münzenberg, der seine Laufbahn als Schusterlehrling begann und der heute eine der vielseitigsten und vielversprechendsten Gestalten unter den antifaschistischen Politikern ist. Münzenberg, dessen scharfsinniger Geist einen ständigen Kampf mit einem politisch leidenschaftlichen Herzen führt, ist für vieles Gute, was die »Emigration« hervorgebracht hat, verantwortlich. (Ebenso wie für einige Unruhe und Verwirrung.) Die zahlreichen, wichtigen Publikationen (*Braunbuch II., Dimitroff contra Göring, Das braune Netz, Hitler's Air Fleet Ready to Take Off, The Yellow Blot* etc.), die gleich zu Beginn, kurz nach dem Reichstagsbrand bei Éditions du Carrefour, Paris, in Deutsch erschienen und in viele Sprachen übersetzt wurden, gehen auf Münzenbergs Initiative und Organisationstalent zurück. Die Gegenaktion zum Reichstagsbrand, die in London, sogar noch vor Beginn der schmutzigen Komödie in Leipzig, erwogen wurde, hätte wohl kaum ohne Münzenbergs entschlossene Tatkraft stattgefunden. Die Bedeutung dieses Widerstands ist in allen Köpfen noch lebendig und präsent. In Anwesenheit internationaler Persönlichkeiten höchsten Ranges (um nur den schwedischen Senator Georg Branting und den großen französischen Juristen Giafferi zu nennen) fanden in London Verhandlungen über den Reichstagsbrand statt, zu denen sowohl so viele Zeugen wie möglich geladen als auch umfangreichste Beweise zusammengetragen wurden. Es waren Untersuchungen, die nach streng juristischen Gesichtspunkten geführt wurden. Aus diesen von der Weltpresse kommentierten Untersuchungen ging mit absoluter Sicherheit hervor, daß die Angeklagten in Deutschland (Van der Lubbe, Torgler, Dimitroff, Popoff und Taneff) unschuldig waren, während die wirklichen Übeltäter (Göring und seine Gefährten) der Weltöffentlichkeit präsentiert wurden. Es war ein ziemlich einmaliges Verfahren: bevor der Lügenprozeß in Leipzig begann, hatte die Welt das Urteil gesprochen. Die in London erbrachten Beweise waren nur allzu klar: sie stempelten die Ankläger ganz offen zu den in Wahrheit Schuldigen.

Der Erfolg und das Verdienst, jetzt kürzlich, im Herbst 1938, ein Wochenmagazin, *Die Zukunft,* gegründet zu haben, gebühren ebenfalls Willi Münzenberg. Viele unserer Freunde im Exil wie auch Amerikaner, Engländer und Franzosen sind Mitarbeiter dieser Zeitschrift; sie alle glauben fest daran, daß die »Emigration« der Hauptverbündete all jener ist, die Deutschland wohlwollen und folglich den Nazis gegenüber weniger wohlgesinnt sind.

Die deutsche Kultur, ehe sie in ihrer Heimat unterdrückt und draußen in alle Winde zerstreut wurde, hatte einen guten Ruf: wir dürfen es mit Stolz konstatieren; denn es war ja noch *unser* Deutschland, auf das dieser gute Ruf sich bezog. An vielen europäischen Universitäten haben vertriebene oder freiwillig ausgewanderte deutsche Forscher und Gelehrte dem schönen Renommee deutscher Wissenschaft wieder Ehre gemacht. Im Reich haben gerade die Professoren sich oft bis zu einem Grad erniedrigt, daß man sich an das berühmte Wort eines preußischen Königs erinnert fühlte: »Huren und Professoren findet man an jeder Straßenecke...« Um so wichtiger ist es, daß einige Männer im Ausland jetzt das Ansehen des deutschen gelehrten Standes wiederherstellen.

Manche jüngere deutsche Dozenten wirken an einer *École normale supérieure* in Frankreich: Unser Bruder, Doktor Golo Mann, arbeitete zum Beispiel als Lehrer in Rennes, und der sehr begabte junge deutsche Schriftsteller Fritz Walter, Autor eines reizenden kleinen Romans mit dem Titel *Kassandra,* unterrichtet in Nancy. Viele Forscher von Rang wurden der ehrgeizigen und rapid sich entwickelnden Universität von Istanbul (Türkei) verpflichtet, zum Beispiel Professor Nissen, einer der berühmtesten deutschen Mediziner, enger Mitarbeiter des großen Chirurgen Sauerbruch, der seinerseits im Dritten Reich sich mit den Machthabern wegen jüdischer Assistenz-Ärzte häufig zankt, um sich dann brummend wieder mit der Gewalt zu versöhnen. Nach Istanbul wurde auch Professor von Mises berufen, der große österreichische Sachverständige für Flugzeugwesen. Von Mises hat im Weltkrieg als Flugzeugführer für Deutschland gekämpft, seine Maschine wurde abgeschossen, und er entging mit knapper Not dem Tode. Sein Ordinariat in Berlin, wo er als maßgebend in allen Dingen der Fliegerei geschätzt wurde, hat Professor von Mises niedergelegt, kaum daß Hitler dort mächtig wurde. Er ging an die Universität Istanbul und gilt heute als einer der einflußreichsten Berater der türkischen Regierung. In Deutschland hat man den Verlust des bedeutenden Fachmannes nie ganz verschmerzt. Sein Buch über Flugwesen wurde noch nach 1935 dort neu aufgelegt. Gleichfalls an der Universität Istanbul lehrt der deutsche Philosoph Reichenbach. Er ist von den lebenden »professionellen« Philosophen einer der interessantesten. Denn er hat in vielen Essays gleichsam den weltanschaulichen Extrakt, die intellektuelle Quintessenz, aus den Entdeckungen und Leistungen der neuen Physik gezogen. Reichenbach hat viel dazu beigetragen, die gebildete, aber in den Naturwissenschaften laienhafte deutsche Öffentlichkeit mit der philosophischen Bedeutung des neuen Raum-, Zeit- und Welt-Bildes bekannt zu machen. Er hat für unser geistiges Leben etwa die Funktion, die in der angelsächsischen Welt Bertrand Russell erfüllt.

In Brüssel lehrt der Physiker Professor Peter Pringsheim, der in Berlin ein
Mitarbeiter Einsteins war. Andere wieder sind in Amsterdam untergekommen, so der bedeutende Jurist Sinzheimer; wieder andere halten ihre Kol-
legs in der Schweiz; an der Universität von Bern zum Beispiel der Litera-
tur-Historiker Fritz Strich, dessen Buch über *Klassik und Romantik* jeder
kennen sollte, der sich mit dem deutschen Schrifttum gründlich beschäftigt. In England hat der Soziologe Karl Mannheim eine angesehene Position: seine Vorlesungen gehörten eine Zeitlang zu den großen Attraktionen
der Universitäten von Heidelberg, dann von Frankfurt am Main.

Der große Physiker und Nobelpreisträger Schrödinger, der Begründer
der Lehre von der Wellenmechanik, floh nach England, freiwillig und sofort. Seine Professur in Oxford gab er im Jahre 1936 wieder auf, weil aus
Graz in der österreichischen Steiermark ein Ruf an ihn ergangen war. Die
Landschaft seiner süddeutschen Heimat, die Bergwiesen und Almhütten,
die er liebte, hatten mehr Verlockung für ihn als der Glanz seiner Position
in England. Wenige Tage vor Hitlers Einmarsch in Österreich hielt er in
Wien einen Vortrag, in dem zwar von Dingen der Astronomie, aber auch
von dem Unwesen die Rede war, das vom deutschen Nachbarland aus die
Welt verpeste und das, beobachtete man es etwa von oben, von den Sternen
her, noch unverständlicher und abstoßender wäre, als es sich hier unten
ausnehme.

Trotzdem hat Schrödinger Graz nicht verlassen, seitdem das Unwesen
auch dort sich breitmacht. Er kannte die Emigration, – ihre Bitternis und
Schwere. Sie ein zweites Mal auf sich zu nehmen, fühlte er sich nicht imstande. Der »arische« Gelehrte wurde von seinem »Führer« in Gnaden akzeptiert, nachdem er Buße und Reue gelobte – ein Emigrant, der allem
abschwor, was ihm bis dato recht und wahr erschienen. Nun klingen um
ihn die Heimatlaute der süddeutschen Sprache, denen unsere Sehnsucht
gilt, und er klettert auf Berge, die wir in unseren Träumen sehen. Wir neiden es ihm nicht, wir sind glücklicher als er.

Eine besondere Stellung unter den deutschen Geistern, die man jetzt
»draußen« zu schätzen weiß, nehmen die Pädagogen ein. Kurt Hahn, der
das Landerziehungsheim *Salem* am Bodensee geleitet hat, ist der Direktor
eines englischen Internats geworden. Der starke erzieherische Einfluß, den
er auf seine deutschen Schüler hatte, scheint sich auch den britischen *boys*

gegenüber zu bewähren. Übrigens hatte er schon am Bodensee versucht, sein Institut möglichst im »englischen Stil« zu halten. Er scheint, dank solcher Bemühung, sogar »englischer als die Engländer« geworden zu sein. Als wir neulich ein echt-englisches Internat nicht weit von London besuchten, fiel uns die kleidsame, typisch britische Tracht der Jungen auf. Einer der Lehrer, dem gegenüber wir sie gelobt hatten, erklärte uns eifrig: »Diese Uniformen haben wir vom Internat des Mr. Hahn kopiert.«

Weniger *smart,* aber tiefsinniger und ein sehr gütiger Jugenderzieher ist Paulus Geheeb, in dessen Institut, der *Odenwaldschule* bei Heidelberg, Klaus eine Zeitlang Schüler gewesen ist. Das Wort »Schüler« war allerdings verpönt in dieser »Freien Schulgemeinde«, wo die Kinder oder jungen Leute »Kameraden«, die Lehrer aber »Mitarbeiter« hießen und wo über die wichtisten pädagogischen oder praktischen Fragen von »Kameraden« und »Mitarbeitern« gemeinsam in einer allgemeinen Versammlung, die den Charakter eines Parlaments hatte, beschlossen wurde. Es war eine wunderbare Schule – sie hatte genug Zucht für die, welche Zucht brauchten, und gewährte genug Freiheit jenen, die ihrer würdig waren; und Paulus ist ein wunderbarer Mann reinen Willens. Mit langem weißem Bart und nackten Beinen sieht er wie ein frommer Eremit oder ein Wüstenheiliger aus. Als er sich einmal mit seinem Freund, dem indischen Dichter Rabindranath Tagore, zusammen photographieren ließ, nahmen sich die beiden Vollbärtigen höchst stilvoll nebeneinander aus, und das Fräulein, welches das Bild zu entwickeln hatte, schrieb unter das Klischee: »Zwei Mönche«.

In Geheebs pädagogischer Konzeption, der er seit Jahrzehnten mit unermüdlichem Eifer nachlebt, mischen sich indische Elemente mit deutsch-humanistischen. Das Ethos Humboldts und Herders, die Vision Goethes von der »pädagogischen Provinz« haben diesen Erzieher tief und fruchtbar beeinflußt. Da sein aufs Universale gerichteter Geist jedem Nationalismus und Militarismus abhold ist, mußte er Deutschland verlassen.

In der Schweiz, nicht weit von Genf, hat er eine neue Schule eröffnet, die den Namen *Schule der Menschheit* führt, *École de l'humanité:* welch anspruchsvoller, welch schöner und verpflichtender Name! Er enthält ein ganzes Programm. Welche Sehnsucht, welch ins Weite und Hohe planender Ehrgeiz! Ach, diese Deutschen, von denen Nietzsche, ihr tiefster und unerbittlichster Kenner, gesagt hat, daß sie »niemals von heute seien, son-

dern immer von gestern und übermorgen«. Während sie der Welt das beschämende Schauspiel einer fast unglaublichen geistigen Erniedrigung,
eines grausigen Rückfalls ins finsterste »Gestern«, ins Vor-Zivilisierte bieten, bleiben in den Herzen einiger von ihnen die großen, ewigen Träume
wach: die Träume von einer universalen Bildung, einer schönen Kultur, die
den Erdkreis umfaßt, einem Humanismus, der Griechentum, Christentum
und die Weisheit des fernen Ostens schöpferisch in sich versöhnt und vereinigt – von einer *Schule der Menschheit!*

KAPITEL XII

EUROPA IST ENG

NO ROOM IN EUROPE

TRAUMSTADT EINES EMIGRANTEN

Ja, ich bin recht, es ist die alte Gasse.
Hier wohn ich dreißig Jahr ohn Unterlaß…
Bin ich hier recht?? Mich treibt ein Irgendwas,
Das mich nicht losläßt, mit der Menschenmasse.

Da, eine Sperrung starrt… Eh ich mich fasse,
Packt's meine Arme: »Bitte, Ihren Paß!«
Mein Paß? Wo ist mein Paß!? Von Hohn und Haß
Bin ich umzingelt, wanke und erblasse…

Kann soviel Angst ein Menschenblut ertragen?
Stahlruten pfeifen, die mich werden schlagen,
Ich fühl noch, daß ich in die Kniee brach…

Und während Unsichtbare mich bespeien:
»Ich hab ja nichts getan«, – hör ich mich schreien,
»Als daß ich eure, meine Sprache sprach.«

FRANZ WERFEL

EUROPA IST ENG GEWORDEN. ES IST gequält von Sorgen, Ängsten, Wahnvorstellungen. Es ist überfüllt. Für die paar Zehntausende von armen Emigranten scheint nirgends Platz zu sein. Keiner, der noch in der Heimat lebt, sei es unter den bedrängtesten Umständen, kann wohl ganz ermessen, was das bedeutet. Es ist nirgends Platz für dich.

Wir reden hier nicht von jenen, mit denen dieses Buch sich meistens beschäftigt: von den Schöpferischen, den Künstlern, die schon berühmt sind oder doch irgendwo Gönner und Freunde haben, die ihrem Talent vertrauen. Alle diese, und mögen viele von ihnen es noch so bitter schwer haben, sind doch relativ bevorzugte Ausnahmefälle. Wieviel ärger steht es um die Namenlosen, die Armen: Juden ohne Geld, politische oder religiöse Flüchtlinge ohne Beziehungen, ohne Sprachkenntnisse. Immer mehr Länder verschließen sich ihnen. Frankreich, das klassische Land des Asylrechts, die zweite Heimat von Emigranten aus aller Welt, ist übersättigt mit Ausländern. Holland, das Tausende von deutschen Flüchtlingen großherzig aufgenommen hat, erklärt nun alle als »unerwünscht«, die nicht in ihre Heimat zurück dürfen, und verbietet ihnen meistens die Einreise. Die Schweiz gewährt den Heimatlosen zur Not ein paar Monate Aufenthalts-Erlaubnis, aber beinah nie die Erlaubnis zu arbeiten. Italien, wo manche Unterkunft gefunden hatten, scheint durch die berühmte »Achsen-Politik« vom Dritten Reich derart abhängig geworden, daß es nun sogar die »Rassen-Doktrin« Hitlers kopiert. Ministerpräsident Mussolini konnte zwar dem Heiligen Vater frech erklären, es sei »eine Absurdität«, hier von Kopie zu sprechen, der Faschismus kopiere *niemals;* aber er konnte doch nicht verhindern, daß ob solcher Erklärung ein Hohngelächter ohnegleichen durch die Welt ging.

Wie zugespitzt und beängstigend die Situation für die Emigranten ist, geht aus der Tatsache hervor, daß man es im Sommer 1938 endlich als notwendig erachtet hat, eine internationale Konferenz einzuberufen, auf der fast alle Staaten der Erde, außer Deutschland, Italien und Rußland, vertreten waren und die der Beratung des Flüchtlings-Problems diente. Die Konferenz, die auf die dankenswerte Initiative des Präsidenten Roosevelt hin zustande gekommen war, tagte in dem kleinen französischen Ort Evian. Über die Ergebnisse dieses internationalen Gespräches läßt sich heute etwas Definitives kaum sagen. Die Vertreter aller Regierungen äußerten ihren guten Willen; niemand gab noch feste Zusagen oder Garantien. Der komplizierte Fall wird von einer permanenten Kommission in London weiter untersucht, und dort dürften die entscheidenden Entschlüsse gefaßt werden… Mögen sie so ausfallen, daß Leben und Arbeitskraft jener, die sich mit dem Hitler-Regime nicht abfinden konnten, gerettet werden!

Wir wünschten den wohlwollenden und einflußreichen Herren, die in Evian um den runden Tisch saßen, daß sie einiges wüßten und mitangesehen hätten, was wir leider wissen und mitangesehen haben. Man darf das Problem der Flüchtlinge nicht nur aus Tabellen und Statistiken kennen. Man sollte sich zum Beispiel, mindestens ein einziges Mal, in einer jener melancholischen Lokalitäten aufgehalten haben, die »Fremdenpolizei« heißen. In Zürich oder Prag, in Amsterdam oder Kopenhagen muß man diese Unglücklichen beobachtet haben, wie sie in den öden Vorzimmern auf den langen Bänken sitzen, nervös schwätzend oder in ein brütendes Schweigen versunken, auf das Verhör durch den Beamten wartend, auf dieses fürchterliche Verhör (»Wie viel verdienen Sie? Was für Ausweispapiere besitzen Sie?«), dessen Ende und Konsequenz immer die Ausweisung sein kann. Die Ausweisung – wohin? Kein anderes Land will die Geächteten haben...

Die Fremdenpolizei ist das Inferno der Heimatlosen. In ihren Alpträumen wiederholt sich das fürchterliche, stockende Gespräch mit dem Beamten, und die Gequälten erwachen mit dem Donnerwort im Ohr: »Ausweisung! – Innerhalb von achtundvierzig Stunden haben Sie das Hoheitsgebiet unseres Landes zu verlassen...«

Man muß mit den Heimatlosen in ihren engen Hotelzimmern gesessen haben, um sie zu kennen; und viele wohnen schon nicht mehr in Hotels, sondern sind in »Lagern« untergebracht, die den deutschen Konzentrationslagern oft unheimlich gleichen. Man muß ihre tristen Unterhaltungen belauscht haben, in den Cafés, wo sie sich treffen, in ihren kleinen Clubs, auf den Straßen. Neulich, in einem Amsterdamer Café, saßen neben uns ein paar deutsch-jüdische Emigranten, die uns unbekannt waren. Wir waren indiskret genug, ihrer Unterhaltung eine Weile zuzuhören. Einer von ihnen, ein älterer Herr mit schlohweißer Mähne, der stark wienerischen Akzent sprach, erzählte:

»Kennt Ihr schon den neuesten Trick und die letzte Schikane? – Von den Flüchtlingen, die jetzt aus Wien kommen, verlangt man hier einen Stempel im Paß von der deutschen Behörde, auf dem bestätigt ist: ›Dieser Reisende darf nach Deutschland zurück.‹ Wenn es sich nicht gerade um einen Reichen handelt, dem man noch nicht alles Geld abgenommen hat, oder um eine politisch gar zu suspekte Persönlichkeit, die man doch lieber einsperren will, bekommt man diesen Stempel von den Beamten in Wien ohne Schwierigkeit. Nur ist eine kleine Bedingung an so viel Gnade geknüpft. Man muß nämlich gleichzeitig ein Papier unterschreiben, auf dem man sich mit Ehrenwort verpflichtet, daß man niemals auf deutsches Gebiet zurückkehren werde. Mit dem schönen Stempel darf man in Holland zunächst einmal einreisen. Nach einigen Wochen aber wird erklärt: ›Ihre Aufenthalts-Erlaubnis ist abgelaufen. Da in Ihrem Paß ausdrücklich vermerkt steht, daß Sie nach Deutschland zurückdürfen, werden wir Sie noch heute nacht durch unsere Beamten an die deutsche Grenze bringen lassen.‹ Nun stellt euch *bitte* mal diese Situation vor! Wenn der Mann mit dem unglücklichsten Stempel im Paß sich wirklich nach Deutschland zurückbringen läßt, ist das Konzentrationslager ihm sicher, denn er hat ja das ›Ehrenwort‹ gebrochen, das ihn dazu verpflichtet, Deutschland nicht mehr zu betreten. Wenn der Ärmste aber in seiner Angst und Not den Holländern erklärt: es war alles nur Schwindel, in Wirklichkeit bin ich ein Flüchtling, dem das Deutsche Reich verschlossen ist, dann ist natürlich erst recht der Teufel los. Die holländischen Gerichte können ihn am Ende noch zur Verantwortung ziehen, weil er ›unter der Vorspiegelung falscher Tatsachen‹ in die Niederlande eingereist ist… Na, was sagt ihr zu dem neuesten Trick und der letzten Schikane?«

Emigranten-Geplauder: man muß es gehört haben.

In dem Amsterdamer Café, wo wir taktlos genug waren, die Konversation am Nebentisch zu belauschen, saßen wir übrigens nicht allein. Mit uns war ein junger Mann, den wir seit Jahren kennen; ein deutscher Journalist, Mitglied der sozialdemokratischen Partei, der schon lange in Holland lebt. Er verdient sich dort seinen Lebensunterhalt als anonymer Mitarbeiter an ein paar Zeitungen und als Sprecher am Rundfunk. Er fühlt sich ziemlich wohl in Amsterdam; aber an diesem Tag fanden wir ihn niedergedrückt und betrübt. Wir fragten ihn: »Was ist los?« Er erzählte uns die traurige Geschichte.

Vor einigen Wochen war sein Vater hier angekommen. Sein Vater war polnischer Abkunft und lebte seit über dreißig Jahren in Deutschland: er hatte irgendein kleines, recht gut gehendes Geschäft in Köln am Rhein. Jetzt hatte man dem alten Mann die deutsche Staatsangehörigkeit aberkannt und ihn aus dem Reich gewiesen. Bei seinem Sohn in Holland suchte er Unterkunft. Aber er durfte nicht bleiben, die holländische Fremdenpolizei erlaubte es nicht. Nun ergab sich die schwierige Frage: Wohin mit dem lästigen Alten? Die Niederlande haben nur zwei Grenzen mit anderen Ländern gemeinsam: eine mit dem Königreich Belgien, eine mit dem Deutschen Reich. Lange Zeit hatte die holländische Polizei die Praxis gehabt, unerwünschte Staatenlose bei Nacht und Nebel über die belgische Grenze abzuschieben. Da saßen sie nun, ohne Paß, auf königlichbelgischem Gebiet, um, wenn es wiederum Nacht war, von der belgischen Polizei nach Holland zurückbefördert zu werden. Die Flüchtlinge wurden hin und her geworfen, wie Tennisbälle über das Netz. Es war ein drolliges Spiel, sehr erheiternd vielleicht für die Grenzbeamten; weniger amüsamt wahrscheinlich für die Staatenlosen. Dieses spaßhafte Getändel hat nun aufgehört: es gibt jetzt eine offizielle Abmachung zwischen den beiden Königreichen, daß man sich nicht mehr Staatenlose gegenseitig über die Grenzen schickt.

Was also den alten Vater unseres Freundes betraf, so gab es für ihn nur eine einzige Möglichkeit: er mußte nach Deutschland zurück. Der Greis aber zeigte sich eigensinnig. Nach Deutschland wollte er unter gar keinen Umständen. Vielleicht hatte er düstere Vorahnungen, was für Unannehmlichkeiten ihn dort erwarten würden. Die Fremdenpolizei nimmt keinerlei Rücksichten auf Vorahnungen oder irgendwelche anderen Gefühle von alten Herren. Eines schönen Morgens erschienen mehrere Beamte in der Wohnung unseres Bekannten, um den Vater abzuholen: »Wir haben den Auftrag, Sie zur deutschen Grenze zu geleiten«, erklärten sie, höflich aber bestimmt. Der Alte sagte mit bleicher Miene: »Bitte sehr, meine Herren. Erlauben Sie nur, daß ich meinen Handkoffer packe.« Er verschwand im Nebenzimmer, und man hörte es knallen. Er hatte sich eine Kugel in die Brust geschossen.

»Nun liegt er im Krankenhaus«, schloß unser Bekannter seinen Bericht. »Er hat eine zähe Natur, und der Heilungsprozeß macht gute Fortschritte – leider, möchte ich beinah sagen. Denn wenn mein Vater gesund ist, wird der Ausweisungsbefehl, der keineswegs aufgehoben ist, unbarmherzig durchgeführt werden…«

Europa ist eng. Viele wollen in die fernen Länder. Aber was fängt ein Nervenarzt aus Berlin in Australien an? Was beginnt ein Rechtsanwalt aus Frankfurt am Main in Guatemala? »Ja, wenn wir Schreiner wären oder Gärtner«, so kann man viele vertriebene Intellektuelle sprechen hören, »dann hätten wir's leichter.«

Manch junger Mann, der zu Hause im Schweiße seines Angesichts alle juristischen oder medizinischen Examina gemacht hat, entschließt sich nun im Exil, den Beruf zu wechseln, etwas »Praktisches« zu lernen, etwas, womit man »überall durchkommen kann«.

In Holland, nicht weit von Amsterdam, gibt es ein »Umschulungslager für jüdische Intellektuelle«; es heißt Wieringen. Dort lernen Journalisten Landwirtschaft, Ärzte die Schreinerei, Rechtsanwälte versuchen sich darin, Uhren zu fabrizieren, Schauspieler werden Schlosser. Philosophen beschäftigen sich mit Geflügel-Zucht. »Handarbeit an Stelle von Kopfarbeit!« ist die Parole. (»Handenarbeid inplaats van hoofdarbeid!«, um es holländisch zu zitieren.) Der alte Tolstoi, der immer der Ansicht war, daß die Menschen zu viel Unsinn denken und zu wenig arbeiten mit der Faust, würde dort seine Freude haben. Für den deutschen Doktor, der nun am Hobeltisch oder am Amboß steht, mag es nicht stets so ganz einfach sein. Aber in Neuseeland oder in Palästina braucht man Schreiner und Schlosser.

Nur ein kleiner Bruchteil der aus »Großdeutschland« vertriebenen Juden findet in Palästina Unterkunft, und von denen, die dort leben dürfen, sind nicht alle glücklich. Das palästinensische Problem ist äußerst komplex; es kann von vielen verschiedenartigen Gesichtspunkten aus beurteilt und beschrieben werden. Die ungeheuren Schwierigkeiten, die sich dort ergeben haben und wohl zwangsläufig ergeben mußten, sind weltbekannt: sie resultieren vor allem, wenn auch nicht ausschließlich, aus dem Widerstand der Araber gegen die jüdische Invasion. Man weiß auch, daß der arabisch-jüdische Gegensatz, der permanent ist und immer wieder zu akuten Katastrophen führt, von den Deutschen und Italienern geschürt und politisch ausgenutzt wird. Das italienische Interesse an Unruhe und Mißzufriedenheit in allen jenen arabischen Gebieten, die britische Einfluß-Sphäre sind, liegt auf der Hand. Was die Nazis betrifft, so sind sie internationale Intriganten aus Prinzip und alter Gewohnheit. Das »braune Netz« ihrer Machenschaften ist dicht und fein um den Erdkreis gesponnen. Überall haben sie ihre Agenten: in Südamerika und in Japan, in Tunis, Kapstadt, London, Kairo, Burgos, selbst in Moskau, in Budapest, Prag, Sofia – und in Tel Aviv. Manchmal kommt es zum offenen Skandal, wie eben jetzt in Brasilien, wo sie es besonders schamlos getrieben haben. Meistens aber arbeiten diese Provokateure und Spione hübsch still und heimlich im Dunkel.

Ist es aber sinnvoll, gar zu viel von den Schwierigkeiten zu reden, mit denen die Zionisten fertig zu werden haben, oder ausführlich die Fehler aufzuzählen, die in Palästina gemacht werden, wie überall auf der Welt? In dieses große Unternehmen, die Ansiedlung und Niederlassung des jüdischen Volkes auf jenem Grund und Boden, mit dem ihre heilige Geschichte sie verbindet, in dieses gewaltige Experiment ist schon zu viel investiert worden, zu viel Liebe und zu viel Arbeit, zu viele Leiden, zu viele Gedanken und zu viel Geld, als daß man sich jetzt noch von ihm zurückziehen oder sich an ihm desinteressieren könnte. Palästina *ist da* – noch nicht als etwas Vollkommenes, aber als eine der großen Aufgaben, die unsere Zeit zu bewältigen hat. Von denen, die sich für die neue – und uralte – Heimat der Juden mit besonderer Aktivität eingesetzt haben, wollen wir nur einige besonders markante Namen nennen: einen Architekten, einen Musiker, einen Schriftsteller, eine Dichterin.

Der Architekt ist Erich Mendelsohn, dessen Bauten zu den besten des modernen Berlin gehörten und der viel dazu beigetragen hat, für Deutschland und seine Hauptstadt einen neuen, einfachen und zeitgemäßen Bau-Stil zu schaffen. Seine Leistung ist beinahe der von Le Corbusier zu vergleichen. Er hat während der letzten Jahre fruchtbar in Palästina gearbeitet.

Der Musiker ist Bronislaw Hubermann. Er ist nicht deutscher Staatsangehöriger, sondern Pole; aber er hat durch die vollkommene Beherrschung unserer Sprache und durch seine innige Beziehung zu unserer Kultur dem »besseren Deutschland« immer nahe gestanden. Gerade deshalb schmerzten und entsetzten ihn die Exzesse und horriblen Entgleisungen eines Deutschland, in dem er seine geliebte »zweite Heimat« nicht mehr wiedererkannte. Er war immer mehr als »nur ein Musiker« gewesen; nämlich ein geistig und moralisch leidenschaftlich interessierter und innerlich bewegter Mensch. Als wir ihn zum letzten Mal sahen – das ist viele Jahre her: es war in einem kleinen deutschen Badeort an der Nordsee – war er mit der Arbeit an einer Broschüre über die »Paneuropäische« Konzeption des Grafen Coudenhove-Kalergi beschäftigt. Als es Nacht über Deutschland wurde, betrat er das Land nicht mehr, wo ihm so viel Triumphe bereitet worden waren und nun eine solche Enttäuschung. Er hörte aber nicht auf, sich in Liebe und Schmerz mit dem Land zu beschäftigen, von dem er gehofft und gewollt hatte, daß es das friedliche Mitglied einer Europäischen Staaten-Föderation werde. Aus dem Ausland, das für ihn beinah ebenso sehr wie für uns ein Exil war, schrieb er an seine berühmten Kollegen im Reich, an Männer wie Furtwängler oder Richard Strauss, einen offenen Brief, der sein Erstaunen und seine Entrüstung ausdrückte darüber, daß diese Künstler ihren Namen und ihr Talent einem so schuldbeladenen Regime zur Verfügung stellten. »*Euch* sind Vorwürfe zu machen!« rief Hubermann den alten Freunden zu. »Nicht den Armen, nicht den Namenlosen, denen kaum etwas anderes übrig blieb, als still zu halten und sich zu fügen. *Ihr* aber seid verpflichtet durch Euren Ruhm. Ihr hättet den Mut dazu finden müssen, Euch von einem Lande zu trennen, aus dem Künstler, die euresgleichen sind, verbannt werden, weil ihre Rasse oder ihre Gesinnung dem Regime nicht gefällt!« – Hubermann klagte und protestierte nicht nur; er arbeitete. Er hat in Palästina ein Orchester ins Leben gerufen, das heute eines der besten der Welt ist. Zu den Ersten, die sich der neuen Gruppe von Musikern zur Verfügung stellten, gehörte der große Toscanini. So werden in Zukunft die Namen Hubermanns und Toscaninis, des polnischen Juden und des italienischen Maestros, die beide nicht nur große Musikanten, sondern auch große Charaktere sind, ehrend miteinander genannt werden. –

Der deutsche Schriftsteller von Weltruf, der seit Jahren Palästina zur Heimat für sich und seine Familie gemacht hat, ist Arnold Zweig. Die Bücher, die ihm am meisten Ruhm eingebracht haben, die *Novellen um Claudia* und *Der Streit um den Sergeanten Grischa,* handeln nicht von speziell jüdischen Angelegenheiten, sondern von allgemein menschlichen Dingen; die Novellen beschäftigen sich mit der Liebe; der *Grischa*-Roman mit dem Weltkrieg – mit dem »großen Krieg der weißen Männer«, der auch das große Thema zweier anderer Romane war, die Arnold Zweig im Exil erscheinen ließ. Problem und Schicksal des Judentums haben aber in der Produktion dieses Schriftstellers oft eine Rolle gespielt: in einem seiner Dramen, *Ritualmord in Ungarn* zum Beispiel, das früher in Deutschland viel gespielt wurde; oder in der großen Studie, dem Buch *Bilanz der deutschen Judenheit,* das die mannigfachen imposanten Leistungen der Juden in Deutschland aufzählt und kritisch erläutert. Arnold Zweig ist sehr klug. Wir gestehen, daß seine kritischen Untersuchungen – seine Essays etwa über Sigmund Freud, mit dem eine bewunderungsvolle Freundschaft ihn verbindet, oder seine Artikel über philosophische Gegenstände – uns stärker berühren und nachhaltiger beschäftigen als seine erzählende Prosa.

Wer kennt außerhalb des deutschen Sprachgebietes den Namen jener Dichterin, die so rührend schöne Worte gefunden hat über »ihr Heiliges

Land«? Lyrik ist unübersetzbar. Die Gedichte sind der heimliche Schatz, den jede Nation, scheu und stolz, vor der anderen verbirgt, so wie manche Familien gewisse kostbare Andenken vor dem Blick der Nachbarn verstecken. Zu den Kostbarkeiten der neueren deutschen Poesie, die seit Hölderlin und Heine nicht arm ist an wundersam schönem Besitz, gehören die Verse der Else Lasker-Schüler. Sie haben ganz jene holde und herbe Musik, den sanften, zärtlichen Irrsinn, der den schönsten Schöpfungen der deutschen Romantik eignet. Aber bei der Lasker-Schüler kommt ein neuer Ton dazu, der zugleich ein uralter ist, eine morgenländische Melodie, eine vorderasiatische Helligkeit und Süßigkeit. Eine Deutsche, die vom Orient verzaubert war ihr Leben lang: das ist diese seltsame Frau. In ihren Versen, wie in ihren wunderlich-hübschen Zeichnungen, die sie kindlich bemalt: immer ist die Magie des Ostens spürbar und wirksam. Ihren Freunden gegenüber nennt sich die Dichterin, die schon beinah alt ist und noch immer die skurrile Schalkhaftigkeit, den pfiffig-phantastischen Witz eines arabischen Gassenjungen hat, niemals anders als »Jussuf, Prinz von Theben«. Mit diesem märchenhaften Namen zeichnet sie meistens ihre Briefe und Karten, die in einer kraus verschlungenen Handschrift abgefaßt und fast immer mit bunten Bildern verziert sind. Daß sie »Jussuf, Prinz von Theben« sein will, ist nur eine ihrer kleinen Seltsamkeiten. Sie hat ihrer viele; zum Beispiel müssen alle, die sie kennen, darauf gefaßt sein, auf der Züricher Bahnhof-Straße oder an einem anderen für solche Zeremonien ungeeigneten Ort von der Dichterin mit allem Pathos »gesegnet« oder, was noch peinlicher ist, »verflucht« zu werden. Diese Frau lebte immer in einer Traumwelt; in einer echt und legitim poetischen Sphäre. Der erste große Schmerz, der sie heimsuchte, war der Verlust ihres über alles geliebten Sohnes, den sie zu betrauern niemals aufhören wird, den sie allerorts sucht, am liebsten bei den Engeln, mit denen der Verklärte nun Umgang hat. Dem entschwundenen Jüngling ruft sie ihre schönsten Klagetöne nach; in Gedanken an ihn fand sie die herrliche Zeile: »Die Liebe zu dir ist das Bildnis – das man sich von Gott machen darf…«

Ihr zweiter großer Schmerz war der Verlust ihrer deutschen Heimat und der quälende Gedanke an die Schmach, der ihr diese Heimat verleidet. Mit geheimnisvollen Blicken hat sie uns oft zugeraunt, daß sie im Begriffe sei, »die bösen Geister gegen den General Göring zu schicken«. Gute Geister aber waren es, die sie, die Dichterin, nach Palästina geleitet haben. Nun hat die doppelt Heimatlose doch eine Heimat wiedergefunden. Wie entzückte sie ihre Seele an der östlichen Palmenlandschaft! Für sie war Palästina wirklich das »gelobte Land«, das ihr Herz stets gesucht hatte.

Das Buch über Palästina, das sie in der Schweiz hat erscheinen lassen, ist ein Zeugnis ihres berauschten Entzückens. Es berührt kaum die soziologischen, politischen, ökonomischen Probleme des Landes. In der Schilderung der Lasker-Schüler, deren Prosa sich den irrationalen Überschwang ihrer Lyrik bewahrt, ist alles verklärt und verzaubert; alles steht in einem überirdisch süßen und reinen Licht; was rauh ist, wurde geglättet; was bös ist, wurde verschwiegen oder nicht bemerkt – und vor uns ersteht, in biblischer Herrlichkeit, die Heilige Stadt, die Schönheit des Libanon, der gnadenvolle Lauf des Jordan-Flusses, in den einst der Täufer stieg und dessen Wasser nun das von vielen Schmerzen gezeichnete Antlitz einer deutschen Dichterin kühlen.

Palästina ist nicht weit genug. Manche wollten noch mehr See und Land, noch mehr fremden Himmel zwischen sich und Europa bringen. Irgendein Deutscher packt eines Tages seine sieben Sachen zusammen; küßt Weib und Kind und bittet sie: »Weint nicht, meine Lieben! Wenn ihr mich gern habt, müßt ihr mich ziehen lassen! Ich halt es hier nicht mehr aus! Wenn alles gut geht, in dem Land, wohin ich reise, lasse ich euch nachkommen!« Er fährt nach Marseille oder Genua und steigt in ein Schiff, das ihn nach Indien oder China oder zu den Südseeinseln bringt. So haben's viele gemacht. Einer von ihnen war der Arzt und Schriftsteller Max Mohr.

Er hatte in Deutschland als Autor Erfolge gehabt, vor allem mit einem dichterisch schönen Theaterstück *Improvisationen im Juni,* und er war ebenso als Arzt gut beschäftigt. Er war auch nicht Jude und nicht Sozialist. Trotzdem drängte es ihn, zu Weib und Kind zu sagen: »Laßt mich ziehen! Ich ertrage dieses Dritte Reich nicht! Für mich ist es nichts als die Hölle.«

Er wurde Arzt in Shanghai. Aus dieser Stadt schrieb er an unseren Vater Briefe, in denen es so rührende und charakteristische Stellen gibt, daß wir einige von ihnen hierher setzen wollen.

Shanghai, 16. Februar 1936

Sehr verehrter Herr Thomas Mann,

als ich mit zehn Dollars vor einem Jahr hier ankam, war außer meinen Instrumenten, meiner Medizin, ein paar Photos meiner in Deutschland zurückgelassenen Familie, den Briefen von D. H. Lawrence und dem herrlichen Gefühle, mit dem Staate Deutschland fertig zu sein – war außer all dem Ihr Brief, der mich in Ceylon erreichte, eine gute Wegzehrung, für die ich immer noch nicht gedankt habe... Nun bin ich ein sehr sehr beschäftigter Arzt geworden, betaste und behorche Chinesen und Inder, Briten und Russen, und was für Nationalitäten es sonst noch in dieser wirr zusammengewürfelten Stadt gibt; habe eine Kuli-Kinder-Klinik *(ad maiorem Dei gloriam)* und verdiene gutes Geld an kranken Rubber-brokern und Nanking-Ministern, zum Ausgleich. Nun komme ich allmählich wieder zu mir... Des Schreibens bin ich entwöhnt, wie Sie sehr wohl an diesem Brief sehen. Aber ich will im nächsten Monat wohl wieder anfangen, einen Roman, *Einhorn,* der liegen blieb, ganz neu zu schreiben. Vielleicht geht's jetzt, nachdem ich mich erst in den alten und neuen Krankheiten und vielerlei Sprachen für meine Kranken fit machen mußte. Das einzige, was ich außer-wissenschaftlich las, war Hölderlin: ›Des Herzens Woge schäumte nicht so schön empor und würde Geist, wenn nicht der alte stumme Fels, das Schicksal, ihr entgegenstände.‹ ... Leben Sie wohl, bleiben Sie gesund mit den Ihren!... –

Und als Postscriptum:

Schlimm verhetzter Brief, immerzu die Patienten draußen: *do ever help, need never help.*

Einige Monate später, aus Shanghai, am 30. Juli 1936:

... Darf ich Ihnen wieder mal einen Gruß schicken? Ich habe gar nichts zu schreiben und schreibe auch keinem Menschen, außer meiner Frau und meinem Kind; aber ich möchte so gern, daß Sie mich nicht ganz vergessen... Die Panik schreitet weiter fort im alten Erdteil, und hier ist es das gleiche apokalyptische Geschiebe. Ich habe viel zu tun, und an den Feierabenden schreibe ich meinen Roman *Das Einhorn* um. Es ist eine wunderbare Arbeit in der Tropenhitze. Zwischen

Cholera und Lepra, und wenn man einen neuen Wurm in einem Chinesenkinder-Exkrement am Mikroskop entdeckt hat, schreibt es sich wirklich gut; ich habe das nie geahnt zuvor. Wohin mit den vierhundert Seiten, wenn sie 1936 fertig werden, ahne ich noch nicht. ... Ich bin niemandem böse, der verzweifelt ist. Aber ich warte auch nicht mehr auf die Sühne für die Nazis, ich will nichts mehr davon wissen, selig wer nichts erwartet von Deutschland. Solange Sie noch da sind, ist auch Deutschland noch da, sehr verehrter Herr Thomas Mann. Oft kommen Leute hier durch und sitzen in der Bar von Freddie Kaufmann; dann wird von Ihnen gesprochen...

PS: Herr Pringsheim war hier von Tokio und dirigierte sehr schöne Musik.

Der Arzt und Schriftsteller Max Mohr sollte die Heimat, von der er sich »nichts mehr erwartete«, nicht wiedersehen. Er starb in Shanghai, an einer jener furchtbaren Krankheiten, die zu heilen sein schweres Amt war.

Am Schluß des letzten Briefes, den wir zitiert haben, erwähnt er zwei Namen, deren jeder eine Fülle der Erinnerungen, der anhänglichen Gedanken in uns heraufruft. Freddie Kaufmann ist ein durchaus charmanter Bursche mit hübschem weißem Haar und einem rosigen, liebenswürdigen Gesicht, der seit Jahren in Shanghai ein Lokal leitet, von dem alle Kenner uns übereinstimmend versichern, daß es »das schönste Nachtlokal des Fernen Ostens« sei. Wir glauben es wohl, denn die *boîte,* die er ehemals in Berlin hatte und wo wir Stammgäste waren, *Der Jockey,* war einer der amüsantesten und nettesten Plätze in der Reichshauptstadt. Ehe Freddie sich auf Nachtlokale spezialisierte, hatte er mindestens fünfundzwanzig andere Berufe ausgeübt: er war Schauspieler und Journalist, Fremdenführer in New York und Besitzer eines Zigarren-Ladens in Garmisch-Partenkirchen, Oberbayern. Er war wohlhabend und ein Mäzen. Die ganze Münchner Boheme ging in seiner Wohnung an der Isar aus und ein, und er war bettelarm. Er war einfach alles, und immer war er unternehmungslustig. Als es ihm in Berlin nicht mehr gefiel, überließ er seinen *Jockey* den Nazis und eröffnete seine Bar in Shanghai. Wir entsetzten uns sehr, als wir eines Tages in New York in der Film-Wochenschau mitansehen mußten, wie das Hotel, in dem Freddies Bar lag, von den japanischen Bomben zerschmettert wurde. Wir telegraphierten an Freddie nach Shanghai und bekamen die lakonische Antwort: »*Everything o.k.*«. Das passierte vor einem Jahr. Ein paar Monate später mußten wir erfahren, daß Freddie in Shanghai gestorben war, nicht durch eine Bombe getötet, sondern durch eine Krankheit, die vor allem die Weißen im Fernen Osten heimsucht.

Professor Klaus Pringsheim, den Max Mohr gleichfalls nennt, ist der Zwillingsbruder unserer Mutter, der Patenonkel von Klaus und einer unserer liebsten Verwandten. Er ist Dirigent und Komponist und zudem der Autor vieler Artikel und Broschüren über musikalische Gegenstände. Schon einige Jahre, ehe Hitler zur Macht kam, im Jahre 1931, verließ er Deutschland und Europa und nahm einen Ruf an die Kaiserliche Ueno-Akademie in Tokio an. Dort war er bis zum Jahre 1938 als Leiter des Orchesters und der Chöre tätig. Die Japaner »europäisieren« sich nicht nur in dem Sinn, daß sie mit Maschinengewehren schießen und mit Handgranaten werfen lernen, sondern auch, indem sie Goethe lesen und Beethoven hören. Das Interesse für die klassische und moderne abendländische Musik scheint die große Mode in der Hauptstadt des Mikado zu sein; die Kaiserliche Familie selbst protegiert die Ueno-Akademie und ihren europäischen Leiter. Klaus Pringsheim hatte enorme Wirkungsmöglichkeiten in Tokio, und er war Musiker genug, sich so schöner Arbeit enthusiastisch zu freuen. Er fühlt sich wohl in Tokio, er liebt die Stadt und die Leute. Es muß ein exquisites Vergnügen für einen Musiker sein, ein großes, empfängliches Publikum mit den Werken von Bach und Bruckner, von Beethoven und Mahler bekannt zu machen. Die Japaner sind ihm dankbar für seine fruchtbare Mühe. Das Kaiserliche Haus hat ihn mit schönen Titeln und Auszeichnungen hoch geehrt. Manchmal haben wir die Vermutung, daß unser alter Onkel Klaus, mit dem wir früher in Berlin so viel Spaß gehabt haben, den Titel »Halbgott« bekommen hat. Er hat es uns niemals ausdrücklich bestätigt, aber wir werden den kleinen Verdacht nicht ganz los, und wir denken oft, daß er uns die schöne Tatsache vielleicht nur verschweigt, weil er argwöhnt, wir seien immer noch zu sehr Europäer, um für Würde und Bedeutung einer asiatischen Hierarchie, die im Göttlichen gipfelt, volles Verständnis zu haben.

Was für vielerlei bunte Briefmarken finden sich jetzt unter der Post, die wir bekommen! Die Versuchung ist groß, zum Markensammler zu werden, wenn das nur nicht ein so langweiliges Geschäft wäre und wenn der Zimmerkellner, der schon Sammler ist, uns nicht mit so gieriger Miene um dieses hübsche kleine Ding aus Buenos Aires bäte.

Aus Argentinien schreibt uns der deutsche Dichter Paul Zech, den wir auch gekannt haben, als er zu den markanten Figuren der jungen deutschen Literatur nach dem Kriege gehörte. Seine Verse, und es sind außerordentlich schöne darunter, haben den überschwenglichen Ton, den heftig bewegten Rhythmus, der für diese geistig aufgewühlte Nachkriegs-Periode charakteristisch war.

Nun hat das Schicksal ihn nach Argentinien verschlagen. In seinen Briefen, wie in seinen öffentlichen Berichten, mischt sich die Begeisterung über Kraft und Schönheit dieses jungen, unverbrauchten Landes seltsam mit der Trauer darüber, daß er so entfernt ist von allem, was er je gekannt und geliebt hat.

Übrigens lesen sich die Briefe und Berichte des sensiblen und begabten Paul Zech auch noch in einer anderen Hinsicht sonderbar. Aus ihnen wird deutlich, daß man der deutschen Problematik, der europäischen Problematik, der sozialen und politischen Problematik unserer Zeit nicht entkommt, »und flöhe man bis ans Ende der Welt«. In Buenos Aires gehen die Auseinandersetzungen zwischen pro-faschistischen und anti-faschistischen Deutschen, diese Auseinandersetzungen, die einem Mann wie Zech aus dem Berlin des Jahres 1931 nur zu vertraut sein mögen, lebhaft weiter. Zech erwähnt etwa eine deutsche argentinische Zeitung, »in der man schreiben kann«: »sie ist unabhängig und hat eine anständige Haltung.« Eine andere ist von den Nazis gekauft. Neulich gab es Krach bei einer Versammlung, weil ein antifaschistischer Schriftsteller sprach.

Wir tun gut daran, uns darüber klar zu sein, daß wir all dem – all diesem Haß, diesem Kampf *nirgends* entgehen werden. Wir bleiben an all das gebunden, wieviel Tausende von Kilometern wir uns auch vom Braunen Haus in München und von der Berliner Reichskanzlei entfernen. Nicht nur Europa – die Welt scheint eng geworden zu sein.

EXIL
IN AMERIKA

EXILES IN AMERICA

KAPITEL XIII

MALER UND MÜSIKANTEN

ART AND MUSIC

PARIS BLEIBT DIE STADT DER MALER.
In Paris begeben sich seit vielen Jahrzehnten die großen Ereignisse und Entscheidungen der abendländischen Kunst, Entscheidungen und Ereignisse, deren verehrungswürdige Namen Delacroix oder Corot, Manet, Cézanne oder Picasso lauten. Aber seit Berlin und Rom als Zentren für irgendwelche kulturellen Angelegenheiten völlig ausgeschaltet sind, nimmt die Bedeutung einer anderen Kapitale für die Kunst ständig zu. New York ist nicht nur der gewaltigste Käufer und Konsument künstlerischer Werte; es wird auch produktiv. Während die neue amerikanische Malerei ihrerseits einen selbständigen Aufschwung nimmt, kommen die europäischen Künstler nach Amerika: nicht nur um den potentesten Markt der Erde zu besuchen, sondern auch, um sich an der neuen, strengen und fast monströsen Schönheit zu inspirieren, die der enormen Stadt-Landschaft namens New York und einigen anderen riesenhaften Stadt-Gebilden der USA eigen ist.

Es sind keineswegs nur deutsche Exilierte, die jetzt die Reise über den Atlantik tun, so wie früher die Maler nach Florenz oder nach Athen pilgerten. Auch die europäische nicht-deutsche Avantgarde schickt ihre Repräsentanten ins Land der immer-noch-unbegrenzten Möglichkeiten. Wir sind in New York dem Italiener Chirico begegnet, auf dessen Bildern nun die starren Linien der Wolkenkratzer vom Broadway auftauchen, anstatt der zerbrochenen Tempel-Säulen, als feierliche Dekoration für die majestätische Pose seiner trostlosen Göttinnen, der antiken Jünglinge im modernen Konfektions-Anzug und der überirdischen Pferde mit den herrlich gelockten Mähnen. Wir haben auch den Surrealisten Dalí angetroffen, der die schauerliche Landschaft seiner Phantasien mit der unerbittlichen Genauigkeit Dürers malerisch ausführt und der den fast irrsinnigen Mut und die sublime Technik aufbringt, obszöne Angstträume mit jenem frommen Fleiße darzustellen, den einst Mönche auf goldene Miniaturen und auf die schöne Abschrift des Heiligen Buches verwandten. Und wir haben auch beobachten können, wie das mondäne, sinnlich liebenswürdige Talent Tschelitscheffs, dieses Russen, aus dem beinah ein Pariser geworden wäre, sich in New York entwickeln und erfolgreich durchsetzen konnte. Picasso, der die Möglichkeiten und Gaben aller dieser Künstler auf eine dämonische und fast unbegreifliche Art in seinem Genie summiert und produktiv werden läßt, ist selber nie in New York gewesen. Aber sein Werk ist da: wir haben in einem Winter drei bedeutende Picasso-Ausstellungen in New York sehen dürfen. Die Wirkung seiner ungeheuren künstlerischen Vitalität, die von einem Pariser Studio aus über die Erde geht, ist heute in New York spürbarer als in vielen europäischen Städten, die nach und nach provinziell werden.

Die deutsche Malerei war immer ärmer als die französische oder in Paris beheimatete, und besonders in diesem Jahrhundert. Von den nicht sehr zahlreichen deutschen Künstlern, die wir seit dem Tode Max Liebermanns noch als wahrhaft »erster Klasse« bezeichnen dürfen, sind etliche im Reich geblieben, wo sie sich mehr oder minder unglücklich fühlen. Andere haben sich in irgendwelchen europäischen Ländern niedergelassen. Unter diesen gibt es mehrere, die jetzt planen, nach Amerika zu gehen. Max Oppenheim zum Beispiel, genannt Mopp, der seine Wiener Heimat verloren hat und sich jetzt in Zürich und Paris aufhält, will nach New York. Er ist ein Portraitist von besonderer Intelligenz und großer Eindringlichkeit der Charakterisierung, ein sehr literarischer Portraitist könnte man sagen, nicht nur weil er viele Schriftsteller abkonterfeit hat, sondern weil seiner Kunst eine psychologische Hellsichtigkeit und nervöse Gespanntheit eigen ist, die den Intellektuellen verrät. Der Intellektualismus verbindet sich bei ihm mit Musikalität. Seine Kunst ist nie ausdrucksvoller und inniger, als wenn sie musizierende Hände oder ganze Gruppen von Musikern darstellt. Eines seiner schönsten Bilder heißt *Symphonie,* und der letzte Auftrag, den er vom österreichischen Staat erhielt, gerade ehe dieser zu existieren aufhörte, lautete dahin, die Wiener Philharmoniker auf großen Tafeln darzustellen.

Aus Österreich kommt auch der junge Maler Rudolf von Ripper, Sohn einer alten Offiziers- und Beamten-Familie, dessen erste Ausstellung in New York unlängst von der Presse sehr ernsthaft beachtet wurde. Der Kunstkritiker eines großen New Yorker Blattes nannte seine Arbeiten mit

Dürer und Breughel in einem Atem. Das klingt gewagt; in der Tat aber hat die Serie von Kupferstichen, um die es sich hier handelt, Qualitäten, die den Vergleich mit Meisterwerken nahelegen. *Écrasez l'infâme* ist der Titel dieser Bilderfolge, in der das Infame, die Greuel unserer Gegenwart, nicht reportagehaft-photographisch festgehalten, sondern gestaltet sind. Ripper hat die erschreckend-intime Bekanntschaft mit dem Infamen gemacht: er war in einem deutschen Konzentrationslager. Von den Erinnerungen, den Alpträumen, befreit er sich, indem er sie verwandelt und Kunstwerke aus ihnen formt. Aus seinen Blättern spricht unmittelbar das Grauen, die Anklage schreit aus ihnen. Gleichzeitig aber haben sie Schönheit. Freilich ist es keine gefällige und spielerische Schönheit mehr; vielmehr eine ernste und harte, fast böse. Die Schmerzen sind nicht vergessen, nicht die eigenen und auch die der anderen nicht. Sie wirken nach und sie bleiben spürbar auch dort, wo das Thema eines Bildes nicht an sie gemahnt. Da die Freude am Schönen, an der Würde und Anmut des Menschlichen in diesem jungen Künstler lebendig geblieben ist, bleibt anzunehmen, daß neue, bessere Eindrücke die furchtbaren alten allmählich überdecken und verdrängen werden.

Die neuen Eindrücke kommen von der Stadt New York. Ripper lebt in einem Hotelzimmer, nahe Grand Central Station, und malt an einem großen Bild, das den Namen *New York* haben soll.

In New York hat es immer deutsche Künstler gegeben, auch vor der Nazi-Katastrophe. Eva Herrmann, eine amerikanische Bürgerin deutscher Herkunft, ist eine von ihnen. Ihr Talent ist sehr origineller und sehr intensiver Art. Es exzelliert in ihren Karikaturen, die einen ungewöhnlichen Witz und eine ungewöhnlich gute Technik zeigen. Diese zarte und hübsche junge Dame versteht es, kolossal boshaft zu sein, ohne plump und kränkend zu werden. Amerikanische Verleger und Redakteure wissen ihre geistvollen und niemals lieblosen zeichnerischen Verspottungen literarischer und anderer Berühmtheiten zu schätzen.

Auch George Grosz, einer jener wenigen unter den lebenden deutschen Künstlern, denen man den Ehrentitel »ersten Ranges« fraglos zubilligen muß, war schon in New York, ehe Hitler im Reichskanzler-Palais war. Anfangs erteilte er dort künstlerischen Unterricht; dann zog er sich wieder auf sein eigenstes Gebiet, das produktive zurück. Mit George Grosz, der in der

Deutschen Republik nicht nur eine künstlerische, sondern auch eine politische Figur gewesen war, ist in Amerika eine seltsam überraschende Veränderung vor sich gegangen. Die turbulente Weltstadt hat ihn fast idyllisch werden lassen. Während er in Berlin nichts beobachtete und nichts künstlerisch festhielt außer Armut und Häßlichkeit, Laster und Not, entzückt er sich nun für Landschaften. Auf sehr zarten und zärtlichen Bildern, wie man sie früher nie von ihm gesehen, blühen Gebüsche und allerlei hübsches Grün vor dem Hintergrund von Wolkenkratzern, die fast wie Rauch im Himmel aufzugehen und sich zu verflüchtigen scheinen.

Er liebt Amerika. Amerika, so überraschend es klingen mag, hat ihn weich gemacht. Früher war er sehr hart und sehr aggressiv. Seine Zeichnungen waren soziale Anklage: er war der stärkste, der genialste unter all denen, die mittels der Kunst gegen die »herrschende Klasse« polemisierten. *Das Gesicht der herrschenden Klasse* war der Titel eines seiner zeichnerischen Sammelwerke, das ihm für immer den unversöhnlichen Haß der reaktionären Kreise einbrachte. Sie verabscheuten ihn, weil er die Schrecken des imperialistischen Krieges und vor allem der *Kriegs-Folgen* mit einer Grausamkeit und genialen Genauigkeit dargestellt hatte, wie vielleicht kein anderer seit Goya. Eines seiner entsetzlichen und großartigen Bilderbücher, *Ecce Homo,* wurde wegen moralischer und politischer Anstößigkeit von der Republikanischen Regierung verboten. George Grosz hat die deutschen Spießer und Untertanen grimmiger beleidigt und bitterer gekränkt als irgendein anderer Zeichner. Er hat immer wieder, mit Haß und Kenntnis, einen Typ karikiert: den stumpfsinnigen und brutalen Schieber, mit der Fettfalte im Nacken, der niedrigen Stirn, dem kahlgeschorenen Schädel, auf dessen Höhe ein lächerlicher kleiner Haarschopf stramm gescheitelt liegt, der enormen Zigarre im Maul, der goldenen Uhrkette über dem dicken Bauch, und an den ordinär geformten Fingern die strahlenden Brillant-Ringe. Wenn man diesem liebenswürdigen Typus im Restaurant oder auf der Straße begegnete, sagte man wohl: »Schau an – den George-Grosz-Typ«: so wie man in Amerika von einer verwandten, wenngleich gutmütigeren Figur »Schau an, ein Babbitt!« sagt.

Von diesen vergangenen Leistungen und Kämpfen, die seinen Ruhm begründet haben und in denen sein Talent sich am stärksten ausdrückte, will Grosz heute nicht mehr viel wissen. »Das hat alles keinen Sinn gehabt«, erklärt er, und man weiß nicht ganz, ob man seine Worte völlig ernst nehmen soll. »Die Deutschen wollten das nicht. Es ist doch unangebracht, Leuten auf die Dauer eine Ware anzubieten, die ihnen notorisch mißfällt. Hitler, der gefällt den Deutschen!« ruft Grosz mit einer Art von bösartiger Begeisterung. Und dann hält er einen kleinen Vortrag darüber, daß die Serien von humoristischen Zeichnungen, die man in den amerikanischen Tageszeitungen findet, eigentlich wertvoller seien, als das graphische Werk von George Grosz. »Diese Dummheiten machen den Leuten doch *Spaß!* Ich habe sie immer nur ärgern können. Im Grunde war eben doch der Spießer im Recht, der mir in Deutschland die Prozesse gemacht hat…«

Will er nur paradox und drollig sein? Aber er macht ein ernstes Gesicht. Wer kennt sich da aus? Soll man sich wirklich die Mühe nehmen, George Grosz vor George Grosz zu verteidigen? Man nimmt sich die Mühe; man diskutiert… Im Lauf der Diskussion äußert der Meister die überraschendsten Dinge, so überraschend, in der Tat, daß wir sie lieber gar nicht wiederholen wollen. Schließlich denkt man sich: Rede du nur! Du kannst doch nicht verleugnen, was du bist! Was du bist, darauf kommt es an; nicht auf deinen ulkigen Redestrom. Du bist eigentlich gar nicht der Mann, der gerade, mit einem seltsam bösen und vieldeutigen Funkeln in den Augen, ausgerufen hat: »Kinder, wenn man es recht bedenkt! Hitler hat Recht gehabt! Wir haben ja wirklich nur zersetzende Kunst gemacht!« Der bist du gar nicht – weit entfernt davon. Denn du bist George Grosz.

Hitler hält nicht nur den grausamen Realismus eines George Grosz für »zersetzend«; er ist bekanntlich viel empfindlicher. Schon ein Haus mit einem flachen Dach oder ein Zimmer mit modernen Stahlmöbeln beleidigen seine Moral und seinen wachsamen Patriotismus. Ein flaches Dach ist Vaterlandsverrat. Gott weiß, warum. Vielmehr: Gott weiß es sicherlich nicht; aber vielleicht ahnt es der »Führer«, Häuser in Deutschland, die das anstößig flache Dach hatten, wurden mit einem Giebel-Aufbau geziert, damit Tugend und alte Sitte wieder hergestellt seien, so wie fromme Bürger einer nackten Frauen-Statue Scham und Busen mit den Resten eines alten Schlafrocks bedecken mögen.

Die berühmteste deutsche Schule für moderne Architektur, Inneneinrichtung und Kunst, das *Bauhaus* in Dessau, dessen Leistungen man in allen Kultur-Ländern schätzte, wurde verboten. Viele von den Bauhaus-

Leuten wirken nun in Chicago; vor allem der große Architekt Gropius; bei ihm sein Mitarbeiter Moholy-Nagy. Auch der hervorragende Bildhauer Archipenko, der früher in Berlin tätig und sehr berühmt war, zieht jetzt als Aufenthaltsort und Wirkungsstätte Kalifornien vor oder die Ufer des Michigan Sees.

Zwei Männer, die im Kunstleben der Stadt Frankfurt am Main führend waren, arbeiten jetzt in den Staaten: der bedeutende Architekt Ferdinand Kramer, dem die Stadt Frankfurt ihre vorbildlichen modernen Wohnsiedlungen mit zu verdanken hat, und der berühmte Kunsthistoriker und Museumsleiter Doktor Georg Swarzenski. Er war etwa dreißig Jahre lang in der Leitung der Städtischen Museen von Frankfurt; 1928 wurde er ihr Generaldirektor. Er war einer der profundesten Kunst-Kenner und aktivsten Kunst-Organisatoren des Reiches. Ohne ihn hätte Frankfurt manch erlesene Sammlung, die heute zum Stolz dieser Stadt gehören, nicht bekommen, und es gäbe das schöne Liebig-Museum in Frankfurt nicht ohne Doktor Georg Swarzenski. Aber Dankbarkeit gibt es nicht... Der aktive Forscher, der gelehrte Organisator wurde vertrieben mit all den anderen. Ein amerikanisches Institut wird sich seine eminenten Fähigkeiten zunutze machen.

Viele deutsche Künstler haben uns gesagt: »Ich bin froh – jeden Tag wieder aufs neue froh darüber, in den Vereinigten Staaten zu sein«. Wir haben Äußerungen solcher Art oft gehört von dem glänzenden Portraitisten Arthur Kaufmann, der seit Jahren in New York lebt und arbeitet. Er hat uns versichert: »Mein Talent ist ursprünglich keineswegs aufs Politische gerichtet. Ich bin kein großer Karikaturist, kein Satiriker wie George Grosz. Aber ich hatte doch das Bedürfnis, mein Können und meinen Namen der Sache des Antifaschismus zur Verfügung zu stellen. Deshalb male ich jetzt ein großes Bild in drei Teilen, ein Triptychon, auf dem die Portraits der wichtigsten deutschen Emigranten, der bedeutendsten Künstler und Forscher, die Deutschland verlassen mußten, vereinigt sein werden.« Wir haben von diesem groß und kühn angelegten Werk die ersten Entwürfe gesehen; sie sind vielversprechend. Kaufmanns Riesen-Bild könnte ein bleibendes Dokument der deutschen Schande... und des deutschen Ruhmes werden.

Einen guten, respektierten Namen in den USA hat sich das Malereheepaar Annot-Jacobi gemacht. Sie haben sich Freunde und Bewunderer gewonnen, nicht nur durch Reiz und Wert ihrer eigenen Produktion; sondern auch durch ihr pädagogisches Talent. Unlängst stellten in New York zwei junge Menschen aus, die Schüler von Annot-Jacobi sind. Unter den Bildern, die von Publikum und Presse sehr stark beachtet wurden, war vermerkt: So weit war dieser junge Künstler, als er zwei Monate oder als er sechs Monate Unterricht bei Annot-Jacobi gehabt hatte. Die Fortschritte waren erstaunlich.

Mit den Malern sind bekannte und bewährte deutsche Kunsthändler nach New York gekommen: Carl Nierendorf zum Beispiel, der hier der Repräsentant des großen »abstrakten« Malers Paul Klee und des deutsch-amerikanischen Künstlers Lionel Feininger ist; die jungen Brüder Perls, die vor allem auf moderne französische Malweisen spezialisiert sind, und Valentin, der früher bei Alfred Flechtheim in Berlin tätig war und jetzt bei der New Yorker Galerie Buchholz arbeitet.

Mit den Malern und ihren Händlern kamen die Kunstgewerbler und Zeichner, Georg Salter vor allem, der ehemals die Buchausstattung für große literarische Verlage in Berlin besorgte und dessen außerordentlichen Geschmack und starkes Können heute die besten New Yorker Verlagshäuser zu schätzen wissen. Salter bereitet gerade jetzt die graphische Ausschmückung und Illustrierung einer großen Shakespeare-Ausgabe vor; der Karikaturist Dolbin, dessen Popularität im alten Deutschland bedeutend war. Besonders zu erwähnen sind noch einige Photographen: Eisenstaedt, regelmäßiger Mitarbeiter und Mit-Herausgeber der vorzüglichen Zeitschrift *Life;* Frau Jacobi, New York, eine photographische Portraitistin ersten Ranges, und der sehr begabte Munkacsi.

Wie lang ist es her, daß der junge Oscar Wilde auf seiner etwas skandalösen Tournee durch die Vereinigten Staaten sein Publikum mit Vorwürfen überhäufen konnte, weil man sich in Amerika nur für den Dollar interessiere und nicht genug Wert auf den Stil von Häusern oder von Salon-Einrichtungen lege? Der junge Ästhet, trunken von seinem eigenen, unreifen Genie und von den Theorien Ruskins, reiste von Boston nach Washington, von Chicago nach San Francisco, überall Gelächter und Anstoß erregend, so wie einstmals heilige Männer verspottet wurden, wenn sie in den Zentren der Sünde Tugend predigten und die arg verkommenen Städte Sodom und Gomorrha vor dem »Gericht« warnten, das dann auch prompt eintraf. Der Ästhet predigte Schönheit. Er versprach sich die Erlösung von allem

Übel durch die Schönheit. Deshalb erschien er mit großen Orchideen und Sonnenblumen auf dem Podium und mußte es sich gefallen lassen, daß die Studenten der Harvard Universität respektlosen Radau machten. Würde der Apostel eines radikalen Ästhetizismus sich heute noch in Amerika wie in der Wüste fühlen? Jean Cocteau, der in mancher Hinsicht die Erbschaft Oscar Wildes angetreten und weitergebildet hat, war von New York City bezaubert und hat für Times Square und Harlem ebenso reizende literarische Bilder und Vergleiche gefunden, wie so oft für die Champs Elysees und den alten Montmartre.

Es spricht alles dafür, daß die Künstler, die in den Staaten eine zweite Heimat gefunden haben, sich dort sehr wohl fühlen, nicht, weil die Künstler heute weniger radikale Ästheten sind, als sie es zur Epoche der Präraffaeliten waren, sondern weil Amerika seine eigene Ästhetik herausgebildet hat, die zwar viele Reize und Werte aus europäischen Traditionen übernimmt, aber sie kühn und schöpferisch vermischt mit Eigenem, Neuem, noch nie Dagewesenem.

Im Dritten Reich wurde nicht nur eine Ausstellung *Entartete Kunst* veranstaltet, die unvergleichlich mehr Zulauf hatte als die Galerie von Nazi-Bildern nebenan, man arrangierte auch im Jahre 1938 zu Düsseldorf eine Ausstellung »entarteter« Musik. Es ist uns nicht bekannt, ob dort kleine Orchester den ganzen Tag krasse Proben aus den Werken von Strawinsky und Hindemith spielten oder ob das Publikum, das abgeschreckt werden sollte, nur die Partituren der »kulturbolschewistischen Machwerke« zu sehen bekam. Leider hinderten gewisse zarte Rücksichten die Berliner Herren daran, auch die *Salome* von Richard Strauss in dem »Monstrositäten-Kabinett« zu zeigen, obwohl dieses degenerierte und blutgierige kleine Geschöpf sich nicht übel ausgenommen haben würde. Es ist auch gar nicht zu leugnen, daß gewisse Partituren eben des Meisters, für den Hitler die bekannte Schwäche hat –, durchaus in die Umgebung gepaßt hätten.

Einen bedeutenden Platz auf dieser seltsamen Veranstaltung nahm jedenfalls der österreichische Komponist Ernst Křenek ein. Er ist zwar keineswegs Jude; aber – was eigentlich noch schlimmer ist – seine Kompositionen sind von der deutschen Reichs-Musik-Kammer als kulturbolschewistisch verdammt worden. Erst schockierte er die Leute durch eine

Jazz-Oper großen Stils, *Jonny spielt auf,* die in Berlin, New York und einigen anderen Städten volle Häuser, aber auch sehr viel Skandal machte. Mit seinem nächsten großen Werk, *Das Leben des Orest,* wurde er noch rätselhafter und insofern noch ärgerniserregender, als diese Komposition kaum Anlaß zu offenem Skandal gab, sondern die Dummen nur befremdete und in einem Zustand völliger Konfusion zurückließ. Klassizistische und höchst moderne Elemente mischten sich in dieser »epischen Oper«, die mit einem riesigen szenischen und musikalischen Apparat arbeitete, auf gar zu verwirrende Weise.

Über ein Stil-Gemisch hatte sich das Publikum bei den Werken von Křenek, die nun folgten, nicht mehr zu beklagen. Nach dem kolossalen Experiment, welches *Das Leben des Orest* gewesen war, entschied er sich mit aller Klarheit, die man wünschen konnte, für *eine* musikalische Richtung. Freilich ist es nicht gerade die Richtung, für die breite Massen des Publikums sich begeistern, wenngleich nur die Nazis es sich einfallen lassen, atonale Musik wie flache Dächer als Landesverrat zu bestrafen. Die große Oper *Karl V.,* die dieses Jahr vom Deutschen Theater in Prag uraufgeführt wurde, ist konsequent im atonalen Stil gehalten. Es ist jenes Zwölf-Ton-System Schönbergscher Konvenienz, das manchen ehrlichen Musikfreunden so erschreckend oder nichtssagend in den Ohren klingt und für das andere sich, ebenso ehrlich, mit einer fast religiösen Inbrunst begeistern. Ernst Křenek, der ursprünglich kein Schüler Schönbergs, sondern ein Schüler Franz Schrekers war, ist radikal, entschlossen, hundertprozentig unter die Gefolgsleute jenes etwas geheimnisvollen Papstes der atonalen Musik gegangen. Mit Alban Berg zusammen, dessen Oper *Wozzeck* ohne Frage zu den interessantesten musikalischen Leistungen der Epoche gehört und der zu früh starb, als daß er seine zweite große Oper *Lulu* hätte beenden können – ist Křenek einer der wenigen konsequenten und hochbegabten Repräsentanten der neuen Richtung. Übrigens ist die Oper *Karl V.* vom Nazi-Standpunkt aus nicht nur in stilistischer Hinsicht besorgniserregend. Auch der Inhalt des Textes, den der Komponist selbst geschrieben hat, läßt klar genug darauf schließen, daß der Autor vom nationalsozialistischen Geist nicht ergriffen und überzeugt worden ist. Es handelt sich um die szenisch dargestellte Lebensbeichte, die Kaiser Karl nach seinem freiwilligen Rücktritt einem Klosterbruder ablegt. Dabei gibt es recht aktuelle

Diskussionen über das Problem der Willensfreiheit und der Verantwortlichkeit des religiösen Menschen. Die geistige Aktualität des Ganzen wird evident, und niemand kann sie mehr mißverstehen, wenn die Exponenten der verschiedenen Staatsideen – auf der einen Seite die deutschen Landsknechte, die ihren »Nationalstaat« und ihre »nationale Kirche« proklamieren, auf der anderen der Kaiser als Vertreter eines christlich-katholischen Weltreiches aller Sprachen und aller Völker – sich kämpferisch gegenüberstehen. Schließlich haucht Kaiser Karl mit einer ekstatischen Prophezeiung eines »ewigen« Österreich sein Leben aus... Man sieht: es ist keine passende Novität für die Berliner Staatsoper. Selbst Staatsrat Furtwängler könnte ihre Aufführung kaum ertrotzen.

Křenek kommt auch nicht mehr nach Berlin. Er will sich jetzt teils in London, teils in den Vereinigten Staaten niederlassen. Wir begegneten ihm zuletzt in San Francisco. Damals reiste er mit einer Operntruppe, die sich – kein Mensch wußte ganz warum – *Salzburg Opera Guild* nannte. In San Francisco sprach er über die atonale Musik und spielte am Flügel, als Illustration für seine Rede, eine seiner neuesten Kompositionen, eine Klavier-Suite und die *Sechs kleinen Klavier-Stücke* von Schönberg, die schon zu den klassischen Produkten der atonalen Richtung gehören. Es ist zu fürchten, daß das kleine und erlesene Publikum des Clubs *Pro Musica* immer noch mehr mit dem sehr interessanten Text seiner Rede als mit den musikalischen Illustrationen anzufangen wußte. Es gab, wie immer bei solchen Veranstaltungen, einige Kenner und Enthusiasten. Der Rest des Auditoriums blieb höflich-kühl. Wir hatten den Vorzug, in der ersten Reihe neben dem alten Mr. Morgenthau zu sitzen, der ganz fassungslos schien und immer nur den Kopf schüttelte. Es war eine gute Gelegenheit, uns wieder einmal klar zu machen, welches Maß an künstlerischer Disziplin und fast asketischem geistigem Ernst dazu gehört, um auf leichtere Erfolgs-Chancen zu verzichten und mit solcher Zähigkeit einem Stil die Treue zu halten, von dem die Mehrzahl sogar des musikalisch gebildeten Publikums in eindeutiger Weise nicht viel wissen will. Křenek hat durch *Jonny spielt auf* bewiesen, daß er durchaus »populär« zu sein und ein großes Auditorium zu begeistern versteht. Wie früher wohl ein Meister sich von der »weltlichgefälligen« Kunst abwenden mochte, um seine Frömmigkeit in geistlich strengen Weisen auszudrücken, so hat sich dieser bedeutende Musiker der atonalen Richtung ergeben wie einer Geheimwissenschaft oder einem mystischen Kult.

Dinge solcher Art besprachen wir mit ihm, als wir am Tage nach seinem Vortrag in einer Hotel-Halle beisammen saßen. Seinen Worten und seiner Miene waren die Tiefe und die Stärke einer unbedingten Überzeugung anzumerken, als er uns sagte: »Diese atonale Musik, die heute nur von wenigen verstanden wird, wird einmal als der exakteste und klarste, der tiefste und reinste Ausdruck unserer Zeit gelten. Vieles was heute die Menschen bewegt, wird vergehen. Diese präzisen und nur scheinbar kalten, in Wahrheit bis zum Sprengen mit Gefühl gefüllten Zeugnisse werden bleiben. Wir sind einen entscheidenden Schritt weiter gegangen als die Schriftsteller unserer Zeit. Wir verwirren das Publikum, weil wir wirklich neu, wirklich modern, wirklich zwanzigstes Jahrhundert sind, während die ganze Literatur der Epoche, mit wenigen Ausnahmen wie James Joyce, eigentlich noch ins neunzehnte gehört. Vielleicht ist das, was wir machen, am ehesten mit gewissen malerischen Leistungen, etwa mit manchen Dingen von Picasso oder Paul Klee, zu vergleichen. Die Bedeutung dieser Bilder oder unserer Musik läßt sich kaum erklären. Dergleichen muß man fühlen. Daran muß man glauben.«

Daran muß man glauben… Dieser Mann dort glaubte. Es ist immer eindrucksvoll und rührend, und es nötigt stets zur Bewunderung, wenn einer glaubt, unbeeinflußt von Erfolg und Macht; nicht berauscht von einer Massen-Propaganda, sondern selbständig glaubt, aus einem rein spirituellen Enthusiasmus, aus einer tief inneren Überzeugung, die keinen Halt hat außer die eigene Kraft.

Auch der große Mann, den man wohl den »Meister und Begründer« der atonalen Musik nennt, auch Arnold Schönberg lebt und wirkt als Lehrer in Kalifornien, bei Los Angeles. Seine pädagogische Tätigkeit befriedigt ihn. Er ist gerne in Kalifornien. Es scheint, daß viele Verehrer seine faszinierende Person umgeben. Nicht bei allen möchten wir nachprüfen, ob sie Schönbergs Werk und seine künstlerischen oder geistigen Absichten verstehen. Es mutet doch ein wenig humoristisch an, wenn man erfährt, daß junge Komponisten, die für die *movies* arbeiten wollen, Unterricht bei Arnold Schönberg nehmen. Wenn die Begleit-Musik zu einer neuen Cecil de Mille-Super-Production nächstens im sublimen, zugleich mathematisch

durchsichtigen und mysteriösen Stil der letzten Streich-Quartette Schönbergs gehalten wäre: wir möchten wohl sehen, was das Publikum in Detroit oder Shanghai für Augen machen würde. Das besondere und fast my-
thische Ansehen, das Schönberg auch bei den Ahnungslosen genießt, läßt
sich eher auf psychologische Gründe zurückführen. Man spürt die Legiti-
mität seines großen Ruhmes. Man weiß oder fühlt, irgendwie, mit einer
kaum zu erklärenden Sicherheit, daß dieser Mann mit Strawinsky zusammen der bedeutendste Komponist der Gegenwart ist. Denn Richard
Strauss scheint doch schon beinah einer anderen historischen Epoche anzugehören, und Sibelius ist uns durch die Besonderheit des nationalen Kli-
mas, aus dem heraus er produziert, etwas entrückt. »Wahrscheinlich dürfte
dieser Schönberg für die Musik irgend etwas Ähnliches bedeuten, wie Einstein für die Wissenschaft«, denken die Leute, und sie haben vielleicht gar
nicht so unrecht, bei all ihrer Naivität. In der Tat ist Schönbergs Weltruhm
dem ungeheuren Ruhm Einsteins seltsam verwandt. Die überwiegende
Mehrzahl der Menschen kann den eigentlichen Wert der atonalen Musik
ebensowenig nachprüfen, wie Inhalt oder Wirkung der Relativitäts-Theo-
rie. Sie haben aber das etwas dumpfe und doch herzlich dankbare Gefühl:
Hier ist etwas geleistet worden, irgend etwas ganz Neues, was schöne Folgen für die geistige oder künstlerische Entwicklung der Menschheit haben
könnte. Dieses Gefühl, das gerade unter Amerikanern so erfreulich stark
und häufig ist, darf keinesfalls mit Snobismus verwechselt werden. Es findet sich auch bei sehr einfachen Menschen, und es kommt aus einer erfreulichen geistigen Gutwilligkeit. Die Böswilligen schreien, sobald sie etwas
nicht verstehen – und was verstehen sie schon! – : »Pfui! Das geht über unseren Horizont; also muß es pure Niedertracht sein. Etwas Jüdisches steckt
dahinter, etwas Infames! Auf den Scheiterhaufen damit! Aus dem Lande damit!« Uns klingen Schreie solcher Art noch in den Ohren. Meister Schönberg in Kalifornien hört sie nicht mehr.

Bei unserem Aufenthalt in Hollywood sind wir noch manchem Komponisten begegnet, dessen Arbeiten das deutsche Publikum um seines Seelen-
heiles willen nicht mehr hören darf. Einer von ihnen war Ernst Toch, dessen Namen bei allen Freunden neuer und ernster Musik einen guten,
soliden Klang hat. Ein anderer war Kurt Weill.

Als Ernst Křenek, der nicht nur ein Musiker von Format, sondern auch

ein kluger Kopf und ein fähiger Schriftsteller ist, unlängst in einem Essay
die Frage diskutierte: »Ist die Oper noch zeitgemäß?« – kam er zu der Entscheidung: Ja, es kann noch eine zeitgemäße Oper geben. Mit Richard
Strauss hat sie noch lange nicht ihren letzten Triumph gehabt. Es ist ein
neuer Opern-Stil denkbar. Es bereitet sich ein neuer Opern-Stil vor. Die
Oper kann wieder, kann noch einmal gültiger Ausdruck der Epoche werden.

Zu den Beispielen, mit denen er seine Zuversicht begründete, gehörten
die Werke *Dreigroschenoper* und *Mahagonny* von Kurt Weill. Beide haben
wir schon früher erwähnt: im Zusammenhang mit Bert Brecht. Als dieser
Autor und der Komponist Weill sich begegneten, entstanden jene musikalischen Theaterstücke, die zugleich populär und kühn sind. Zuweilen geschieht es, daß etwas wesentlich Neues zustande kommt, wenn Künstler an
alte Traditionen, die schon vergessen schienen, an die Traditionen von vorgestern anknüpfen und sich über den Stil hinwegsetzen, der gestern oder
fast noch heute zeitgemäß war. So finden sich in den Produktionen von
Brecht und Weill Elemente der alten Spieloper, halb parodistisch, halb
ernsthaft verwendet, seltsam vermischt mit dem Pathos des politischen
Lehr-Stückes, mit proletarisch-russischen Stil-Tendenzen. Hingegen existiert überhaupt kein Zusammenhang mehr mit jenem »Musikdrama«, das
Richard Wagner gewollt und geschaffen hat. Bei Brecht und Weill wird
wieder, wie man es auch »vorgestern« kannte, abwechselnd gesungen und
gesprochen; und wenn eine der Personen ihre Arie oder wenn zwei von ihnen ein Duett zu exekutieren haben, treten sie wieder brav nach vorne und
singen mit einer Ernsthaftigkeit, von der niemand ganz feststellen kann, bis
zu welchem Grade sie ironische Einschläge hat, ins Publikum hinein. Freilich: der Rhythmus und der textliche Inhalt solcher Arien und Duette hätte
dem Autor oder dem Publikum der alten »komischen Oper« einen kalten
Schauder nach dem anderen den Rücken hinuntergejagt.

Als er mit Brecht zusammenarbeitete, hatte Weill, bis heute, seinen besten Moment. Eine große Oper, *Die Bürgschaft,* die er alleine herstellte und
die in Berlin mit Erfolg aufgeführt wurde, hielt zwar musikalisch das hohe
Niveau, hatte aber nicht mehr die Durchschlagskraft, die überzeugende
Originalität und künstlerische Frische von *Dreigroschenoper* und *Mahagonny.* Dann kam die Emigration. Eine Zeitlang schien es, als wollte Weill

in Paris bleiben. Sein Ballett *Von den sieben Todsünden,* noch in Zusammenarbeit mit Brecht entstanden, gefiel an den Champs Elysées. Cocteau, immer auf der Suche nach neuen Talenten, mit denen sein eigenes, an-
schmiegsames Genie sich schöpferisch verbinden könnte, plante mit Weill
zusammen eine *Faust-*Oper, in der er selber als Mephisto auftreten wollte.
Das wäre mindestens sehenswert geworden. Es kam aber nicht dazu. Weill
zog nach Amerika.

Sein Talent war stark und biegsam genug, um sich auch hier schnell
durchzusetzen, zunächst in New York, wo Weill für die Theater arbeitete.
Er schrieb die Musik zu der Reinhardt-Inszenierung von Werfels *Weg der
Verheißung* und zu einem Anti-Kriegs-Stück *Jonny Johnson.* Seine Frau, die
sehr begabte Schauspielerin und Sängerin Lotte Lenya, die in Berliner
Brecht-Weill-Aufführungen exzelliert hatte, trat in Konzerten auf. Aber
Hollywood lockte. Da die Erfolge am Broadway da waren, kamen die Angebote von der großen Menschenfängerin, Menschenkonsumentin, oft
auch Menschen-Zerstörerin an der Pazifischen Küste.

Heute ist Kurt Weill unter Kontrakt bei einer der großen Firmen. Das
bedeutet keineswegs, daß er auf die »ernste« Musik nun verzichtet hätte.
Denn erstens kann man auch für einen Film sehr ernste und sehr schöne
Musik machen, zumal wenn man mit einem Regisseur wie Fritz Lang zu-
sammenarbeitet; und eben dieses tat Weill, als wir ihm zum letzten Mal begegneten. Zweitens aber auch, weil man nicht immer in Hollywood bleibt
und weil man sich, während man dort ist, nicht ganz und gar, nicht »mit
Haut und Haaren« vom Film-Betrieb auffressen lassen muß. Wer weiß, was
für Symphonien oder Klavier-Konzerte Kurt Weill während jener »stillen
Stunden«, die man immer finden kann, im Kopfe oder schon auf dem No-
tenpapier vorbereitet. Wir wünschen, daß es so wäre. Eine gar zu große Geschicklichkeit, zu viel Leichtigkeit und Charme des musikalischen Einfalls
können zur Gefahr werden, der Fall Gershwin hat es bewiesen. Einer so
großen Versprechung wie der *Rhapsodie in Blue* hätte ein Œuvre anderen
Formats folgen müssen als jenes, das Gershwin uns hinterlassen hat. Wir
hoffen, daß Weill die *Dreigroschenoper,* die freilich schon viel mehr als ein
»Versprechen« war, durch ein wahrhaft repräsentatives Werk überbietet,
wie es Křenek in seiner zuversichtlichen Betrachtung prophezeit hat.

Weills Musik zu der Komödie von Maxwell Andersons *Knickerbocker Ho-*

liday (1938) ist ein neues Versprechen, eine neue starke Talentprobe: es ist brillante Musik – und sie wirkt, sie hat Erfolg. »Ich möchte behaupten, daß Kurt Weill mit *September Song* und *To Our Ancient Liberties* zwei der besten Songs des Jahres geschrieben hat, und alles andere, was er für Mr. Andersons Show schrieb, gefiel mir auch.« So schmeichelhaft schrieb die Presse. Wir glauben aber, daß der Komponist Kurt Weill sich im Laufe seiner Karriere noch größeres und ernsteres Lob verdienen wird.

Der Nachfolger Weills, was die Zusammenarbeit mit dem Dichter Brecht betrifft, ist der Komponist Eisler geworden, der jetzt auch in den Staaten lebt. Von ihm gibt es einige politische Songs, die enorme Wirkungskraft haben. Am berühmtesten und populärsten vielleicht ist seine großartige Hymne auf die *Solidarität,* zu der Brecht die Worte geschrieben hat. Auch einige der besten Lieder für die Internationalen Brigaden in Spanien sind von Eisler komponiert.

Wie vieles müssen die Deutschen entbehren, um Hitlers willen! Die besten Kammer-Musiker, das Kolisch-Quartett zum Beispiel, spielen im Reich nicht mehr. Die größten Virtuosen der Epoche, Fritz Kreisler etwa oder der wunderbare Yehudi Menuhin, dürfen dort nicht mehr gehört werden. In New York, im Hause des deutschen Malers Kaufmann, begegneten wir dem jungen und berühmten Cellisten Feuermann. Er hatte in Amerika konzertiert; vorher war er im Fernen Osten gewesen. Überall musiziert er, nur in der Heimat nicht. Er weiß amüsante Geschichten über alle Länder der Welt, denn er ist ein unterhaltender, lustiger Mann; nur wenn auf Deutschland die Rede kommt, verstummt er.

Im Herbst 1938 war er der erste Solist in Toscaninis NBC-Radio-Konzerten. Er fühlt sich immer mehr zu Hause in Amerika; er wird bald Bürger der Staaten sein. Einem New Yorker Interviewer hat er neulich erklärt: »Amerika ist für den Künstler die letzte Grenze der Freiheit. Der Gedanke, daß ein Musiker oder Komponist wegen seiner Abstammung verboten würde, wäre hier ebenso lächerlich, wie für mich, meine Stradivari zu zerstören, weil sie von einem Italiener gemacht ist.«

Ein Mann, der es verdiente, nicht nur als Musiker, sondern auch als Organisator berühmt zu sein, ist der Pianist Steuermann, ein Österreicher, der sich seit mehreren Jahren in den Staaten niedergelassen hat. Er erzählte uns neulich von Konzert-Tourneen, die er für eine Gruppe junger, aufstreben-

der Musikanten zu arrangieren hofft: es sollen nicht nur die Werke klassischer oder moderner europäischer Komponisten, sondern auch die Werke
jüngerer Amerikaner zu Gehör gebracht werden.

Deutsche Musik in New York: am reinsten, schönsten, bezwingendsten
tönt sie wohl, wenn Frau Lotte Lehmann singt. Sie ist »bestes Deutschland«, eine deutsche Frau und Künstlerin, wie die Freunde und Bewunderer deutschen Wesens sie sich wohl vorstellen und wie man ihr in der Wirklichkeit nur selten begegnet. Sie ist sowohl innig und schlicht als auch
leidenschaftlich, und ihr Blick hat die starke Lauterkeit ihrer Stimme. Wir
haben sie in letzter Zeit zweimal auf der Bühne gesehen: einmal als »Mar-
schallin« im *Rosenkavalier;* das andere Mal war sie nicht im Kostüm, sondern sang Lieder, deutsche Lieder von Hugo Wolf und Brahms. Sie war
wunderbar in dem musikalischen Lustspiel von Hofmannsthal und Richard Strauss, in der Rolle der mütterlichen Liebenden, der reifen, zärtlichen, gescheiten, schon verzichtenden Dame; und sie war unvergeßlich, als
sie auf dem Podium stand und für ein amerikanisches Publikum die deutschen Kostbarkeiten sang. Es ist gut und recht, daß Lotte Lehmann in New
York solchen Ruhm hat. Wenn die Menschen hier in den Zeitungen von
den neuesten Greueln unserer Regierung in den Zeitungen lesen, denken
sie wohl angewidert und entsetzt: Das also ist Deutschland… Wenn sie
aber die Lehmann Hugo Wolf und Brahms singen hören, werden sie
fühlen: Auch das ist Deutschland…

Die Dirigenten, die sich mit besonderem Eifer und besonderem Talent
für die neue Musik – für Schönberg, Strawinsky, Hindemith usw. – eingesetzt hatten, konnten in Nazi-Deutschland nicht bleiben. Scherchen, der
heute im Ausland lebt (Nicht-Jude), gehört zu ihnen. Ein anderer ist Stidry,
der, nachdem er Berlin verlassen mußte, zunächst in Leningrad (Sowjet-
Rußland) arbeitete und der neuerdings sehr ernsthafte Erfolge in Amerika
hat, zum Beispiel in New York mit seiner Aufführung der Brandenburgi-
schen Konzerte von J. S. Bach im Oktober 1938.

Der Berühmteste aus dieser Gruppe ist Otto Klemperer. Er leitete Jahre
lang die Berliner Kroll-Oper, und dort war es, wo es die eindrucksvollsten
Aufführungen neuer Opern oder auch interessante und oft kühne Neuin-
szenierungen klassischer Werke zu sehen gab. Dem künstlerischen Temperament Klemperers lagen besonders die Modernen, etwa die Komponisten-

Cohope

LOTTE LEHMANN
Interprets the best of Germany in song

Generation, die mit Strawinsky beginnt, oder die frühen Meister, vor allem Bach. Was dazwischen liegt, die »romantische« Musik im weitesten Sinn des Wortes: von Beethoven bis Richard Strauss und Gustav Mahler, schien ihn weniger zu berühren. Natürlich wissen wir, daß es kaum angeht und fast unpassend klingen mag, wenn man den Versuch unternimmt, einen Dirigenten von Rang und Format, einen Künstler also, der im ganzen Reich der Musik beheimatet ist und schöpferisch waltet, auf irgendwelche »Spezialitäten« festzulegen. Andererseits ist es kaum möglich, einen reproduktiven Künstler auch nur andeutungsweise und flüchtig zu charakterisieren, ohne die Namen derjenigen großen Komponisten zu nennen, an deren Werk sich sein Talent auf eine besonders persönliche und unverwechselbare Art entzündet. Der Stil, der dem Geiste Klemperers am meisten angemessen scheint, ist also weder ein romantisch aufgelöster noch ein anmutig schwebender, sondern ein feierlich strenger, in dem eisige Präzision sich mit einer gewissen sakralen Frömmigkeit vereinigt.

Seine Feinde haben ihn wohl einen zerebralen Musiker, einen intellektuellen Künstler genannt. Uns schienen solcherlei Vorwürfe immer von recht substanzloser Gehässigkeit. Als ob es irgendeinem Künstlertum, produktiver oder reproduktiver Art, Schaden täte, wenn es aus einem bewegten und phantasievollen Geiste gespeist wird! Als ob ein stumpfer und toter Geist nicht jedem Künstlertum abträglich sein müßte! Kann jemand kein Musiker sein, weil er denkt? Welch ein Unsinn! Ja, der Musiker Klemperer denkt; nicht zu seiner Schande, sondern zu seinen Ehren sei es festgestellt. Als wir ihn in Berlin kannten, waren seinem Herzen und seinem Geiste Neigungen zum Katholizismus nicht fremd, Gefühls-Tendenzen, die er übrigens mit vielen Musikern der Gegenwart wie der Vergangenheit gemeinsam hat, was wiederum rührende und fesselnde Rückschlüsse auf das religiöse Element im Urgrund jeder musikalischen Veranlagung zuläßt… Wir wissen nicht, bis zu welchem Grad diese Impulse sich bei Klemperer weitergebildet haben oder ob sie nur wesentlich für eine bestimmte Periode seiner Entwicklung gewesen sind.

Was wir wissen und was die Welt weiß, ist, daß sein Musikertum noch reicher und stärker geworden ist und sich aufs schönste entwickelt hat. Das Hauptwirkungsgebiet Klemperers ist jetzt Kalifornien: er dirigiert die großen Symphonie-Konzerte in Los Angeles und im prachtvollen Rahmen der

Hollywood Bowl. Wieder einmal haben die Menschen einer weit entfernten Weltgegend Vorteil und Genuß von der brutalen Intoleranz in Deutschland.

Es war gut, Klemperer, diesen Mann mit den endlos langen Gliedern und dem gescheiten Gesicht, in Los Angeles wieder zu sehen: erst am Dirigenten-Pult, nachher im Hause von Freunden. Wir erinnerten uns an andere gemeinsam verbrachte Abende in Berlin oder in Paris.

Eine Nacht besonders fiel uns ein. Wir hatten zusammen einen Bummel durch Montmartre gemacht. Gegen Morgen waren wir, wie ein klassischer Ritus es fordert, in eines der berühmten kleinen Lokale in der Nähe der großen Markt-Hallen gegangen, wo man eine Zwiebelsuppe essen und gleichzeitig beobachten kann, wie von den fleißigen Männern, die nicht gebummelt haben, die ungeheuren Vorräte von Gemüsen und Fleisch herangeschafft und ausgebreitet werden, von denen Paris sich nähren wird an dem Tag, der nun beginnt. *Le ventre de Paris* hat Zola die Hallen genannt. Aber eigentlich ist ja Paris der kolossale Bauch, und die Hallen sind die große Schüssel, aus welcher er sich die Brocken holt.

In dem kleinen Lokal stand ein altes Klavier. Klemperer, noch im Frack, denn er hatte an diesem Abend ein Hindemith-Konzert dirigiert, setzte sich davor hin, um irgend etwas zu spielen. Der Patron des Lokals kam herbeigelaufen, ein wenig entsetzt; er fürchtete wohl für sein Instrument. So ein Herr im Abendanzug – man kennt das ja –: wer weiß, in wie vielen *dancings* er diese Nacht schon war, einige Champagner-Flaschen dürfte er auch schon hinter sich haben, und nun steht ihm die Laune danach, auf diesem schon recht gebrechlichen, aber doch noch kostbaren Pianoforte herumzuhauen. Das zarte alte Ding könnte in Trümmer gehen... Der Patron machte abwehrende Armbewegungen und erschreckte Augen, als müßte er einen bösen Geist verscheuchen.

Da hub Klemperer an zu spielen, und plötzlich war ein sehr guter Geist da. Sehr zart und dabei mit einer schönen Genauigkeit kamen die Töne. War das ein kleiner Walzer von Brahms? Jedenfalls war es etwas Wunderhübsches. Der Patron war stehengeblieben, gleichsam erstarrt in seiner abwehrenden Geste, und plötzlich mit verklärten Augen. *»Mais Monsieur!«* brachte er hervor. *»Monsieur est peut-être ... mais certainement ... Monsieur est un musicien!!«*

Er starrte ihn an, als wäre die Gottheit der Musik selber in seine Spelunke hinabgestiegen.

Ach, diese Musiker! Sie haben es gut! Sie können sich zu erkennen geben, wo immer es ihnen beliebt, und immer begegnet ihnen ergriffene Dankbarkeit. Ob sie in einer Pariser Kaschemme den Wohllaut klingen lassen oder in einem amerikanischen Konzertsaal: immer bestätigen ihnen die leuchtenden und dabei etwas benommenen Blicke der Hörenden, daß sie Glück verbreiten. Aus ihrer Heimat sind sie gar nicht zu vertreiben, weil die schöne Sprache, in der sie sich aufs natürlichste ausdrücken, von allen Menschen verstanden wird.

KAPITEL XIV

AUS DEM TAGEBUCH EINES DEUTSCHEN STUDENTEN IN PRINCETON

*DIARY OF A GERMAN STUDENT
AT PRINCETON*

Montag:

Eigentlich hatte ich mir vorgenommen, während der ersten Woche meines Aufenthaltes hier nichts ins Tagebuch zu schreiben. Die Eindrücke, die sich überstürzen, sollten erst ein bißchen verarbeitet werden, ehe man sich Rechenschaft ablegt über sie. Auch den Abschied von zu Hause will ich erst später nachtragen. Mir ist, wenn ich daran denke, sehr konfus zumute. Denn natürlich war ich selig wegzugehen – das war kein Leben mehr dort, und ich war auch kein Mensch mehr; ich war nichts mehr, als ein »Nichtarier«. Alle haben mich beneidet in Freiburg, auch die Nazis, denen es doch dort gefallen müßte. Richtig *geglaubt* habe ich mein Glück erst gestern in New York, als das Weltmeer zwischen uns lag, zwischen dem Regime und mir.

Man hat mich reizend empfangen, obwohl ich wirklich noch lange nicht gut genug Englisch spreche. Gestern abend gleich habe ich den alten Professor Priest kennengelernt, der Deutsch spricht (Germanist) und der alles über Freiburg von mir wissen wollte. Aber ich war doch darauf aus, etwas von hier zu hören. Am meisten interessiert mich das berühmte *Institute for Advanced Study.* Weil so viele große deutsche *exiles* dort tätig sind, hatte ich gemeint, es wäre, als Hitler ausbrach, eigens für sie gegründet worden. So ist das aber wieder nicht. Der Plan bestand seit langem, und das Institut war dafür bestimmt, daß Gelehrte von Rang außerhalb des Universitätsbetriebes, der so viel Zeit kostet, nur in lockerem Kontakt mit ihm ihren Studien dort nachgehen und ihre Experimente machen sollten. Im Frühjahr dreiunddreißig – ganz unabhängig von unserem Hitler – fand die Eröffnung statt. Doktor Abraham Flexner ist Direktor dort, und ein paar von den besten deutschen Wissenschaftlern, die daheim nicht mehr bleiben konnten oder wollten, wurden alsbald hinberufen. Ich bin etwas unglücklich, weil nur die *post graduates* Zutritt zu diesen Kursen haben. Ich bin noch zu jung. Es muß großartig sein – etwas unheimlich vielleicht sogar? – Einstein *in persona* zu sehen und reden zu hören. Er soll sehr glücklich sein hier, hört man, und von ihm stammt der hübsche Ausspruch, er sei »*exiled into paradise*«. Sind wir das? Sind wir *exiled into paradise?* Aber im Paradies fühlt man sich nicht fremd, falls man hingehört. Ich fühle mich doch schrecklich fremd hier. Was ich bis jetzt an Jungens gesprochen habe, war alles sehr nett. Sie sind lebhaft interessiert an den deutschen Vorkommnissen, viel lebhafter, als wir in Freiburg jemals an ausländischen Dingen interessiert gewesen sind, und wissen eine ganze Menge darüber. Trotzdem können sie sich kein Bild machen, kein Gesamtbild, und mir will es auch nicht glücken, eins für sie herzustellen. Es ist wunderbar – und ganz unglaubwürdig, so frei alles sagen zu dürfen, was man denkt. Und hier wird auf Teufel komm heraus diskutiert, über Roosevelt und den Verkäufer im *drugstore* und den Papst, wie es gerade trifft. Alle nennen sich gegenseitig beim Vornamen, das ist nett und müßte eigentlich dazu führen, daß die »Fremdheit« aufhörte. *On verra.*

Dienstag:

Ich habe Besuch bei einigen Professoren gemacht. Natürlich konnte ich es nicht lassen, vor allem die Deutschen aufzusuchen, obgleich ich mit den meisten von ihnen gar nichts zu tun haben werde. Bei Weyl hatte ich einen leidlichen Vorwand, weil ich seinen Sohn gut kenne. Ich bin freundlich empfangen worden. Weyl arbeitet an der *School of Mathematics,* die wiederum nur eine Abteilung des *Institute for Advanced Study* ist. Für ihn als Experimental-Physiker ist es besonders wichtig, ein gutes Laboratorium zu haben. Er sagt, dieses hier sei nicht groß, aber vorzüglich eingerichtet. Frau Professor Weyl ist sehr intelligent. Sie ist Spezialistin für romanische Sprachen; hat den ganzen Ortega y Gasset ins Deutsche übersetzt. Ich hatte keine Ahnung, daß James Franck in Amerika ist. Wir hatten in Freiburg davon gehört, daß er schon am ersten Mai 1933 seinen Göttinger Lehrstuhl freiwillig aufgegeben hat, obwohl er seine »Atomphysik«, sollte man meinen, unter jedem Regime hätte weitermachen können. Er war anderer Ansicht, und ich glaubte, er sei nach Kopenhagen gegangen. Dort war er auch, bis er an die Johns Hopkins-University nach Baltimore berufen wurde. Noch ein Nobel-Preisträger, den Hitler an Amerika verloren hat.

Ich bin mit Jimmy auf dem Campus spazierengegangen. Jimmy schläft in meinem Zimmer. Er gefällt mir glänzend, weil er so ähnlich ist, wie ich mir in Freiburg den amerikanischen *student-boy* vorgestellt habe. Sportlich, intelligent, aufgeschlossen, neugierig auf die Welt und das Leben. Er studiert Iranistik. Jimmy ist begeistert von Professor Ernst Herzfeld, der die Islamische Wissenschaft hier nicht nur lehrt, sondern der sie offenbar im Grunde *erfunden* hat. Er war bis zum Jahre 1934 Professor in Berlin, gleichzeitig hat er schon für das *Oriental Institute of Chicago* gearbeitet. In Persien hat er die großen Ausgrabungen von Persepolis geleitet. Herzfeld, der Jude ist, mußte Berlin verlassen. Dann hat man ihn sogar aus Persien weggeekelt. Die Nazis haben ihre Finger überall. Dabei scheint es wirklich, daß er von ganz ungewöhnlicher Bedeutung ist für alles, was mit iranischer Kultur zusammenhängt. Jimmy, der aussieht, als müßte er sich hauptsächlich für Fußball interessieren, schwärmt von den Königsgräbern und den goldenen Stiftungstafeln wie von ganz nahen und brennend aktuellen Gegenständen.

Mittwoch:

Mit Jimmy und ein paar anderen Jungens in unserer Bude Whisky getrunken. Wir hatten kein Sodawasser, mit Leitungswasser schmeckt es wie tote Fliegen. Mit meinem Englisch geht es aber vorwärts. Mir scheint, ich spreche besser als der Leipziger Austauschstudent, der gestern mit dabei war. Vielleicht kann er mehr Wörter als ich, aber er verunziert sie mit seinem unaustilgbaren sächsischen Akzent. Wenn der Bursche ein Hitler-Agent ist (muß er eigentlich sein, – »ausgetauscht«; das heißt offiziell geschickt!), dann ist er ein leidlich schlauer. Er beträgt sich äußerst zuvorkommend und freimütig, sagt ganz offen, daß Hitler für Amerika ganz bestimmt nichts wäre, und lacht frohlich mit, wenn die amerikanischen Jungens bei der bloßen Vorstellung, er könnte sich hier blicken lassen, in Hohngelächter ausbrechen. Nur als Jimmy auf Professor Panofsky die Rede brachte, den großen Archäologen und Kunsthistoriker, der, wie Herzfeld, hier an der *School of Humanities* lehrt, sagte er ganz schnell und automatisch: »Panofsky ist Jude«, dazu machte er eine eitle kleine Verbeugung, wie ein Schüler, der weiß, daß er eine vorzüglich richtige Antwort gibt. Jimmy sagte: »*Well, what about it?*«, und der Sachse beeilte sich zu versichern, daß Panofsky ein glänzender Mann sei, der sich in Hamburg des höchsten An-

sehens erfreut habe. Jimmy, wahrscheinlich, um den Sachsen zu er-
schrecken, erzählte die sehr traurige Geschichte von einem der begabtesten
Assistenten, die Herzfeld in Persien gehabt hatte. Es war ein halbjüdischer
Junge – was für eine Bezeichnung! Nie werde ich mich daran gewöhnen.
Der halbjüdische Junge also war mit Herzfeld bei den großen Ausgrabun-
gen gewesen, und er soll ungewöhnlich tüchtig und nett gewesen sein.
Herzfeld, als er für Berlin nicht mehr arbeiten durfte und auch aus Persien
wegging, hätte ihn vielleicht mit der Zeit nach Amerika kommen lassen.
Jimmy wußte das nicht so genau. Der Junge jedenfalls mochte nicht mehr.
In Deutschland war er entehrt und dem »Berufstod« geweiht. In Persien,
wo er mit aller Hingabe und trotz Malaria und so weiter sehr hart gearbeitet
hatte, war es nun auch zu Ende, der Junge verabschiedete sich von seinen
Freunden und fuhr allein nach Isfahan. Dort schoß er sich eine Kugel in
den Kopf. Jimmy schaute, als er das erzählt hatte, böse zu dem Sachsen
hinüber, der bedauernd die Achseln zuckte. »War wohl nicht recht
lebensfähig«, sagte der Sachse, als spürte er immerhin, daß er irgendwie
Stellung nehmen, irgendeine Entschuldigung angeben müsse, für den Tod
des halbjüdischen Jungen in Isfahan.

Donnerstag:

Etwas ganz Idiotisches getan, über das ich mich in Grund und Boden
schäme. Gleichzeitig freue ich mich aber darüber. Ich war in einer dieser
vielen Alleen unterwegs, auf der Suche nach einem *fraternity house,* wo ein
Junge wohnt, der mir *Serenade* von James M. Cain leihen sollte; da kam jemand mir entgegen, den ich von weitem schon erkannte: kein Hut, ziemlich langes, weißes, wehendes Haar, nicht sehr groß, etwas rudernder Gang,
auch die Krawatte wehte, Albert Einstein. Mir blieb das Herz stehen, noch
nie einen Mythos auf mich zuschreiten gesehen! Und ich blieb selber stehen, machte eine Vierteldrehung links und wartete, gegen einen Baum gelehnt, sein Näherkommen ab. Er erschrak ein bißchen, als ich auf ihn zu-
sprang – atemlos, wie nach einem langen Lauf. »Verzeihung...«, sagte ich,
und jetzt kommt das beschämend Idiotische, »dürfte ich vielleicht um ein
Autogramm bitten?«

Einstein lachte. »Sie verwechseln mich, junger Freund«, sagte er, »ich bin
nicht Greta Garbo.«

»Natürlich nicht«, stotterte ich, »freilich nicht. Mein Name ist Soundso, aber das ist ja auch ganz gleichgültig. Ich freue mich nur eben so sehr, daß Sie hier sind, ich meine, daß Sie da sind, daß es Sie gibt…« Es war trostlos. Einstein hat wunderbare Augen, Sternenaugen, und seine Stirn, hinter der so Phantastisches gedacht wird, ist nicht umdüstert oder in »bedeutende« Falten gelegt, wie man fürchten könnte. Ich finde seinen Gesichtsausdruck eher kindlich und jedenfalls nicht *erschreckend* gescheit. Wenn man ihn nicht kennt, würde man ihn auf den ersten Blick vielleicht für den Kapellmeister einer Wanderoper halten, wie es sie früher gegeben hat. Übrigens weiß man ja, daß er ungeheuer musikalisch ist (mir leuchtet ein, daß die genaue Wunderwelt der Musik und die Welt, in der Zeit und Raum in so seltsamen Beziehungen zueinander stehen, Gemeinsamkeiten haben), und seine Geige soll er mehr lieben als seine Relativitätstheorie. Ich fragte, ob ich zehn Schritte mitgehen dürfte, und er war freundlich genug, es zu erlauben. Er spricht mit dem leicht württembergischen Akzent, der immer etwas Gemütliches und Gemütvolles hat.

»Sie kommen aus Deutschland?« fragte er, »haben Sie schon Heimweh?«

Ich schüttelte den Kopf – und war nicht ganz wahrhaftig dabei; denn natürlich habe ich Heimweh nach gewissen Dingen. Einstein lachte plötzlich. »Wissen Sie, was mir neulich passiert ist?« sagte er, »Ich traf einen jungen deutschen Anwalt, der in New York lebt, einen sogenannten ›Arier‹, den fragte ich dasselbe, ob er Sehnsucht nach Deutschland hätte. Der Anwalt sagte: ›Sehnsucht? Ich? Wieso? Ich bin doch kein Jude!‹ Das ist gut, wie? Das ist echt! Tatsächlich gibt es eine Art von sehr sentimentalem und tränenreichem Nationalismus, von einer verbissenen Liebe zum Vaterland, die nur solche haben, denen dies Vaterland strittig gemacht wird. Finden Sie nicht?« Ich nickte. Ernster werdend fügte er hinzu: »Aber ich bin Jude, und trotzdem finde ich, daß es hier viel zu schön ist, in jeder Beziehung, als daß man irgendwohin Sehnsucht haben dürfte, und nach dem Deutschland des Herrn Hitler schon gleich nicht. Sie werden sehen, wie wunderbar es sich hier lebt und arbeitet. Es ist ein großes Glück, hiersein zu dürfen. Ich beglückwünsche Sie, mein Freund!«

Das klang irgendwie abschließend, und mir schien es richtig, mich zu verabschieden. Ich machte eine viel zu korrekte Verbeugung, von der ich spürte, daß sie sich sehr »deutsch« ausnahm, sagte: »Danke vielmals, Herr

Professor!« – aber man sagt nicht »Herr Professor« zu einem Mythos! – und lief weg.

Freitag:

Schlecht geschlafen. Von daheim geträumt: Haussuchung bei den Eltern; die Mutter sah so blaß aus, daß sie schließlich einfach in Nichts verging. Der SS-Leutnant sagte: »Meine verehrte Frau Saujüdin« zu ihr, mit einer sehr höflichen, preußischen Stimme; dazu verbeugte er sich, wie der Sachse, als er von Panofsky sprach. Es fängt an, mir unleidlich zu werden, daß die Eltern dort sind und ich hier. Womit habe ich mir meine Freiheit verdient? Jimmy sagt, ich habe laut gestöhnt im Schlaf.

Nach dem Frühstück den lieben Professor Priest besucht. Er meint, es seien so viele Deutsche hier, daß ich mich bald heimisch fühlen würde, er nannte ein paar Namen, Vehlen, von Neumann, Alexander, Mosse, alle an der *School of Mathematics* tätig, glaube ich. Aber ob es daran liegt? Ob man je aufhören wird, ein Fremder, ein Ausländer, ein Gast zu sein? Freilich, wenn irgendwo eine Chance für uns besteht, »dazu« zu gehören, schlackenlos aufzugehen im Ganzen, dann hier. Dies Volk ist aus so vielen verschiedensten Bestandteilen zusammengesetzt, daß es nationalen Dünkel nicht kennt. Bin ich ein »halbjüdischer exilierter Deutscher«? Aber ich möchte Amerikaner werden! – in dem sicheren Bewußtsein allerdings, daß ich mein Deutschtum außerdem behalte.

Im *drugstore* den Sachsen getroffen, ein *chocolat-sundae* mit ihm gelöffelt. Er sagt, Thomas Mann kommt her, wird hier wohnen und Vorträge halten. Der Sachse weiß nicht recht, wie er sich dazu stellen soll. »Die *Buddenbrooks* schätze ich sehr«, sagt er, »damals war der Alte noch nicht so internationalistisch und intellektuell zersetzend wie heute.« Um ihn zu ärgern, fragte ich bloß, ob er glaube, daß Hitler technisch imstande wäre, den *Joseph in Ägypten* zu lesen, eine Seite daraus, wenn es sein müßte. Dann tat es mir leid. Ich sollte vorsichtiger sein, wegen der Eltern. Aber der Sachse ging ganz gutlaunig auf mich ein. »Haha«, sagte er, »sehr gut, aber es muß, Gott sei es getrommelt und gepfiffen, nicht sein. Übrigens ist Herr Mann dafür nicht imstande, auch nur von fern die geschichtliche Bedeutung des Nationalsozialismus zu kapieren. Armer Mensch, so gründlich aufs falsche Pferd zu setzen!«

Mir wurde ganz übel. Als ob es die *Idee* auf der Welt nicht gäbe, und als ob man nicht imstande sein sollte, zu erkennen, was absolut recht und gut und was absolut schlecht und hassenswert ist. Als ob der *vorübergehende* Erfolg, den einer vermittels Gewalt und Lüge erzielte, irgendeinen Beweis seiner Bedeutung lieferte oder gar einen Beweis dafür, daß er »Recht« hätte! Aufs falsche Pferd! Ich sagte bloß: »Das Rennen ist noch nicht entschieden«, und aus Angst wegen der Eltern, »Gott gebe, daß es gut ausgeht, für Deutschland!« Mochte er das auslegen, wie er wollte.

Mit Jimmy in seinem Auto in New York gewesen. Wir fuhren die Fifth Avenue hinunter bis zur Zwölften Straße. Dort setzte Jimmy mich ab, weil ich jemanden in der *New School for Social Research* besuchen wollte; ich hatte einen Brief aus Deutschland abzugeben, für einen der Professoren dort. Das Haus sieht ziemlich europäisch aus, kein Wolkenkratzer, wie eine moderne deutsche Volksbildungsschule oder so. Gleich unten ein prächtiger Saal für größere Vorträge oder Theatervorstellungen. Irgendwo müssen Wandgemälde von dem großen mexikanischen Maler Diego Rivera sein.

Ich fragte ein Mädchen, das herumstand, nach dem Professor, für den ich den Brief hatte (Brandt, der Agrarwissenschaftler), aber er scheint nicht im Haus gewesen zu sein. Wir gaben den Brief auf dem Sekretariat für ihn ab. Das Mädchen war sehr freundlich und nett aussehend. Ob ich den Brandt persönlich kenne, wollte sie wissen. Nein, ich kenne ihn nicht, weiß bloß, daß er freiwillig weg ist von zu Hause, »Arier« und so. Ob ich sonst in der Schule jemanden kenne? Nein, leider, da ich vor sehr kurzem erst in diesem Lande eingetroffen sei. Aber aus Deutschland könnte ich die Herren doch kennen…? Dann erfuhr ich, daß dieser *New School* eine *University in Exile* an- oder eingegliedert ist, in der Emigranten-Wissenschaftler tätig sind, – Italiener zum Beispiel und nicht weniger als sechzehn Deutsche. Der Leiter der *New School,* Doktor Alvin Johnson, der ein ganz prächtiger Mann zu sein scheint, hat mit ungeheurer Energie die Mittel dafür aus privaten Stiftungen zusammengebracht. Es scheinen unter diesen sechzehn sehr gute Leute zu sein. Das Mädchen zum Beispiel, arbeitet bei Wertheimer, dem großen Gestaltpsychologen, und gleichzeitig bei dem Kinderpsychologen Goldstein, von dem ich schon viel gehört habe. Das Mädchen erzählte, all diese Leute haben da eine sogenannte »Selbsthilfe für Emigranten« gegründet, eine Kasse, in die sie wöchentlich eine Kleinigkeit zahlen, einen Dollar oder fünfundzwanzig Cents, je nachdem, was sie aufbringen könnten. Davon unterstützen sie die ärmsten unter den *exiles* drüben in Europa und hier. Goldstein soll sich da besonders bemühen, das Mädchen hilft ihm manchmal dabei und sagt, es sei ergreifend, wieviel von seiner Zeit und Arbeitskraft er dieser Sache zur Verfügung stelle. »Es ist ein sehr guter Zusammenhalt hier unter diesen Emigranten«, meint sie, »obwohl sie doch den verschiedensten Richtungen angehören.« Ich frage sie, ob sie immer hier gelebt hat; nein, sie ist erst kürzlich hierher zurückgekommen, vorher war sie im *Swarthmore College,* dort hat sie bei Köhler gehört (auch Gestaltpsychologie). Ich teilte ihr mit, daß ihre Leidenschaft für deutsche Professoren anfängt, mir unheimlich zu werden, ob sie den Akzent so gern hat, möchte ich wissen; denn dann würde ich mir Hoffnung machen, in ihren näheren Freundeskreis aufgenommen zu werden. Sie lachte und sagte, nein, so sei das nicht; es sei Zufall, oder vielmehr doch nicht ganz: ihr Vater habe in Deutschland studiert, *in the gay nineties,* und schwärme immer noch von dieser Zeit. Da ihr aber die Nazis nicht gerade sympathisch seien, hielte sie sich an die Emigranten, um ihren Bedarf an »Deutschem« zu decken, der übrigens so sehr groß nicht sei.

Ich: »Ist er nun, leider, schon restlos gedeckt? Oder habe nur gerade ich noch gefehlt? Und würden Sie, in diesem Fall, etwa gar einen Kaffee mit mir trinken gehen, vorn, in der Apotheke?« Sie lachte, weil ich ›Apotheke‹ sagte, statt *drugstore,* – aber mir kommt es immer noch sehr spaßig vor, wenn ich zwischen essigsaurer Tonerde und Haarbürsten mein Butterbrot verzehre. Sie kam mit. Sie ist wirklich sehr und ganz besonders nett. Gescheit, völlig natürlich, reizend angezogen, sportlich, dabei mädchenhaft und gepflegt, und dann schaut sie einem immer so belustigt ins Gesicht, das habe ich persönlich sehr gern, weil ich immer fürchte, zu ernsthaft oder zu steif auf die Leute zu wirken. In der Apotheke trank sie Coca Cola. Ich erkundigte mich, ob die *University in Exile* ein rein wissenschaftliches oder auch ein politisches Institut wäre. Margaret (sie heißt Margaret!) verstand nicht. »Führen ihre Professoren einen Kampf gegen das, was in Deutschland heute Wissenschaft heißt, oder gehen sie nur eben ihren Wissenschaften nach, wie die amerikanischen Gelehrten?« Margaret sagte, soviel sie wüßte, sei das letztere der Fall. Die Professoren seien wohl der Ansicht, man nütze dem Ansehen der deutschen Wissenschaft im Ausland am wirksamsten, wenn man arbeite und strebe, nicht aber, indem man polemisiere. Polemiken, besonders wenn sie von Emigranten kämen, hätten nicht viel Sinn. Ich bin damit nicht völlig einverstanden. Wer sollte denn den Nazis ihre Schurkereien und Idiotien nachweisen, wenn nicht wir, die wir wirklich Bescheid wissen über sie und uns doch ein bißchen schuldig machen, wenn wir den Kampf gegen sie scheuen. Könnte nicht ein guter deutscher Jurist, der in der Freiheit lebt, in einer *University in Exile* ein grundlegendes und aufklärendes Werk über die juristischen Methoden im Dritten Reich schreiben, ein Arzt die Rassentheorien widerlegen etc.? Das sagte ich aber nicht, denn erstens weiß ich nicht, ob nicht doch einiges in dieser Richtung geschehen ist, und zweitens und vor allem möchte ich Margaret nicht ärgern. Margaret sagte: »Ich glaube im übrigen, daß Simons, der Jurist, oder Leute wie Emil Lederer, der Nationalökonom, oder Edgar Heymann, der eben ein großes Buch über Faschismus, Kommunismus und Demokratie geschrieben hat, auf ihre Art ständig mit dem Problem Deutschland befaßt sind und daß man es ihnen überlassen muß, wie sie damit fertig werden. Dann holte sie eine Zeitschrift aus ihrer Mappe und meinte: »Vielleicht entspricht dies hier Ihren Ansprüchen ans Kämpferische, mein Herr?!« Ich versuchte ihr zu erklären, daß ich gar keine Ansprüche hätte und daß ich mich bloß in der kurzen Zeit in Princeton schon sehr ans Diskutieren gewöhnt hätte. Die *Zeitschrift für Sozialforschung,* die ich in Händen hielt, war deutschsprachig. Sie wird von einem *International Institute of Social Research* herausgebracht, das früher in Frankfurt am Main existierte und dann rechtzeitig mit Mann, Maus und vor allem auch mit Geld hierhergeflüchtet ist. Ich glaube, ich bin dem Doktor Horkheimer, der es leitet, als Junge einmal daheim begegnet. Er ist damals sehr mit dem Vater aneinandergeraten, der nachher gesagt hat, mit Marxisten könne er nicht reden, die seien ihm zu marxistisch. Daran erinnere ich mich, weil ich es so komisch fand. Die Zeitschrift macht einen sehr gediegenen und seriösen Eindruck, ich habe sie mit nach Hause genommen und will sie morgen gewissenhaft studieren.

Übrigens erzählte mir Margaret, daß Doktor Frieda Wunderlich, eine politische und soziale Publizistin aus Deutschland, in öffentlicher Sitzung von ihren Kollegen zum Dekan der Fakultät gewählt worden ist – womit zum ersten Mal eine Frau Dekan einer Hochschule geworden ist.

Sonntag:

Bin in den Gottesdienst gegangen; es gab schöne Musik und überraschend viel »Publikum«. Nachher einen Jungen getroffen, der protestantische Theologie studieren will; vorläufig hört er noch alles durcheinander, er ist erst achtzehn und gerade mit der Schule fertig. Sein Vater ist Pastor in Bremen. Netter Bursche; erzählt tolle Sachen vom deutschen Kirchenstreit. Kennt Niemöller, von dem er sagt, daß er eine große Rolle spielen wird, im »Vierten Reich«. Schwärmt von einem Mann namens Paul Tillich, einem Deutschen, der im New Yorker *Union Theological Seminary* tätig ist. Ein protestantischer Sozialist, oder doch so etwas ähnliches. Der Protestant, ich weiß seinen Namen noch nicht einmal, erzählte mir eine schrecklich traurige Geschichte, die er neulich auf einem Reisebüro in Bremen erlebt haben will. Als er seine Schiffskarte bestellte, stand da am Schalter ein jüdisch aussehender Herr und war ganz unschlüssig, wohin er emigrieren sollte. Er fuhr mit dem Finger auf einem Globus hin und her, sah sich das alles ganz genau an, – schien einen Augenblick für Australien entschlossen, dann wieder kam Südafrika ihm nicht ganz so ungünstig vor. Schließlich schob er den ganzen Globus traurig und verzweifelt weg und fragte den Angestellten des Reisebüros: »Sagen Sie, lieber Herr, haben Sie nichts anderes?« Selbst wenn das erfunden ist, ist es jedenfalls sehr echt und traurig erfunden. Wo sollen die Juden hin, da man sie nirgends auf dem Globus haben will und da der Herr vom Reisebüro »nichts anderes« hat? Die Wissenschaftler, das muß man sagen, sind ja relativ glänzend dran. Die meisten unter ihnen, soweit sie schon ein bißchen Geltung hatten, als Hitler kam, haben doch irgend etwas gefunden. Wenn ich denke, wie viele allein in New York untergekommen sind! Leute wie Friedländer oder Courant oder Lehmann-Hartleben, die alle an der New Yorker University lesen, oder Lichtwitz am Monte-Fiore-Krankenhaus, sind gewiß über den Tausch, den sie gemacht haben, nicht unglücklich. Rudolf Höber wird in Philadelphia so gern sein wie in Kiel, und Tannhäuser in Boston lieber als in Freiburg. Nur für die Jungen ist es so schrecklich schwer und außerdem natürlich für die, die das Reisegeld nicht haben oder die es sich nicht leisten können, in Ruhe abzuwarten, bis sich eine Chance bietet. Ich will jede Woche einen Dollar in die »Emigranten-Selbsthilfe« zahlen, – kleiner Beschwichtigungsversuch meinem Gewissen gegenüber, das beunruhigt ist, weil es mir unverdientermaßen so gut geht.

Es gibt so viele deutsche Wissenschaftler im Exil[1], die ihre exakte Arbeit nun in amerikanischen Oberschulen und Universitäten verrichten. Die deutsche Kultur, beinah in ihrer Gesamtheit, befindet sich in der Verbannung; es ist keine Übertreibung, das festzustellen. Und ebensowenig wie die Künstler, die Schriftsteller, Maler, Schauspieler, Musiker es in der deutschen Unfreiheit haben aushalten können, konnten die deutschen Wissenschaftler dort arbeiten und existieren. Wo man dem Begriff des »objektiv Wahren« ein höhnisches Gelächter entgegensetzt, um statt seiner das »subjektiv Nützliche« als alleinigen Maßstab anzulegen und zu fordern, hat die Wissenschaft so wenig zu suchen wie die Kunst.

An der Columbia University traf ich Professor Karl August Wittfogel. Von Kunst und Kultur der Chinesen durch die Jahrtausende weiß der große Sinologe zu erzählen wie unsereins von Remarque oder Sinclair Lewis. Er spricht zum Beispiel acht chinesische Dialekte aus den unterschiedlichsten Perioden und ist imstande, sich mit seiner hübschen und reizenden Frau, der man die erschreckende Gelehrtheit auch nicht ansieht, in ihnen zu unterhalten. Aber seine eigentliche Spezialität, die ihn heraushebt aus der Schar berühmter Kollegen und der er beinahe allein unter ihnen aufs erfolgreichste dient, ist Wirtschaftgeschichte, chinesische Wirtschaftsgeschichte, asiatische Soziologie. Professor Wittfogel bereitet ein enormes Werk über diesen seinen Lieblings- und Spezialgegenstand, die chinesische Gesellschaftslehre, vor; es scheint, daß der Magier wie kein anderer berufen ist, auf dem Weg der exakten Wissenschaft den Menschen des Westens zu besserem und brüderlicherem Verständnis des Ostens zu verhelfen.

Jimmy ist an allem, was hier passiert, leidenschaftlich interessiert. Sobald er sein Examen bestanden hat, will er fliegen lernen. Ein entfernter Cousin seiner Mutter, Professor von Karman, ist so etwas wie der Leiter des Flugzeugbaus in Amerika und hat ein gigantisches Labor in Kalifornien. Vor Hitler hatte er einen Lehrstuhl in Aachen. Jimmy sagt, daß er der größte Luftfahrtexperte der Welt sei und daß er von überall um Rat gefragt werde, sogar von Japan. Jimmy ist überaus stolz auf ihn. Ich sagte ihm, daß dieser Professor von Karman offensichtlich ein Exilant sei, so daß ich eigentlich mehr als er mit ihm verwandt sei. Er konnte das nicht verneinen, denn der

---

[1] aufgelistet in Appendix II

große Mann hatte sein Lehramt in Deutschland aufgegeben, sobald Hitler an die Macht kam. Er war gerade zufällig in Amerika und blieb einfach dort.

Ich überlege manchmal, ob es nicht eine abstoßende Variante unseres deutschen Nationalismus ist, die mich dazu bringt, soviel Zeit auf Exilanten zu verwenden, und die mich so stolz macht, wenn sie etwas vollbringen. Aber dann sage ich mir, daß wir nur allzuguten Grund haben, uns zu schämen – wir bekommen natürlich einen schrecklichen Minderwertigkeitskomplex, sobald wir darüber nachdenken, was unser Land heutzutage tut, wohin es treibt und wie es allem friedlichen Fortschritt im Wege steht, so daß es schließlich verständlich ist, wenn wir uns nach den wenigen Menschen umsehen, die etwas dafür tun könnten, den Eindruck, den die Leute von Deutschland haben, zu verbessern.

KAPITEL XV

MUSIK IN
NEW YORK

A MUSICAL EVENING

IN NEW YORK IST ES FÜR UNSEREINEN sehr schön, bei den Muschenheims eingeladen zu sein; denn erstens sind sie reizende Gastgeber, zweitens trifft man bei ihnen alles, was sich an treffenswerten Deutschen in New York aufhält, und drittens gibt es dort oft die wunderbarste Musik.

Der Abend, von dem wir sprechen wollen, war einer der festlichsten und ergreifendsten, die wir erleben durften. Wir wußten: Busch und Serkin werden spielen, – das genügte, um uns glücklich zu stimmen. Wer die beiden kennt, weiß, auf welche Art sie musizieren, in wie vollkommener Reinheit und unverfälschter Klarheit sie die Kostbarkeiten wiedergeben, die Mozart, Beethoven, Brahms uns hinterlassen haben.

Wir hatten unsere Freunde Busch und Serkin lange nicht gesehen. Zuletzt vor Jahr und Tag in der Schweiz; wir feierten in ihrem Doppelhäuschen bei Basel die Silvesternacht zusammen. Wir hatten uns mit dem Wagen verirrt, waren eine Stunde lang auf einem Waldsträßchen unterwegs gewesen, das sich immer abwechselnd auf schweizerischem und auf deutschem Gebiet dahinschlängelte, das war äußerst unheimlich und gefährlich, und wir fühlten uns, als wir endlich bei den Freunden geborgen waren, buchstäblich wie im Himmel. Auch können die Engel, die ihre Tücken haben, nicht viel liebenswerter, warmherziger, vornehmer und freundlicher sein als unsere irdischen Gastgeber von damals. Das Wander- und Tournee-Leben, das wir alle führen, kompliziert die menschlichen Beziehungen, die Wege schneiden sich, statt sich zu berühren, aber an den Schnittpunkten und Straßenkreuzungen winkt man sich wenigstens zu.

Der hübsche kleine Musiksaal der Muschenheims ist schon voll von Menschen, als wir eintreten. Wir sehen gleich: das ist kein »geladenes Publikum«, wie man es sonst wohl gelegentlich findet, nicht »gesellschaftliche Verpflichtungen« der Einladenden haben bei der Wahl der Gäste den Ausschlag gegeben. Hier sind Freunde, Musiker, Künstler; jedem einzelnen von ihnen steht die Freude darüber, hier zu sein, im Gesicht geschrieben. Wir eilen uns, Platz zu finden, – es ist hübsch, daß wir neben Karin Michaelis zu sitzen kommen, unserer alten dänischen Freundin, der wir nun also wieder einmal zuwinken dürfen, an dieser Wegkreuzung. Karin ist soviel in Deutschland gewesen, daß wir sie beinah als Compatriotin empfinden. Seit dreiunddreißig freilich hat sie sich fern gehalten von unserem Land. Die berühmte Schriftstellerin, die Verfasserin so »unpolitischer« Bücher wie *Hallo Bibi* und *Die grüne Insel* emigrierte aus dem Dritten Reich so gut und gern, wie wir es taten. Sie hat eindeutig Stellung bezogen, nun fehlt ihr Name unter keinem Aufruf, der gegen die Hitlerbarbarei an das Gewissen der freien Menschheit appelliert.

Karin Michaelis ist nicht mehr jung. Sie war sehr beliebt in Deutschland. Kaum ein Kind dort hat die lustige und rührende Geschichte von »Bibi« nicht gelesen, und ihre Romane fehlten in keiner Bibliothek. Sie hätte bei rechter Gesinnung hochgeehrt als unbestreitbar nordische Künstlerin ihr prächtiges Auskommen haben können. Die zarte alte Dame zog es vor, herumzureisen, Vorträge zu halten und solche, die ihn noch nicht erkannt hatten, über den Nationalsozialismus aufzuklären. Da sitzt sie, die kurzsichtigen Augen tief über das Programm gesenkt. »Ich freue mich so schrecklich«, flüstert sie uns zu, ob über das unerwartete Wiedersehen mit uns, ob auf die Musik, die sie hören wird, bleibt dahingestellt, denn Busch und Serkin kommen in den Saal: der große, blonde, breitschultrige Busch – er sieht aus wie ein westfälischer Bauernjunge, wie ein Junge immer noch, obgleich er fünfzig Jahre alt sein muß – und der kleinere, schmale, dunkle Serkin. Sie machen Front zum Saal hin; die kurzen, eckigen Verbeugungen, mit denen sie ihr Publikum begrüßen, sind ein bißchen linkisch; es ist kein gefallsüchtiges Virtuosenpaar, das sich hier präsentiert. Hinter den ernsten Stirnen ist kein Gedanke auf den »Erfolg«, auf den »Ruhm« gerichtet. Diese da horchen schon der Musik nach, die sie klingen lassen werden.

Man kennt die rührende Geschichte ihrer Künstlerfreundschaft. Adolf Busch war seit langem ein berühmter Geiger in Deutschland, als ein fremder kleiner Junge, irgendwoher aus dem Osten Europas, zu ihm kam und bat, ihm vorspielen zu dürfen. Der Junge hieß Rudolf Serkin, und er spielte dermaßen schön Klavier, daß Busch, dessen menschliche Bereitschaft zu helfen immer ebenso lebhaft war wie sein pädagogisches Interesse, beschloß, ihn dazubehalten, weiterbilden zu lassen, groß zu machen. Serkin, sechzehn- oder siebzehnjährig, begriff das Glück, das ihm widerfuhr, und blieb bei Busch im Haus. Das Leben bestand aus Musik. Musiziert wurde vom Morgen bis in die Nacht hinein; während die beiden übten, spielte ein kleines blondes Kind auf dem Teppich herum; Buschs fünfjähriges Töchterchen Irene konnte schon alle Melodien summen, die es hörte. Wenn es die Mutter am Abend ins Bett holte, weinte es.

Als Serkin erwachsen war und ein herrlicher Pianist, ging er mit dem Busch-Quartett, das schon europäischen Ruf hatte, auf Tournee. Schönere Kammermusik konnte man nicht hören, – das Zusammenspiel dieser vier (Adolf Busch, Rudolf Serkin, Hermann Busch, Søsta Andreasson oder Karl Doktor) war von vollkommener Harmonie; es gab keinen unter ihnen, der glänzen, der sich hervortun wollte; alle ordneten sich der Musik unter, die sie mehr liebten als ihren Ruhm.

Im Jahre dreiunddreißig sollten sie sich trennen. Der »fremdrassige« Serkin durfte in Deutschland nicht mehr musizieren. Er hätte überall in der Welt sein Glück gemacht, auch ohne seinen Meister Adolf Busch, dem für seinen Teil in der Heimat goldene Berge sicher waren. Serkin emigrierte – und Busch mit ihm. Aus dem Haus in der Schweiz, das sie sich »vor Hitler« schon zugelegt hatten, kehrten sie nicht mehr nach Deutschland zurück. Sendboten kamen, wollten Busch heimholen. »Recht gern«, sagte Busch, »Serkin und ich spielen als erstes eine Mendelssohn-Sonate.« Bestürzt zogen die Nazi-Agenten sich zurück.

Es war, seit das Kind Irene, auf dem Teppich spielend, dem jungen Serkin bei seinen Läufen und Fingerübungen lauschte, eine ausgemachte Sache, daß die beiden zusammengehörten. Nichts konnte einleuchtender, nichts besser und richtiger sein, als daß sie sich heirateten. Serkin, den seine Pflegeeltern wie einen Sohn liebten, wurde nun wirklich ihr Sohn, und die kleine Irene, kaum siebzehnjährig, verband ihr Leben mit dem Kameraden ihrer Kindheit, dem sie alle in die Verbannung gefolgt waren. Übrigens ist es unwahrscheinlich, daß Adolf Busch in Deutschland geblieben wäre, auch wenn kein Serkin zwischen ihm und dem »Führer« gestanden hätte. Was ihn von jenem trennte, war ein Abgrund; seine unbedingte, reine und stolze Künstlerschaft konnte unter der Nazifuchtel nicht gedeihen.

Es klingt wie eine einzige, wunderbar reiche und zaubervolle Stimme,

wenn die beiden spielen. Die vielen Jahre, in denen sie gemeinsam das Wesen ihrer Götter ergründeten, haben in eins verschmolzen, was sie den Instrumenten entlocken. Es sind nicht mehr Geige und Klavier, was wir
hören, und nicht die Herren Busch und Serkin sind es, deren Griffen wir
lauschen, es ist Mozart. Deutsche Musik, schönste und deutscheste, aber
die sie klingen lassen, sind aus Deutschland verbannt.

Serkin hat in sich alle Kraft und alle Zartheit, alle Hingabe und alle Beherrschtheit, allen Jubel und alle Trauer. Er spielt mit ungeheurer Virtuo-
sität, aber man vergißt sie, da er selber ihrer nicht zu achten scheint. Den
dunklen Kopf leicht vorgeneigt, horcht er wie verwundert den Klängen
nach, während seine schmale Gestalt eins wird mit dem Instrument, dem
sie entströmen. Busch steht ein wenig breitbeinig, sein bäurisches Gesicht,
in das wirr das helle Haar fällt, sieht aus wie die Holzschnitzereien in alten
deutschen Kirchen; mit großer Zärtlichkeit ist es an die Geige gelegt. Den
Bogen führt er in kurzen Strichen. Man hat gesagt, er sei »kein eleganter
Violinist«. Nein, sie sind nicht »elegant«, Busch und Serkin. Denn ihnen
eignet alle Anmut und Strenge der Musik, deren Sendboten sie sind.

Da Pause ist, begrüßen sich im Saal die Freunde. Wir merken jetzt erst,
wie viele unter denen, die dankbar und ergriffen zugehört haben, selber
Namen von Weltruf tragen. Da ist Jascha Heifetz, den viele wie einen jungen Gott verehren und dessen Geigenspiel das Konzertpublikum aller fünf
Kontinente hinreißt. Deutschland freilich, das sich selber ausgeschlossen
hat von so vielen Freuden der zivilisierten Menschheit, darf auch ihn nicht
mehr hören. Der Weltberühmte umfährt auf seinen Reisen Hitlers Gebiet
wie ein Land, in dem die Pest wütet. Wir sagen ihm, wie sehr wir seine Platten lieben, Prokofieffs *Konzert Nr. 2* und Francks *Sonate in A-Dur.* »Schön
haben sie gespielt«, antwortet er nur und deutet mit dem Kopf auf das kleine Podium, das leer steht, »wunderbar.«

»Es war wunderbar«, sagt hinter uns eine vertraute Stimme, und da wir
uns umwenden, erkennen wir Albert Einstein, der von Princeton hereinge-
kommen ist, um zuzuhören. »Das ist Deutschland«, sagt er, »das ist das
wahre und das beste Deutschland; was für ein Glück, daß wir es überall
wiederfinden, wo solche Musik gemacht wird; und was für ein Beweis –
wenn wir noch einen nötig hätten – gegen diese Rassenidiotie. Kann man
sich ein schöneres Zusammenspiel, ein reineres Ineinanderaufgehen den-

ken, als das, was diesen beiden, dem hellen und dem dunklen, dem ›Arier‹ und dem jungen Juden gegeben ist?« Sein weises, großes, freundliches Gesicht verfinstert sich für einen Augenblick, dann scheint er irgendwo hinten, in einer Ecke des Saales, etwas zu entdecken, was ihn tröstet. Wir folgen der Richtung seines Blickes; kein Zweifel, wer da gegen die Wand gelehnt steht, ist Toscanini, der Maestro!

Wie schön, daß er hier ist, daß er kommt, um die jüngeren Kollegen zu ehren, und weil ihre Musik ihm Freude macht. Wir wissen, wie beschäftigt er ist, wie selten die Abende sind, an denen nicht Proben, Konzerte, Radio ihn in Anspruch nehmen. Und seine Freizeit also verbringt er so!

Toscanini, wieviel der Klang dieses Namens enthält! Eine Welt von Schönheit, Wohllaut, Adel und Noblesse. All die Abende, an denen wir, glücklich und bestürzt, seiner Vollkommenheit zuschauten und spürten: dies ist es, es ist der äußerste und letzte Ausdruck, der für diese Musik sich finden läßt! Den *Fidelio* in Salzburg, die *Neunte Symphonie* in der *Carnegie Hall*! Und all die Zeichen seiner persönlichen, seiner menschlichen Bedeutung! Das Nein an Mussolini! Der Verzicht auf Bayreuth, die Absage an Salzburg! Ist die Menschheit »heruntergekommen«, gibt es in ihrer Mitte keine großen Edelleute mehr, keine wirklichen Aristokraten, niemanden mehr, der die Unbedingtheit, das Absolute, die Lebens- und Todes-Feindschaft gegen den Kompromiß auf sein Banner geschrieben hätte? Aber da ist Toscanini! Sind die Führer Europas, sind unsere Staatsleute zu jämmerlichen Advokaten von Fiktionen geworden? *Leben* sie nur noch von der Übereinkunft, keine Wahrheit mehr auszusprechen, sondern statt dessen in Floskeln zu reden, deren einziger Sinn es ist, die Wahrheit zu verschleiern? Sollte es schädlich, unerlaubt, ja unmöglich geworden sein, *geradeaus* zu denken und also zu handeln? Aber da ist Toscanini! Der dreifach Emigrierte, aus Italien, Deutschland, Österreich, ist der größte Dirigent der Gegenwart. Im Glanze seines Ruhmes wird seine furchtlose, klare und ritterliche Haltung zum weithin leuchtenden Vorbild.

Nicht irrtümlich haben wir uns dermaßen gefreut auf diesen Abend. Und da wir nun an kleinen Tischen beisammen sitzen, ist uns allen, als müßten wir sein Ende verhindern. Zu reizend ist an dieser Wegkreuzung die Landschaft, und keiner von uns Reisenden will weiter.

Toscanini liebt die Nacht. Er liebt es, sie mit Freunden zu verbringen. Er ist lebhaft, angeregt, gesprächig, und er versteht die große Kunst des Zuhörens. Seine Augen haben den schönsten Blick, der uns an einem Menschen begegnete. Er ist kurzsichtig, man weiß es, und vielleicht kommen daher der unvergleichliche Schmelz, der Glanz und die tiefe Himmelsbläue dieser Augen, sie beleuchten die Dinge mehr, als daß sie sie in sich aufnähmen. Er spricht französisch mit uns, ein sehr gutes, klares, ein wenig hartes Französisch; aber die kleinen Fehler (er sagt »se«, – statt *je*, – »bisou«, statt *bijou*) machen, daß es rührend und kindlich klingt. Er kann nicht leiden, wenn Frauen rauchen, und er hat eine Art, es einfach zu verbieten, die zeigt, wie sehr er zu herrschen gewohnt ist, – aber auf wie anmutige und selbstverständliche Weise. Er ist nicht groß von Statur, wir finden es wieder, nur die natürliche *grandezza* seiner Haltung läßt ihn so erscheinen.

Wir erkundigen uns nach Vladimir Horowitz, der eine Tochter des Maestro geheiratet hat: »Mein Schwiegersohn«, sagt Toscanini, »hat seit beinah zwei Jahren nicht mehr öffentlich Klavier gespielt. Aber jetzt fängt er wieder an. Sein erstes Konzert gibt er zugunsten von deutschen Emigrantenkindern in der Schweiz.« Horowitz selber ist Emigrant, aus Rußland erst, nun auch aus Deutschland. Toscanini spricht mit großer Wärme von seinem jungen Verwandten.

Mit Busch und Serkin verbindet den Maestro herzliche Freundschaft. Buschs Geige war repariert worden, er ist sehr unglücklich und besorgt, weil er fürchtet, daß sie an Klang verloren haben könnte. Toscanini tröstet ihn, er habe nichts bemerkt, nicht das allergeringste, » *C'était beau, comme toujours* (tousours)«. »Nicht wahr?!« sagt Frau Busch und hat ein glückliches Gesicht, »Ich habe es auch gesagt!« Frau Busch begleitet ihren Gatten auf allen seinen Reisen, auch das Kind Irene ist zur Stelle – Mrs. Serkin – und das winzige Kind Ursula, Irenes und Rudis einjähriges Töchterchen.

Unvermeidlich ist, daß nach kurzem auf Politik die Rede kommt. »Ach«, sagt Busch, »manchmal denke ich, daß ich nicht mehr Geige spielen möchte. Mir scheint dann, als sei es sündhaft, Musik zu machen, ›nur‹ Musik, in einer Welt, der man nach Noten Bescheid blasen müßte, die sie besser versteht. Manchmal denke ich, daß man die Politik den Politikern ganz einfach nicht überlassen dürfte. Soll Chamberlain Geige spielen, statt meiner, wenn ich dafür den Engländern die Wahrheit sagen darf!« Wir lachen. Dann beschließen wir, daß wir um die Welt nicht zuhören möchten, wenn

Chamberlain Geige spielt, und daß die Engländer unserem Busch die Wahrheit nicht glauben würden. Also läßt man es besser, wie es ist.

Serkin gehört zu den allerreizendsten Menschen, die wir kennen. Er ist ebenso gescheit wie unterhaltend und ebenso menschenfreundlich wie begabt. Man könnte meinen, daß jemandem, der so unbedingt, so völlig der Musik lebt, wie dieser außerordentliche Pianist, das Interesse an der Welt außerhalb ihrer allmählich abhanden kommen müßte. Er aber kann sich empören und begeistern, über schlechte Menschen oder gute Bücher. Der zarte Mensch stellt an sich ungeheuere Ansprüche; um so rachsüchtiger begegnet er den Bemühungen anderer. Ihm genügt nicht, monatelang, beinah allabendlich, das Publikum ständig wechselnder Städte zu begeistern. Er versucht sich an immer neuen Aufgaben, wandelt unermüdlich sein Programm. Wir verwundern uns, wie er es rein zeitlich schafft. »Es ist nicht ganz leicht«, sagt er, »und für unwichtigere Geschäfte reicht die Zeit dann meistens nicht. Da, schaut Euch das an.« Er wendet uns seinen Hinterkopf zu, das dunkle Haar hängt ihm in drolligen Fransen bis zum Kragen hinunter. Irene schlägt klagend die Hände zusammen. »Seit vier Wochen war er nicht beim Friseur«, ruft sie und lacht verzweifelt, »heute vorm Konzert wollte ich ihm die Haare schneiden, aber dann war es auch dafür wieder zu spät!«

Einstein kommt an den Tisch, um sich zu verabschieden. Der letzte Zug nach Princeton wartet nicht. »Auch bei uns sind die Eisenbahnen pünktlich, nicht bloß bei den Faschisten!« Das Zeichen zum Aufbruch ist gegeben. Buschs und Serkins fahren nach Europa, morgen früh, der Maestro muß gleich auf die Probe. Das Fest ist zu Ende, die reizende Wegkreuzung will endgültig passiert sein. Nach allen Himmelsrichtungen treibt der Wind die Reisenden auseinander.

KAPITEL XVI

HOLLYWOOD

HOLLYWOOD

MAN HAT HOLLYWOOD, DIE WELT-metropole des Films, einen »Zaubersumpf« genannt und damit viel von den verführerischen und verderblichen Reizen, von den einspinnenden, menschenfängerischen, korrumpierenden, demoralisierenden Qualitäten des Ortes bezeichnet, den der unbefangene Besucher immer abwechselnd als äußerst attraktiv, buntbelebt, farben- und möglichkeitenreich empfindet und als stumpfsinnig, erniedrigend, möglichkeitentötend. Viele junge amerikanische Schriftsteller hassen Hollywood als rohen, fetten, goldbäuchigen Widersacher der Kunst und des Geistes. Haß und moralischer Abscheu gegen eine bestehende Macht, wenn sie mit Talent gepaart sind und wenn das Antlitz der Macht so pittoresk sich darstellt wie das Antlitz von Hollywood, sind nicht unbekömmlich für den Hassenden. Wir halten uns im folgenden fern von Kritik. Das Problem »Hollywood« liegt außerhalb des Gebietes, das dieses Buch umreißt. Innerhalb seiner liegen die Teilansichten »Gastliches Hollywood« und »Hollywood gibt den deutschen Exilierten Arbeit«.

Hollywood ist international. Überraschenderweise hat seine Internationalität nicht abgenommen, seitdem der sprechende Film die Mitwirkung Fremdsprachiger problematisch erscheinen läßt. Ganz im Gegenteil: nie hat man etwa so viele Franzosen dort gesehen wie heute, nie war die Zusammenarbeit der Amerikaner mit den Angehörigen beinah aller Nationen intensiver und fruchtbarer als gerade jetzt.

Da Hitler die Schriftsteller, Schauspieler, Musiker und Regisseure in so rauhen Mengen aus seinem Machtbereich verjagt hat und da überdies manch einer, den er gern behalten hätte, in diesem »Großdeutschland« nicht atmen, also nicht arbeiten, also nicht bleiben konnte und wollte, hat Hollywood den Nutzen gehabt. Viele von den Heimatlosen, unter ihnen Künstler von allererstem Rang, wandten sich dorthin; in schöner Gastfreundschaft, im Bewußtsein aber auch, daß sie Nützliches leisten möchten, nahm man die Flüchtigen auf.

Weil wir kürzlich erst angekommen sind, gibt es ein kleines Fest in einem der schönen Häuser zwischen Beverly-Hills und Santa Monica. Uns zu Ehren hat man beinah nur Landsleute eingeladen, Deutsche und Österreicher, wir sind verwundert und erfreut zu sehen, wie viele es hier gibt und wie gut sie es haben. Alle arbeiten sie mit großer Leidenschaft, alle lernen sie Englisch um die Wette, und alle kennen sie auf dieser Welt zwei Gegenstände, die ihnen wahrhaft interessant sind: den Film und die Politik.

Man sitzt in Gruppen zu viert oder zu fünft an kleinen Tischen und spricht über Politik und Film. Wir haben es gut getroffen, denn an unserm Tischchen finden wir Wilhelm Dieterle vor, außerdem Peter Lorre und Luise Rainer, die so ungemein berühmt geworden ist hierzulande und in so überraschend kurzer Zeit.

Sie bekam zweimal den Oscar für die beste schauspielerische Leistung (des Jahres) – für ihr bezauberndes Porträt der Hauptrolle in dem Film *Der große Ziegfeld* und für ihre Leistung in *Die gute Erde,* wo sich diese kleine Wienerin mit den großen, dunklen Augen auf so verblüffende Weise in eine Chinesin verwandelte. Dieterle, den wir aus München kennen (wie haben wir ihn als Kinder geliebt! Er spielte den *Kaufmann von Venedig* oder den *Peer Gynt* oder den Lehrer Gottwald in *Hanneles Himmelfahrt!*), Dieterle ist in Hollywood Regisseur seit über fünf Jahren. Obwohl er Deutschland verließ, ehe Hitler dort zur Macht kam, fühlt er sich ganz als Emigrant. Da er nicht Jude ist und politisch unkompromittiert war, hätte er heimkehren und Filmdiktator werden können, von Goebbels' Gnaden. Er aber verabscheute den Nationalsozialismus und zog es vor, der Welt beweisen zu helfen, daß Deutsche von Talent und Charakter nichts zu tun haben wollen mit der Diktatur der Gemeinheit. Er war es, der den ersten Film herausbrachte, welcher mit dem spanischen Krieg sich befaßte, jenem »Bürgerkrieg«, in dem der internationale Faschismus gegen ein Volk zu Felde zieht, das ihn nicht will. Dieterles Darstellung war von großer Objektivität und Einfachheit. Unromantisch wie die Wahrheit und stark wie sie. Wenn der junge republikanische Held am Schluß, während sein schönes Gesicht (es ist das Gesicht Henry Fondas) uns ganz nahe kommt, hinausschreit in die Filmtheater aller Erdteile: »*Where is the conscience of the world?*«, dann hat ein jeder Grund, sich betroffen zu fühlen, denn wir alle, so sehr wir uns bemühen mögen, das Scheußliche zu stoppen, werden nicht eher ruhig sein dürfen, als bis es gestoppt *ist*. Wir sagen Dieterle, wie sehr dieser Film, *Blockade,* uns erschüttert hat. Auch von seinen beiden anderen Filmen sprechen wir, die wir kürzlich gesehen haben, *Pasteur* und *Zola* (dessen ausgezeichnetes Textbuch von dem Emigranten Heinz Herald mitverfaßt worden ist). »Diese beiden Filme sind so verschieden«, sagen wir, »aber von beiden geht die gleiche beglückende Wirkung aus, die gleiche menschliche Wärme, der gleiche Trost.«

Dieterle sagt: »Weil es im *Pasteur* so gut wie im *Zola* den Kampf zu beobachten gibt, den ein Mensch im Dienste einer Idee führt. Wenn diese Idee gar noch ›Wahrheit‹ heißt oder ›Gerechtigkeit‹, dann wird es sehr aufregend für uns, die wir so viel Lüge und Unrecht kennen. Und wenn er siegreich endet, der Kampf, wie im Falle Zola oder Pasteur, dann ist das ein großer Trost. Übrigens ist es kein Kunststück, einen anständigen Film zuwege zu bringen, wenn Paul Muni die Hauptrolle spielt. Ich kann mich kaum erinnern, mit einem Schauspieler so gern gearbeitet zu haben wie mit ihm!«

»Mit mir auch nicht?« fragt Peter Lorre, indem er sein bärtiges Gesicht, aus dem die großen, kugelrunden Augen schmerzlich verwundert blicken, dem Regisseur zuwendet. »Sei still, Mr. Moto!« sagt Dieterle, »Du bist unrasiert und albern!« »Für Euch alle«, klagt Lorre, »lasse ich mir den Vollbart stehen. Für Euch allein, zu Eurem besten, damit Ihr Euch freuen sollt, wenn ich den Vagabunden glaubwürdig gestalte. Ihr aber kennt keine Dankbarkeit. – Nein, Du auch nicht, Muatterl!« jammert er und stiehlt ein wenig kaltes Roastbeef von Luise Rainers Teller, »Auch Du nicht! Du bist kalt und verworfen!«

Luise Rainer ist gekleidet wie ein Schulmädchen. Sie trägt einen kleinen Sweater mit weißem Kragen und sieht besonders artig und unschuldig aus. Wir wissen, daß sie mit Clifford Odets verheiratet ist, dem begabtesten und erfolgreichsten unter den amerikanischen *Left-Wing*-Dramatikern, und daß ihr Interesse für Politik also doppelt fundiert ist. Sie ist es auch, die das Gespräch auf gestern abend bringt. Unser Vater hatte im *Shrine* zu Los Angeles vor siebentausend Menschen seine Rede über *The Coming Victory of Democracy* gehalten. Die Künstler von Hollywood hatten ihre Vertreter geschickt, die vom Podium aus den Redner der Sympathie ihrer Kameraden für ein freies Deutschland und eine im Zeichen der Demokratie ge-

LUISE RAINER

The little Viennese who has twice won the Academy
Award

THOMAS MANN WITH THREE GREAT PRODUCERS — LAEMMLE,
REINHARDT, LUBITSCH

einigte Welt versicherten. Auch Frau Rainer hatte gesprochen. »Ihr glaubt nicht, wie aufgeregt ich war!« sagt sie und hat ein ganz ängstliches Gesicht dabei. »Es ist etwas so völlig anderes, etwas so Neues und Erschreckendes, plötzlich vor einer solchen Menschenmenge zu stehen und sich reden zu hören. Ich hatte doch nur ein kleines Telegramm zu verlesen, aber mein Herz hat getobt, als müßte ich die große und entscheidende Sterbeszene spielen und hätte den Text vergessen!«

Es geht lebhaft zu, an allen Tischen. Da man mit Essen fertig ist, wechseln viele zu andern Gruppen hinüber. Den Regisseur Ernst Lubitsch sehen wir einen Augenblick allein in seiner Ecke sitzen, die unvermeidliche Zigarre im Mund und aus schlauen und flinken Augen die Gesellschaft musternd. Also gesellen wir uns zu ihm und fragen, ob er nicht ein bißchen erzählen möchte, von seinem Leben hier, von seinen Arbeiten und Plänen, aus seiner Vergangenheit, Gegenwart und Zukunft.

Lubitsch lacht. »Halt«, sagt er, »*stop, cut it!* Wollt Ihr über mich schreiben?«

»Was soll das Leugnen nützen?« sagen wir aufrichtig, »Ja, wir werden schreiben und daher die Neugierde, die übrigens menschlich verzeihlich ist. Wir interessieren uns für Sie!« sagen wir und schauen dem kleinen, talent- und witzgeladenen Menschen schamlos ins Gesicht.

»Was wollt Ihr wissen?« fragt Lubitsch, dem die Zigarrenasche die Revers beschmutzt. »Vergangenheit?«

»Ja, die Vergangenheit...«, sagen wir, »Sie waren Schauspieler, ursprünglich, nicht wahr? Reinhardtschüler, was haben Sie gespielt? Den Lancelot Gobbo?«

Lubitsch nickt. »Ihr seid klüger, als Ihr ausseht«, sagt er, »aber daß ich auch Ballett getanzt habe, wißt Ihr nicht, ich war sehr leichtfüßig!«

Wir lachen. »Sie sind Amerikaner?«, fragen wir dann, »warum haben Sie Deutschland schon so früh verlassen?«

»Weil mein eigentliches und tiefstes Interesse dem Film gehörte«, sagt Lubitsch, »und weil dies hier seine Hauptstadt ist. Ich habe viel gearbeitet hier, manches gefällt mir sogar heute noch. Und ich habe dem amerikanischen Film ein paar herrliche Leute zugeführt, die Jeanette MacDonald zum Beispiel, oder den Chevalier.«

Wir erinnern uns all der reizenden und erheiternden Stunden, die wir

Lubitsch verdanken. »Vielleicht war *Marriage Circle* am hübschesten«, sagen wir, »oder nein, warten Sie, *Trouble in Paradise* war *noch* hübscher. Das haben wir in Paris gesehen, im Sommer dreiunddreißig, und wir waren gerade besonders niedergeschlagen. Aber die anmutige Heiterkeit, die Lustigkeit und Eleganz, dieses Hin und Her zwischen Parodistischem und Ernsthaft-Lyrischem, der Witz und die intelligente Keckheit in diesem Film haben uns buchstäblich vorübergehend getröstet!«

Lubitsch sagt: »Vor vielen Jahren einmal habe ich in einer amerikanischen Zeitung eine lobende Kritik über unseren Sudermann gelesen. Er schriebe sehr gut, hieß es da, und sehr leicht, ›beinah wie ein Franzose‹. Das hat mich gekränkt. Als ob die Franzosen alle Leichtigkeit der Welt gepachtet hätten. Ich wußte sehr wohl, wie man es machen muß, um ›leicht‹ zu wirken. Man muß etwas können, man muß die Technik von Grund auf beherrschen, und keiner darf merken, daß es so ist. Ich habe mir immer Mühe gegeben, so weit zu kommen!«

Wir werfen ein, daß uns gerade im amerikanischen Film von heute gelegentlich diese Art der Leichtigkeit begegnet ist, die ein großes technisches Können mehr verbirgt als verrät. Lubitsch erzählt, wie gern er von Anfang an mit amerikanischen Schauspielern gearbeitet habe. »Vor allem für Filme, die in der Gegenwart spielen, sind sie unübertrefflich. Sie haben eine Phantasie im Naturalistischen, einen Einfallsreichtum für alle Details des modernen Lebens, die ungeheuer anregend sind für den Regisseur. Schwieriger ist es für unsere Leute hier, sich in fremden Stilen zurechtzufinden. Das Gefühl, etwa für die europäische Vergangenheit, ist den amerikanischen Schauspielern fremd; sie müssen sich verstellen und ›Theater spielen‹, wenn man sie in historische Kostüme steckt.«

Wir erinnern uns an Lubitschs große historische Filme aus der »stummen« Zeit, an den *Patriot* etwa, auch *The Student Prince* fällt uns wieder ein, der Reißer um *Alt-Heidelberg,* den man auch schon unter die historischen rechnen darf. »Waren das deutsche Studenten, damals?« fragen wir, »oder amerikanische *student-boys?*«

»Ich war eigens in Deutschland«, erklärt er, »weil ich echte Heidelberger Studenten haben wollte. Und mein Kamera-Mann hat die Burschen auch in allen Lebenslagen photographiert, beim Bier, auf dem Fechtboden, im Tanzsaal. Das war im Jahr siebenundzwanzig. Als dann bekannt wurde, daß ich hinter der Sache steckte, schrieben die Nazis – doch, die waren schon damals recht rege – mir einen Brief. Sie verbäten es sich, im Namen der deutschgesinnten Studentenschaft, daß man Mitglieder der Corps als Komparserie benutze in einer ausländischen Juden-Produktion. Ich schrieb zurück, daß ich leider ohnedies derzeit verzichten müsse, die Bildchen zu verwenden. In meinem Film handle es sich darum, die Heidelberger Studenten *reizvoll* darzustellen, ich hätte nette, lustige, anmutige Szenen nötig. Was man mir geliefert habe, sei aber großenteils ziemlich roh, betrunken und abstoßend. Die Herren sollten also unbesorgt sein, – ich würde amerikanische junge Leute hinzuziehen, und die deutsche Ehre sei, für diesmal, gerettet.«

Wir möchten wissen, ob Lubitsch seitdem in Deutschland gewesen ist und wie er es gefunden hat. Er war einmal dort für ein paar Wochen, und er möchte nicht wieder hin, solang Hitler am Ruder ist. »Genügt Euch das?« fragt er. Da wir in diesem Augenblick Zuzug bekommen, es ist Fritz Lang, der Regisseur von *Fury,* der sich uns nähert und, an seiner Seite, ein kleiner Kellner in weißer Jacke, der unentwegt dienert, erklären wir, daß wir – ja, danke vielmals – nun wohl genug wüßten.

Fritz Lang gehört zu denjenigen, denen Hollywood ganz vorzüglich bekommen ist. Während er nämlich in Deutschland, wohl auch unter dem Einfluß seiner Gattin von damals, der hochverkitschten Schriftstellerin Thea von Harbou, einer gewissen Neigung zum Leer-Monumentalen, zum Allzu-Prächtigen, Überdimensionierten nicht immer völlig Herr wurde, hat sich in Hollywood eine Entwicklung zum Geistigen hin an ihm vollzogen, die ihn als eine der interessantesten und vielseitigsten Figuren im amerikanischen Film erscheinen läßt. Zu den Qualitäten, die man an ihm kannte – enormes technisches Können, große Gaben der Phantasie – treten neue. Fritz Lang fängt an, sich für Menschenschicksale zu interessieren, für soziale Probleme; für die Vorgänge im *Inneren* der Figuren. Waren früher ein Flug zum Mond oder das Leben in einer Maschinenstadt Themen seiner Filme, geht es heute um die Problematik des menschlichen Zusammenlebens, um Irrtum, Schuld, Gerechtigkeit, Fortschritt. Sein großer und unvergeßlich eindrucksvoller Film *Fury,* der die Schrecken der Lynchjustiz zum Thema hat, ist technisch vollkommen. Außerdem aber und weit darüber hinaus ist er von einer Kühnheit der Konzeption, einer Echtheit im

Milieu (die Kleinstadt des amerikanischen Südens wird von diesem Fremden mit traumhafter Genauigkeit erfaßt, vielleicht muß man von draußen kommen, um so präzise zu sehen!) und von einer Wärme im Menschlichen, die ihn aus den Niederungen des Sensationellen, glanzvoll »Gemachten« in die Höhen heben, auf denen die wirkliche Kunst zu Hause ist.

Hat man gesagt, Hollywood »verderbe« die Menschen, es verflache sie, indem es ihre Gaben »kommerzialisiere«? Das mag wahr sein, in vielen Fällen. Aber Fritz Lang ist ein lebender Gegenbeweis. Er hat sich hier erst gefunden, sein großes und reiches Talent hier erst wirksam gemacht; da er ein rastloser Arbeiter ist, einer, dem es darum geht, aus sich und seinem Medium, der Kamera, das äußerste zu holen, wird er noch eine bedeutende Rolle spielen in der Zukunft des Films.

Er ist hochgewachsen und elegant, Fritz Lang. Das Monokel im Auge verleiht seinem gutgeschnittenen Gesicht etwas preußisch-offizierhaft Korrektes, desto überraschender, wenn er sein gelockertes, phantasievoll von einem Gegenstand zum andern springendes Gespräch beginnt. Er lacht gern, steckt voller Schnurren und skurriler Einfälle, steht vorzüglich mit den Arbeitern, die wissen, daß ihre Sorgen und Probleme ihm am Herzen liegen, verfolgt mit großer Leidenschaft die Begebenheiten am politischen Himmel. Emigrant ist er mit Leib und Seele; und obwohl er Amerika liebt und sich dem Lande zugehörig fühlt, das ihm so beglückende Wirkungsmöglichkeiten bietet, hängt er mit zäher Zärtlichkeit an Deutschland, dessen Schande er als die seine empfindet.

Fritz Lang will sich ein wenig an unserem Tisch niederlassen, – der beflissene kleine Kellner an seiner Seite scheint ihm den Stuhl zurechtrücken zu wollen, im letzten Augenblick aber ist der Stuhl plötzlich weg, und Lang findet sich auf dem Fußboden sitzend. Der Kellner, unpassender Weise, kichert. Lang flucht. Da wir uns den Ungeschickten näher betrachten, merken wir: das ist gar kein Kellner, das ist Curt Bois, Schauspieler aus Berlin, berühmt nicht bloß als Komiker von hohen Graden, sondern auch als unermüdlicher und giftig-witziger Spaßmacher im Privaten. Bois kopiert sämtliche Kollegen, die Damen so täuschend wie die Herren, er ist imstande, mutterseelenallein große Stücke aufzuführen, und erscheint bei den geselligen Zusammenkünften am Abend in allen nur denkbaren Verkleidungen. Fritz Lang, immer noch am Boden sitzend, sagt sehr ernst: »Es ist irrsinnig komisch, dem Altmeister der Regie den Stuhl wegzuziehen, aber ich habe mit diesem Bois schon *noch* Ulkigeres erlebt!«

Bois, der plötzlich spricht wie ein übertrieben feiner englischer Butler, meldet: »Professor Jessner, Professor Barnowsky, *how do you do, Sir? How do you do?*« Wir freuen uns, diese beiden wiederzusehen, sie hatten eine bedeutende Rolle gespielt für jeden, der sich in Deutschland mit dem Theater befaßte. Leopold Jessner war der »modernste«, der interessanteste Chef, den die Berliner Staatstheater je gehabt haben. Unter seiner Leitung gab es kühne und lebendige Experimente; Wedekind, Barlach, Georg Kaiser hat man nirgends so hinreißend gespielt gesehen wie dort. Victor Barnowsky, zu dessen großen Verdiensten es gehört, Elisabeth Bergner »entdeckt« zu haben, war mehr als fünfundzwanzig Jahre lang Leiter der verschiedensten Bühnen in der deutschen Hauptstadt. Seine Inszenierungen hatten den leichteren, den eleganteren Stil, ihm hatte man Komödienabende von großer Anmut, aber auch manche Shakespeare-Aufführung von Rang zu verdanken. Es ist sonderbar, den Machthabern von damals hier zu begegnen, in deren Vorzimmern die Berliner Bühnengrößen sich drängten. Wir erkundigen uns nach ihrer Arbeit beim Film. Jessner, der sich in dieser Kunstgattung schon früher versucht hatte (sein Film *Hintertreppe* hatte Aufsehen erregt in Deutschland!), möchte in der Regie bleiben; er sagt, daß es ihm große Freude mache zu lernen und daß seine tiefe Kenntnis der schauspielerischen Möglichkeiten ihm gute Dienste dabei tue. Barnowsky, der beweglicher ist als Jessner, versucht es zunächst einmal mit allem: er hält Proben ab mit den Schauspielern, er schreibt *stories* und Dialoge. Es ist rührend zu sehen, mit welch lebensfreundlicher Gutwilligkeit Männer, die ein Recht hatten, sich am Ziel zu glauben, ganz von vorne anfangen. »Mit dem Englischen geht es schon ganz gut«, erklärt Professor Jessner, »natürlich, ich arbeite Tag und Nacht.«

Da Bois inzwischen dazu übergegangen ist, Marlene Dietrich zu kopieren (er hat sich die Kellnerjacke als Turban um den Kopf geschlungen und schaut mit dem berühmten, starr-sinnlichen Blick!), sammelt ein neues Grüppchen sich um unseren Tisch. Da ist Friedrich Hollaender, der Komponist der Melodien aus dem *Blauen Engel*; er, Mischa Spoliansky, der jetzt in London lebt, und Rudolf Nelson, der in Amsterdam ein Kabarett betreibt, waren die ungekrönten Könige der leichten Musik, der populären

Lieder und kleinen Musiktheater in Berlin gewesen. Hollaenders wirksames musikalisches Talent hat sich hier schnell durchgesetzt. Da sind Jackson, der *A Hundred Men and a Girl* gedichtet hat, und Billy Wilder, der Mitverfasser von *Bluebeard's Eighth Wife,* Hans Rameau und Rudolf Amendt. Emigranten sie alle, fleißig, tüchtig und begabt ein jeder von ihnen.

»Ist es wahr?« läßt vom nächsten Tisch sich eine Stimme vernehmen (sie gehört Mr. Waxman, dem exilierten Musiker), »ist es wahr, daß Marlene unter die Nazis gegangen ist? Man hat mir sowas geschrieben!« Diese Schreckensnachricht wird von den anderen aufs entschiedenste dementiert. »Nicht doch!« rufen sie, »Doch nicht unter die Nazis! Angebote mag man ihr gemacht haben, und vielleicht hat sie hingehört, weil es lustig ist, wenn der Goebbels wirbt. Angenommen hat sie bestimmt nicht, und sie könnte auch gar nicht existieren dort, sie ist ein viel zu aufrichtiges und unbestechliches Stück!«

Beruhigt machen wir uns auf, um Frau Salka Viertel zu begrüßen, die schon seit zehn Jahren hier lebt und arbeitet und die also nicht eigentlich unter die Emigranten rechnet. Sie ist Wahlemigrantin, denn Hitlers Deutschland haßt und bemitleidet sie aus ganzem Herzen. Ihrer Arbeit bei Metro-Goldwyn kommt, neben der Klugheit und dem sehr persönlichen Talent, die ihr eignen, besondere Bedeutung deshalb zu, weil Frau Viertel die einzige künstlerische Vertraute der Garbo ist, welche ohne ihren Rat nichts tut oder läßt. Augenblicklich träumt sie davon, das herrliche Buch der Eve Curie für ihren großen Schützling zu verfilmen, es wäre schön, die ergreifende und zutiefst aufregende Figur der Madame Curie von der Garbo gestaltet zu sehen. Wir erkundigen uns nach Salkas Gatten, – dem Regisseur und Dichter Berthold Viertel.

»Er hat in London viel Erfolg gehabt«, sagt uns Madame, »aber er schreibt zu schöne Gedichte. Dem Film muß man sich mit Haut und Haar vermachen, er ist grauenvoll eifersüchtig, und wenn einer schöne Gedichte schreibt, ist am Ende Grund zur Eifersucht.«

Die kleinen Abendfestlichkeiten in Hollywood sind zahlreich, aber sie dauern selten sehr lang. Jedermann muß früh aufstehen in dieser Stadt, und jedermann arbeitet durch bis zum Abend. Zwischen »Atelier« und Geselligkeit geht keiner nach Hause. Deshalb erscheinen die Schauspieler auch bei feierlichen Anlässen in ihren mitgenommenen Studio-Trachten. Nur die

Gattinnen der Stars putzen sich festlich heraus. Es gibt ein buntes Bild: die Sweater und fleckigen Flanellhosen derer, die von der Arbeit kommen, mit den großen Toiletten der unbeschäftigten Damen.

Es ist wunderschön auf diesen Hügeln bei Nacht. Wenn man ein bißchen getrunken hat – und man hat immer ein bißchen getrunken dort – sieht man drei Meere: den Stillen Ozean, der im Dunkel liegt, das enorme und flimmernde Lichtermeer, das Los Angeles heißt, und oben das himmlische, dessen Sterne freilich verblassen, sie scheinen nichts als ein matter Abglanz der elektrischen Sterne dort unten. Einziger Kahn auf allen Meeren ist der Mond, man kann den anmutig geschwungenen auf den Wolkenwellen schaukeln sehen, wenn man nur ein bißchen getrunken hat.

Auf der Heimfahrt stellen wir fest, daß Max Reinhardt nicht dortgewesen ist, man hatte sein Fehlen gar nicht bemerkt unter all den Freunden, und gerade ihn hätten wir gern gesehen. Wir wissen, daß er sehr aktiv und vielbeschäftigt ist. Seine Söhne, Wolfgang und Gottfried, haben sich auch in Hollywood niedergelassen. Beide arbeiten mit sichtlichem Erfolg beim Film. Als er noch Student in Berlin war, erregte Gottfried mit seinen Inszenierungen ziemliches Aufsehen, und seine Arbeit zeugte schon damals von einem absolut großen Talent. Nicht einmal zwanzigjährig, war er für eine Inszenierung in einem der zahlreichen Theater seines Vaters in Berlin zuständig und erntete großen Beifall für sein Können und seinen experimentierfreudigen Wagemut. In Hollywood begann er auf der untersten Sprosse der Leiter, und er ist äußerst fleißig und erfolgreich gewesen. Der Film *The Great Waltz* (den wir ein wenig später irgendwo sahen und in dem Luise Rainer wieder so bezaubernd ist!) handelt vom Leben Johann Strauß'; der Film ist ein beschwingtes Werk, ansprechend und lebendig und voll herrlichster Musik. Gottfried Reinhardt schrieb das Buch und führte Regie. Max Reinhardt, der Vater, wird an der Leistung seines Sohnes viel Freude haben. Wir beschließen, ihm morgen einen Besuch abzustatten. »Sicher wohnt er schon wieder herrlich«, sagen wir, »er hat ein Genie, überall und sofort die hübschesten Plätze ausfindig zu machen.«

So schön freilich, wie es nun ist, hatten wir es uns nicht vorgestellt. Das Haus liegt ganz außer-, ganz oberhalb, dabei acht Autominuten entfernt vom Hollywood-Boulevard. Von der Terrasse hat man einen Ausblick von bestürzender Großartigkeit. Es ist, als habe man hier die Welt zu Füßen, die ganze, wilde und organisierte Welt, mit Bergen, Wäldern und Tälern, mit Weinhügeln und Orangenhainen, mit den Siedlungen der Menschen und mit dem Meer, das ihrem ordnenden Ehrgeiz Halt gebietet, während es ihre Gedanken ins Unendliche weist.

Max Reinhardt gehört zu den großen Figuren unserer Kindheit, deren Faszination nicht erloschen ist, während wir heranwuchsen, und die unverändert ihren Zauber auf uns ausüben, heute, da wir uralt, kritisch und abgebrüht sind. Wer im Deutschland von damals, in den Jahren etwa zwischen 1910 und 1930, das Wort »Theater« dachte, der dachte unfehlbar gleichzeitig »Max Reinhardt«. Nach der großen Zeit des neuentdeckten »Naturalismus«, der neben bedeutenden Verdiensten (er befreite die Bühne von der Starre klassischer Konventionen, brachte sie uns nahe, indem er die großen und kleinen Realitäten des Alltags mit hinüber nahm in seine dramatische Wiedergabe) den Nachteil gehabt hatte, das Theater zu entzaubern, war es der junge Reinhardt, der die Synthese brachte. Was er zeigte, war natürlich und magisch.

Als wir kleine Kinder waren, gab es im Münchner *Künstler-Theater* die Reinhardtschen Shakespeare-Inszenierungen, von denen unsere Eltern so Strahlendes zu berichten wußten, daß auch wir begannen, »Reinhardt« zu denken, wenn wir »Theater« dachten. Und »Theater« dachten wir sehr oft. Erika wollte Schauspielerin werden, seit sie wollen konnte, und Klaus schrieb Theaterstücke, seit man ihn zu schreiben gelehrt hatte!

Es war schön und folgerichtig, daß Erika, achtzehnjährig, zu Max Reinhardt in die Lehre kam. In seinem Berliner *Deutschen Theater* durfte sie den Proben der Stücke beiwohnen, in denen sie, zunächst als Statistin, wenig später in kleinen Rollen, tätig war. Reinhardt bei der Arbeit zu sehen, es konnte für einen jungen Schauspieler kein größeres Erlebnis geben und keines, das fördernder gewesen wäre. Er ist ein Genie der Bühne, die er beherrscht wie kein Kaiser sein Reich. Denn ihm sind die Gegenstände untertan wie die Stimmen und Gesten der Menschen. Er regiert, indem er sich auszuschalten scheint, er begibt sich ganz in die Worte der Dichter und in die Herzen derer, die sie sprechen sollen, während es doch seine Person ist, die dem Ganzen und dem Einzelnen Leben und Ausdruck gibt. Schauspieler, die mit ihm arbeiten, merken: er will dir nichts aufzwingen, worum es ihm geht, das ist, dich selber aus dir herauszuholen.

Wenn er den Schauspielern ihre Rollen »vormacht«, verwandelt er sich nicht nur in das Wesen der darzustellenden Figur; er wird zum kleinen Mädchen, zum Erzbischof, zur Hausfrau und Mutter; er begreift zugleich den Darsteller und seine besonderen Möglichkeiten. Und wie er zuhören kann! Ich habe ihn an einem Vormittag dreißig Mal über dieselbe Dialog-Pointe, weil sie drollig vorgebracht war, lachen hören; sein herzlich und kindlich belustigtes Gelächter, seine ergriffene Stille, seine bloße, verständige Gegenwart helfen dem Schauspieler bei der Arbeit wie seine geist-, witz- und talentsprühende Aktivität.

Das Gefühl des Schülers dem geliebten Meister gegenüber verläßt uns nie ganz, wenn es einmal bezeichnend geworden ist in unserer Beziehung zu einem Menschen. Unser Herz klopft immer spürbar, wir scheinen leicht etwas verwirrt und töricht, wenn wir Max Reinhardt wiedersehen, und wir haben ihn wiedergesehen in aller Herren Städte, in Wien, Paris, Salzburg, New York. Und jetzt also Hollywood. Wir wissen, daß er große Pläne hat, Theater-Pläne, denn sein Leben gehört dem Theater, und der Film, für den sein neugieriger Geist, der allem Jungen und Zukünftigen offen steht, sich lebhaft interessiert, wird dieses Leben nie beherrschen, trotz dem erfolgreichen *Sommernachtstraum* und trotz manch Schönem, was kommen mag.

Er kommt auf uns zu, eher klein, korrekt gekleidet, wir sehen gleich, daß er ganz weiß geworden ist, seit wir ihm das letzte Mal begegneten. Auch magerer scheint er uns (man setzt kein Fett an in Zeiten wie diesen), aber die kalifornische Sonne hat ihn gebräunt, und seine hellen, aufmerksamen Augen, von denen solche Faszination ausgeht, lassen von Müdigkeit nichts erkennen. Er hat eine Art, sich dem Menschen zuzuwenden, mit dem er gerade spricht, ihn zu betrachten und seine Fragen zu stellen, die glauben machen könnte, ihm sei auf der Welt nichts interessanter als eben dieser Mensch. Das mag davon herrühren, daß er sich dem Augenblick völlig überläßt, und der Partner, obwohl er wissen muß, daß er vergessen sein wird, sobald der nächste auftaucht, ist dankbar und geschmeichelt.

»Bleiben Sie hier?« fragt Reinhardt, kaum hat man sich auf der Terrasse niedergelassen, »Aber unbedingt sollten Sie hierbleiben! Dies hier wird ein neues kulturelles Zentrum werden, Amerika ist im Begriff, die kulturelle Nachfolge Europas zu übernehmen, und keine Landschaft ist gastlicher, keine liegt unter günstigeren Sternen, als die kalifornische. Hier, im Unverbrauchten, werden europäische Wissenschaftler und Künstler sich zu amerikanischen finden, gemeinsam wird man unserer alten Kultur und der neuen, die hier im Werden ist, eine Heimat bereiten.«

Dem Enthusiasmus in seiner Stimme ist anzumerken, daß er die objektiven und allgemeinen Hoffnungen, die er in Kalifornien setzt, mit subjektiven und persönlichen verbindet. Er ist im Begriff, hier eine Schule für Schauspieler zu gründen, und man weiß, daß er ihr ein Theater angliedern wird. »Die jungen Leute«, erklärt er uns, »kommen, nach ihrem ersten Erfolg am Broadway, der vielleicht ein rein persönlicher, noch kein eigentlich künstlerischer gewesen ist, hierher zum Film. Hier werden sie meist dem Typ nach verwandt, der trügen kann, man kann sich die Zeit und die pädagogische Mühe nicht immer nehmen, langsam ihr Talent zu erforschen und ihre Möglichkeiten auszubilden. Ich hoffe, daß allen Beteiligten, den jungen Schauspielern und dem Film, der doch auch noch jung ist, kein schlechter Dienst erwiesen wird, wenn ich meine Erfahrung zur Verfügung stelle. Einige großartige Männer stellen sich meinem *workshop* zur Verfügung. Die Schauspieler Paul Muni, Walter Huston, Basil Rathbone und Vladimir Sokoloff unterrichten Schauspielkunst, Wilhelm Dieterle und William Wyler halten Vorlesungen über Regie, E. W. Korngold über dramaturgische Musik und Maurice Weber und Raphaelson über Drama. Wir werden hart arbeiten. Außerdem«, sagt er und bekommt eine beinah schelmische Miene, »außerdem werden wir natürlich Theater spielen. Das Haus dort unten, das ich gemietet habe, ist nicht sehr groß und die Bühne sogar ziemlich primitiv. Wirken werden wir mit dem Wort, der Musik und den Menschen, mehr als mit dem Dekorativen. Ich denke, daß wir alle Stücke vor ein- und demselben Hintergrund spielen werden, der feststehen wird, ein paar Säulen, ein paar Treppenstufen, ein Platz, der alles vorstellen kann, je nachdem eine Straße oder das Innere eines Hauses. Unsere Kostüme werden zeitlos sein. Wir werden also nicht etwa den *Hamlet* ›auf modern‹ spielen, sondern so, daß man erkennt: dies hier könnte heute so gut sich zutragen wie damals und hier so gut wie dort.«

Wir kommen in diesem Zusammenhang auf den *Weg der Verheißung* zu sprechen, Werfels biblisches Schaustück, das Reinhardt mit solch kostspieliger Glanz-Entfaltung in New York herausgebracht hat. »Das war etwas anderes«, sagt Reinhardt, »New York will fertige Dinge, und es will vom

Regisseur des *Mirakel* immer wieder das imponierend Massenhafte, das sinnlich Reiche, den großen Stil auch im Äußerlichen. In New York möchte ich nicht experimentieren, dort zeige ich ganz einfach, was ich kann. Aber hier...«, er zögert, ihm eignet eine leicht knarrende, oft suchend-stockende Sprechart und eine Manier, mit der Zunge in der Backe zu spielen, die – oft kopiert und nie erreicht – seinen Äußerungen etwas zugleich Unbeholfenes und Geheimnisvolles verleiht. So, als falle es ihm schwer, zu sagen, was er denke, und als wolle er es im Grunde auch lieber für sich behalten. »Hier«, sagt er und hat die schelmische Miene, »hier werden wir endlich wieder neue Dinge probieren, neue Dinge mit neuen Menschen. Oder wir werden die alten neu machen. Ich möchte etwa die *Lysistrate* von Aristophanes herausbringen, es gibt da eine Musik von Offenbach, ich glaube, man hat sie noch nie verwandt. Außerdem denke ich an ein Stück, eine Art Mysterienspiel, *Pilgrimage Play,* aber das ist für das *open-air*-Theater, das ich bald zu haben hoffe. Im übrigen bin ich auf der Suche nach Autoren, und ich glaube bestimmt, daß ich sie finden werde. Sobald sie nur merken, daß jemand sich für ihre Arbeiten wirklich interessiert, daß sie nicht isoliert sind, sondern für ein bestimmtes Theater schreiben, werden die guten oder doch die brauchbaren Stücke schon kommen. Der Schule soll eine eigene Abteilung für Dramatiker angegliedert werden, sie sollen allen Proben beiwohnen, der direkte Kontakt ist das wichtigste. Im Grunde ist das immer so gewesen, oder glauben Sie, Hofmannsthal hätte so viel Schönes fürs Theater geschrieben, wenn dies Theater sich nicht so dringlich um ihn bemüht hätte? So manches von ihm ist entstanden nach Gesprächen, die wir miteinander hatten, wir haben viel miteinander gearbeitet.«

Wir nicken ehrfürchtig, denn natürlich wissen wir sehr wohl, wie großartig und fruchtbar diese Zusammenarbeit gewesen ist, und uns wird etwas schwül ums Herz bei dem Gedanken, daß der Mann hier vor uns so etwas wie einen »neuen Hofmannsthal« erwartet, der aus unserer Mitte, aus der gefährdeten und verstörten Jugend von heute kommen soll.

»Werden Sie auch politisches Theater machen?« fragen wir und lassen uns nichts anmerken.

»Wenn es gut ist«, sagt Reinhardt schnell. »Sie wissen, ich bin keine politische Natur, ich glaube nicht, daß Kunst und Politik primär etwas miteinander zu tun haben!« Auf unseren Einwurf, daß Kunst und Leben miteinander zu tun haben sollten und daß unser Leben eben doch leider im Schatten der Politik sich abspielt, erwidert er nichts. Statt dessen sagt er etwas Freundliches über die kleine Rede, die Erika neulich gehalten hat, anläßlich des hochpolitischen Abends im *Shrine*. Wir erinnern uns, ihn dort gesehen zu haben, er war unter denen, die das antifaschistische Hollywood auf dem Podium repräsentierten. »Ich bin«, sagt er, »irgendwie zur politischen Figur gemacht worden, ganz ohne mein Zutun. Die Tatsache, daß ich Deutschland verlassen mußte, daß nun auch Österreich für mich verloren ist und daß ich in der Fremde arbeite, hat dafür genügt.«

Wir sagen, daß es gut so ist, wie es ist, und daß wir froh und stolz sind, weil er helfen wird, die große Tradition des deutschen Theaters zu bewahren und fortzuführen. »Ja«, sagt Reinhardt, und etwas schmerzlich fügt er hinzu, »auf englisch...«

In diesem Augenblick tritt seine Frau zu uns auf die Terrasse, die Schauspielerin Helene Thimig, deren spröde und fromme, strenge und rührende Kunst uns so oft verzaubert hat. Die helle und zarte Gestalt mit dem strohblonden Haar und dem Gesicht einer gothischen Madonna mutet »deutscher« an denn je, gegen den Hintergrund dieser fremden Landschaft. »Sie hätte in Deutschland bleiben können«, denken wir, »sie ist Schauspielerin mit Leib und Seele, dort hätte die Blonde alles gespielt, wonach ihr Herz verlangte; statt dessen ist sie hier und hilft dem Vertriebenen an ihrer Seite, von vorn anzufangen.«

Sein schmerzliches »auf englisch...« hat sie gehört; jetzt setzt sie ein, wie der Schauspieler aufs Stichwort. »Mein Gott, ja, auf englisch!« ruft sie. »Empfindet Ihr das nicht auch: diese Flucht, dies Vertriebensein aus der eigenen Sprache ist das schlimmste, es ist das eigentlich Schlimme für uns. Das ist heillos! Nie, nie werden wir imstande sein, so viel, so beinah alles in einer Sprache auszudrücken, die nicht die unsere ist!« Wir kennen ihn nur zu gut, diesen Kummer, und wir wissen, daß er unstillbar ist. Trotzdem kommen wir mit unseren Abers. »Aber«, sagen wir, »auf der anderen Seite, vielleicht hat auch das sein Gutes. Gerade für Sie beide. Sie waren schon so sehr vollendet, fast schien es, als ob Sie sich und der deutschen Sprache alle Möglichkeit, allen Ausdruck abgewonnen hätten und als ob eine Steigerung kaum mehr möglich wäre. Vielleicht daß es jetzt ganz neue Klänge und Farben für Sie gibt, vielleicht werden Sie mit einer neuen Unmittel-barkeit arbeiten können.«

Reinhardt nickt. »Vielleicht«, sagt er und spielt mit der Zunge nachdenk-lich in der Backe, »doch, ich glaube es fast…« Aber die Thimig zuckt trau-rig die Achseln. »Es ist eine große Tragödie«, sagt sie, und da der Gatte ihr von den schönen Rollen spricht, die sie in Englisch spielen wird, von der Madonna in Crébillons *Passionsspiel* etwa (es ist die Bearbeitung, die Rilke einmal für die Duse gemacht hat), lächelt sie untröstlich.

Es ist nicht klug von uns, nun, da sie ohnedies schon so bekümmert ist, auch noch nach »Leopoldskron« zu fragen, dem zauberisch-hübschen Ba-rockschlößchen bei Salzburg, das Reinhardt gehört hat und in dem er mit Frau Thimig und vielen Gästen aus aller Welt die Festspielsommer zu verbringen pflegte. Wir bitten wegen dieser Frage auch gleich um Verzei-hung – sagten wir nicht, daß wir, aus alter Angewohnheit, leicht etwas ver-wirrt und töricht erscheinen, in Reinhardts Gegenwart?! – aber Frau Thi-mig widerspricht. »Nein«, sagt sie, »warum? Es ist gut, von den Dingen zu sprechen! Man soll sich an alles erinnern, daran, wie schön es oft gewesen ist und wie häßlich es uns jetzt manchmal vorkommt. Und man soll reden davon, das ist eher heilsam!«

Leopoldskron, natürlich, hat man gestohlen, wie man ganz Österreich gestohlen hat, irgendein Nazi-*big-man* bewohnt jetzt das Haus, das Rein-hardt mit so viel kennerischer Liebe gefunden und eingerichtet hat. »Es geht alles in einem«, sagt Reinhardt, »und so viel Unsägliches ist geschehen, daß der einzelne seine Kümmernisse darüber fast vergißt. Außerdem ist die Arbeit ein großer, ein entscheidender Trost. Den können sie uns nicht steh-len!«

Nein, das können sie nicht! Und in guten Stunden wie dieser, da wir mit Freunden, denen unsere Bewunderung gehört, plaudern, planen, beraten, in einer schönen Landschaft und in einem freien, freundlichen Lande, will uns fast scheinen, als ob sie überhaupt so manches nicht könnten, nicht einmal zerstören können sie auf die Dauer. Das Leben geht weiter und die Arbeit, und was jene niedergerissen, wird aufgebaut werden.

KAPITEL XVII

SCHRIFTSTELLER

THE WORLD OF BOOKS

Was die Welt immer aufs neue befremdet und was sie nicht begreifen kann, ist die tiefe Kluft zwischen Staat und Geist in Deutschland. Goethe war der einzige, der es versucht hat, sie durch die Tat zu überwinden. Er hat darauf ein Jahrzehnt seiner besten Jahre verwendet und ist gescheitert; aber er hatte die tiefsten Gedanken, die je über dies Problem gedacht wurden. Lassen Sie mich aus den vielen Worten Goethes über Deutschland nur diese zitieren:

»Ich habe oft einen bitteren Schmerz empfunden bei dem Gedanken an das deutsche Volk, das so achtbar im Einzelnen und so miserabel im Ganzen ist... Deutschland ist nichts, aber jeder einzelne Deutsche ist viel, und doch bilden sie sich gerade das Umgekehrte ein. Verpflanzt und zerstreut wie die Juden in alle Welt müssen die Deutschen werden, um die Masse des Guten ganz und zum Heile aller Nationen zu entwickeln, die in ihnen liegt.«

EMIL LUDWIG

VON DEN EXILIERTEN DEUTSCHEN Schriftstellern, die es ertragen, außerhalb des deutschen Sprachgebietes zu leben, das für sie immer bedenklicher zusammenschmilzt, haben sich viele in den USA niedergelassen. Es ist schwierig und sonderbar, für das Eigentliche, für die einsame Arbeit, daheimgeblieben zu sein im Deutschen, um für den Rest ganz im Amerikanischen zu existieren. Es ergibt ein veritables Doppelleben mit allen Geheimnissen, Reizen und Gefahren.

Die Situation des deutschen Schriftstellers in der Emigration ist problematisch im Geistigen so sehr wie im Praktischen. Zugleich mit der Heimat hat er sein deutsches Publikum verloren, dem verboten ist, seine Bücher zu lesen. Nur in wenigen, besonders glücklichen Fällen (deren internationaler Ruhm meist schon vor Hitler stabilisiert war) kann ein Autor von den Übersetzungen seiner Arbeiten in fremde Sprachen leben. Manchmal passiert es sogar, daß ein deutsch geschriebenes Buch, das in seiner Originalsprache niemals veröffentlicht wurde, in englischer Übersetzung erscheint

und ein Erfolg wird. Zum Beispiel schrieb Madame Berta Szeps-Zuckerkandl, die Wiener *femme de lettres* und *grande dame,* ihre Memoiren und
fand dafür nicht gleich einen deutschen Verleger. In den Staaten dagegen
wurde ihr Buch *Wien durch ein halbes Jahrhundert* mit großem Interesse
aufgenommen. Die meisten Literaturkritiker sagen, daß Berta Szeps, deren
Vater, Moritz Szeps, einer der wichtigsten liberalen Zeitungsverleger im alten Österreich gewesen war und deren Schwester mit Paul Clemenceau,
Georges Clemenceaus Bruder, verheiratet war, so etwas wie die »innere Geschichte« eines bestimmten europäischen Zeitabschnittes geschaffen hat.
Das Werk einer weiteren begabten Frau, Antonina Vallentins *Leonardo da
Vinci,* war ebenfalls in den englischsprechenden Ländern sehr erfolgreich,
bevor die ursprüngliche deutsche Ausgabe veröffentlicht wurde. Madame
Vallentin, in Polen geboren, lebte viele Jahre in Berlin und war als politische und sozialkritische Schriftstellerin tätig. Außerdem war sie eine sehr
enge Freundin von Gustav Stresemann. Später ließ sie sich in Paris nieder
und heiratete den französischen Politiker und Autor Luchaire. Das kleine
Buch über Heinrich Heine, das sie vor mehreren Jahren veröffentlichte, ist
bezaubernd und lehrreich. Es brachte ihr Ruhm in Frankreich, während
Leonardo da Vinci ihren Namen unter den amerikanischen Lesern bekannt
und geachtet macht.

Glückliche Fälle wie diese sind die Ausnahme. Die meisten von uns haben es aufgeben müssen, nur und ausschließlich Bücher zu schreiben.
Manche haben in ihrer Jugend einen bürgerlichen Beruf erlernt, dem sie
sich nun wieder zuwenden, andere halten Vorträge oder treiben Journalismus.

Am günstigsten vielleicht haben es jene getroffen, deren Talent dem Film
Möglichkeiten bot. Wer am Stillen Ozean sitzen, seinen eigenen Arbeiten
nachgehen und dabei den Goldgruben Hollywoods nahe sein darf, hat allen Grund, ziemlich vergnügt zu sein.

Die Schriftstellerin Vicki Baum ist – alles in allem – ziemlich vergnügt.
Das hat viele einleuchtende Gründe, der Aufenthalt in ihrem schönen
Haus überm Meer ist nur einer von ihnen.

Frau Baum war einer der populärsten Autoren des vorhitlerschen
Deutschland. Ihre gutgeschriebenen, ungeheuer lebendigen, immer pak-
kenden, immer überzeugenden, manchmal ergreifenden Bücher erfreuten

sich enormer Auflageziffern. Man hat sie Unterhaltungsschriftstellerin genannt, ohne ihr damit gerecht zu werden. Unterhaltend zu sein, ist kein Fehler, und Vicki Baum weiß so viel von der Welt, sie kennt so gut die Menschen, sie begreift so genau und so warmherzig ihre Schicksale und die Beziehungen, die sie miteinander knüpfen, daß jede ihrer Arbeiten genug Wahrheit, genug schönes, belustigendes, trauriges, erregendes Leben enthält, um mehr zu sein als nur unterhaltend. Sie ist eine zähe und leidenschaftliche Arbeiterin. Vicki Baum stellt große Ansprüche an sich, befaßt sich gründlichst mit den Dingen, um die es ihr gerade geht. Als sie am berühmtesten ihrer Romane, an der Geschichte von den *Menschen im Hotel,* schrieb, diente sie wochenlang in einem großen Berliner Hotel als Stubenmädchen. Das Leben der Angestellten hinter den Kulissen der Marmortreppen und Luxusappartements wollte sie aus eigener Anschauung kennenlernen, ehe sie uns davon erzählte. Der Erfolg ihrer Bücher mag zu Teilen darauf beruhen, daß jeder Leser, jede Studentin, jeder Arzt, jeder Turnlehrer, jeder Bankier, jedes Ladenmädchen spürt: so ist es, genau so sieht es aus, mein Leben, dies ist sein getreuer Spiegel, in ihm sind alle meine Gedanken und Gefühle, meine ganze innere und äußere Existenz viel besser und klarer zu erkennen als in der Wirklichkeit, die mich verwirrt.

Vicki Baum lebt in Hollywood seit vielen Jahren. Sie gehört zu jenen, denen das zerrissene und materiell gefährdete Deutschland schon vor Hitler unheimlich geworden war und die fortgingen, ehe man sie fortschickte. Ihre Beziehung zu den *movies* ist eine lockere. *Grand Hotel* ist auf deutsch und englisch ein großer Filmerfolg gewesen (nachdem es als Stück über alle deutschen Bühnen gegangen war), aber fast jedes ihrer Bücher wäre möglich für den Film, denn jedes hat den exakten und wirkungsvollen Aufbau und die Vielfalt an lebendigen Figuren, die der epischen Wirkung die dramatische hinzufügt.

Mit ihrem Gatten, dem Dirigenten Lehrt, und ihren beiden Söhnen bewohnt sie das reizendste Haus in den Hügeln. Sie ist ganz zur Amerikanerin geworden in diesen Jahren, und obwohl sie primär immer noch deutsch schreibt, legt sie den größten Wert darauf, wirklich und definitiv, nicht äußerlich oder vorläufig, dieser Nation anzugehören, wie sie es übrigens seit kurzem *recte* und *de facto* tut. Der Tag, an dem sie *citizen* der Vereinigten Staaten wurde, gehört zu den besten ihres Lebens, hat sie uns erzählt. Englisch spricht sie ausgezeichnet; wir haben den Vortrag gehört, mit dem sie im Winter 37/38 ihre *coast to coast* Tour gemacht hat. Sein Thema war: *Don't be afraid!* Frau Baum erschien auf dem Podium und schlotterte vor Angst in beängstigendem Grade mit den Knien; das war ein Scherz, natürlich, und er führte sie gleich in *medias res*. Sie hat eine eindringliche, dabei leichte Art zu sprechen, ihre Wirkung ist gleichzeitig sicher und bescheiden. Mit dieser Sicherheit, so erklärte sie, habe es freilich seine Bewandtnis. Niemand sei unsicherer, niemand verschreckter und kleinmütiger gewesen in seiner Jugend als sie, Vicki Baum. Von vornherein sei sie davon überzeugt gewesen, ihr müsse alles mißlingen, nie werde sie auf dieser Welt etwas Menschenwürdiges zustandebringen, nie im Leben etwas erreichen. Bis eines Tages, wie eine Offenbarung, das *Don't be afraid!* an sie ergangen sei. Nur ihrer plötzlichen und eisernen Entschlossenheit, sich nun nicht mehr zu fürchten, sondern im Gegenteil an sich und ihren Stern zu glauben, habe sie ihre Erfolge zu verdanken. Uns fällt ein, daß Vicki Baum persönlich, als wir ihr vor geraumer Zeit in Berlin zuerst begegneten, nicht halb so gut aussah, nicht annähernd so attraktiv, elegant und einnehmend wie heute. Damals ist sie also wohl noch ein wenig *afraid* gewesen. Ihr schlichtes, aber einleuchtendes Leitmotiv wendet sie vom Persönlichen ins Allgemeine, Soziale und Politische. *Don't be afraid!*, auch dann nicht, wenn die Diktatoren rasseln. Amerika ist groß, stark und mächtig, sich zu ängstigen hat es also nicht den geringsten Anlaß. Und die Zukunft wird heller sein, als die Gegenwart es ist, wenn wir ihr, statt uns vor ihr zu fürchten, mutigen und vertrauensvollen Herzens entgegenschauen.

Das Publikum war begeistert, nicht nur, weil alles, was Frau Baum sagte, so erfrischend und ermutigend war, sondern weil sie selbst, heiter, gewandt und überzeugend, einen so guten Beweis für die Richtigkeit dessen abgab, was sie vorbrachte.

In unseren unruhevollen und beschatteten Tagen und nun gar innerhalb der gefährdeten Menschengruppen, mit denen dieses Buch sich befaßt, ist es eher selten und sehr wohltuend, jemandem zu begegnen, dem es vorzüglich geht, der sich offenbar wohlfühlt in seiner Haut, der, wenn dies Wort, das auf die *condition humaine* freilich niemals recht zutrifft, einmal erlaubt sein soll, »glücklich« ist. Glücklich ist unsere Freundin Vicki Baum über ihre beiden wohlgeratenen Söhne. Die nettaussehenden, völlig amerikanisierten Burschen (Deutsch sprechen sie nur noch gebrochen!) sind nicht nur helle und gescheite Köpfe, sie leisten auch im Sport Hervorragendes. Der eine fährt Ski wie ein Schweizer *professional,* der andere hat vom Turnierreiten und Wettspringen schon die verschiedensten Preise und Medaillen mit nach Hause gebracht.

Am Abend, wenn im Hause die Freunde sich treffen, geht es angenehm und unterhaltend her. Frau Baum erzählt von dem großen Erlebnis ihrer Bali-Reise, das sich in *Liebe und Tod auf Bali* so eindrucksvoll kristallisiert hat. Viele schöne und geheimnisvolle Gegenstände hat sie von dort mitgebracht, auch einen Film führt sie vor (die Söhne des Hauses bewähren sich als gewandte *movie*-Techniker), in dem die braunen Knaben von Bali die anmutigsten und wildesten, fremdartigsten und verzücktesten Tänze aufführen.

In unmittelbarer Nachbarschaft der Lehrts hauste ein paar Monate lang der Schriftsteller Ernst Toller mit seiner jungen Frau und arbeitete für den Film. Tollers Ruhm ist doppelt begründet: Man kennt ihn als einen der markantesten Begabungen unter den jüngeren deutschen Autoren, und man weiß von seiner merkwürdigen und bewegten Vergangenheit als Politiker, als Revolutionär.

Im November 1919, nach der Ermordung des bayrischen Ministerpräsidenten Kurt Eisner durch den Grafen Arco (der um dieser Tat willen im »Dritten Reich« viel gefeiert worden ist), hielt in München eine kurze Zeit die sogenannte »Räteregierung« die Macht in Händen. Eisner war »unabhängiger Sozialdemokrat« gewesen, ein nichtkommunistischer »Linker«, die Räterepublik war radikaler, es gab in ihr »Unabhängige«, »Anarchisten«, »Kommunisten«.

Ein sehr junger Soldat, Ernst Toller, den niemand kannte, obwohl er schöne Gedichte geschrieben hatte, gewann schnell und überraschend die Herzen der Massen. Sein schönes und bewegtes Gesicht (das Gesicht des jungen Revolutionärs, wie es im Buche steht, mit großen, feurig blickenden Augen, einer dunklen Haarfülle und einem leidenschaftlich beredten Mund) konnte man in jeder Versammlung über der Menge auftauchen sehen. Toller brauchte sich nur zu zeigen, und seine ergriffene und ergreifende Jugend riß hin. Auch was er zu sagen hatte, war hinreißend, denn es brach mit den Mächten, die diesen Krieg verschuldet und verloren hatten und die für den Tod des gütigen und weisen Kurt Eisner die Verantwortung trugen. Sie hatten genug gesündigt, und an ihrer Stelle sollte nun eine Regierung des Volkes treten, ein Regime der sozialen Gerechtigkeit, des Fortschritts, der Völkerversöhnung und der allumfassenden Kameradschaft unter den Menschen. »Wie jung er ist!« fühlte die Menge, »Wie ernst er ist, wie gut er ist, und wie recht er hat!«

Sein großes und echtes revolutionäres Pathos vermochte dieser Knabe unmittelbar auf alle zu übertragen, die ihm zuhörten. Er war einer von ihnen, er war der junge und mißbrauchte Soldat des Weltkrieges, er war der Sohn aller Frauen, der Bruder aller Burschen, der Geliebte aller Mädchen, die seiner Stimme lauschten.

Als die »weißen« Truppen des General Epp gegen München marschierten, um der Republik der Räte ein blutiges Ende zu bereiten und an ihre Stelle eine reaktionäre Militär-Diktatur zu setzen, übernahm der junge Toller das Kommando der »roten« Truppen. Als ihr Feldmarschall dirigierte und verlor er jene »Schlacht bei Dachau«, die »Weißen« besetzten München, Toller wurde vor Gericht gestellt und zu fünf Jahren Haft verurteilt. In der bayrischen Festung Niederschönenfeld entstanden viele von seinen schönsten Arbeiten, das *Schwalbenbuch,* das von der großen Einsamkeit, den kleinen Freuden (ein Schwalbennest in der Zelle tröstet den Gefangenen; den rührenden und nackten kleinen Tieren schenkt er die ganze Zärtlichkeit seines Herzens, bis ein unmenschlicher Wärter ihm dies letzte nimmt, das ihn mit der lebendigen Welt verband) und von den entscheidenden Erfahrungen dieser Jahre erzählt. Auch von den Stücken, die ihn berühmt gemacht haben, ist vieles in der Gefangenschaft geschrieben.

Die dichterischen Äußerungen des jungen Toller, um dessen schönen Kopf jetzt eine Märtyrerkrone stand, hatten dasselbe Pathos, denselben aufrüttelnden und hinreißenden Klang, wie seine Reden und Aufrufe ihn gehabt hatten. Und eine Jugend, die aufgerüttelt und hingerissen sein wollte, machte ihn zu ihrem Repräsentanten und gefeierten Liebling. Er ist niemals Kommunist gewesen, Ernst Toller. Das streng und unerbittlich Umrissene der marxistischen Doktrin lag seiner Natur fern, die voll eines weiten, unbegrenzten und menschheitsbeglückerischen Idealismus war. Seine Stücke, *Hinkemann, Masse Mensch* oder *Maschinenstürmer,* waren

»revolutionär« in Form und Inhalt, der neue und alte Ruf nach »Freiheit, Gleichheit, Brüderlichkeit« erklang in ihnen auf die konzentrierte, steile und stilisierte Art, die man »expressionistisch« nannte.

Als Hitler zur Macht kam, hielt Ernst Toller sich durch einen Zufall im Ausland auf. Er gehört zu denen, deren Bemühungen um ein freies und fortschrittliches Deutschland inmitten eines befreundeten Europas die Nazis niemals verziehen haben würden. Ihn hätten sie umgebracht, sobald sie seiner habhaft geworden wären. Toller tauschte das Eisenbahnbillet Zürich–Berlin, das er in der Tasche hatte, in ein anderes, Zürich–London, um. In London ließ er sich zunächst nieder, und dorthin folgte ihm ein kleines, deutsches Mädchen, Christiane Grautoff, die, noch nicht siebzehnjährig, eine große Attraktion der Berliner Theater gewesen war. Die rein-»arische« Tochter des Professors und Vorstandes der deutsch-französischen Gesellschaft, Otto Grautoff, war ein Wunder an schauspielerischem Talent. Das schmale, blonde Kindchen fand Töne und Gesten von einer solchen Neuheit und Direktheit des Ausdrucks, von einer so befremdlichen Kraft und Dringlichkeit, daß manchem, der sie sah und hörte, unheimlich zumute wurde. Sie kannte das Leben nicht und konnte es darstellen in seiner ganzen schönen und schrecklichen Vielfalt. Sie kannte das Leben nicht, aber sie wußte, daß es unerträglich geworden war in Deutschland. Auch daß sie ohne Ernst Toller nicht leben wollte, wußte sie. Man hat ihr gewaltige Avancen gemacht in Berlin; in dem ersten Spitzen- und Standard-Film der Nazis sollte sie die Hauptrolle spielen! Aber sie ging. In London wurde sie mit Ernst Toller getraut, dort arbeiteten sie gemeinsam, und dort trat sie in einem seiner Stücke *(No more peace)* in englischer Sprache auf.

Aufsehen erregte Tollers Autobiographie *Eine Jugend in Deutschland*, geschrieben in der Emigration, übersetzt in viele Sprachen. Es ist ein schönes, aufrichtiges, packendes und aufschlußreiches Buch; es umfaßt die persönliche Geschichte eines jungen deutschen Juden von ungewöhnlichen Gaben, die Kindheit in seiner östlichen Heimat – dem dunkellockigen kleinen Buben schon haben die Kinder auf der Straße »Jude hep-hep!« nachgerufen! –, die Soldatenexistenz während des Krieges, die Zeit in München, die Festungsjahre und das Leben des Schriftstellers in der Deutschen Republik, scheinbar absichtslos also die deutsche Geschichte der letzten vierzig Jahre. Auf dem historischen Hintergrund, der von so vielen Schatten verdüstert, durch so viel Blut verunreinigt ist, steht schmal, aber klar umrissen, die Figur dessen, der ein Deutscher *war*.

In den Vorträgen und Reden, die Toller in den Vereinigten Staaten gehalten hat, sprach er dem amerikanischen Publikum aller Schichten von seinen Erfahrungen in unserem verlorenen Land, – er sprach auch von den Fehlern, die wir gemacht haben und die lehrreich sein müssen für unsere Freunde draußen. Toller, dessen Persönlichkeit den überzeugenden Elan seiner Anfänge nicht verloren hat, ist ein guter, ein mitreißender Redner. Das Gewicht seiner Erlebnisse und die Integrität seiner Absichten gewinnen ihm die Sympathien seiner Zuhörer, heute – wie damals in Deutschland. Seine Stücke sind oft von jungen Leuten in amerikanischen Universitäten aufgeführt worden sowie von fortschrittlichen Theatern im ganzen Land. Im Sommer und Herbst 1938 hat er seine ganze Arbeitskraft, all sein Können und Wollen in den Dienst einer großen humanitären Aufgabe gestellt. Es gilt das spanische Volk vorm Hungertod zu retten.

Bruno Frank und seine Frau Liesl waren durch viele Jahre in München unsere Nachbarn und unsere besten Freunde. Sie verloren ihre Heimat wie wir. Als wir die Franks in Beverly Hills zum ersten Mal besuchten, waren wir ganz gerührt. »Aber es ist ja fast wie in München!« riefen wir aus. »Es sieht ja fast genauso aus wie in der Mauerkircher Straße!« Dabei war in Wirklichkeit manches recht anders: Es gab Palmen vor der Tür, und das Mädchen, das nun den Tee hereinbrachte, war eine stattliche Negerin – keineswegs mehr ein »Münchner Mädel« im Dirndl-Kleid –, und auf dem Tisch lagen die Zeitungen aus Los Angeles und New York und ein paar neue englische Bücher statt der Novitäten des Ullstein-Verlages: kurzum, es war alles ein bißchen anders geworden. Trotzdem kam uns vor, als wäre alles sehr ähnlich, wie es immer bei Franks gewesen war. Denn diese beiden Menschen haben die sehr seltene Kraft und Fähigkeit, eine Atmosphäre um sich zu schaffen. Ob man sie in einem Londoner *apartment-house,* in einem Salzburger Garten oder in einer kalifornischen Villa besucht: man fühlt sich immer gleich auf eine merkwürdige, kaum zu beschreibende Art zu Hause. Wir glauben nicht, daß es nur uns so geht, weil wir die Franks sehr gerne mögen und sie schon so besonders lange kennen – seit unserer frühesten Kindheit – und weil wir so unendlich viele Erinnerungen mit ihnen gemeinsam haben. Auch andere, Fremdere, haben diese Erfahrung gemacht. Man fühlt sich bei diesen beiden Menschen wohl, bei guten und gescheiten, hilfsbereiten, mit Phantasie und Verständnis begabten Wesen.

Liesl Frank hat von ihrer berühmten Mutter, der Schauspielerin und Operetten-Diva Fritzi Massary, die großen, schönen und gescheiten Katzen-Augen geerbt, eine gewisse reizvolle Belegtheit der Stimme beim Sprechen und besonders beim Lachen, und noch eine ganze Menge anderer attraktiver Eigenschaften dazu. Von der Popularität, die Fritzi Massary durch viele Jahre in Berlin und überall, wo deutsch verstanden wurde, genossen hat, kann man sich kaum eine Vorstellung machen, wenn man nicht selber Zeuge ihrer Triumphe gewesen ist. Eine »Massary-Premiere«: das war, Winter für Winter, bis zum Jahre 1933, *das* große *événement* der Berliner Saison. Die Stellung dieser außerordentlichen Frau innerhalb des Berliner theatralischen und mondänen Lebens ließ sich am ehesten mit der Position ihrer Pariser Kollegin, der Mistinguette, vergleichen. Es kamen das Exil und, als wäre dies nicht Schmerz und Prüfung genug, der tragische Tod des Schauspielers Pallenberg, mit dem die Massary verheiratet war. Die einzige *grande dame* der Berliner Bühnen schien am Ende ihrer großen Karriere. Wer sie damals, in Salzburg oder Wien, besuchte, hatte das Gefühl, bei einer gestürzten Königin zu sein: Mary Stuart, in der Gefangenschaft der Elisabeth, muß ihre Gäste mit dieser wehmütigen und bis zum Schluß verführerischen Würde empfangen haben. Aber eine Natur von der Zähigkeit und dem Genie der Massary resigniert nicht, solange es noch irgendwo auf der Erde Möglichkeiten für sie gibt zu wirken. Im Winter 1938 hat Fritzi Massary ihre zweite Karriere begonnen: ihre Karriere als englische Schauspielerin. Sie hat in London ein neues Stück von Noël Coward kreiert – und der Erfolg, um den sie schon so oft, und nun noch einmal, mit Anspannung aller ihrer Kräfte gekämpft hat, er ist dieser großen Künstlerin treu geblieben.

Die Massary gehört zu jenen Frauen, die nur auf der Bühne, nur im Spiel ganz und hundertprozentig zu leben scheinen. Ihre Tochter, die niemals den Ehrgeiz zum Theater hatte, gibt sich ganz im Privaten aus. Da auch sie, die Tochter, eine starke und reich begabte Natur ist, hat sie Kraft-Überschuß genug, am Leben anderer hilfsbereit Anteil zu nehmen: nicht nur an Leben und Arbeit des Gatten – mit dessen Existenz ihre eigene bis zu dem

Grade verbunden ist, daß man von einem »anderen Leben« hier eigentlich kaum noch sprechen darf –, nicht nur am Leben von Freunden, sondern auch an den Sorgen von solchen, die sie persönlich nicht kennt und mit denen sie nur das Schicksal des Exils gemeinsam hat. In London und in den Vereinigten Staaten sammelte Liesl Frank für eine Organisation, deren Einkünfte emigrierten deutschen Schriftstellern zugute kommen: für den Thomas-Mann-Fonds. Er wurde 1935 in Prag gegründet; seither haben sich aktive Filialen in Zürich, Paris und Amsterdam angegliedert. Liesl Frank gehört zu den tätigsten Freunden dieser humanitären Unternehmung. Im Sommer 1938 empfingen viele von den Besten unter den exilierten Autoren Einladungen von Frau Frank, sich an einer Anthologie zu beteiligen, die Novellen von deutschen und österreichischen Autoren vereinigen wird. Kaum jemand, der dieser zarten und lustigen kleinen Frau in Gesellschaft begegnet, sieht ihr die leidenschaftliche Energie an, mit der sie sich um die Versorgung und Rettung von deutschen Intellektuellen in der Verbannung kümmert. Viele haben ihr dankbar zu sein.

Bruno Frank ist unter einem guten Stern geboren. Er hatte in seinem Leben viel Glück – wobei zu betonen ist, daß »Glück« niemals Zufall sein kann; es hängt mit geheimnisvollen Verdiensten zusammen, die man nicht dadurch herabsetzt, daß man sie »angeborene Verdienste« nennt. Das »angeborene Verdienst« – das ist die biologische und geistige Liebens-Würdigkeit, die natürliche Gabe, den Menschen Angenehmes und Gutes zu tun: sei es in Form einer erfreulichen künstlerischen Produktion, sei es durch die warme und herzliche Ausstrahlung der Persönlichkeit. Übrigens müssen solche Menschen, die der Welt viel Angenehmes geben und viel des Angenehmen von ihr empfangen, durchaus nicht flache Optimisten sein. Im Gegenteil: gar nicht selten verbindet sich der natürliche und durch Kultur gesteigerte Charme mit einer depressiven Neigung zur Schwermut und einer hoffnungslosen Skepsis. Solche Neigung muß immer wieder standhaft überwunden werden, um einer tiefen Sympathie für alles Lebendige willen. Sympathie heißt Mitleid. Man kann die Geschöpfe lieben, weil man sie bemitleidet und sehr genau Bescheid weiß in ihren Schmerzen. Bruno Frank, das »Glückskind«, ist aufs intimste zu Hause in der Welt der Traurigkeiten und untröstbaren Leiden. Er hat gesagt und geschrieben, daß der Philosoph, der seine Entwicklung am tiefsten und nachhaltigsten beeinflußt habe, Arthur Schopenhauer gewesen sei. Eine gute Schule, um das Mitleid mit allem Irdischen zu lernen. Freilich mußte er auch noch zu anderen Meistern gehen, damit jenes Mitleid, das aller Kreatur nur den Untergang als Erlösung wünscht, sich verwandle in tätige Teilnahme, in Sympathie. Der Geist Schopenhauers mußte sich mit dem Geist Voltaires verbinden, damit das zugleich skeptische und zuversichtliche Pathos zustande kommen konnte, das wir in Bruno Franks Büchern finden.

Es ist ein guter *europäischer* Geist – im schönsten Sinn des Wortes –, der sich in Franks Schriften nicht sentimental, sondern männlich-selbstbewußt ausdrückt. Sehr deutsche Elemente mischen sich in ihm mit französischen, und das christliche Pathos des Erbarmens vermählt sich dem antik-hellenischen der Freiheit. Frank hat einmal die europäische Idee – Europa als Idee, als Tradition und als Ziel – zum geistigen Helden einer seiner Bücher gemacht: die *Politische Novelle* gehört zu seinen besten, wirkungsvollsten und persönlichsten Arbeiten. Sie hat alle jene Eigenschaften, denen er, auch als Theater-Schriftsteller, die großen Erfolge verdankt: neben der Intensität und Lauterkeit des Gefühls die Eleganz der Form, die Bravour der Technik, den artistischen Reiz – französische, europäische *valeurs* also neben den gemütvollen deutschen. Die Kombination von Gemüt und *bravour,* von Innigkeit und Geschicklichkeit hat den Stücken dieses Autors die besondere Durchschlagskraft gegeben; vor allem seiner Komödie *Sturm im Wasserglas,* die erst auf dreihundert deutschen Bühnen und dann überall auf der Welt gespielt worden ist. In den Theaterstücken überwiegen vielleicht die derberen, »gefälligen« Qualitäten; in den Prosa-Arbeiten drückt Bruno Frank sich reiner aus, und am reinsten wohl in den kürzeren Erzählungen, von denen einige in der Tat als »klassische deutsche Novellen« gelten dürfen. Gerade jetzt ist eine repräsentative und reiche Auswahl der Erzählungen von Frank unter dem Titel *Aus vielen Jahren* in Amsterdam erschienen. Diese Geschichten sind in verschiedenen Zeiten und unter mannigfachen Lebensumständen entstanden: die artistisch schon vollkommene Novelle *Der Goldene* – uns eine der liebsten von allen – hat der Jüngling geschrieben, die drei berühmt gewordenen Geschichten um die Gestalt Friedrichs des Großen von Preußen, *Die Tage des Königs,* der reife, alle technischen Mittel selbstbewußt beherrschende Mann; und die meisterhaft knappe Erzählung *Die Monduhr* ist während der ersten Wochen des

Exils beendet worden: sie war die letzte Arbeit Bruno Franks, die noch in einer Berliner Zeitung erscheinen konnte. Dann folgten, in der Emigration, die beiden besten und reifsten Romane Franks: *Cervantes* – die farbige und stark bewegte epische Beschwörung eines abenteuerlichen und leidvollen Lebens, dessen Spuren bis jetzt zugedeckt schienen von dem großen Werk, das es hervorgebracht und in dem es sich erfüllt hat: der Lebens-Roman des Cervantes war vergessen; die Welt kannte den *Don Quixote*. Bruno Frank hat das Menschen-Schicksal beschrieben, das sich hinter dem berühmtesten Roman der Weltgeschichte, dem *Don Quixote,* verbarg, wie hinter einem großartigen, bunten und dichten, alle Blicke Jahrhunderte lang auf sich lenkenden Schleier.

Im *Cervantes* wurde von vielen Leiden und wirren Abenteuern erzählt, und es wird berichtet, wie ein Mensch sie schöpferisch bewältigt. Leiden und wirre Abenteuer spielen auch ihre Rolle in dem zweiten neuen Buch von Frank, *Der Reisepaß;* aber es ist nicht mehr das Spanien König Philipps II., aus dem ein junger Ritter und Poet in die Fremde verschlagen wird; vielmehr ist es das Deutschland Hitlers, wo es einer nicht mehr aushalten mag – ein Edelmann auch er, und auch er ein Ritter, wenngleich kein Genie. Der junge Prinz Ludwig von Sachsen-Camburg – Held des Romans *Der Reisepaß* – ist nur ein braver, anständiger und gutherziger junger Deutscher, wie es ihrer viele gibt: wir möchten es hoffen. Er stammt zwar aus einem ehemalig regierenden Fürstengeschlecht und führt in seinem Handgepäck eine Art von Talisman mit sich – einen kostbaren und glückbringenden Smaragd –; aber diese märchenhaft-romantischen Einschläge, denen die Erzählung einen Teil ihres literarischen Reizes verdankt, können nicht darüber täuschen, daß es sich hier um einen politischen und realistischen Roman handelt, um ein sehr aktuelles, schonungslos wahres und mutiges Buch.

Als wir bei Bruno und Liesl in Beverly Hills saßen, lag ein Schatten über all unseren Gesprächen, und wir lachten fast nicht, obwohl wir vergnügt waren, daß wir uns einmal wiedersahen. Seit unserem letzten Zusammensein war das längst Gefürchtete und doch nie ganz für möglich Gehaltene geschehen: die Annexion Österreichs. Viele unserer gemeinsamen Freunde waren in Wien und Salzburg gewesen. Was war aus ihnen geworden? Wo befanden sie sich? Wir wußten es noch nicht… Von Wilhelm Speyer, der sich in Salzburg niedergelassen hatte, war Nachricht aus Paris gekommen. Der war also gerettet; mindestens Leben und Freiheit hatte er sich erhalten. Das war uns allen sehr wichtig; denn wir hängen alle an Speyer. Er ist mit Bruno zusammen zur Schule gegangen, er ist einer seiner ältesten und nächsten Freunde. Sie begannen ihre literarische Karrieren nicht nur gleichzeitig, sondern gemeinsam, und sie hatten beide Erfolg. Speyer debütierte mit einer reizenden, schwermütig-süßen Erzählung, die von jungen Menschen handelte. Die Geschichte heißt: *Wie wir einst so glücklich waren...* Solche Titel wählt man, wenn man selber noch sehr jung und, bei aller Melancholie, noch beinah vollkommen glücklich ist. Übrigens ist Speyer ein gewisses Heimweh nach Jugend und Kindheit niemals ganz losgeworden. Seine Prosa bekommt dann die stärkste Eindringlichkeit, wenn sie von der Jugend erzählt. Sein berühmtestes und erfolgreichstes Buch, *Der Kampf der Tertia* – aus dem man auch einen Film gemacht hat – handelt von Vierzehnjährigen. In einem Roman, den er unlängst veröffentlicht hat, *Der Hof der schönen Mädchen,* kommen viele Frauen und junge Damen vor; aber die unvergeßlichste Figur ist ein Kind. Sogar die kapriziösen, mondänen weiblichen Geschöpfe, die zu porträtieren ihm zuweilen Spaß macht, haben meist etwas kindliche Züge. Eine Zeitlang las man in allen Boudoirs seinen Berliner Gesellschafts-Roman *Charlott etwas verrückt.* Aber noch die smarte Lady im Abendkleid oder im Sport-Dreß hat etwas von dem wilden, unberechenbaren, lausbubenhaften Reiz des kleinen Schulmädchens mit den nackten, zerkratzten Beinen und dem verwilderten Haar, das wir aus dem *Kampf der Tertia* kannten. – Jemand hat einmal gesagt: »Ein Dichter – das ist jemand, der seine Kindheit nicht vergessen kann.« Willy Speyer – ob er von bösen Buben oder von Prinzessinen erzählt – hat jene rührenden, drolligen, wehmütigen, überraschend hübschen Nuancen, die der Literat nicht »suchen« darf, weil nur der echte Dichter sie findet. –

»Speyer ist also in Sicherheit!« sagten wir und atmeten erleichtert auf. »Aber wie ist es mit A. M. Frey?« fragten wir sorgenvoll. »Und wo ist Polgar?«: A. M. Frey, ein Freund aus der Münchner Zeit – garantiert »arischer« Deutscher, Autor glänzender, meist etwas unheimlicher Kurzgeschichten und mehrerer Romane – war in Salzburg gewesen; Alfred Polgar in seiner Heimatstadt Wien. Dort wäre er aber jetzt seines Lebens nicht mehr sicher. Wer so feine, zarte und spöttische Dinge schreibt wie Polgar, wird von den Nazis gehaßt. Zu viel Witz und Charme, zu viel Leichtigkeit der Sprache und des Einfalls: das ist Hochverrat. Früher war der Wiener Literat – der letzte, der das liebenswerte Erbe Hofmannsthals und Schnitzlers fortzusetzen schien – auch in Berlin sehr bewundert worden. Als aber die Berliner, und zwar die ärgsten unter ihnen, Wien eroberten, war dort seines Bleibens nicht mehr. Die Wiener hatten meistens nur eine etwas herablassende Ironie für die Preußen übrig gehabt. Da nun Wien eine preußische Kolonie geworden war, konnte es nicht mehr der geeignete Aufenthaltsort für die richtigen Wiener sein. – »Ich hoffe, Frey und Polgar sind auch schon in Frankreich oder in der Schweiz«, sagte einer von uns. Dann schwiegen wir eine Weile.

Weil es recht quälend und auf die Dauer fast unerträglich ist, immer an die gleichen, schlimmen Gegenstände zu denken, sprachen wir eine Weile von vergangenen Zeiten. Dabei fiel Bruno etwas ein. Er wurde ganz aufgeregt. »Wen, meint ihr wohl, habe ich neulich in einem Restaurant am Broadway getroffen?« fragte er uns. »Den alten Max! Ja, denkt euch nur, den alten Max aus dem *Vier Jahreszeiten!*« Aus dem *Vier Jahreszeiten*, einem Münchner Hotel, in dem wir oft gegessen und wo der alte Max uns oft bedient hatte. »Es war eine sehr bewegende Szene«, berichtete Bruno. »Er erkannte mich gleich, und er ließ alles stehen und liegen, um auf mich zuzulaufen. Er hatte ganz nasse Augen... und ich auch...«, gestand Bruno, und dann lachte er, weil er etwas verlegen war.

Plötzlich fiel uns auf, daß es ziemlich dunkel geworden war, während wir sprachen; in Kalifornien kommen die Abende so merkwürdig schnell. In der Dämmerung saßen wir mit nachdenklichen, aber nicht eigentlich traurigen Gesichtern – wir zwei und unsere Freunde Bruno und Liesl.

Die Chancen für einen Dramatiker, der als Nazi-Gegner deutsch schreibt, seine Stücke gespielt zu sehen, sind gering. Die wortwörtliche Übertragung deutscher Dramen in andere Sprachen bietet weit größere Schwierigkeiten als etwa die Übersetzung von Romanen oder wissenschaftlichen Werken. Die Bühne fordert eine stärkere Anpassung an den besonderen Geschmack, die besondere Interessensphäre ihres Publikums; in beinah allen Fällen wird statt der einfachen »Übersetzung« die »Adaption« durch einen Bühnenschriftsteller nötig, der mit diesen Besonderheiten vertrauter ist, als der deutsche Dramatiker es sein kann. Und nur wo der international berühmte Name des Autors oder das international verbürgte Interesse an seinem Gegenstand das kostspielige und mühevolle Experiment lohnend erscheinen läßt, wird man zu seiner Ausführung schreiten.

Das ist nicht ermutigend für die exilierten Bühnenschriftsteller, und es erklärt die Tatsache, daß beispielshalber eine so starke dramatische Begabung wie Walter Hasenclever draußen ungenützt bleibt. Sein Stück *Der Sohn* fand etwa gleichzeitig mit Ernst Tollers Stücken in Deutschland den stärksten Widerhall, und seine Arbeiten wurden bis zum Augenblick seiner Emigration an allen deutschen Bühnen gespielt, etwa *Ehen werden im Himmel geschlossen, Napoleon greift ein, Ein besserer Herr,* um nur ein paar Titel zu nennen. Von Hasenclever, der in Südfrankreich lebt, liegt eine neue dramatische Arbeit nicht vor.

Einer der wenigen, denen in der Verbannung Stücke gelungen sind, die weltweit Aufsehen erregten, ist Ferdinand Bruckner. Sein Drama *Die Rassen* vor allem, das im Deutschland von heute spielt und nicht bloß die jüdische Tragödie und die Tragödie derer beleuchtet, die, nach Hitler, »unreinen Blutes« sind, sondern auch von den Seelennöten und Gewissensängsten der anderen, der »Reinrassigen«, der »Arier«, handelt, hat international starke Wirkung getan. Bruckner war in Deutschland zunächst mit einem Stück hervorgetreten, das er *Krankheit der Jugend* nannte und das die Problematik der deutschen Nachkriegsjugend zum Gegenstand hatte. Der gleichzeitig lyrisch-dunkle und realistisch-zeitkritische, hold-poetische und sachlich-unerbittliche Klang dieser Dialoge war neu in seiner Art, obgleich Strindberg und Wedekind einerseits und der junge Hauptmann andererseits an seiner Wiege Pate gestanden haben. In Bruckners zweitem Stück, *Die Verbrecher,* das zu den stärksten Bühnenerfolgen der Jahre vor Hitler gehörte, finden wir ihn wieder, gesteigert durch das große technische Können, die dramatische Treffsicherheit, die dem Autor indessen zugewachsen war und die auch seinem dritten Schauspiel, der historischen *Elisabeth von England* den Erfolg sicherte.

Bruckner lebt in New York in engem Kontakt mit dem jungen amerikanischen Theater. Für sein *Napoleon*-Drama zeigt man am Broadway Inter-

esse, man darf sicher sein, daß von ihm noch Interessantes und Bühnen-
wirksames zu erwarten ist.

Neben Bruno Frank und Ferdinand Bruckner ist es vor allem der deutsche Arzt und Schriftsteller Friedrich Wolf, der die dramatische Produktion
der Emigration entscheidend bereichert hat. Seine Arbeiten befassen sich
meist mit sozialen und medizinischen Fragen. Stücke wie *Cyankali* – *§ 218*
haben das deutsche Publikum wegen ihrer stofflichen Aktualität gefesselt,
wegen der Echtheit des Milieus, das dem Autor vertraut war, und wegen
der menschlich-schönen Gesinnung, die aus ihnen sprach. Der freiwillig
Exilierte hat draußen das vielleicht stärkste Zeugnis seines dramatischen
Talents, seiner psychologischen und kritischen, humanen und positiven
Begabung abgelegt. In New York sahen wir sein Schauspiel *Professor
Mamlock;* es war eine jüdische W.P.A. Gruppe, die weit draußen vor der
Stadt mit großer Liebe und Hingabe die Aufführung betreute, der man ein
zahlreicheres Publikum hätte wünschen mögen. *Professor Mamlock* war auf
den europäischen Bühnen monatelang ein Zugstück, man hat es beinahe
überall gespielt, sogar in Tokio ist es überraschender Weise aufgeführt worden. Dem Autor (Nicht-Jude) ist in diesem sehr erschütternden Stück das
Bildnis eines deutschen Juden gelungen, der das Land, dem er sich
zugehörig fühlt, über alles liebt. Der patriotische Arzt, Chef einer großen
Klinik, kann die fürchterliche Veränderung, die sich mit Deutschland zugetragen hat, nicht fassen. Nicht begreifen kann er, daß er, der Kriegsteil-
nehmer, der Wohltäter seiner Landsleute, der alteingesessene und treue
Bürger seiner Stadt, ein Paria geworden sein soll, ein Rechtloser und Ausge-
stoßener. Er will bleiben, weiterarbeiten, der neuen Regierung dienen, loyal und unverändert; die Wissenschaft, glaubt er, hat mit der Politik nichts
zu schaffen, und er, der Hochverdiente, wird unberührt bleiben von ihrer
Gemeinheit. Während man schon auf der Straße seine Tochter beschimpft
und während er seinen Sohn, der in der Opposition arbeitet, in Lebensgefahr weiß, meint der Professor, ihm werde erlaubt sein, sein Leben, das er
dem Ruhm und der Ehre des Vaterlandes geweiht hat, in Frieden zu Ende
zu führen. Unnötig zu sagen, daß er scheitert; die Tragödie seines Sturzes
ist das Thema von Friedrich Wolfs Drama. Es ist getragen von großer Gerechtigkeit, von einer genauen ärztlichen Kenntnis um die Psyche des
deutschen Juden und um die Seelenverfassung seiner Peiniger. Die erschüt-

ternde Wirkung, die von *Professor Mamlock* ausgeht, beruht auf dieser objektiven und wahrhaftigen Darstellung, wir finden in ihr das getreue, unretouchierte, untendenziöse Bild der deutschen Gegenwart.

Nicht selten trifft sich in ein und derselben Person das ärztliche mit dem schriftstellerischen Talent. Die Beschäftigung mit dem Menschen und seinen physischen Gegebenheiten erweckt das Interesse für seine Psyche und für die Umstände, unter denen er lebt. Der Arzt wird zum Beobachter des Gesamtphänomens Mensch, und schreibend legt er sich Rechenschaft ab über die Ergebnisse seiner Forschung.

Der Schriftsteller Martin Gumpert ist Arzt, wie Friedrich Wolf es ist. Die Bücher, die ihn in Deutschland bekannt gemacht haben (eines, das Leben und Arbeit des Erfinders der Homöopathie, Hahnemann, behandelt, und ein anderes, das die Biographie mehrerer großer Ärzte und Forscher erzählt und das *Der Kampf um die Idee* heißt), hat er geschrieben, während er Chef eines großen Berliner Krankenhauses war. Jetzt praktiziert Dr. Gumpert in New York, sein neues Buch über Henri Dunant, das die Geschichte des »Roten Kreuzes« wiedergibt, wird in Deutsch und Englisch gleichzeitig erscheinen. In Amerika ist es der Verlag der Oxford University Press, der das Werk herausbringt, welches, zugleich mit dem Bildnis des Schweizer Bürgers Dunant, der zum Schöpfer und Märtyrer einer großen Idee, der »Humanisierung« des Krieges, wurde, ein Bild des neunzehnten Jahrhunderts entwirft, dessen ehrgeizige Träume unser zwanzigstes unerfüllt gelassen hat. Die sehr ergreifenden Gedichte, die Martin Gumpert von einer anderen Seite zeigen – in ihnen gibt es Töne von vollkommener lyrischer Schönheit – scheinen unübersetzbar; wir kennen sie aus Veröffentlichungen im *Neuen Tage-Buch* oder aus privaten Vorlesungen, die am Ende des »amerikanischen« Tages in unserer Sprache zu uns reden. In allen Äußerungen dieses Arztes, Dichters und Historikers gibt es Töne und Akzente, deren menschlicher Ernst und unbedingte Echtheit ans Herz gehen. Er ist fast niemals »dramatisch« oder pathetisch, weder als Mensch noch als Autor; aber in seinem Blick, seiner Rede, seinen Schriften ist eine verhaltene, noble und sehr starke Leidenschaft spürbar – eine Leidenschaft, die sich gegen das Schlechte empört und dem Guten eifervoll dient.

Das kleine Hotel auf der New Yorker East Side, in dem wir lange gewohnt haben, beherbergte viele exilierte deutsche Schriftsteller. Durch Zu-

322   THE WORLD OF BOOKS

fall oder weil einer den andern nachzog, war es zu einer Art Hauptquartier und Sammelpunkt geworden. Wenn in einer der vielen Stuben, die wir bewohnten, die Freunde sich trafen, war häufig Richard Huelsenbeck unter ihnen, den mit Martin Gumpert das ärztliche wie das schriftstellerische Interesse verbindet. Doktor Huelsenbeck hatte als Reiseschriftsteller in Deutschland einen guten Namen. Er durchfuhr als Schiffsarzt die Welt, berichtete in den großen Berliner Zeitungen von seinen Abenteuern und hätte dies bunte und ergötzliche Leben auch unter Hitler fortführen können, wenn er es nicht vorgezogen hätte, seine Kenntnisse und sein Talent einem Lande zur Verfügung zu stellen, in dem sich würdiger und besser existieren ließ. Seine psychoanalytische Praxis floriert schon, außerdem liebt er New York um der großen und vielfältigen Eindrücke willen, die er der herrlichen Stadt verdankt.

War bei uns und bei Gumpert der Whisky ausgegangen, fanden wir uns durstig bei Curt Riess ein, wo freilich zu allen Tages- und Nachtstunden der *teletypewriter* schnurrte. Riess, der in Berlin ein sehr junger, ziemlich unbekannter Journalist gewesen war, hat in der Emigration eine erstaunliche Karriere gemacht. Er ist einer der beiden Korrespondenten des *Paris Soir* in New York und berichtet nicht nur über die Garbo und über Joe Louis alles Wissenswerte an das Blatt, das in Europa die höchste Auflageziffer hat, sondern weiß auch noch in großen Serien-Reportagen das Leben der Gangster und die gefährdete Existenz der G.-men aufs lebhafteste zu schildern. Er ist stolz darauf, eine neue Sorte von Reportage erfunden zu haben. Den Reporter stellt er als Helden in den Vordergrund seiner Berichte und weiß so dem Ganzen einen Einschlag von spannend-autobiographischem Abenteurer-Roman zu geben, der macht, daß sich die Leute in Paris den *Paris Soir* gegenseitig noch heftiger aus den Händen reißen. *I Was a Racketeer* oder *I Was a G.-man* haben Aufsehen erregt; die sachlich exakt fundierten Artikel waren aufregend wie ein Sensations-Film. Der junge Curt Riess telegraphiert seine Berichte auf französisch, deutsch, englisch, wie man es will. Weil er ein so netter Bursche ist, und weil er immer alle Neuigkeiten weiß, trifft man viele Freunde in seinem Hotel-Zimmer. Da ist Rolf Nürnberg, Curts Chef an der *Berliner Mittagszeitung,* bei der sie beide angefangen haben. Er hat sich jetzt auch ganz in New York niedergelassen. Sein Buch über Schmeling gilt in Boxerkreisen als einwandfrei. Wir kennen seine Arbeit über Lindbergh und den Fall Richard Hauptmann, die eine packende und psychologisch interessante Schilderung des Verbrechens und seiner soziologischen Hintergründe liefert.

Ein anderer junger Deutscher, Walter Schönstedt, ein blonder Hüne, der auch lieber in New York lebt als in Hitlers Berlin, treibt sich viel in unserer kleinen Hotel-Bar herum. Sein erstes Buch, *Auf der Flucht erschossen,* ist noch in Prag erschienen. Mit seinem neuen, das *Lob des Lebens* heißt, hat der große New Yorker Verlag Farrar and Rinehart erstmalig das Experiment gemacht, eine deutschsprachige Ausgabe in den USA herauszubringen. Dem Walter Schönstedt sind wir auf unseren Vortragstourneen oft begegnet; er spricht in den *meetings* des *Deutschen Kultur-Verbandes* oder dann, wenn in Detroit oder in Cleveland, in Cincinnati oder in Chicago die amerikanischen Antifaschisten sich mit denen treffen, die ihre Heimat an den Faschismus verloren haben.

In verwandten Kreisen ist auch ein anderer unserer deutschen Kameraden aktiv: Heinz Liepmann, der mit mehreren Büchern, besonders aber mit seinem politischen Roman *Das Vaterland* erfolgreich war. Er kennt nicht nur die deutschen Konzentrationslager, sondern auch das Gefängnis einer sonst nicht eben grausamen Stadt. In Amsterdam wurde er eingesperrt, weil er in einem Buch, das in Holland erschienen war, das »Oberhaupt eines befreundeten Staates« beleidigt hatte. Der »befreundete Staat« war das Dritte Reich; das »Oberhaupt« war General von Hindenburg, der damals noch nicht ganz verstorben war und dessen Testament die Nazis noch nicht gefälscht hatten. Eine Bemerkung, die in Liepmanns Buch über Hindenburg vorkam, erschien der Deutschen Gesandtschaft nicht respektvoll genug. Sie strengte einen Prozeß gegen den Autor an, und weil die Niederländische Regierung korrekt ist und, formell betrachtet, der Generalfeldmarschall »Staatsoberhaupt« des Hitler-Reiches war, wurde der Schriftsteller Liepmann zu einer Gefängnisstrafe von einigen Monaten verurteilt. Nach dem holländischen Abenteuer lebte er eine Zeitlang in England; neuerdings hat er sich in den USA niedergelassen, wo er als *lecturer,* Autor und Journalist tätig ist.

Alle, die wir in diesem Abschnitt genannt haben, leben schon seit einigen Jahren in New York, sind schon »alte New Yorker«. Im Lauf des Jahres 1938 sind infolge der Ereignisse in Österreich und der Tschechoslowakei noch manche hinzugekommen. Freilich, nur ein Bruchteil von denen, die kommen *wollten,* sind wirklich eingetroffen; die Ausreisebedingungen in den »totalitären Staaten«, die Einreise-Bestimmungen in Amerika werden immer härter… Man begegnet in New York irgendeinem Wiener Literaten, und man weiß: all seine Kollegen möchten am liebsten auch hier sein. Der Bevorzugte heißt Anton Kuh; es ist zu bemerken, daß er auch einer der Begabtesten ist – vielleicht kommt daher sein Glück. Er hat viele witzige, brillante Dinge geschrieben und noch mehr von ihnen erzählt. Wie zahlreiche Stammgäste der großen Wiener Caféhäuser leistet er das Beste, Drolligste, Originellste als Plaudernder, nicht als Schreibender. Kuh ist ein *causeur* ersten Ranges – am Vortragspult wie am Caféhaustisch.

Andere kamen von Zürich, unter ihnen der bedeutende Philosoph und Kulturkritiker Erich von Kahler, bekannt durch seine Werke *Israel unter den Völkern* und *Der deutsche Charakter in der Geschichte Europas.* Wieder andere kamen aus der Tschechoslowakei, wohin sie vor sechs Jahren vor den Nazis geflohen waren; unter ihnen der Philosoph Ernst Bloch, der bayrische Schriftsteller Oskar Maria Graf, die beide zu erwähnen wir schon Gelegenheit hatten, der politische Schriftsteller Willi Schlamm, der eine Zeitlang Herausgeber der *Neuen Weltbühne* in Prag gewesen ist, und der Berliner Journalist und Autor Manfred Georg, ehemals ein prominenter Mitarbeiter an den Blättern des Hauses Ullstein, später Herausgeber eines Prager Mittagsblattes. Georg hat sich besondere Verdienste erworben um die Neu-Organisierung und Aktivierung eines *Schutzverbandes Deutscher Schriftsteller* in New York.

Dieser Bund deutscher Autoren in Amerika bestand zwar schon früher; ist jetzt aber dabei, seine Wirksamkeit zu intensivieren. Um Mitglied zu werden, sind nur zwei Bedingungen zu erfüllen: man muß ein Schriftsteller sein, der deutsch schreiben kann und der sich zum Prinzip der geistigen Freiheit bekennt. Gleich bei der Eröffnungssitzung im September 1938 stellte sich heraus, daß die Anzahl derer, die solcher Forderung gerecht werden und in New York leben, stattlich ist. Viele alte Freunde trafen sich wieder im fremden Land. Manche gestanden: »Ich bin noch etwas verwirrt, kann mich noch nicht ganz hier zurecht finden. Die Wolkenkratzer fallen mir noch etwas auf den Kopf, wenn ihr versteht, was ich meine…« Andere äußerten sich zuversichtlich: »Was mich betrifft, ich habe mich schon recht

gut eingelebt, auch Englisch spreche ich schon ziemlich flott. Ich finde es
großartig, hier zu sein.« Der Dramatiker Ferdinand Bruckner riet den Kollegen: »Ihr müßt euch alle darauf einstellen, englisch zu schreiben. Ich versuche es jetzt, und es geht! Mein *Elisabeth*-Stück habe ich selbst ins Englische übersetzt, und Leute, die was davon verstehen, versichern mir, das
Resultat sei nicht übel.« Der Kritiker und Essayist Kurt Pinthus forderte
alle auf: »Ihr müßt in die *New School* kommen und Euch meine Bibliothek
anschauen. Dort ist nämlich ein Teil von ihr ausgestellt. Ihr seid alle vertreten, alle Eure Bücher sind da, und ich habe von allen die Erstausgaben. Ihr
werdet Werke von Euch wiederfinden, die ihr selber schon ganz vergessen
habt. Eure wilden Ausbrüche von 1919 und 1920, ich habe sie alle gesammelt, es ist wirklich eine umfassende Kollektion!« Wir versprachen Bruckner, daß wir englisch schreiben wollten, und dem Pinthus, daß wir entschlossen seien, die Bücher-Ausstellung in der *New School* genau zu
besichtigen, was wir auch wirklich taten und keineswegs zu bereuen hatten.

Am gleichen Tisch mit den Schriftstellern saßen Verleger. Denn auch die
Verlage der deutschen Emigration, Querido und de Lange in Amsterdam,
Bermann-Fischer in Stockholm und der Schweizer Oprecht, entfalten neue
Tätigkeit in den Vereinigten Staaten. Alle gemeinsam, in Zusammenarbeit
mit dem amerikanischen Haus Longmans Green, starten in New York die
Publikation deutscher und englischer Bücher: die *Alliance Book Corporati-
on.* Das ist wichtig, und es ist notwendig. Für das deutsche Buch ist bis jetzt
zu wenig geschehen in den Vereinigten Staaten, wo Millionen Deutsche leben und Millionen anderer Bürger für den echten deutschen Geist Interesse haben. Dieses Interesse ist zu steigern, ist neu zu beleben, Verleger und
Autoren gemeinsam müssen es tun, indem sie gemeinsam ihr Bestes geben.

Eines der populärsten amerikanischen Magazine versprach in Riesenlet-
tern seinem Publikum: *Emil Ludwig über Roosevelt!* Ein paar Tage später la-
sen wir in der Presse, daß Ludwig seine Besuche in Washington und seine
lecture-tour abgeschlossen habe und in New York eingetroffen sei. Wir besuchten ihn in seinem Hotel am Central Park. Vom Fenster des hochgele-
genen Zimmers aus hatte man einen jener großartig-phantastischen Blicke,
wie nur New York sie bietet.

Ludwig fragte gleich: »Was wollen Sie trinken? Mögen Sie etwas essen?

Darf ich den Kellner mit der Speisekarte kommen lassen?« – Es war gar nicht die Tageszeit, um irgend etwas zu essen. Aber für einen Whisky ist die Stunde immer gut. »Natürlich«, entschuldigte sich Ludwig, »so wie zu Hause ist es hier nicht…«

Die spontane und herzliche, großzügige und aufmerksame Gastlichkeit gehört zu den Zügen, die ihn liebenswürdig machen. Wir hatten ihn zum letzten Mal in seinem Landhaus im Schweizer Engadin, nah bei St. Moritz, gesehen. Dort und in seinem anderen Haus – im italienischen Teil der Schweiz, bei Ascona – gibt es fast immer Gäste. Wenn man Ludwig beobachtet, wie er sich liebevoll-geschäftig ihrer annimmt, sich um die Getränke, um alle Details der Mahlzeit eifrig kümmert, könnte man den Eindruck eines sehr kultivierten, wohlhabenden Nichtstuers haben, der seine Talente und seine Arbeitsfreudigkeit in einer soignierten Gastfreundschaft aufgehen läßt. Es ist fast unbegreiflich, wann dieser Mann, zwischen den Reisen und der Geselligkeit, das Riesenmaß von Arbeit erledigt, von dem die Welt Kenntnis hat. Seit dem Jahre 1933, das übrigens in Ludwigs privatem Leben keinen entscheidenden Einschnitt bedeutet, da er schon lange vorher im Ausland gelebt hat, sind von ihm erschienen: *Führer Europas; Gespräche mit Masaryk; Der Mord in Davos* (eine Broschüre über die Ermordung des Nationalsozialisten Gustloff durch den jungen Juden Frankfurter), *Der Nil,* zwei Bände; *Cleopatra; Roosevelt.* Wenn man bedenkt, welche Fülle von Studien jedes einzelne dieser Bücher voraussetzt, so steht man solcher Produktivität gegenüber vor einem Rätsel.

»Jetzt bin ich aber auch ziemlich müde«, gesteht Ludwig, dessen fast jünglingshaft weiches, sehr bewegliches Gesicht übrigens jünger scheint als es ist. »Während der letzten Wochen ist es ein bißchen viel gewesen. In den Hotelzimmern, zwischen den *lectures,* habe ich noch am *Roosevelt* gearbeitet. Ein Glück nur, daß alle Hotelzimmer in den Vereinigten Staaten gleich aussehen; so konnte ich mir bei der Arbeit einbilden, ich hätte mich gar nicht von der Stelle bewegt und säße immer im selben Raum… Aber in Washington ist es ungeheuer interessant gewesen! Ungeheuer interessant!« wiederholt er auf seine zugleich zerstreute und nachdrückliche Art, während er große Schritte durchs Zimmer macht. »Aber Sie trinken ja nichts! Darf ich nicht noch einmal nach dem Kellner klingeln?«

Dann erzählt er uns vom Weißen Haus und von dem Mann, mit dessen

Biographie, Charakter, Geist und Leistung er sich nun so gründlich beschäftigt hat: vom Präsidenten.

»Roosevelts Feinde werfen mir vor, ich hätte mich von seinem Charme einfangen und kaptivieren lassen«, sagt Ludwig, und er fügt mit einer plötzlichen Heftigkeit hinzu: »*Natürlich* habe ich mich kaptivieren lassen! Natürlich bin ich bestechlich durch Charme! Der Charme eines Menschen – das ist ja seine Persönlichkeit. Ich bin nach Washington gefahren, um den *Menschen* Roosevelt kennenzulernen. Ich interessiere mich nicht für Prinzipien, sondern für Persönlichkeiten. Rang und Reiz, Gewicht und Reinheit der Persönlichkeit entscheiden – nicht die Prinzipien. Deshalb interessiere ich mich auch nie für die Bücher von Schriftstellern, sondern für die Art, wie die Autoren dieser Bücher sprechen und essen, und für den Ausdruck ihrer Gesichter und für die kleinen Angewohnheiten, die sie haben… Die *Menschen* sind interessant, nur die Menschen…« Und nach einer kleinen Pause sagt er noch: »Roosevelt hat mir ausgezeichnet gefallen. Ein prachtvoller Mensch. Wirklich, ein ganz außerordentlich feiner Kerl. Außerdem bin ich auch noch davon überzeugt, daß er ein vorzüglicher Politiker ist. Aber das ist eine andere Sache.«

Natürlich – das ist eine andere Sache. Welch ein Glück, daß im Fall Roosevelts diese beiden verschiedenen »Sachen« – sein persönlicher Charme einerseits und andererseits die Richtigkeit seiner Prinzipien, seiner politischen Praxis – zueinander kommen. Ludwig hat sich auch schon für Persönlichkeiten begeistert – oder sich doch lebhaft für sie interessiert –, deren Prinzipien und Praxis ihm kaum sympathisch gewesen sein dürften. Wir erinnern ihn an den Fall Mussolini, und wir deuten bescheiden an, daß wir uns wünschten, sein berühmtes Buch, die *Gespräche mit Mussolini,* wären niemals erschienen. – »Was wollen Sie?« bekommen wir, etwas enerviert, erwidert. »Dieser Mussolini ist ein außergewöhnlich begabter Bursche… Eine sehr eindrucksvolle, sehr faszinierende Persönlichkeit… Äußerst interessant…«

Wir geben zu bedenken, daß sehr viel Unglück auf der Welt vermieden worden wäre, wenn diese eindrucksvolle Persönlichkeit *nicht* die Gelegenheit gehabt hätte, sich so üppig zu entfalten. »Interessant« ist gar mancher, dessen Nähe unsereiner doch lieber meiden sollte. »Interessant« ist auch der Schloßherr von Berchtesgaden, den Mussolini, ehe der Achsen-Frühling begann, einen »geschwätzigen Einsiedler« genannt haben soll…

»Ich würde heute dieses Buch nicht mehr erscheinen lassen«, gibt Ludwig zu. »Die Verhältnisse sind seitdem unendlich viel ernster, unendlich viel gefährlicher geworden. Alles was man heute für Mussolini sagt, nützt auch Hitler. Nein, ich würde die ›Gespräche‹ heute nicht mehr herausbringen… Übrigens weiß der Duce, daß er mich keineswegs zu seinen Freunden zählen kann. Alle meine Bücher sind seit neuestem in Italien verboten. Es ist eben schon beinahe Krieg, und jeder von uns hat schon Stellung bezogen.«

Das sind eindeutige, gute Worte. Übrigens hatten wir niemals daran gezweifelt, daß Ludwig, der schon vor einem Jahrzehnt die deutsche Reaktion mit seinem glänzenden Buch über Kaiser Wilhelm mutig brüskierte, in jeder zugespitzten Situation klar und tapfer Stellung nehmen würde. Er hat öffentlich erklärt – und er wiederholt es uns jetzt im privaten Gespräch –, daß einer der drei wunderbarsten und größten Männer, denen er jemals begegnet ist, der Präsident der Tschechoslowakei, Tomáš Masaryk, gewesen ist. (Die anderen beiden waren Edison und Nansen.) Er war einer der ersten deutschen nicht-kommunistischen Schriftsteller, die in die Sowjetunion gereist sind. Seine Stellungnahme zu den großen Problemen, die uns bewegen, ist entschieden, unzweideutig und von kühner Energie. Sein politisches Credo hat er eben jetzt wieder in einer Broschüre *Die Neue Heilige Allianz. Über Gründe und Abwehr des drohenden Krieges* eindrucksvoll und gescheit formuliert.

In dem großen Kampf, an dessen Anfang wir wohl erst stehen, ist Emil Ludwig *Partei:* er steht aktiv auf der Seite des Fortschritts, des Rechtes, der Freiheit und der Kultur. Aber dann kommt ihm sein *penchant* für »große Männer« – seine grenzenlose und produktive psychologische Neugierde – dazwischen und läßt ihn vorübergehend etwas »unparteiisch«, etwas »überparteilich« werden. So erklärt er uns eben jetzt, daß wir sehr unrecht daran täten, uns über den verstorbenen italienischen Poeten d'Annunzio zu mokieren oder ihn als einen der »geistigen Väter des Faschismus« anzugreifen. (Wir hatten etwas kritisch von einem enthusiastischen Nekrolog auf d'Annunzio gesprochen, den Ludwig gerade in einer deutschen Emigranten-Zeitschrift hatte erscheinen lassen.) »Was wollen Sie?« sagt er nun. »Ein großer Dichter – eine kolossale Persönlichkeit – außerordentlich charmant, und er sprach das schönste Italienisch, das ich jemals gehört habe…« Er mißbilligt es auch, daß wir gegen den Norweger Knut Hamsun polemisieren. »Weil er politische Dummheiten macht, soll er plötzlich kein großer Mann mehr sein?« fragt uns Ludwig. »Freilich ist er ein großer Mann! Eine der ganz wenigen wirklich imposanten Figuren, die es in der Weltliteratur heute gibt.«

Wir sind anderer Meinung, und Ludwig scheint es ganz gerne zu haben, wenn man anderer Meinung ist als er. Er ist Demokrat genug, um die Diskussion zu lieben. »Leider wird es immer schwieriger und ist schon fast sinnlos geworden, mit Leuten zu diskutieren, die wirkliche *Gegner* sind«, haben wir ihn unlängst sagen hören. »Man verständigt sich nicht mehr mit ihnen; man spricht verschiedene Sprachen… Aber ich liebe die Diskussion mit solchen, von deren Gesinnungen man sich nur durch Nuancen unterscheidet.«

Da wir uns in allem Wesentlichen einig sind, durchaus nicht immer, aber in den Nuancen, streiten wir uns ein paar Minuten später schon wieder ein wenig: dieses Mal über G. B. Shaw, über den Ludwig sich enthusiastisch äußert. »Ihr jungen Leute seid undankbar!« ruft er uns zu – und wir kommen uns plötzlich wie maliziöse Sechzehnjährige vor, die vor gar nichts Respekt haben. »Ihr wißt eben einfach nicht mehr, daß die europäische Literatur nicht wäre, was sie heute ist, wenn dieser große alte Mann nicht gelebt hätte.« Wir erlauben uns, einfließen zu lassen, daß uns – bei aller Bewunderung für das eminente Talent des Iren und bei aller Liebe für einige seiner Komödien – Figuren wie Zola oder Ibsen als Vorbild und Wegweiser bedeutender scheinen als das gar zu originelle, ewig junge Orakel von London. »Da hat man es wieder!« ruft Ludwig empört. »Diese Jugend von heute! Keinen Sinn für Leichtigkeit, kein Verständnis für Charme, Esprit, geistige Souveränität hat sie mehr! Alles muß schwer und dick sein und eine ›Weltanschauung‹ und eine ›Funktion‹ haben! Shaw ist der einzige Geist, den man heute mit Voltaire vergleichen kann. Ihr seid viel zu deutsch, um für diese Köstlichkeit Verständnis aufzubringen…« Wir wenden ein, daß wir Ludwigs Entzücken über den geistvollen alten Gentleman keineswegs deshalb nicht teilten, weil wir »aus Prinzip« gegen Charme wären; vielmehr: weil wir für diesen besonderen, seit so viel Jahrzehnten unermüdlich aktiven Charme, in dessen fleißigem Raketen-Feuer zu viele angelsächsisch-puritanische Elemente mitsprühen, nicht den rechten Sinn haben.

»Aber er ist ein so bezaubernder Mensch!« behauptet Ludwig. Und wie fast immer geht er dazu über, private Details zu berichten; zu berichten, wie Shaw aussieht, wenn er ins Wasser springt, was für eine schöne rosa Farbe seine Haut hat, wie kameradschaftlich und lustig er sein kann. Ludwig versteht es, ein so anschauliches Bild von seinem verehrten Freund zu entwerfen, er plaudert so amüsant, so klug und mit so viel natürlichem Sinn für die Pointe – daß wir das Diskutieren vergessen und nur noch dankbar zuhören.

Es waren sehr hübsche Stunden in dem New Yorker Hotelzimmer mit dem großen Blick auf den Central Park. Als wir uns verabschiedet hatten, dachten wir: Es ist kein Wunder, daß Ludwigs Bücher in alle Sprachen übersetzt und überall so gierig gelesen werden. Alle möchten dabei sein und etwas profitieren, wenn dieser erzählt. Er weiß sehr viel von den Menschen, die früher gelebt haben, und von denen, die heute leben. Er hat vieles gesehen. Seine Neugierde könnte nicht so stark und unersättlich sein, wenn sie nicht von anderen, tieferen Gefühlen gespeist würde: von einer wachen, sehr schnell und sehr gerecht funktionierenden Gescheitheit einerseits; andererseits von einer Menschenfreundlichkeit, die wir auch mit einem größeren, schöneren Wort – dem Wort *Liebe* benennen dürfen.

Nein, es ist nicht überraschend, daß diesem Weltbürger deutscher Herkunft die Sympathien der Welt reichlich zufließen. Er hat jenen Charme, den er an anderen bewundert und preist. Am Schluß empfängt wohl jeder von der Welt zurück, was er ihr gegeben hat. Dieser Emil Ludwig hat so viel aufmerksames Wohlwollen, so viel geistvolle Sympathie verschenkt, daß er wohl stattliche und gute Gegengaben erwarten darf. Er empfängt sie. Und da er sie dankbar genießt, dringt keine Bitterkeit in sein Herz, trotz all des Argen, was ihm angetan wurde von einem Lande, in dessen Sprache er denkt, spricht und schreibt.

KAPITEL XVIII

POLITIK

POLITICAL ACTIVITY

Im sechsten Jahr der Verbannung

Meine lieben Freunde,

wie froh bin ich, daß Sie dieses Buch schreiben, in dem Sie die Vertreter des wahren, des heute unterdrückten Deutschlands der Welt zu zeigen versuchen. Sie wissen, wie sehr ich unter der Sorge leide, man könnte »draußen« zu glauben beginnen, unser Vaterland und die Barbarei, die auf ihm lastet, seien das gleiche.

Ich habe es daher, von dem Augenblick an, als ich die Heimat verließ, für meine historische und gegenwärtige Pflicht gehalten, für die Wiedererstehung des Reiches zu arbeiten – eines Reiches des Rechts, des Friedens und der Freiheit – im Bewußtsein der Deutschen und unserer nicht-deutschen Freunde. So will ich Ihnen noch einmal danken, daß Sie zu diesem großen Werk des Geistes, der wahren nationalen Ehre und der Verständigung der Völker so wertvoll beitragen.

Ganz der Ihre

HUBERTUS FRIEDRICH LÖWENSTEIN

JEDES JAHR IM DEZEMBER WIRD IN allen amerikanischen Städten, in denen Deutsche wohnen, der *Deutsche Tag* begangen. Es ist eine schöne Idee, daß an diesem Tag der Heimat und Herkunft vereint gedacht werden soll und der großen Tradition des Deutschtums in den Vereinigten Staaten. Um die Rednerpulte sind die Sternenbanner gewunden, und feierlich bekennt die Versammlung sich zu dem großen Land, dem sie angehört, zu seinen Gesetzen und Überlieferungen, während sie doch der alten Heimat drüben überm Meer die Treue wahrt, so daß ihre Sprache und Kultur, ihre Landschaft und ihr Volk nicht vergessen wird.

Bis zum Jahre dreiunddreißig war dies Sinn und Inhalt des deutschen Tages, dies und nichts weiter. Seither hat Hitler das »Deutschtum im Ausland« unter seine braunen Fittiche genommen, er hat es »organisiert«, »durchdrungen«, nazifiziert und ist darauf aus, die freien Bürger von Ländern, in denen er nichts zu suchen hat, zu Kreaturen und Agenten seiner Machtgelüste zu erniedrigen. Alles, was deutsch spricht, untersteht dem Führer, so liest man es schon in *Mein Kampf,* gleichgültig, welcher Nationalität es sich im übrigen erfreut. Seiner Stimme hat es zu lauschen, seine Schlagworte hat es herzubeten, seinen Zielen hat es zu dienen. Die Mischung aus Sentimentalität und Drohung, die dem deutschen »Volkskanzler« eignet, hat sich auch hier bewährt: und unter den Deutschen im Ausland fühlen viele sich geborgen in dem blumigen und schmeichelhaften Gerede vom ewigen deutschen Vaterland, das seiner fernen Brüder nicht entraten kann; gleichzeitig haben sie einfach Angst, gestraft zu werden, boykottiert und geschädigt oder nie wieder »heim« zu dürfen, ausgestoßen und geächtet zu sein, falls sie den Befehlen, die an sie ergehen, sich nicht völlig fügen. Des »Dritten Reiches« Stellvertreter haben ein genaues Auge auf ihr »Deutschtum im Ausland«, die Konsuln sind wachsam, wachsamer noch sind die Sendboten und Vertrauensleute der Partei. Sie sorgen dafür, daß der *Deutsche Tag* alljährlich zu einer »machtvollen Kundgebung« des reinen, unverfälschten Nazitums werde, zu einer militanten, großstilig finanzierten und hundertprozentig gleichgeschalteten Parade für den fernen »Führer«.

Da es diesem jedoch nicht gestattet ist, neben den Schulungslagern für Nazis in den Vereinigten Staaten auch Konzentrationslager für solche einzurichten, die mit den Nazis nichts zu tun haben wollen, und da sie zahlreich und unerschrocken sind, seine Gegner, muß er es sich gefallen lassen, daß der *Deutsche Tag* auf zweierlei Arten begangen wird, auf Naziweise und in der alten deutschen Tradition, die in diesem Lande seit achtundvierzig den Ideen der Freiheit und der Demokratie die Treue hält.

Es war der *Deutsche Tag* des Jahres sechsunddreißig, an dem wir in New York teilnahmen. Man hatte einen großen Saal gemietet, weit draußen in der Bronx, aber es erwies sich, daß er die Menschenmenge nicht zur Hälfte zu fassen vermochte, die da zusammengeströmt war. Ein zweiter Riesenraum wurde geöffnet. Es müssen mehr als zehntausend Männer und Frauen gewesen sein, die gekommen waren, um für Deutschland und gegen Hitler Zeugnis abzulegen. Denn so läßt sich das Motto der deutschen Antifaschisten am klarsten fassen: »Für Deutschland – gegen Hitler«.

Viele junge Leute waren im Saal, viele Arbeiter und viele Intellektuelle.

Auch Turnerbünde und Sportvereine, Abordnungen der Gewerkschaften und Emigranten aus allen politischen Lagern, die Nazis ausgenommen. Es sprach Doktor Kurt Rosenfeld, der eine Zeitlang Justizminister in Preußen gewesen ist und dessen reiche Erfahrung, dessen Kenntnisse und politischer Elan der antifaschistischen Aktivität in den Staaten zugute kommt. Gleichzeitig hat er sich besonders um Gründung und Wirksamkeit einer deutschen Volksfront-Gruppe verdient gemacht, die nach dem Muster des französischen *front populaire* und der Pariser Volksfront Mitglieder und Sympathisierende der beiden Linksparteien zu gemeinsamer Arbeit sammelt.

Es sprach Professor Lips, früherer Direktor des Völkerkunde-Museums in Köln, Emigrant auch er und leidenschaftlicher Widersacher eines Regimes, das den »rassisch einwandfreien« Gelehrten ungern ziehen sah. Professor Lips, dessen Arbeiten zur Soziologie der Primitiven Aufsehen erregt haben, müßte über den künstlichen Primitivisierungsprozeß, den die Diktatoren in Gang gebracht haben, über die Soziologie hochentwickelter Völker, die von einer sehr niedrig stehenden Minderheit gewaltsam auf tiefstem Niveau gehalten werden, viel Aufschlußreiches zu sagen haben. Seine Gattin, Eva Lips, hat in einem sehr lebhaft geschriebenen Buch, *Savage Symphony*, ihre Geschichte und die des Professors eindrucksvoll erzählt.

Die Stimmung im Saal war die eines volkstümlichen Festes, dessen Teilnehmer heiter sind, wiewohl sie sich in Gefahr wissen, weil sie für ihre Sache einzutreten bereit sind. Revolutionärer Patriotismus, das hat es in Deutschland lange nicht mehr gegeben. »Revolutionär«, das waren die »Internationalisten«, die glaubten, es sei dasselbe Fortschritts-Rezept für alle Länder anwendbar, – und »patriotisch« das waren die Reaktionäre, deren einziges Rezept darin bestand, die Rufe nach Fortschritt durch Hurra-Gebrüll zu übertönen. Das große Volksfest des *Deutschen Tages* enthielt viele Elemente, die Begeisterung erwecken, den revolutionären Patriotismus, das starke und beglückende Gefühl der Solidarität aller Anwesenden untereinander und aller Anwesenden mit dem Land Amerika, die streitbare Sehnsucht nach einer befreiten Heimat und die Rührung über das Stückchen Deutschland, das sich hier aufgetan hatte, das diesen einen Tag lang bestand, hier in diesem Saal, weit draußen in den Vorstädten von New York. Ein Stückchen Deutschland mit allem Zubehör, mit Bier, Würstchen und Brezeln, mit Musik, »Stimmung« und sogar Gemütlichkeit. Unsere Ergriffenheit aber galt nicht dem Vergangenen, sie war nicht tränenselig und sentimental den »guten alten Zeiten« zugewandt, sie war auf die Zukunft gerichtet, für die es zu kämpfen galt, und so eignete diesem Fest das Pathos einer Feier, die »trotz allem« gehalten wird.

Trotz allem, trotz und gegen Hitlerdeutschland, trotz der »Reichskulturkammer«, trotz der Konzentrationslager. Im Saal war manch einer, der das Scheußliche am eigenen Leib erfahren hatte. Gerhart Seger, der das Buch *Oranienburg* geschrieben hat, nachdem er aus der Oranienburger Hölle, wo man ihn gefangen gehalten hatte, entkommen war, hatte seinen Platz nahe bei uns. Der intelligente, warmherzige, sympathische Norddeutsche, der es vom Buchdruckergesellen zum Reichstagsabgeordneten brachte, hat durch die Zeit der Haft nichts von seiner Lebendigkeit, seiner mutigen und zähen Arbeitskraft eingebüßt. Seger leitet nicht nur die *Neue Volkszeitung*, eine deutsche Wochenpublikation von etwa sozialdemokratischer Färbung, mit dem radikaleren *Volksecho* die wichtigste antifaschistische Zeitschrift in Amerika, er hat während der zwei Jahre, die er nun in den Staaten zubrachte, nicht weniger als fünfhundert Vorträge gehalten. Das erzählt er uns, während wir am langen Holztisch, der in einer Seitennische des Saales aufgeschlagen ist, Würstchen mit Senf verzehren. (Denn Klaus hat eben gesprochen und muß sich stärken.) Zu uns gesellt sich Toni Sender, eine der wenigen Frauen, die als sozialdemokratische Reichstagsabgeordnete und als unerschrockene Kämpferin für die Rechte der Frau in Deutschland politisch eine gewisse Rolle gespielt hat. Toni Sender ist in Amerika seit einem Jahr; wie wir alle ist sie bemüht, die drei großen Aufgaben zu lösen, die uns gestellt sind: Dem Lande arbeitend zu dienen, in dem wir leben, ein Ende zu machen mit Hitler und vorzubereiten, was nach ihm kommen soll.

Während wir stehen und plaudern, hält eine Gruppe von jungen Leuten ihren Einzug, sie singen und tragen Fahnen in den Farben der deutschen Freiheit, Schwarz-Rot-Gold. Die jungen Leute haben frohe und stolze Gesichter, sie schwingen ihre Fahnen hoch über unseren Köpfen, ehe sie sie neben die Sternenbanner auf der Rednertribüne aufpflanzen.

Der jetzt dort steht und spricht, ist Prinz Hubertus zu Löwenstein. Großer Jubel bricht los, als er mit einer schönen und freien Geste unsere

Fahnen grüßt, »die wieder über Deutschland wehen werden, der Tag ist nicht so fern!« Der große blonde Mensch mit der Brille, hinter der die hellen Augen eine kluge und leidenschaftliche Sprache führen, ist noch jung, Anfang der Dreißiger. Sein Wesen ist zugleich sanft und dringlich, beherrscht und beschwörend. Man hat ihn gekannt, im vorhitlerschen Deutschland, nicht bloß als Träger eines großen Namens, sondern als einen, der klaren politischen Willen mit gewinnenden Talenten vereinte. Prinz Hubertus ist Süddeutscher (seine Familie stammt zu Teilen aus Österreich), Katholik und Demokrat. Er war Gründer und Führer einer großen, katholisch-republikanischen Jugendorganisation, die der *Stoßtrupp* hieß. Ein Stoßtrupp gegen das heraufziehende Nazitum, das gerade von dieser Seite her zu bekämpfen (von der aristokratisch-geistig-geistlichen Seite her), der Prinz als seine eigentliche Aufgabe erkannte. Als der Kampf für den Augenblick verloren war und der verhaßte *Stoßtrupp* von den neuen Machthabern aufgelöst wurde, hätte man seinen Urheber, Hubertus, gern ins Lager gesperrt. Der aber hatte draußen die neue Kampfstellung bereits bezogen. Es ist gut, seine konsequente und phantasiebegabte Person in unseren Reihen zu wissen. Prinz Hubertus, der in friedlicheren Zeiten wohl ein Künstler geworden wäre, besitzt in hohem Grade die Fähigkeit, sich, was er als gut und wünschenswert erkannt hat, so kraftvoll, so leidenschaftlich *vorzustellen,* daß es greifbar, nah und möglich scheint. Er ist kein Phantast und kein Träumer, er denkt und handelt nach den Gesetzen der Vernunft. Aber er glaubt nicht bloß an den Sieg des Besseren auf der Welt, er sieht diesen Sieg leibhaftig vor sich, und seine tapfere Überzeugtheit vermag er auf andere zu übertragen, auf die Leser seiner Bücher, auf die Zuhörer im Versammlungssaal, auf die Gesprächspartner im Hotelzimmer.

In der zweiten »Ausbürgerungs«-Liste, die Hitler ergehen ließ, figurierte unser Freund Hubertus. Er hatte sich im Saargebiet mit allen Kräften gegen den »Führer« bemüht, »Für Deutschland – gegen Hitler«. Es war nicht ungefährlich, es forderte den ganzen Einsatz der physischen Person, bis zuletzt, bis zur Niederlage in dem terrorisierten und umstrittenen Gebiet auszuhalten. Der Prinz hat seinen Mann gestanden, der kultivierte Junge mit den guten Manieren und der melodisch-österreichischen Sprechweise ist mutig.

Seine Bücher, *After Hitler's Fall* und *Conquest of the Past* geben von seiner Persönlichkeit vieles wieder. *After Hitler's Fall* enthält ein Programm, das Programm des katholischen Prinzen, der den sozialen Fortschritt will, für das »Vierte Reich«. *Conquest of the Past* ist eine Autobiographie, aufschlußreich sowohl was die integre und idealistische Figur des Verfassers betrifft, als auch den bunten und zerrissenen Hintergrund, vor dem sie steht. Der sehr lebhafte und direkte Tonfall, in dem hier erzählt wird, spricht eindringlich zum Leser, der spürt, hinter der Geschichte steht eine Kraft. Prinz Hubertus ist imstande, sich etwas vorzustellen, es kann nicht genug betont werden, denn es ist eine große und wichtige Gabe. Dies gehört beispielshalber zu den wenigen wirklichen Talenten des deutschen Diktators: schon zu Zeiten, als keiner seiner Träume erfüllbar schien, als er im Nichts lebte, wohin er zurückkehren wird, stellte er sich vor, wie es sein würde, wenn er »die Macht« hätte. Er hätte sie nicht bekommen, trotz Deutschlands Unstern, trotz Herrn von Papen, von Hindenburg und der ostpreußischen Junker, wenn er sie nicht von Anfang an leibhaftig vor sich gesehen hätte, seine Macht! In diesem einen Punkt, der die Bereitschaft zu herrschen betrifft, in diesem einzigen kann man vom »Führer« lernen. Freilich ist zu bedenken, daß seine »Bereitschaft« leere Herrschsucht war, vom hemmenden Bewußtsein der Verantwortung, von des Gedankens Blässe – oder gar von der Einsicht in die eigene Unzulänglichkeit ungestört.

Hubertus also, da er sich etwas vorstellen kann, stellte sich vor, daß es gut sein müßte, irgendwo in der Welt einen Platz zu haben, wo deutsche Geistigkeit zu Hause wäre, eine Plattform, auf der sie sich sammeln und von der aus sie zur Welt sprechen könnte. Die Emigration, dachte er, hat uns verstreut, die Wirkung unserer Arbeit geht in all die Winde, in denen unsere Stimmen verwehen. Ich muß einen Ort suchen, der für die Gründung einer »Deutschen Akademie« geeignet scheint, Menschen muß ich finden, die meinen Plan gutheißen, seine Wichtigkeit erkennen und die imstande sind, mir bei seiner Ausführung zu helfen.

Eine *lecture-tour* hatte den Prinzen nach Amerika geführt, dort hatte seine schwungvolle und beredte Jugend ihm viele Freunde gewonnen. Er ist ein ausgezeichneter Redner, spricht ein schönes, fließendes Englisch mit dem leicht österreichisch gefärbten Akzent, gegen den überall in der Welt eine freundliche Duldsamkeit besteht, frei, ohne Manuskript, aufrichtig,

herzlich, einleuchtend. Es gelang ihm, Amerikaner von Rang und Einfluß
für seinen Einfall von der »Deutschen Akademie« zu begeistern. Da er selber nicht nur begeistert, sondern ein guter Arbeiter ist, ein gebildeter und
geschulter Kopf (Doktor der Rechte), hielt er neben der allgemein gefaßten Idee der Akademie schon einen exakt formulierten Entwurf ihrer
Zwecke und Ziele, ihrer Konstitution und aller ihrer Statuten bereit. Sein
Sinn für das Formale, für den strengen und genauen Aufbau, für das
Gerüst, das vor allem sichtbar sein muß, mag aus dem Winkel seiner Seele
kommen, in der die dynastischen Träume daheim sind. Der »rote Prinz«,
wie man ihn in Deutschland genannt hat, legt das größte und feierlichste
Gewicht auf die Form, die von großen Namen illuminierte Fassade seiner
Gründung. In seinem *After Hitler's Fall* heißt es zur Idee der Akademie: »so
glauben wir, daß es nun unsere Pflicht ist, ein deutsches Territorium des
Geistes zu schaffen. Es ist notwendig, ›Deutschland‹ zu gründen, bevor ein
weiteres Deutsches Reich entstehen kann… Folglich wenden wir uns nicht
nur an die Siebzigtausend, die Deutschland 1933 verlassen haben, sondern
auch an die Millionen Auslandsdeutschen in allen Ländern der Welt und
fordern sie auf, eine gemeinsame Organisation zu bilden. Eine zentrale
Autorität mit oberster Entscheidungsgewalt muß sogleich eingesetzt
werden… Außerdem sollten alle deutschen Organisationen diese Sache zu
ihrer eigenen machen; die gesamte deutsche Auslandspresse muß dafür gewonnen werden; und jede mögliche Propagandamethode muß in den
Dienst der Sache gestellt werden. Wir müssen die geistigen Schätze
Deutschlands in der ganzen Welt sammeln und all jene in Taten vereinen,
die jetzt nur ihre Interessen oder familiäre Gründe gemeinsam haben. Sowohl die Emigranten als auch die echten Auslandsdeutschen müssen sich
klarmachen, daß es heutzutage so etwas wie ›Vaterland‹ nicht gibt. Es ist so,
als ob das Mutterland eines großen Kolonialreiches plötzlich in die Hände
einer fremden Macht gefallen wäre. In jenem Fall hätten die Kolonien keine Verpflichtungen mehr gegenüber der neuen Regierung in ihrem alten
Land, sondern müßten die ganze Verantwortung und Repräsentation ihrer
Nation übernehmen.

   Die Gründung eines deutschen Territoriums des Geistes, wie ich es hier
vorschlage, ist von unabsehbarer Bedeutung. Es würde sofort der Propa-
ganda die Spitze nehmen, die Kriegshetze und den Rassenhaß wegfegen

338   POLITICAL ACTIVITY

und eine neue kulturelle Arbeit in die Wege leiten. Es ist notwendig, das neue Deutschland völlig unabhängig vom heutigen Berlin zu machen...«

Im Sommer sechsunddreißig wurde die Akademie, die heute den Namen *American Guild for German Cultural Freedom* trägt, konstituiert. Es gibt in ihr einen amerikanischen und einen europäischen Senat, es gibt eine große Anzahl von Ämtern, Würden und Chargen. Die Bereitwilligkeit, mit der Männer der amerikanischen Wissenschaft und Finanz dem jungen Unternehmen ihre Hilfe liehen, ist in hohem Grade ergreifend. Gouverneur Cross von Connecticut fand sich bereit, Präsident der *Guild* zu werden, Doktor Alvin Johnson, dessen Name überall dort zu finden ist, wo für freie Kultur gekämpft und gearbeitet wird, wurde Vize-Präsident und *executive chairman,* Oswald G. Villard übernahm im Winter 37/38 das Amt des Schatzmeisters, das er mit der ganzen menschenfreundlichen und erfahrenen Umsicht betreut, die ihm eignet. In der amerikanischen Mitgliederliste, in der auch Erika Mann ihren Platz hat, finden wir Männer wie Samuel Barlow, Jacob Billikopf, M. Frank Kingdon, Henry Seidel Canby und viele andere. Groß und imposant ist die Gruppe der Sponsoren. Mehr als hundert hilfsbereite und geistig interessierte Amerikaner versichern die *Guild* ihrer tätigen Sympathie. Der europäische Senat, dessen Präsident Thomas Mann ist, zählt achtundzwanzig Repräsentanten der emigrierten deutschen Kultur zu seinen Mitgliedern. Präsident der Klasse der Wissenschaftler ist Sigmund Freud, Hubertus selbst ist Generalsekretär des Ganzen; die große und verantwortungsvolle Arbeit, die er auf sich genommen hat, wird erleichtert durch den Fleiß und die Energie der *Guild*-Sekretärin, Mrs. Sarah F. Brandes.

Die Aufgaben, welche die *Guild* sich gestellt hat, sind durch ihren Beinamen *For German Cultural Freedom* nur ungefähr bezeichnet. Sie zerfallen in zwei Gruppen, die sich berühren und gegenseitig ergänzen. Die *Guild* will erstens helfen. Sie will den vertriebenen Repräsentanten des deutschen Geistes die Möglichkeit geben, weiterzuleben, weiterzuarbeiten. Schriftsteller und Wissenschaftler, von denen Wertvolles zu erwarten ist, unterstützt sie durch *scholarships*, Druckkostenbeihilfen, Ehrengaben. Sie veranstaltet Preisausschreiben, wobei die Namen der Preisrichter den amerikanischen und europäischen Verlagen eine gewisse Garantie für den Wert des preisgekrönten Werkes bieten sollen. Sie bemüht sich, die

A. Knopf

HEINRICH MANN
A great European

W. Bondy, Sanary (Var)

BRUNO FRANK
Expresses the European spirit

ERICH MARIA REMARQUE
'His ghosts wore uniforms'

HUBERTUS ZU LOEWENSTEIN
Inspired the American Guild for
German Cultural Freedom

deutsche Kultur, die im Reich systematisch zugrunde gerichtet wird, außerhalb seiner zu erhalten und zu fördern, indem sie ihren Vertretern materiell und moralisch zur Seite steht. Bis zum September 1938 hat die *Guild* an mehr als sechzig deutsche Schriftsteller *scholarships* im Gesamtwert von 8.300 Dollar verteilt. Der Preis, der dem Autor des von der *Guild* gekrönten Buches zusteht, beträgt 5.000 Dollar.

Dies ist der erste Aufgabenkreis, den die *Guild* sich gezogen hat. Er wäre mit dem Worte *welfare* nicht genügend charakterisiert, denn zwar soll geholfen werden, aber nach Gesichtspunkten, die mit Wohltätigkeit nur indirekt zu tun haben. Eine Rettungsaktion ist eingeleitet, die den bedrohten Werten gilt und die, wie nebenbei, denen zugute kommt, die als ihre Träger gelten können. Darüber hinaus aber, und hier nähern wir uns der zweiten Aufgabengruppe der *Guild,* soll ein Bezirk geschaffen werden, in dem der deutsche Geist sich beheimatet fühlen kann. Dorthin soll er sich wenden dürfen, wenn er Vermittlung sucht zwischen sich und der Welt.

Praktisch gesprochen, will die *Guild* Vortragstourneen veranstalten, Zeitungs- und Buchverträge abschließen, Kongresse beschicken, den Kontakt vertiefen zwischen den deutschen Exilierten und der Welt-Öffentlichkeit. Sie möchte außerdem der Meinung und dem Willen der Emigration Ausdruck geben, in ihrem Namen Stellung nehmen dürfen zu politischen und kulturellen Fragen, die sie betreffen. Die Lösung dieser zweiten Aufgabe, der repräsentativen und vermittelnden, würde die Lösung der ersten erleichtern, wie umgekehrt erst, wenn geholfen worden ist, Werke und Resultate vorliegen werden, die von der *Guild* vertreten und »auf den Markt gebracht« werden können.

Die große Hilfsbereitschaft und aktive Anteilnahme der amerikanischen Öffentlichkeit hat die *Guild* möglich gemacht. Ihr und unserem Freund, dem Prinzen Hubertus zu Löwenstein, haben wir es zu danken, wenn vielen unter uns dieses harte Leben für ein Weilchen erleichtert werden konnte und wenn wir alle hoffen dürfen, daß die *Guild* sich zu einem kostbaren und wirkungsvollen Instrument des Kampfes und des Aufbaus entwickeln wird.

Als wir dem Prinzen im Sommer achtunddreißig in Paris zum letztenmal begegneten, arbeitete er an einem Buch über Katholizismus und Faschismus, das bei Modern Age Press in New York herauskommen wird. Seine Frau, die schöne und kluge Prinzessin Helga, war mit der Vorbereitung ihrer *lectures* für den Winter beschäftigt, sie hat viel Erfolg gehabt als Rednerin; allein oder gemeinsam mit dem Gatten bereist sie die Staaten, spricht in *colleges* und *clubs,* in Volksversammlungen und beim *lunch.* Wir stellten fest, daß wir, das Prinzenpaar einer- und Erika und Klaus andererseits, ganz den gleichen Auftraggebern verbunden sind. Erikas Buch *Children in Goose-Step* erscheint bei Modern Age, wie Hubertus' neue Arbeit; auch der Houghton Mifflin Company und dem vortrefflichen Agenten Feakins sind wir gemeinsam zu Dank verpflichtet.

Es sind gute Stunden, in denen die verstreuten Mitglieder der Emigration, die unruhigen und verschiedenartigen Kinder dieser einen großen Familie, sich irgendwo begegnen und ihre Eindrücke, Hoffnungen, Befürchtungen austauschen. Wir sprachen über den Kongreß in Evian, der eben bevorstand, und über die schönen Bemühungen des Präsidenten Roosevelt, das Leben der Exilierten zu erleichtern, ihnen Aufenthalts- und Existenz-Möglichkeiten zu bieten. Auch von dem Plan sprachen wir, auf der New Yorker Weltausstellung einen Pavillon zu errichten, in dem unsere Arbeiten und Leistungen gezeigt werden sollen. Es ist selbstverständlich, daß die *Guild* an dieser Idee den regsten Anteil nimmt. Andere Freunde stellten sich ein, einer, der in Spanien verwundet worden war, einer, der im Begriffe stand, nach Südafrika auszuwandern, ein paar Flüchtlinge aus Österreich, in deren Mienen noch das Entsetzen stand vor dem Grauen, dem sie entronnen waren. Sie waren Katholiken wie Hubertus, und bald stand der Verrat des Kardinal Innitzer und seine gefährlichen Folgen für die katholische Kirche im Mittelpunkt der Unterhaltung. Andere Namen fielen, schließlich brachte einer auf Brüning die Rede – es wurde ein langer Abend.

Der Name des ehemaligen Reichskanzlers Doktor Heinrich Brüning weckt im Herzen jedes politisch interessierten Deutschen eine Fülle der Erinnerungen seltsam zusammengesetzter und widerspruchsvoller Art. Man empfindet: Mit Brüning begann das Unglück. Durch Brüning hätte das Unglück verhindert werden können. Brüning – das war ein geistiger, nobler, integrer Mensch an der Spitze des deutschen Staates. Er hätte der

historische Gegenspieler, der Besieger Hitlers werden können (so wie, Jahre
später, Schuschnigg ein historischer Gegenspieler Hitlers werden zu können schien – und in letzter Stunde versagte). Gerade unter Brüning aber
zersetzte sich die Deutsche Republik, verlor ihr letztes Selbstvertrauen, ihre
letzte Stärke. Der Absturz begann... War Brüning zu vornehm, um im
Kampf mit so brutalen Widersachern die rechten Methoden zu finden?
War er zu konversativ, als daß er das einzige hätte tun können, was die
Stunde verlangte: sich mit den beiden großen Arbeiter-Parteien gegen die
Nazi-Gefahr zu verbünden? Er stieß die Arbeiter-Parteien vor den Kopf. Er
hoffte die Nazis zu »zähmen« – als ob sie nur scheinbar wilde, im Grunde
harmlose Geschöpfe wären. Er verlor das Spiel.

Als Brüning, der zunächst nach England emigriert war, in den Vereinigten Staaten ankam, vermied er es sorgfältig, irgendwelche politischen
Äußerungen zu tun. Er traf auch kaum mit anderen Emigranten, und besonders nicht mit politisch prononcierten, zusammen. Übrigens blieb er
nicht lang in New York. Er wurde Professor an einer der vornehmsten Universitäten des Landes: an der Harvard-University bei Boston. Die reichen
Erben Amerikas, die jungen Wißbegierigen aus den guten Familien, unterrichtet der Exkanzler des Deutschen Reiches in der Kunde vom Internationalen Recht. Es ist nicht bekannt geworden, ob er ihnen, nebenbei, auch
von seinen eigenen, so bitteren, interessanten und lehrreichen Erfahrungen
gesprochen hat.

Eben diese seine eigensten Erfahrungen aber waren das Thema eines Vortrages, den er unlängst für einen exklusiven New Yorker Damen-Club hielt.
Der Titel der Rede – etwas akademisch, aber doch vielversprechend – lautete: *Die konstitutionelle Krise in Deutschland, von 1929 bis 1932.* Es hatte sich
eine ziemlich glänzende Gesellschaft zusammengefunden, um dem Manne
zu lauschen, dem einmal das Schicksal Deutschlands anvertraut gewesen
war. Ohne Frage: Brünings Auftreten in dem New Yorker Club bedeutete
etwas wie ein mondänes Ereignis. Während zu den Vorträgen der Schriftsteller und Künstler meistens nur die eigentlichen Club-Mitglieder, die
Damen, erscheinen, waren diesmal auch die Herren in stattlicher Anzahl
zur Stelle: weiße Hemdbrüste und schwarze Krawatten, neben den bunten
oder dunklen Abendkleidern – und man zeigte sich, wie bei einer Opern-
premiere, die Träger großer Namen oder die Inhaber großer Bankguthaben.

Der deutsche Gast gewann sich die Sympathien dieses einflußreichen Auditoriums, gleich als er auf dem Podium erschien. Ein Gemurmel, in dem Akzente der Bewunderung sich mit mitleidsvollen Tönen mischten, ging durch die Reihen, während Brüning sich in einem Polstersessel niederließ. In der Tat: sein Aussehen wirkt sowohl imposant als rührend. Das durchgeistigte, strenge Gesicht mit den asketischen Lippen zeigt die Spuren von Leiden. Die Haltung ist eine etwas frömmelnde: Hände über der Magengegend gefaltet, Kopf ein wenig schräg gestellt – der vertriebene Staatsmann tritt zum Rednerpult, wie ein Priester die Kanzel betritt.

Ehe er zu sprechen anhebt, stellt eine schöne, blonde junge Dame in großer Silbertoilette – eine Deutsche, die akzentlos englisch spricht – ihn der Gesellschaft vor. Es gab zwei Richtungen in der deutschen Politik – sagt die Dame. Die eine war für langsame Entwicklungen, für Versöhnlichkeit nach innen und außen. Die andere Richtung war aggressiv – »und diese siegte!« stellt die Dame nicht ohne Wehmut fest. Heinrich Brüning, Repräsentant der Versöhnungspolitik, mußte ins Exil. »Er ist ein Exilierter!« ruft die schöne Blonde im Silberkostüm ihren Freundinnen zu. »Ein Emigrant, wie so viele große deutsche Künstler, Wissenschaftler und Staatsleute!«

Gerührter Beifall, während sich die Hübsche zurückzieht und Brüning sich mit ernstem Anstand verneigt.

Der Exkanzler spricht beinah anderthalb Stunden lang, in fließendem, korrektem, elegantem Englisch. Er benutzt kein Manuskript, keine Notizen. Seine nachdenklichen, gescheiten, etwas müden Augen hinter den runden, spiegelnden Brillengläsern halten das Publikum fest. Es ist sehr still im Saal. Brünings Botschaft wird mit der gleichen Andacht, der gleichen Feierlichkeit empfangen, die in seiner ruhigen aber untergründig bewegten Stimme spürbar sind.

Aber ist es eine »Botschaft«, mit der Brüning vor diesen gewählten Kreis von Interessierten tritt? Der Begriff der »Botschaft« hat etwas Leuchtendes, Positives. Dieser feine ältere Herr am Rednerpult scheint nichts mehr bieten zu wollen als wehmütige – freilich sehr fesselnde – Erinnerungen. Sein Blick ist nur noch in die Vergangenheit gerichtet; nicht auf die Zukunft. Hat er überhaupt noch einen Willen zur Zukunft? Hat er Hoffnungen, Vorstellungen, Visionen? Wenn er dergleichen in seinem Kopf und in seinem Herzen trägt, so hält er es doch für klug und angebracht, mit keiner

Silbe darauf anzuspielen. Es fand sich in seinem langen Vortrag nicht einmal der Ansatz zu einer konstruktiven Idee. Es gab nicht den flüchtigsten
Hinweis auf Kräfte, die vielleicht, innerhalb des Reiches oder im Ausland,
gegen Hitler zu mobilisieren wären. Es gab kaum eine Nuance der Anklage:
nichts als stiller Rückblick, resignierte Betrachtung.

Die amerikanischen Zuhörer mögen aus diesem melancholischen, oft ergreifenden Resümee manches erfahren haben, was ihnen neu, überraschend und bedeutsam war – und auch für unsereinen gab es allerlei zu profitieren. Über die fatalen Umstände und mannigfachen Intrigen, die im
Jahr 1933 zum Sieg der Nazis führten, wußten wir auch schon Bescheid, ehe
Brüning uns über sie unterrichtete. Aber auch Bestätigungen können kostbar sein, und kostbar sind vor allem historische Details, über deren Kenntnis nur jener verfügt, der selbst am Geschehen beteiligt war.

Die frappierenden Details betrafen besonders den Präsidenten-General
von Hindenburg: dieser war der eigentliche Held von Brünings Vortrag;
die zentrale Figur des Dramas. Die Gedanken und Gefühle des katholischen Politikers und Gelehrten scheinen auf eine merkwürdig tiefe und
komplizierte Art an die Gestalt des protestantischen Offiziers gebunden. In
diesen Gedanken und Gefühlen mischen sich Kritik und Ehrfurcht, Ressentiment und Bewunderung; sonderbarerweise sind es Ehrfurcht und
Bewunderung, die überwiegen.

Es kann keine Frage sein, und der ganze Vortrag war ein einziges Zeugnis, ein langer Beweis dafür: Brüning hat den Präsidenten Hindenburg geliebt. Er hat ihn gekannt, und er hat ihn trotzdem geliebt. Er bewundert
ihn heute noch, nach allen Erfahrungen, die er mit ihm gemacht hat. Der
Präsident, der wiedergewählt sein wollte, ließ sich von seinem ergebenen
Kanzler leidenschaftlich propagieren, der Nation empfehlen – um dann
seinem getreuen Knecht den ordinärsten Fußtritt zu geben. Der getreue
Knecht läßt es sich nicht nehmen, ihn weiterhin zu verehren. Als Erklärung
und Entschuldigung für alles, was Hindenburg getan – oder nicht getan –
hat, wiederholt der entlassene Kanzler immer wieder: Der Präsident war
sehr alt. Und, weiter: Er hatte schlechte Berater – die guten wollte er nicht
hören; vor allem hatte er einen schlechten Sohn. Die Person des Majors von
Hindenburg bekommt, in Brünings Darstellung, beinah kriminelle Züge.
Der Sohn wird zum bösen Geist, zum Dämon des senilen Vaters. Der Ge-

neralfeldmarschall ist beherrscht vom Major und von den Großgrundbesitzern aus Ostpreußen. Was sie ihm raten, geschieht. Ihren Ansprüchen und Interessen wird erst Brüning – wird dann Schleicher geopfert. Übrigens haßt Brüning den General von Schleicher, übers Grab hinaus, mehr als den lebenden Herrn von Papen. Nur im Zusammenhang mit Schleicher und dem Major von Hindenburg findet Brüning Töne der Anklage und der Bitterkeit. Schleicher wird als der ewige Intrigant hinter den Kulissen, als der Ränkeschmied und Geheimnistuer charakterisiert. »Er ist immer der Mann des *Secret Service* geblieben«, sagt Brüning von ihm. »Er scheute immer das Licht der Öffentlichkeit.« Brüning vermeidet es, irgendeine Anspielung auf das tragische Ende Schleichers zu machen. Erst als er auf den Stabschef Röhm zu sprechen kommt, erinnert er an den 30. Juni – ohne Schleicher Erwähnung zu tun. Übrigens ist es auffallend, mit wieviel Respekt er Röhms Namen nennt; ohne das Talent und die Aktivität dieses Mannes – erklärt Brüning – hätte Hitler seine Ziele nie erreichen können.

Der Vortrag gipfelt in einer wehmütigen Hindenburg-Apologie. Nicht der alte Herr hat schuld gehabt; Herr Meißner hatte schuld, der Major hatte schuld, die Herren Schleicher, Papen und die Jugendfreunde Hindenburgs hatten schuld; nicht der alte Herr. Er war derartig alt und verkalkt, so erzählt uns Brüning, daß er in der Tat kaum noch zurechnungsfähig war. Manchmal erkannte er seinen Kanzler zehn Minuten lang nicht: Brüning weiß anschaulich darzustellen, wie peinlich das war. Der uralte Herr verstand schier gar nichts mehr. Man mußte sich ihm gegenüber bei politischen Unterhaltungen in Gleichnissen aus dem militärischen Leben ausdrücken, damit er den Inhalt des Gesagten halbwegs auffaßte. »Die Reichstagsabgeordneten, müssen Herr Präsident bedenken«, sagte Brüning zu Hindenburg, »sind nicht wie gemeine Soldaten, sondern wie Generalstabsoffiziere.« Makabre Konversation zwischen den beiden führenden Staatsmännern einer sogenannten Republik!

Unerklärlich bleibt eines – und Brüning macht nicht einmal Anstalten dazu, für dieses Rätsel eine Lösung zu geben: Warum er, der dies alles aus der Nähe kannte und wußte, sich mit solcher Intensität, mit solcher Unbedingtheit für die Wiederwahl Hindenburgs, 1932, einsetzte. Hier sind wir wieder bei jenem Geheimnis der Brüning-Psyche; bei seiner tiefen, kompli-

346   POLITICAL ACTIVITY

zierten, rational kaum noch deutbaren Gebundenheit an den alten Herrn. Ein sehr deutsches Geheimnis, wie mir scheinen will: die Ehrfurcht des deutschen Intellektuellen, des deutschen Professors vor der Tradition, vor der Ungeistigkeit, vor der Uniform, vor der Macht... Man erinnert sich an das dumm-stolze Geständnis des Generalfeldmarschalls: daß er »seit seiner Kadettenzeit« kein Buch gelesen habe. Diese melancholische Tatsache hat den gescheiten Doktor Brüning wohl eher fasziniert, als daß sie ihn abgestoßen hätte...

Es war zweierlei, was der deutsche Exkanzler seinem New Yorker Auditorium aufs nachdrücklichste wiederholte – und wovon die Amerikaner vor allem beeindruckt, wohl auch überrascht waren: Erstens, daß Hitler sich nicht die Macht wie ein Revolutionär »erobert« hat, sondern daß sie ihm durch die Intrigen im Präsidenten-Palais in die Hände gespielt wurde; und, zweitens, daß Hindenburg, als er sich dazu überreden ließ, Hitler zu berufen, keinesfalls die Diktatur der Nazi-Partei zu etablieren oder auch nur zuzulassen dachte. »Der alte Herr ist betrogen worden!« rief Brüning seinem Publikum zu. »Er ist betrogen worden – vor allem von seinem Sohn.« – An einer Stelle, gegen Schluß seiner Rede, wurde der maßvolle Brüning dramatisch und aufgeregt. Das war, als er von den letzten Wochen Hindenburgs erzählte. Der Präsident lag im Sterben. Es erschienen in seinem Haus die Häupter der protestantischen Kirche – um dem Greis letzten Trost zu spenden; aber auch, um sich bitterlich zu beklagen über all die Unbill, die ihnen vom nationalsozialistischen Staat, damals schon, widerfuhr. Der Major aber stellte sich vor die Tür des Zimmers, in welchem sein Vater starb. Weder der geistliche Trost noch die Anklage der Geistlichen durften zu dem Alten gelangen. Brüning schilderte den Vorgang mit einer Stimme, die bebte.

Nur melancholische Rückschau; kein Blick auf die Zukunft. Nur anekdotisch lehrreiches Material – keine Erklärung oder Entschuldigung begangener, unausdenkbar folgenschwerer Fehler. Und trotzdem: Es ist gut, daß Heinrich Brüning sein Schweigen gebrochen hat; es ist in unserem Sinne, im Interesse aller deutschen Freiheitsfreunde, aller Antifaschisten, daß er spricht. Wir brauchen sein Zeugnis. Er hat die Autorität und die Intelligenz, in einer Welt, die seinen Namen kennt und auf ihn hört, Legenden zu zerstören. Vor allem *die* Legende: daß Hitler ohne Hindenburgs Hilfe zur

Macht hätte kommen können, und die andere: daß Hindenburg die Macht für Hitler wirklich *wollte;* daß er ihm, freiwillig und wissentlich, das Schicksal unserer Nation anvertraute.

KAPITEL XIX

THEATER IN NEW YORK

THE STAGE

D<small>IE EMIGRIERTEN DEUTSCHEN</small> K<small>ÜNST</small>-ler haben allen Grund, diejenigen unter ihren Kameraden zu beneiden, die bei Ausübung ihres Handwerks nicht auf die Sprache angewiesen sind. Wie herrlich haben es die Musiker, wie gut die Tänzer!

Als Erika im Winter 36/37 mit ihrer *Pfeffermühle* in New York gastierte, scheiterte ihre Bemühung am Problem der Sprache. Lieder und Szenen, die in ihrer deutschen Fassung sehr erfolgreich gewesen waren, verloren von Form und Inhalt zu viel, da man versuchte, sie auf englisch zu reproduzieren. Schauspieler und Chansonniers, die auf deutsch Außerordentliches boten, blieben, da sie auf englisch wirken sollten, weit hinter dem Gewohnten zurück. Als nach einem Anfangs-Mißerfolg am Broadway der Erfolg sich einstellte (man hatte Änderungen im Programm vorgenommen, und man begann, sich an die Sprache zu gewöhnen; ein freundliches und großes Publikum applaudierte nun allabendlich der kleinen Truppe), war das Gastspiel zu Ende, die Schauspieler mußten »heim« nach Europa, die Chance kam zu spät. Aber wie neidisch waren wir vom ersten Tag an auf unsere Freundin Goslar gewesen. Der konnte nicht viel zustoßen, die tanzte! Wenn wir anderen uns auf den Proben an den englischen Sätzen die Zungen zerbrachen, wenn wir daran verzweifeln wollten, ob uns, die fremde Melodie, den ungewohnten Rhythmus der Sprache einzufangen und mit eigenem Inhalt zu erfüllen, jemals gelingen würde, schnalzte die Goslar mit den Fingern; das hieß: »Schneller, Pianist«, oder sie streckte beschwichtigend die flache Hand aus, das hieß: »Etwas langsamer, wenn ich bitten darf!« Dann tanzte sie.

Lotte Goslar gehört unter den modernen Tänzern zu den ganz wenigen von Format und starker eigener Prägung. In Berlin hatte sie angefangen berühmt zu werden, als Hitler kam. Man kannte sie dort schon von den Erfolgen, die sie in großen Theatern wie der *Scala* oder dem *Kabarett der Komiker* gehabt hatte. Im Winter dreiunddreißig kam sie in Zürich zur

Pfeffermühle, mit ihr durchreiste sie Europa, dreieinhalb Jahre lang. Der Anklang, den sie findet, beruht auf zweierlei Dingen: Erstens kann sie tanzen. Nicht selten versuchen die sogenannten Ausdruckstänzer, die mehr aufs Pantomimische gestellten Vertreter dieser Kunst, uns nur und ausschließlich durch die Kraft ihres inneren Erlebens, durch die Neuheit ihrer Erfindung in Bann zu schlagen. Sie parodieren, etwa das »altmodische« Ballett, ohne selber imstande zu sein, sich zwei Sekunden lang auf den Fußspitzen zu halten. Das ist ein Mißverständnis von seiten dieser Künstler. Man überwindet nicht, indem man überspringt. Nur wer das Alte beherrscht, wird darüber hinaus zum Neuen vordringen.

Die Goslar hat ihren schönen und gestrafften Körper ganz in der Gewalt. Sie tanzt Spitze, Step, Akrobatik, wie man es will oder doch wie ihr Gegenstand es fordert. Ihre Themen sind meist von skurriler Art; sie kann so komisch sein wie ein Clown, gleichzeitig ist sie immer rührend. Alle großen Clowns sind rührend, Chaplin, Grock, die Rivels, nie haben wir Tränen über sie gelacht, ohne die anderen Tränen zu spüren, die wir leicht über sie vergießen könnten. Tanzend erzählt die Goslar die Geschichten von Geschöpfen, denen alles mißrät. Das »Häufchen Unglück« oder das »Alräunchen« oder der »So What«, alle sind sie freundlich, gutwillig, eifrig im Grunde. Sie geben sich die größte Mühe, dies Leben zu bestehen, und alle scheitern sie auf die komischste und auf die traurigste Art. Oft sind ihre Gesichter auch noch durch verwunderliche Nasen verunziert, ihre Augenbrauen sind erstaunt und trübsinnig bis zu den Haarwurzeln hinaufgezogen, in den seltsamsten und unwirklichsten Kostümen stapfen und wirbeln sie auf der Bühne umher. Manchmal scheinen sie von Natur nicht unglücklich, sind anziehend und wohlgeraten, dann kommt von außen ein Mißgeschick und zerstört alles. In *Intoxication* stellt die Goslar ein Mädchen hin, das reizend wäre, nur eben ist es leider völlig berauscht. Die verrückte, besinnungslose Manier, in der dies Kind seine Drehungen vollführt, die argen Augenblicke, in denen es erwacht und verzweifelt zu lächeln beginnt, um gleich wieder dem qualvoll-wollüstigen Taumel zu verfallen, all dies ist mitleiderregend in hohem Grad. Aber die technische Vollkommenheit des Tanzes, die restlose Beherrschtheit dieses Körpers, noch im scheinbar unkontrolliertesten Wirbel, flößt Bewunderung ein; als Wirkung bleibt die Rührung über den schlimmen Zustand des attraktiven Kindes und das angenehm schwebende Gefühl von dem enormen Können seiner Darstelle-rin. Es war nicht verwunderlich, daß Lotte Goslar in New York Fuß faßte. Ein Vertrag bindet sie auf Jahre hinaus an den großen Agenten Colston Leigh. Nach einem sehr erfolgreichen Gastspiel im New Yorker *Rainbow-Room* ging sie im Winter 37/38 auf eine ausführliche Tournee durch die Staaten und tanzte anschließend am Broadway in *Who Is Who?*

Beneidenswerte Tänzer! Beneidenswerter Curt Jooss, der Sie mit Ihrer Truppe die Welt umfahren, ohne jemals den Mund auftun zu müssen in ei-ner fremden Sprache!

Die Darbietungen der *Ballets Jooss*, die sich seit drei Jahren schon in den Staaten eines lebhaften Interesses erfreuen, sind denjenigen der Tänzerin Goslar nicht ganz unverwandt. Auch hier finden wir das gediegenste tech-nische Können, die untadelige tänzerische Form, vereint mit der kühnen Neuheit des Inhalts, der bei Curt Jooss oft weltanschauliches, ja politisches Gepräge hat. Die Tanzszene, mit der er den nachhaltigsten Eindruck erzielt hat, heißt *Der Grüne Tisch*. Durch das Medium seiner Truppe gibt Jooss in dieser Pantomime, die aber den strengen Regeln des Tanzes immer gerecht bleibt, eine stilisierte, parodistische, oft komische, oft bittere, immer treff-sichere Darstellung von der Welt der Diplomaten, der Staatsleute, derjeni-gen, die am »Grünen Tisch« das Schicksal der Nationen entscheiden. Während der Kriegsgott (ein schön gewachsener und anziehender junger Mann, den nur leider ein Totenkopf entstellt) sein erschreckendes, aber vergleichsweise aufrichtiges Wesen treibt,vergnügen am »Grünen Tisch« die Herrn sich mit den absonderlichsten Spielen. Als wir im Jahre 1933 die Szene in Basel zum erstenmal sahen, waren wir sehr beeindruckt. Im Win-ter 37/38 tanzten die *Ballets Jooss* sie wieder, diesmal in New York. Wir wa-ren überrascht und erschüttert, wie sie durchaus nicht »veraltet« war. Sie hatte in der Zwischenzeit an Schlagkraft nicht etwa dadurch verloren, daß die Dinge, gegen die sie gerichtet war, sich geändert, sich gebessert hätten. Es war ganz im Gegenteil, als seien diejenigen, die hier als »Modelle« ge-dient hatten, als seien die Herren der »Grünen Tische« in ihre Rollen erst recht hineingewachsen und als habe der Choreograph und Regisseur Curt Jooss eine Entwicklung vorausgeahnt, in welcher der schöne totenköpfige Kriegsgott durch närrische Beschwörungsformeln, die ihn bannen sollen, sich nur zu immer wilderen, immer tödlicheren Tänzen angestachelt fühlt.

Es gibt heitere, unbeschwertere Szenen an den Abenden, die das Ballett uns schenkt. *Alt-Wien* hat den ganzen Zauber des versunkenen Österreich, und es spricht zu unseren Herzen mit der wehmutsvollsten Eindringlichkeit. Zu den zärtlichen Klängen der Menuetts bewegen sich in strengen und anmutigen Figuren die Herren und Damen. Von ihren Kostümen und Perücken bläst ihr Schöpfer, Curt Jooss, den Staub, indem er über ihre allzu süße Grazie einen leichten, einen ungreifbaren Hauch von Parodistischem, von nicht ganz und völlig Ernstgemeintem legt. Das Ballett von *Alt-Wien* steht zwischen unsichtbaren Anführungszeichen.

Jooss ist Deutscher, und er ist Emigrant. Seine große Stellung an der sehr fortschrittlichen Bühne in Münster in Westfalen, an der er bis dreiunddreißig tätig war, gab er freiwillig auf, weil seine Vorstellung von Kunst im allgemeinen und Tanz im besonderen sich mit den Ideen nicht deckte, die hierüber in den Köpfen der »Führer« bestanden. Außerdem hing er mit zäher und überzeugter Treue an dem Musiker, der seit Jahren sein Mitarbeiter war. Dieser war Jude; aber Jooss wollte nicht einleuchten, daß er sich deshalb von ihm zu trennen habe. So emigrierte er, ohne lang zu zögern. In England haben begeisterte und bemittelte Freunde seiner Kunst ihm ein Schloß zur Verfügung gestellt. Dort arbeitet er monatelang an jeder einzelnen seiner Szenen und tänzerischen Pantomimen. Die Zusammensetzung seiner Truppe ist durchaus international. Es gibt in ihr einen jungen Schweizer von ungewöhnlichen Gaben – die Kraft und die Anmut seiner Sprünge hat uns manchmal an Paul Haakon erinnert – und eine kleine Holländerin, die sich aus einleuchtenden Gründen der größten Beliebtheit erfreut: sie ist hübsch wie ein Bild von van Dyck, und sie hat die beglückende Leichtigkeit, die aus überlegenem technischem Können kommt. »Es ist komisch«, sagte uns Curt Jooss, als wir ihm auf dem Broadway begegneten, »aber die Käseländer haben mir die graziösesten Kräfte gestellt.«

Schauen wir uns um in New York, und suchen wir nach unseren Freunden, den deutschen Exilierten in der Welt des Theaters. Noch sind sie nicht zahlreich auf diesen Brettern, das Hemmnis der Sprache hält sie fern von ihnen. Einer lebte schon lange in New York, als Hitler Deutschland übernahm, er ist in München einer unserer besten Freunde gewesen. Tonio Selwart hat den ganzen unbefangenen Charme, die ganze gewinnende Frische des bayrischen Naturburschen. Wir glauben, daß er in kurzen Lederhosen zur Welt gekommen ist, sonnengebräunt, lachend und liebenswert. Er hatte das Glück, in New York gleich eine Rolle zu bekommen, in der er überzeugen mußte. In *Pursuit of Happiness* spielte er einen kleinen süddeutschen Leutnant, sah reizend aus und war so temperamentvoll und gewinnend, daß er es schnell zum *Matinée Idol* brachte, was, wenn wir recht informiert sind, zum besten gehört, was einem jungen Schauspieler widerfahren kann. Tonio, der infolge der gestrengen *Equity*-Gesetze als Ausländer nur alle sechs Monate eine neue Rolle spielen durfte (will sagen: jedesmal, wenn »sein« Stück vom Spielplan verschwunden war, mußte er sechs Monate warten, ehe er wieder ein Engagement annehmen durfte), hat es natürlich trotzdem nicht leicht gehabt. Wir sahen ihn in der Hauptrolle einer *Pièce,* die nur wenige Tage lang lief, *The Laughing Woman,* dann gab es, unbarmherzig, wieder ein halbes Jahr Pause für ihn zu überstehen. Kürzlich ist er Amerikaner geworden. Wir ringen mit uns, ob wir die Gefühle wiedergeben sollen, die ihn bestürmten während des schönen und für ihn so entscheidenden Aktes seiner Naturalisation. Unser Mitteilungsbedürfnis gewinnt den Kampf zuungunsten unserer Diskretion. Tonio also, wie es sich versteht, war stark und freudig erregt an diesem Tag und unmittelbar ehe er den Schwur leisten sollte, lief er ganz schnell noch einmal hinaus, um, – kurz, es war ihm lieber so. Während der halben Minute, die er draußen verbrachte, wandelte ihn zum ersten und einzigen Mal, wie er uns versichert, ein Gefühl der Schwäche, der sentimentalen Rührseligkeit an. Er dachte: »Mein Gott, – zum letztenmal als Bayer!« Aber das ging vorüber, und jetzt ist er vorbehaltlos stolz und glücklich, Amerikaner zu sein.

Im Herbst siebenunddreißig kam, von London her, wohin er sich zunächst gewandt hatte, Fritz Kortner nach New York. Kortner gehörte innerhalb der Berliner Schauspielerschaft zur allerersten Garde. Er ist ein Künstler von ganz großem Format, und wer ihn etwa als Holofernes in *Gyges und sein Ring,* als Professor Bernhardi in Schnitzlers Ärzte-Stück oder in gewissen Strindberg- oder Wedekind-Partien erlebt hat, wird seine virtuose, dabei immer sehr persönlich akzentuierte und aufregende Darstellungsart so leicht nicht vergessen. Kortner, der seine Herkunft von der Kunstrichtung, die sich die »expressionistische« nannte, nie ganz verleugnet hat, ist von der eindrucksvollsten Häßlichkeit; auch seine Stimme ist nicht wohllautend, nicht »schön« im hergebrachten Sinn. Aber er vermag ihr die erstaunlichsten Wirkungen abzugewinnen, das etwas gequetscht Nasale, das ihr eignet, variiert er vom lyrisch Einschmeichelnden bis zum schmetternd Triumphalen. Seine große Intelligenz ist mit seinem sicheren künstlerischen Instinkt eine ideale Ehe eingegangen. Kortner überzeugt zunächst, indem er interessiert. Da wir uns aber für seine problematische, vielfarbene und hintergründige Person sehr schnell und sehr nachhaltig interessiert fühlen, werden die Schicksale, durch die sie geht, uns bald auch zu ergreifen, ja zu rühren vermögen.

Er sprach, als er im Jahre dreiunddreißig in London eintraf, kein Wort Englisch. Die Tragödie eines Menschen, der in der Sprache, der durch die Sprache lebt und der sich ihrer plötzlich beraubt sieht, ist uns an seiner Geschichte besonders deutlich geworden. Er erzählte, wie er zum erstenmal mit einem Film-Mächtigen zu verhandeln hatte. Er wußte: ich kann nicht sprechen, und andererseits darf dies der Mächtige nicht merken. Da er den Mut der Verzweiflung aufzubringen hatte und musikalisch genug war, sich einer Rolle, war sie kurz genug, auf rein phonetischem Wege zu bemächtigen, beschloß er das Folgende: er würde sich eine sehr temperamentvolle, geschwinde und aufgeregte kleine Ansprache einstudieren, die er gleich als erstes auf den Mächtigen loslassen wollte. War dieser solcherart von der Mühelosigkeit überzeugt, mit der Kortner, unaufgefordert und wie von ungefähr, das Englische meisterte, konnte er getrost einsilbig werden und sich, in bedeutsamer Schweigsamkeit, auf die *yes* und *no* zurückziehen, die er allein beherrschte. Wie aber gleich zu Anfang und ehe noch der Herr eine Frage stellen konnte, die er, Kortner, nicht verstehen würde, so wild und zusammenhängend ins Zeug gehen? Mußte es den Unbekannten nicht befremden, wenn Kortner dermaßen loslegte? Er grübelte. Schließlich öffnete sich ihm ein gewagter, ein gefährlicher Ausweg: er würde viel, er würde eine volle halbe Stunde zu spät zum Rendezvous kommen. Es war ein gräßliches Experiment, denn natürlich konnte der Mächtige über alle Berge sein, wenn er, Kortner, Schaum vorm Mund, so ruchlos unpünktlich am Orte der Verabredung eintraf. Half alles nichts. Dies war die einzige Chance, sofort, ungefragt eine bewegte und wortreiche Geschichte zum besten zu geben. Er ersann sie, seine Arie; die seltensten und schwierigsten Vokabeln

Shakespearescher Konvenienz verflocht er in sie, er verwandte *slang* und Oxford-Englisch in wildem Durcheinander; warum er so spät käme, wie fürchterlich leid es ihm tue, was für Abenteuer ihn angefallen hätten unterwegs, wie selig er sei, den Mächtigen noch vorzufinden, und so weiter und so fort. Der Coup glückte. Kortner wandte vier Minuten ohne jede Unterbrechung das schönste, das schnellste, das geläufigste Englisch an den mächtigen Herrn. Der, von den profunden englischen Kenntnissen des deutschen Schauspielers mehr als überzeugt, akzeptierte die brütende Schweigsamkeit, in welche dieser alsbald verfiel, als ausländische Marotte, und Kortner bekam seinen Kontrakt.

Seither hat er Englisch gelernt. Er spricht es heute durchwegs beinah so fließend wie während jener entscheidenden vier Minuten. Aber das Problem der Sprache, das Problem des Taubstummen, der hilflos und verloren der Fremde preisgegeben ist, beschäftigt ihn heute wie damals.

In New York war es vor allem Dorothy Thompson, die den großen Schauspieler in den Tagen seines Berliner Glanzes gekannt und die Bewunderung für ihn hatte. Ihr unterbreitete er den Plan eines Stückes, mit dem er sich trug und das eben diese Tragödie, des Mannes ohne Sprache, behandeln sollte. Miss Thompson schrieb gemeinsam mit Kortner das Stück, dessen Titel *Spell Your Name* im Herzen jedes Emigranten den ganzen Jammer wachruft, der uns vor den Schaltern der Fremdenpolizeien ergreift, in den Büros der Konsulate, an den Grenzen und in den Vorzimmern derer, die Arbeit zu vergeben haben. »*Spell your name!*«, unsere fremden Namen sollen wir buchstabieren, die keiner sich merken kann, damit man sie doch wenigstens den Listen einfügen könne, in denen die Exilierten ihre unerwünschte, vorläufige und gefährdete Existenz führen.

Kortner wird in *Spell Your Name* die Hauptrolle spielen. Außerdem plant er, am Broadway Regie zu führen und gewisse Glanzrollen aus seiner deutschen Vergangenheit zu neuem, amerikanischem Leben zu erwecken. Man darf dieser Wiedergeburt erwartungsvoll entgegenschauen.

Am Berliner Staatstheater haben wir in einem Stück (es hieß *Der Rote General*) Kortner zusammen mit Eleonore von Mendelssohn auf der Bühne gesehen, deren stille, damenhaft zurückhaltende Darstellungsart zu Kortners expansivem und großstiligem Komödiantentum in wirkungsvollem Gegensatz stand. Eleonore ist ein Patenkind der Duse, das muß schön sein für eine Schauspielerin, aber doch auch wieder recht unheimlich, auf der anderen Seite. Was für eine Verpflichtung! In dem hochkultivierten, reichen, jüdisch-aristokratischen Milieu aufgewachsen, das die Mendelssohns in Berlin mit schönen Bildern, alten Kostbarkeiten und einer geistig anspruchsvollen Geselligkeit erfüllten, kannte Eleonore früh das gute, das höchste Niveau. Am besten ist sie in getragenen und stilisierten Rollen. Max Reinhardt, der ihr Lehrer gewesen ist, hat sie auf einer Europa-Tournee als Maria Stuart herausgestellt, das muß sie gut und ergreifend gemacht haben. Nun ist sie dem Meister nach Amerika gefolgt und war im Winter 36/37 in einem Stück beschäftigt, das nicht lang auf dem Spielplan blieb. *The Daughters of Atreus* ist kein Erfolg gewesen. Aber Eleonores noble und stilvolle Leistung hat bei vielen, die sie sahen, den Wunsch zurückgelassen, dieser Frau wieder auf der Bühne zu begegnen.

Francesco von Mendelssohn, Eleonores Bruder, ist Cellist gewesen, ehe er sich dem Theater zuwandte. Seine starke musikalische Begabung kommt ihm auch dort zugute, denn er versucht sich mit Vorliebe an Regieaufgaben, in denen es Chöre, Sprechgesänge, Melodramatisches zu meistern gilt. In Berlin inszenierte er viel im *Theater am Schiffbauerdamm,* einer der besten deutschen Avantgarde-Bühnen. In New York hat er bisher zweimal von sich reden gemacht. Erst brachte er Brechts *Dreigroschenoper* heraus, dann war er Regie-Assistent in Reinhardts großer Inszenierung von *Der Weg der Verheißung.* Er hat eine leidenschaftliche Liebe für alles, was Theater heißt. Da er außerdem vorzüglich englisch spricht, erscheinen die Hoffnungen, mit denen er seine amerikanische Theater-Karriere beginnt, als nicht unberechtigt.

Hoffnungen zu Beginn einer Karriere! Wie achtzehnjährig das klingt, wie anfängerhaft, wie »eben der Schule entronnen«! Aber es sind Meister unter denen, die heute da stehen, wo sie vor zwanzig Jahren standen, und nichts ist ihnen geblieben als die Hoffnung, es auf dieser Welt »noch einmal zu etwas zu bringen«.

Der Rezitator und Vortragskünstler Ludwig Hardt ist ein Meister. Man darf sagen, daß er in Deutschland nicht seinesgleichen hatte, ja daß seinesgleichen überhaupt nicht ohne weiteres vorstellbar ist. Der kleine, temperament-, geist- und witzgeladene Mann beherrscht die deutsche Sprache wie ein Virtuose sein Instrument, zieht alle Register, bringt die schlichte

Innigkeit des Matthias Claudius ebenso überzeugend zu Gehör wie die revolutionäre Besessenheit Heinrich Heines. Sein enormes Programm umschließt von Walther von der Vogelweide bis Franz Kafka die ganze deutschsprachige Literatur. Er spricht frei und ohne je eines Textbuches zu bedürfen. Sein Gesicht mit dem schmalen, leidenschaftlichen Mund, den weiten, graubraunen Augen und der großen, gebogenen Nase verrät die jüdische Herkunft, hat aber überdies andere, merkwürdig kapitänshafte Züge. Hardt stammt irgendwoher aus dem äußersten Norden Deutschlands (aus Friesland, wie uns scheint); aufgewachsen ist er mit den Fischersöhnen und Schiffsjungen des Hafens, und die Luft von Meer, Ausfahrt und Aufbruch, die dort wehte, hat er niemals vergessen. Es gibt die Geschichte, wie er als junger Ehemann eines Abends in Pantoffeln vor die Tür lief, um einen Brief in den Kasten zu werfen. Er kehrte ein volles Jahr lang nicht heim von diesem kleinen Ausgang. Irgendein Reisewind hatte ihn verlockt, irgendein Kahn ihn mitgenommen. Das Schiff, das ihn im Herbst 1938 im New Yorker Hafen absetzte, hat den besten deutschen Rezitator nach Amerika gebracht. Ihm zuzuhören wird für alle, die seine Sprache verstehen, ein großes und bereicherndes Erlebnis sein. Freilich, zunächst nur für diese. Denn eine gute Weile wird es dauern, ehe Hardt in einer anderen Sprache zu Hause sein wird. Es ist eine merkwürdige Erfahrung: je tiefer und endgültiger einer im eigenen Idiom verwurzelt ist, desto schwerer wird es ihm, in einem anderen sich heimisch zu fühlen. Einen deutschen Schriftsteller von Rang haben wir sagen hören: »Englisch? Ich werde es niemals erlernen, ich fürchte, ich kann zu gut Deutsch!« Und daß Hotelportiers, Kellner und Friseusen es viel leichter haben im Fremdsprachigen als wir, lernen wir täglich.

Unser Neid gilt denen, die neben dem Deutschen eine andere Weltsprache schon als Kind gelernt haben. Der deutsche Schauspieler Alexander Granach spricht jiddisch, und Jiddisch, das ist eine Weltsprache. In Berlin war er am Staatstheater als Charakterdarsteller – etwa vom Typus Kortner – tätig gewesen. Seine Wirkungen waren weniger überlegen, nicht immer so genau, so minuziös vorausberechnet, wie die des hochintellektuellen Kortner. Granach hat viel vom Volksschauspieler; man könnte sich ihn auf einem Marktplatz vorstellen, die Arme pathetisch zum offenen Himmel gereckt, oder in improvisierten Sprüngen die Menge ergötzend, die nun erst weiß, was »Theater« ist. Granach ist kraftvoll und hemmungslos, wie

Wind und Wetter. Dabei sind ihm, wie Männern aus dem Volke nicht selten, auch komplizierte, ja pathologische Reaktionen nicht fremd. Er lebt jetzt in den Vereinigten Staaten, er hat Englisch gelernt, es ist sein Ehrgeiz, ein amerikanischer Schauspieler zu sein. Er könnte ein ausgezeichneter Schauspieler werden, ein eindrucksvoller Künstler vom Typus eines Rudolf Schildkraut. Der alte Schildkraut war auch ein großer Schauspieler, ob er nun seine Persönlichkeit in Deutsch, Jiddisch oder Englisch ausdrückte. Sein Sohn, Joseph Schildkraut, der einer der bekanntesten »Jugendlichen Liebhaber« in Wien war, machte seine zweite, noch glänzendere Karriere in New York und Hollywood.

Sie arbeiten und sie lernen, die Emigranten, sie sind so leicht nicht in die Flucht zu schlagen, und der rauhe Wind, der sie umweht, steigert ihre Kräfte, wenn sie seinen Ansturm überstehen. Hans-Heinrich von Twardowsky schien, als wir ihn in Deutschland kannten, aus zartem, verletzlichem Stoff. Der schöne, unverkennbar aristokratische junge Mensch wirkte mehr vermöge seiner Eleganz, seines lässigen und überlegenen Charmes als durch Äußerungen einer großen schauspielerischen Kraft. Es sah nicht aus, als wäre er für den Kampf geschaffen, als hätte er das Zeug, sich in der Fremde und gegen all die Fährnisse, die sie für uns bereit hat, durchzusetzen. Twardowsky hat es in Amerika zunächst nicht leicht gehabt. Er hätte, der adelige junge »Arier«, heimkehren und dem »Führer« die untadeligen Blonden vorspielen können, nach denen sein Herz begehrt. Statt dessen kämpfte er draußen um sein Leben. Einmal, als es besonders schlimm stand und Hans-Heinrich die kleine Wohnung, die er sich eingerichtet hatte, nicht mehr halten konnte, gab er in der Zeitung eine Annonce auf, die Wohnung sei zu vermieten. Die Annonce sollte drei Tage laufen, aber am zweiten schon war die Wohnung vermietet. Twardowsky, der sein ganzes Vermögen in die kostspielige Annonce gesteckt hatte, lief zur Zeitung und wollte für den dritten Tag das Geld zurück. Das sei unmöglich, wurde ihm bedeutet, immerhin wäre ihm erlaubt, da er nun einmal für drei Tage bezahlt habe, für den dritten Tag eine Annonce anderen Inhalts aufzugeben. Er überlegte. Was in aller Welt sollte er plötzlich annoncieren? Schließlich ließ er einrücken, er, Hans-Heinrich, gebe bekanntlich Schauspielunterricht, einige wenige Schüler könne er zur Not noch akzeptieren, und begabte Bewerber sollten sich melden. Sie meldeten sich, und die kleine Theaterschule, die

Hans-Heinrich von Twardowsky nun leitete (weil seine Wohnung am zweiten Tage schon vermietet war), floriert seither. Übrigens können seine Schüler in seiner neuen Wohnung nicht nur das Theaterspielen erlernen, sondern auch wie man Dekorationen herstellt. Martin Kosleck, ein junger Deutscher, der mit Twardowsky das Exil teilt, ist ein äußerst begabter Maler.

Sie arbeiten und sie lernen! Gemeinsam stehen sie am Start, das deutsche Rennen ist vorüber, – sie haben es alle verloren für den Augenblick; zum Hindernisrennen, das jetzt beginnt, spannen sie die Kräfte.

Medi Christians war bekannt auf deutschen Bühnen. Nun hat sie sich am Broadway einen Namen gemacht. Ihre bedeutendste Rolle war die der Königin in *Hamlet*. Der Schauspieler Rudolf Forster gehörte zu den allerbesten, den alleranziehendsten Künstlern der deutschen Bühne. Seine Beliebtheit war enorm, er war der Herren- und Aristokratenspieler *par excellence;* überall, wo es einen Lord mit einnehmendem Äußeren und kompliziertem Innenleben darzustellen galt, wo einer ebenso vornehm wie interessant zu sein hatte, wurde Forster herangezogen. Hier stand großes schauspielerisches Können im Dienste einer Persönlichkeit, die voll von Reizen und Geheimnissen war. Man hat ihn einen »schönen Mann« genannt. Aber nichts von Glätte, von nur gefälliger Hübschheit ist in diesem Gesicht, dessen kluge und melancholische *noblesse* so weit entfernt ist vom konventionellen Idealbegriff des »Schönen«. Forsters Art zu sprechen, diese zugleich weiche und angespannte Diktion hat in Deutschland Schule gemacht, man versuchte es ihm gleichzutun und »forsterte« (wie man »bergnerte«). Aber unnachahmlich ist das Wesen des Persönlichen, und die sonderbar kalte Glut, die unheimlich gelassene, dabei zutiefst bewegte, immer nur scheinbar gleichmütige Manier, in der er sich gibt, ist nicht zu erlernen.

Forster, der Österreicher ist, hat in Berlin, wiewohl man ihn gern gesehen hätte dort, nicht mehr gespielt seit Hitler. Nun ist auch Wien ihm verlorengegangen, wo er bis zuletzt, vor allem im Film, als Partner der Wessely die lebhaftesten Erfolge hatte. Wer ihn etwa als Dauphin in Reinhardts Inszenierung von Shaws *Heiliger Johanna,* gesehen hat, wird ihn so leicht nicht vergessen.

In Amerika ging er zunächst mit dem Stück *Tovarisch* auf Tournee. Die

Rolle des russischen Fürsten, der den Diener macht, muß ihm gelegen haben; gewiß hat er den aristokratischen Emigranten mit dem ganzen flüchtigen Charme und all der *nonchalanten* Intensität »hingelegt«, die wir an ihm lieben.

Während Rudolf Forster ein sehr »später« Emigrant ist, einer, der seine Heimat erst nach dem 11. März 1938 eigentlich verloren hat, gehört ein anderer »Prominenter«, der Regisseur und Produzent Erik Charell, zu den ganz frühen, den ahnungsvollen Emigranten. Nicht, daß er Deutschland wirklich verlassen hätte, ehe Hitler dort groß war. Aber nach einem kleinen Erlebnis, das er hatte und das sich ganz unscheinbar ausnahm, löste er gütlich all seine deutschen Verbindlichkeiten, kündigte die Verträge, die ihn als verantwortlichen Leiter an das Berliner *Große Schauspielhaus* banden, und sah so, startbereit, den Dingen entgegen, von denen er wußte, daß sie demnächst kommen würden.

Das kleine Erlebnis, das ihn hellsichtig gemacht hatte, war so: Am Kaiserdamm in Berlin gab es einige Monate vor der »Machtergreifung« eine Automobilausstellung. Charell ging hin, um sich die Autos anzuschauen; vor der Halle auf der Straße drängten sich die Menschen, viele berittene Schutzleute waren zur Stelle, die im Namen der Republik für Ordnung zu sorgen hatten. Neben den Uniformen der Polizisten sah man andere, braune; Hitler-Burschen mit Sammelbüchsen waren erschienen und belästigten das schaulustige Publikum durch Bettelei. Charell näherte sich einem der Braunhemden, der ihm gleich die hakenkreuzgeschmückte Büchse entgegenhielt. Der Bursche sagte: »Geben Sie, mein Herr, geben Sie für den Bau der Einbahnstraße nach Jerusalem!« Charell schaute sich um. Ganz nah stand ein Schutzmann, ein Beamter der Republik; der schien nicht gehört zu haben, wofür der Bursche hier in aller Öffentlichkeit sammelte. »Wofür?« fragte Charell und beobachtete erwartungsvoll den Schutzmann. Sehr laut wiederholte der Bursche: »Für den Bau der Einbahnstraße nach Jerusalem!« Dies hatte der Schutzmann gehört, kein Zweifel war möglich. Etwas verlegen wandte er den Kopf weg, das war alles.

Charell hat die Automobilausstellung nicht mehr besichtigt. Er ging nach Hause und traf seine Anordnungen. »Es ist aus«, sagte er seinem Bruder, der ihm die Geschäfte leitet und der jetzt die Verbannung mit ihm teilt, »die Republik kapituliert; wir werden gehen.« Und das überraschte Publikum konnte lesen, daß der große Produzent auf der Höhe seiner künstlerischen und finanziellen Erfolge seine Berliner Laufbahn jählings und ohne ersichtlichen Grund abgebrochen habe.

Erik Charell ist ursprünglich Tänzer gewesen. Seine erstaunliche Karriere führt von Reinhardts *Deutschem Theater*, wo er »entdeckt« wurde, über die Bühnen all der europäischen Großstädte, auf denen er mit eigenem Ballett gastierte, ins *Große Schauspielhaus*, wo er als Direktor, Regisseur und Choreograph an der Arbeit war. Die riesenhaften Revuen, die er herausbrachte, verdankten ihre Erfolge der Mischung aus Pracht und Geschmack, aus populärer Effektfülle und künstlerischer Stilsicherheit, die das Talent ihres Regisseurs kennzeichnen; Charell, der nicht nur Tänzer, sondern in aller Stille auch Maler ist (die hübschen Pappkartons, mit denen man in Amerika die Hemden aus der Wäsche zurückbekommt, bedeckt er mit den seltsamsten surrealistischen Bildern in Öl und Aquarell!), hat für alles, was Bewegung und Farbe heißt, eine grenzenlose, sich immer wieder erneuernde Phantasie. Der konventionelle Revue-Kitsch mit Straußenfedern und Pailletten kam in seinen Inszenierungen kaum vor. Charell, gemeinsam mit dem ausgezeichneten Bühnenmaler Ernst Stern, der jetzt in Hollywood und London arbeitet, übernahm die Kunstform der Revue, wie sie in Paris daheim war, aber er erfüllte sie mit etwas anderem, sehr viel Hübscherem, das der Masse gefiel, ohne künstlerisch Anspruchsvollere abzustoßen.

Sein erster großer Erfolg in der Emigration war die Show vom *Weißen Rößl*. Er eroberte sich mit ihr Paris und London. Man hat gesagt, die Weltmode der Dirndlkleider und Tirolerhüte sei auf zwei Quellen zurückzuführen: sie sei international populär geworden, erstens durch die wiederholten und groß plakatierten Besuche des Mode-Prinzen von Wales-Windsor in Kitzbühel; zweitens aber durch die Revue *Im weißen Rößl*, in der es so wunderhübsche und phantastisch variierte Bauernkostüme zu sehen gab.

Charell hat *Im weißen Rößl* auch nach New York gebracht, ein wenig spät vielleicht, der Zenit der von ihm selber mitgeschaffenen Österreich-Mode war schon überschritten; auch dort ist es ein großer Erfolg geworden, und das will viel heißen in einer Stadt, in der gerade auf diesem Gebiet so Überragendes geleistet wird.

Es war sehr drollig und rührend, den bayrischen Schuhplattlerburschen auf dem Broadway zu begegnen; obwohl sie sehr großstädtisch und versiert taten, nahmen sie sich zwischen den Wolkenkratzern und Lichtreklamen wie Gemsen oder Edelweiß aus.

Erik Charell ist derjenige Theatermann unserer Bekanntschaft, der am meisten liest. Er verbringt all die freie Zeit, in der er nicht Bilder auf Hemdkartons malt, lesend oder über Bücher diskutierend. Es gibt keine Neuerscheinung auf dem internationalen Literaturmarkt, die er nicht kennt und über die er nicht sein eigenes, intelligentes und unbestechliches Urteil hätte. An den Abenden, die wir in dem Häuschen verbrachten, das Charell am Suttonsquare gemietet hatte und das so niedrig-traulich war, als stünde es, wie sein heimatliches Haus, im Berliner Westen, war kaum je die Rede von unserm Gastgeber, seinen Plänen und Erfolgen; wir sprachen statt dessen über Julien Greens neues Buch, über Frederic Prokosch oder Thornton Wilder. Auf Malerei kam die Rede vor allem, wenn der Professor Rudolf Levy mit von der Partie war. Dieser deutsche Maler, der bei den französischen Impressionisten in die Schule gegangen ist und ein gediegenes Können mit persönlicher Eigenart verbindet, ist ein herzensgutes, immer freundliches, hilfsbereites und verständnisvolles Original. Der tiefe Glockenbaß seiner Stimme, das große, stille und ernsthafte Gesicht, die drollige Gravität seiner Haltung, sein lebhaftes, warmherziges und geistig angeregtes Gespräch bewirken, daß es beruhigend und erheiternd ist, mit ihm zusammenzusein. Für Charell, dessen persönliche Reize nervöser und spannungsreicher Natur sind, gibt er den idealen Partner ab. Er ist ungemein berlinerisch, Rudolf Levy; er war eine repräsentative Erscheinung inmitten der Berliner Malerschaft. Als seine Gegenfigur im Charellschen Freundeskreis kann Hans Müller gelten, der Wiener Dramatiker, der ebenso wienerisch ist wie Levy berlinerisch. Hans Müller, Textdichter von *Im weißen Rößl* und Verfasser einer Menge von wirksamsten Theaterstücken (*Flamme, Der Schöpfer* etc.) hat das persönliche Talent aller Wiener, Anekdoten zu erzählen, sich über das Verschiedenste dramatisch und effektvoll zu erregen und mit seinen Darbietungen eine große Gesellschaft stundenlang zu unterhalten, bis zur Perfektion ausgebildet. Müller, dessen Haß gegen das Nazitum spontan und legitim ist und aus reinen Quellen kommt, ist niemals amüsanter, als wenn er etwa den Doktor Goebbels sprechen läßt oder vormacht, wie Hitler seine Kulturreden hält. Der routinierte Theatermann ist viel in Hollywood tätig gewesen; auch Charell teilt ja seine Interessen zwischen Bühne und Film. Der Welterfolg seines Films *Der Kongreß tanzt* hat Charell mit einem Schlage in die Reihe der *movie-producer* versetzt, von denen etwas zu erwarten ist. Und es ist sicher, daß die Buntheit seines Talents, seine musikalische, tänzerische, malerische, literarisch geschulte Begabung zusammen mit der temperamentgeladenen Arbeitskraft, die ihm eignet, Inszenierungen von Elan und kultiviertestem Charme gewärtigen lassen.

Die »Einbahnstraße nach Jerusalem«, wohin hat sie uns geführt? In alle Welt und in alle Winde. »Arier« und Juden, leidenschaftliche Antifaschisten und solche, die sich abfänden mit dem deutschen Regime, wenn man es ihnen nur erlaubt hätte, ihnen allen ist das Schicksal gemein, das sie vertrieb und das auf den übervölkerten Straßen täglich neue Barrieren für sie errichtet. Ist es traurig, dies Schicksal, und schwer zu tragen? Aber wie viele, die »drinnen« leben und aushalten müssen, neiden uns die Freiheit, die unser ist. Ja, es gibt deutsche Vollbürger, die sogar den Juden, die in Deutschland gequält werden, den Vorzug neiden, Außenseiter zu sein, nicht dazuzugehören zum Schändlichen. Ein »Arier«, der aus Wien kam, erzählte uns von seiner Begegnung mit einem Juden, einem alten Freund, den er kürzlich auf der Kärntnerstraße getroffen habe. Der Jude weinte. Unser »Arier« klopfte ihm von hinten auf die Schulter. »Ich begreife Dich gar nicht«, sagte er, »warum weinst denn Du? Dir hat doch keiner was versprochen?!«

Nein, auch uns hat keiner was versprochen, und also haben wir zum Weinen keinen Anlaß. Anlaß haben wir zu halten, was wir unsererseits versprachen: zu kämpfen und zu arbeiten, jeder auf seine Manier. Die deutschen Schauspieler in der Emigration haben ihren Anteil an Kampf und Arbeit, sie werden helfen, die Kultur am Leben zu erhalten, die in Deutschland wie der Todfeind verfolgt wird.

KAPITEL XX

LEBEN UND FREUNDE IN DEN USA

FRIENDS IN AMERICA

Wir sind Europäer. Dies sei ohne Stolz gesagt und ohne Bedauern; es sei einfach festgestellt. Jeder Emigrant hat das Heimweh kennengelernt, den wehmutsvollen Schmerz, den der Dichter Max Herrmann-Neiße, der heute in London lebt, in so rührend einfache Verse gefaßt hat. Trotzdem fühlen wir uns nun schon seit Jahren in den Vereinigten Staaten zu Hause. Trotzdem lieben wir Amerika und sind ihm dankbar, wie man eine zweite Heimat liebt und ihr dankbar ist. Vielleicht lieben wir das große Land gerade *als Europäer:* weil nämlich dort bestimmte europäische Werte und Ideale besser aufgehoben und lebendiger geblieben sind als im alten Erdteil. Das zivilisierte Europa sieht scheinbar unbewegt zu, wie jene Werte und Ideale, auf denen unsere Gesittung basiert, von einigen »Führern« mit Füßen getreten und dazu auch noch verspottet werden. Niemand nimmt Anstoß, weil Anstoßnehmen unbequem, vielleicht sogar gefährlich wäre. Der Zustand, der sich hieraus ergibt, gleicht einer permanenten moralischen Vergiftung.

Europäische Freunde erkundigen sich wohl bei uns: »Wie ist denn das Leben in Amerika? Ist das Land angenehm? Sind die Chancen gut? Verhalten die Menschen sich freundlich?« Dann erwidern wir: »Das Land ist angenehmer, die Chancen sind besser, die Menschen verhalten sich freundlicher, als wir es von Europa her gewöhnt gewesen sind.«

Daraufhin bekommen wir von den Freunden manchmal zu hören: »Es ist relativ leicht für das große, unabhängige, freie Amerika, Annehmlichkeiten, Chancen und Freundlichkeit zu vergeben. Die europäischen Länder sind vergleichsweise klein, jedes von ihnen ist von Sorgen zerwühlt und ängstlich, übervölkert im Inneren, bedroht von außen; unter solchen Umständen hat man Grund, sich ziemlich vorsichtig, abweisend und exklusiv zu verhalten.«

Schon recht – versetzen wir dann – sehr wahr, wir wissen dies alles. Aber es sind die materiellen Verhältnisse nicht allein, sie sind es nicht einmal vorwiegend, die uns das Leben in den Staaten liebenswert machen. Es ist die psychische Verfassung der Menschen, die freilich zu Teilen wieder auf die materielle zurückzuführen sein mag, die es bewirkt, daß wir uns dort ziemlich glücklich fühlen.

Die Herzlichkeit, mit der man uns begegnet, beruht nicht darauf, daß »Raum genug« wäre »für alle«; Arbeitslose gibt es auch in Amerika. Wir glauben vielmehr, daß man in den Staaten unserer Existenz – der Existenz von Menschen also, die um ihrer Überzeugung oder um ihrer »Rasse« willen Heimat und Brot verloren haben – mehr Verständnis, mehr Sympathie, mehr Mitleid und mehr Achtung entgegenbringt als daheim in Europa. Das Wort »Emigrant«, das in Europa fast ein wenig verdächtig macht, dort bedeutet es eine Art von Ehrentitel. Und zunächst einmal, bis wir sie eines Schlechteren belehren, erwarten unsere amerikanischen Gastgeber von uns, daß wir uns seiner würdig erweisen. Sie geben uns eine Chance. Wir sollen beweisen, daß wir brauchbar, aufrichtig und loyal sind; übrigens setzt man diese Eigenschaften bei uns voraus, solange nicht das Gegenteil an den Tag kommt. In manchen Gegenden Europas hingegen erwartet man von uns den – wenn möglich amtlich beglaubigten – Beweis, daß wir *nicht* unbrauchbar, unaufrichtig und hochverräterisch sind, wie unsere Regierung uns hinstellt. Wir gelten dort als ein wenig anrüchig; als Leute, auf die man ein mißtrauisches Auge haben muß. Dies ist der Unterschied, und uns will scheinen, daß er mit »Materiellem« wenig zu tun hat.

Auch die Empörung, mit der man in Amerika auf die Ruchlosigkeiten reagiert, die in den faschistischen Ländern begangen werden, erklärt sich weder aus der Größe noch aus dem Reichtum der Staaten. Die Menschen, so kommt uns vor, empfinden und reagieren hier einfacher, unmittelbarer, stärker und natürlicher als daheim bei uns. Man ist weniger skeptisch, weniger müde, weniger resigniert. Wenn das mit der »Jugend« des Landes zusammenhängt, dann ist es wohl Amerikas »Jugend«, um derentwillen wir es lieben. Die Pest unserer Gegenwart, die faschistische Barbarei, nirgendwo auf der Welt ist sie so von Grund auf verhaßt, nirgends wird ihr ein so einmütiger Widerstand entgegengesetzt als in den Vereinigten Staaten. Gäbe es sonst hier nichts, was uns anzöge, dies allein wäre anziehend genug. Aber es gibt vieles darüber hinaus.

In Europa werden manche Leute die Vorstellung nicht los, die Beziehungen zwischen Menschen in Amerika seien »kalt«, »geschäftsmäßig«; das Geld bedeute dort alles, für den Dollar verrate jeder seinen Nächsten – und was dergleichen klischeehafte und finstere Imaginationen sonst sein mögen. Nun ist zu bemerken, daß in unserer schlechten Welt das Geld überall eine entscheidende Rolle spielt und daß es überall nette und weniger nette, saubere und etwas dreckige Leute gibt. Fragwürdige Charaktere kommen allerorts vor; es ist immer bedenklich zu generalisieren: Hier treten sie häufiger, dort seltener auf. Wir wollen nicht einmal sagen, daß in den Vereinigten Staaten die braven Menschen stärker in der Überzahl sind als irgendwo sonst. Richtig indessen ist, daß man hier weniger nervös und gespannt, weniger aufgeregt und verbittert und deshalb weniger mißtrauisch ist. Man verhält sich kameradschaftlicher, aufgeschlossener, herzlicher. Man ist eilig, auch oft unverbindlich, aber nicht so abweisend. Da die Amerikaner meistens lustiger, wohl auch glücklicher sind als die Europäer, liegt ihnen weniger daran, ihre Mitmenschen zu kränken und herabzusetzen. Roheiten kommen vor; seltener Infamien. Häufig begegnet man Naivität, zuweilen auch der Dummheit; beinah nie jenem boshaften Abscheu gegen alles Geistige, der in Europa jetzt so häufig ist und die eigentliche psychologische Grundlage für ein Phänomen wie das »Dritte Reich« bildet.

Viele, die arm und hoffnungsvoll nach Amerika kamen, haben dort Enttäuschungen erlebt. Manche mußten arge Erfahrungen machen. Wir kennen solche, deren bitteres Lachen wir uns vorstellen können, wenn sie unsere Feststellung lesen: In Amerika sei man herzlicher, weniger ablehnend, großzügiger als bei uns. Jeder kann nur von seinen eigenen Erfahrungen sprechen; diese setzen sich zusammen aus unzähligen Details, von denen die meisten gar nicht festzuhalten sind. Es ist nicht zu beweisen, es ist nur zu spüren: daß die Menschen sich in Amerika mit weniger Dünkel und weniger Ängstlichkeit voneinander distanzieren als in Europa. Gewiß, die Unterschiede zwischen Arm und Reich mögen dort krasser sein als irgendwo sonst. Trotzdem ist man sich gegenseitig näher, nicht so feierlich voneinander abgerückt. Man kann es nicht beweisen; nur spüren.

Wir haben mit vielen Amerikanern zu tun gehabt; denn wir sind viel gereist in den Staaten. Eine Vortrags-Tournee – und wir haben ihrer mehrere hinter uns – bringt einen mit mancherlei Menschen in Kontakt. Zuerst natürlich mit dem Agenten. Das sind oft harte und dabei reizbare Herren, wie man weiß; der unsere in New York behandelt uns mit väterlicher Freundlichkeit; wir mögen ihn aufrichtig gern. Er schickt uns in den Mittelwesten oder in die Südstaaten; nach Kalifornien oder in die Umgebung von New York. Eine gewandte Dame in seinem Büro schreibt uns säuberlich die Züge auf, die wir benutzen sollen. Zu Anfang kamen uns die langen Pullman-Wagen etwas fremdartig vor, und wir fanden es mühsam, sich hinter den grünen Vorhängen an- und auszukleiden. Man gewöhnt sich an alles. Jetzt finden wir schon, daß die Pullmans viel komfortabler sind, als die engen Schlaf-Coupés der europäischen Züge.

Unser väterlicher Agent sagt uns: »In der Stadt X im Staate Y wünschen die Quäker Eure kleine Ansprache anzuhören. Sie haben dort eine Schule, und jeden Montag abend wird den jungen Leuten ein Vortrag geboten.« Wir sagen: »Bitte sehr!«, besteigen den Pullman und stellen uns bei den Quäkern vor. Sie sind freundlich zu uns. Da sie gegen den Krieg sind, sind sie auch gegen die Nazis. Da sie uns als Widersacher und Opfer der Nazis kennen, begegnen sie uns mit Zuvorkommenheit und sogar mit Güte.

Manchmal erlebt man Überraschungen. Ein Herren-Club im Mittelwesten, bei dem einer von uns einen *lunch-speech* zu absolvieren hat, läßt eine kleine Truppe von Akrobaten sich produzieren, ehe der Redner ans Pult tritt. Sehr nette junge Damen und Jünglinge in rosa Trikots: sie konnten die erstaunlichsten Dinge; die Herren waren begeistert – und wir mit ihnen. Es ist ja charmant, so etwas geboten zu bekommen, ehe man selber etwas bieten muß. Übrigens waren die Herren während der Rede mindestens ebenso aufmerksam, wie während der turnerischen Vorführungen. Nachher, bei der »Diskussion«, stellte sich heraus: all diese Geschäftsleute oder Rechtsanwälte, Ärzte oder Lehrer waren liberal gesinnte, intelligente Männer.

Auch an die »Diskussionen« muß man sich erst gewöhnen. Mit der Zeit werden sie einem fast ebenso unentbehrlich, wie sie dem Publikum zu sein scheinen, das auf ihnen besteht; sie bringen ja immer wieder etwas Neues, während man seinen eigenen Vortrag doch vorher ungefähr kennt und er kaum mehr Überraschungen birgt. Wenn jedoch nachher das Auditorium spricht – und sei es auch nur, indem es Fragen stellt –, lernen auch wir etwas Neues. Wir erfahren nämlich, was die Leute interessiert. Zuweilen fühlen wir uns beschämt, weil wir auf einfache, wichtige Fragen die Antwort nicht wissen und ein wenig schwindeln müssen, um nur etwas zu sagen. Fast in jeder »Diskussion« steht jemand auf und erkundigt sich: »Wann wird Hitler fallen?« Oder: »Was wird in Deutschland geschehen, wenn Hitler gefallen ist?« Darauf gäbe es, ehrlicher Weise, nur zu erwidern: »Ja, meine lieben Freunde – wenn *ich das* wüßte …« Indessen bemüht man sich, geistreich zu sein.

Manchmal merkt man es den Fragenden gleich an, daß sie es boshaft meinen und einen hereinlegen wollen. Das angenehmste und reizvollste Publikum sind junge Menschen. Deshalb freuen wir uns immer besonders stark über Einladungen von Universitäten. Aber gerade dort kann es geschehen, daß junge Menschen – oder auch nicht so junge – sich zum Worte melden, deren Fragen den verfänglich-tückischen Charakter haben. Häufig sind es Leute, die sich im Seminar, lehrend oder lernend, mit deutscher Literatur beschäftigen; manche von ihnen sind Deutsche oder sind doch oft in Deutschland gewesen. Vielleicht meinen sie nun, Deutschland vor uns »verteidigen« zu müssen; vielleicht halten sie uns für »deutschfeindlich«. Wie sehr irren sie sich! Können sie nicht begreifen, daß all unsere Angriffe gegen das Dritte Reich Ausdruck und Beweis unseres beleidigten Patriotismus sind? Irgend jemand erhebt sich und spricht, nicht ohne Hinterlist und mit leicht germanischem Akzent: »Sie wollen doch nicht leugnen, Miss Mann – oder Mr. Mann –, daß auch Frankreich von Schuld nicht freizusprechen ist …« Gewiß nicht, gewiß nicht, verehrter Herr! Aber erklären – oder entschuldigen – die Fehler des Versailler Vertrages, der kaum noch in Kraft war, als Hitler zur Macht kam, die Vergewaltigung des eigenen Volkes und seinen Rückfall in die totale Barbarei? … Tut man Deutschland wirklich einen Dienst damit, wenn man die Nazis verteidigt? Einige ausländische Liebhaber der deutschen klassischen Literatur scheinen dieser Ansicht zu sein. Wir sind sicher: die deutschen Klassiker selber, Goethe oder Lessing, Herder oder Schiller, Heine oder Nietzsche, wären anderer Meinung gewesen …

Man kommt herum; man sammelt vielerlei Eindrücke, die meisten von ihnen sind erfreulich. Aber wer wollte leugnen, daß auch in Amerika die Nazis, eifrig und von Hitler hochbezahlt, an der Arbeit sind? Die Aktivität der *German American League* unter der Führerschaft eines Herrn Fritz Kuhn ist rege und anstoßerregend.

Es ist gut und wichtig, daß Erscheinungen wie der des Herrn Kuhn andere gegenüberstehen, die geeignet sind, ihre Aktivität bis zum gewissen Grade zu paralysieren. Das Wesen des *Deutsch-Amerikanischen Kulturverbandes* etwa, der allein in Chicago viele tausend Mitglieder zählt, ist den meisten Deutsch-Amerikanern sympathischer als die Reitpeitschen-Natur eines Kuhn. Der *Kulturverband,* zu dessen Initiatoren und Leitern der Deutsch-Amerikaner Erich von Schröter gehört, ermöglicht es denen, die sich für deutsche Sprache und deutsches Geistesleben interessieren, Vorträge zu hören, Bücher zu bekommen. Es gibt andere, rein amerikanische Institutionen, die sich um die deutsche Tradition in Amerika verdient machen, indem sie sie von Nazi-Einflüssen reinhalten. Die *Hollywood-Anti-Nazi-League* gehört zu ihnen, unter deren Protektorat etwa der große Abend von Thomas Mann im *Shrine* von Los Angeles stattfand.

»Freunde in Amerika« – man möchte viele Namen nennen, viel Dankbarkeit aussprechen, Dankbarkeit für Einzelne und für ganze Gruppen. Wie vielen sind wir verpflichtet – Verlegern und Redakteuren, Professoren und den aktiven Leitern oder Leiterinnen von Organisationen, oder einfach Menschen ohne Rang und Titel, die Anteil an unserem Schicksal genommen haben. Es fehlt der Raum, um alle aufzuzählen.

Beinahe willkürlich setzen wir einige Namen hin von solchen, die sich vor der großen Öffentlichkeit mit besonderem Nachdruck für die deutsche Emigration eingesetzt haben und die unseren politischen Standpunkt – den antifaschistischen – mit besonderer Verve und starkem Talent vertreten. Willkür aber ist es nicht, sondern es hat seinen guten Grund, wenn wir unter diesen als erste Dorothy Thompson nennen. Wir kannten sie schon in Deutschland, in Berlin und München, ehe sie noch Mrs. Sinclair Lewis war. Wir waren gleich fasziniert von ihr, als wir sie zum ersten Mal im Haus unserer gemeinsamen Freundin, der Baronin Christa Hatvany-Winsloe, trafen. Dorothy Thompsons kraftvoller Charme wirkt sofort, und er wirkt auf jeden, sogar auf ihre Feinde. Man kennt in Amerika ihr kluges und schönes Gesicht, wir brauchen es nicht zu beschreiben. Auf den ersten Blick scheint sie nur dem Ideal zu entsprechen, das sich der Europäer von der »aktiven amerikanischen Dame« macht. Zunächst imponiert sie; allmählich entdeckt man auf ihrem Antlitz und in ihrer Haltung auch noch andere Reize: die strenge und, bei aller gestrafften Energie, etwas melancholische Würde gewisser spät-antiker Frauen-Statuen.

Sie kannte und sie kennt Deutschland, wie nur wenige Ausländer es kennen. Sie beherrscht unsere Sprache, sie ist zu Hause in unserer Literatur, sie ist befreundet mit vielen unserer Freunde. Da sie Deutschland kennt, liebt sie es auch – nämlich das richtige Deutschland. Da sie das richtige Deutschland liebt, haßt sie das falsche. Es war unvermeidlich, daß sie in Konflikt mit ihm kam. Sie hatte die eminente Gefährlichkeit des Nationalsozialismus schon durchschaut, als man in den anderen Ländern von diesem Phänomen noch kaum etwas wußte oder jedenfalls noch weit entfernt davon war, es ernst genug zu nehmen. Dorothy Thompson aber kannte sich aus. Sie war auch Psychologin und Kennerin menschlicher Gesichter genug, um sich von Herrn Hitler – diesem *falschen* großen Mann *par excellence* – nicht bluffen zu lassen. Sie besuchte ihn, sprach mit ihm und beschrieb mit der Plastizität und Unbestechlichkeit, die ihr gegeben sind, was sie gesehen und gehört hatte. Es war kein freundlicher Bericht, den sie gab. Hitlers krankhafte Eitelkeit verzieh ihn ihr nicht. Der falsche »große Mann« ist rachsüchtig – so rachsüchtig, in der Tat, wie es nur die kleinen Leute sein können. Er kann nichts vergessen, was seinen Dünkel jemals verletzt hat. Als er zur Macht kam, mußte die amerikanische Journalistin das Land verlassen, das beinah ihre zweite Heimat geworden war und in dem sie nun wohl ohnedies nicht mehr gerne geblieben wäre.

Die von Hitler persönlich verlangte und verhängte »Ausweisung« verlieh ihrer Rückkehr in die Vereinigten Staaten den Charakter des Sensationellen. Was sie über den Faschismus im allgemeinen und über seine germanische Variante im besonderen zu sagen hatte, bekam ein besonderes Gewicht dadurch, daß sie nicht nur zu den intimsten Kennern, sondern nun selbst beinah zu den »Opfern« dieses Regimes zählte. Und sie sprach. Sie erklärte, sie warnte. Sie redete mit Temperament und Witz, mit Klugheit und Zorn, mit Hohn, Empörung, Mitleid, sachlicher Schärfe. Ihre Artikel fanden ungeheuren Widerhall im Lande. Sie wurde zur meistgelesenen Journalistin der Vereinigten Staaten – »*The First Lady of American Journalism*« –, und wenn sie am Vortragspult erscheint, lauschen Tausende und lassen sich überzeugen von ihren triftigen Argumenten, lassen sich berühren von ihrem echten moralischen Pathos.

Wir hatten oft die Gelegenheit, sie sprechen zu hören, im Zimmer unter Freunden oder im großen öffentlichen Saal. Unvergeßlich ist uns ein Nachmittag im Hotel *Waldorf Astoria*. Die Veranstaltung ging vom *Herald Tribune* aus. Das Thema der öffentlichen Diskussion, die zwischen Amerikanern verschiedener politischer Richtungen, Deutschen, Italienern, Russen usw. geführt wurde, war das Problem der Pressefreiheit. Der Nazi-Agent – ein gewisser Herr Auhagen – ging so weit, zu erklären, daß im Dritten Reich eigentlich vollkommene Pressefreiheit herrsche – oder doch im Prinzip oder doch jedenfalls beinahe. Er gehörte zu jenen Feinen, Schlauen, plump Geschickten, die zunächst den Gemäßigten, »Objektiven«, Maßvollen, Fast-Demokratischen spielen, um ein zivilisiertes Publikum listig irrezuführen. Alles germanische Raffinement nutzte ihm nichts, da er Dorothy Thompson als Gegnerin hatte. Mit wieviel Überlegenheit und Grazie, wieviel Spott und Ernst erledigte sie diesen deutschen Recken! Er konnte einem beinahe leid tun. Das Überraschende war, daß er selber die blamable Niederlage mit vollkommener Fassung, ja, fast mit Heiterkeit trug. Diese Nazis sind Zyniker; im Grunde imponiert ihnen kein Prinzip, kein Argument, keine Wahrheit; es ist einzig und allein die Macht, die sie beeindruckt. Dorothy Thompson hatte in diesem Saale die Macht, da sie ja die Herzen und die Köpfe so enthusiastisch auf ihrer Seite hatte. Also fand Herr Auhagen es nicht angebracht, sehr empfindlich zu sein und sich weiter als der Feind der Erfolgreicheren aufzuspielen. Er lachte, er nickte, während sie sprach, er applaudierte sogar – einfach weil alle es taten, da sie geendigt hatte. Welche Schamlosigkeit! Er schritt hin zu ihr, da sie, nach Schluß ihrer Rede, umringt von den Gratulanten stand; er schlug die Hacken zusammen, er verneigte sich tief. Sie empfing ihn kühl, aber höflich. Es war für sie eine Situation des vollkommenen Triumphes. Es war der Sieg des Geistes über die List; der Wahrheit über die Taktik.

Dorothy Thompsons Buch *Refugees – Anarchy or Organisation?* gibt ein zugleich genaues und menschlich bewegendes Bild von der Situation der internationalen Emigration, beginnend mit dem Jahre 1918. Es begnügt sich nicht mit der exakten Feststellung trüber Tatsachen und erschreckender Ziffern; es hat mehr zu bieten, nämlich konstruktive Vorschläge. Die Autorin kennt nicht nur das Emigranten-Problem in seiner ganzen Komplexität; sie ist mit dem Herzen an ihm beteiligt. Ihr Buch ist gewidmet: »Meinen Freunden, den Emigranten, unter deren einige der edelsten und begabtesten Köpfe sind, die ich je kennengelernt habe.«

Auch den großen Schriftsteller Sinclair Lewis, der später Dorothy Thompsons Gatte wurde, kannten wir schon in Berlin. Er war während der Jahre der Republik einer der berühmtesten nicht-deutschen Autoren in Deutschland. Wir alle kannten und bewunderten *Babbitt* und einige andere seiner Bücher. Der Abend, als wir ihm zuerst begegneten, ist uns noch sehr stark gegenwärtig. Man traf sich bei seinem Berliner Verleger, Ernst Rowohlt, der auch Hemingway, Thomas Wolfe und viele andere moderne Amerikaner herausgebracht hat und der neuerdings im Reich nicht mehr arbeiten darf. Es war im Jahre 1927, wir waren sehr jung und standen im Begriff, unsere erste große Reise anzutreten, die uns zunächst nach Amerika führen sollte. Sinclair Lewis war ganz böse und aufgeregt, als er hörte, daß wir schon unser Ticket nach New York in der Tasche hatten. »Aber Ihr dummen Kinder!« fuhr er uns an. »Was wollt Ihr denn drüben? – Dort gibt es ja nichts zu trinken!« Es waren noch die trockenen Tage der Prohibition…

Als wir ihn zehn Jahre später in New York wiedersahen, dankten wir ihm für sein Buch *It can't happen here.* Es hatte uns bewegt und übrigens auch erschreckt. Freilich, in einem Lande, wo man noch mit solcher Leidenschaft vor der Gefahr des Faschismus warnen konnte, war diese Gefahr selber wohl noch nicht gar zu groß. Aber sie mußte bestehen, diese arge Gefahr; denn die Schriftsteller erfinden nichts, sie finden nur, was die übrigen noch nicht bemerken. Wir, die wir aus dem geschändeten Deutschland und aus dem gefährdeten Europa kamen, mußten besonders erschüttert sein von der schauerlich präzisen Vision des großen Erzählers, von seiner negativen Utopie, die den Mitbürgern deutlich macht: Hütet euch! So würde es euch ergehen! So – genau so – würdet ihr gequält und erniedrigt werden! Hütet euch Amerikaner! Wir empfanden *It can't happen here* nicht nur als geniale literarische Leistung – ohne Frage gehört dieses Buch zu den stärksten seines Autors und zu den bedeutendsten der neuen amerikanischen Literatur überhaupt –, sondern auch als eine politische Tat; als eine Tat schlechthin. Dies sagten wir Sinclair Lewis, als wir ihn nach zehn Jahren in New York wiedertrafen, nach zehn ereignisvollen, schweren, bitteren Jahren. Nun fuhr er uns nicht mehr an: »Ihr dummen Kinder! Warum seid

Ihr hergekommen! Hier gibt es ja nichts zu trinken!« Er drückte uns die Hand. Er wußte, warum wir hier waren. Er wußte, was wir verloren hatten; denn er hatte es ja ein wenig mit verloren.

Wieviel Sympathie, wieviel Verständnis für unsere Lage und Situation bei fast allen amerikanischen Kollegen! Thomas Wolfe empfing uns in seiner kleinen Wohnung, First Avenue, von der aus man den schönen Blick auf den River und auf die vorüberziehenden Schiffe hat. Um uns Freude zu machen, erzählte er uns von Deutschland, von seinen Reisen und Aufenthalten im Reich. Der ungeheuer große, zugleich schwerfällige und temperamentvoll beschwingte Mann rannte mit langen Schritten auf und ab und sprach – sprach sehr geschwind, manchmal die Worte ineinander verwirrend, oft jäh und überraschend das Thema wechselnd. Dieser erstaunliche Riese redete ganz ähnlich, wie er schrieb: genial improvisierend, gehetzt und gejagt gleichsam von den eigenen Assoziationen, Einfällen, Bildern, Erinnerungen. Durchs Zimmer eilend und erregt das Whisky-Glas schwingend, gab er gerade irgendeine phantastische Anekdote zum besten: wie er in München ungeheuer viel Bier getrunken hatte, dann in Streit mit anderen Biertrinkern kam und schließlich von einem fürchterlichen Schlag mit einem Bierseidel bewußtlos wurde. Er wußte aber auch ernstere Geschichten; zum Beispiel die von einem deutschen Juden, mit dem er zusammen in einem Zug zur holländischen Grenze gefahren war und der, kurz vor der Grenze, von den Hitler-Behörden verhaftet worden war. Er beschrieb den Gesichtsausdruck des Juden, als ihm solches geschah, sein Entsetzen, seinen Zusammenbruch; das Mitleid belebte seine Worte und machte sie erst recht anschaulich; das Mitleid spiegelte sich auf seinem kindlichen und reinen, zugleich leidenschaftlichen und behaglichen Gesicht. Ehe wir gingen, bedauerte er herzlich, daß wir nicht Gelegenheit gehabt hatten, die Bekanntschaft seiner Aufwartefrau zu machen. »Sie ist Münchnerin!« vertraute er uns an, als verriete er uns ein schönes Geheimnis, eine reizende Überraschung, die er eigens bis ganz zum Schluß unseres Zusammenseins aufgespart hatte. »Eine sehr brave Person! Gar nicht für Hitler! Er hätte Euch sicher Freude gemacht, sie zu sprechen!«

Nun werden wir die Aufwartefrau aus München nicht mehr sehen, und wir werden nie mehr die schnelle, sich rapid überstürzende, einfallsreiche und konfuse Rede des Thomas Wolfe hören dürfen. Die Nachricht von seinem Tod hat uns sehr traurig gemacht. Wir lieben sein Buch *Look Homeward, Angel*. Es scheint uns einer der schönsten, seltsamsten, reichsten Romane zu sein, die letzthin erschienen sind. Vor allem eine Todesszene bleibt uns unvergeßlich. In ihrer genialen, unbarmherzigen Plastizität erinnert sie an gewisse große Schilderungen des menschlichen Sterbens bei Tolstoi. Es ist schauerlich, zu denken, daß dieser Schriftsteller, Thomas Wolfe, nun am eigenen Leibe prüfen und erfahren mußte, ob er den Prozeß der Agonie, die Tage und Stunden vor dem letzten Atemzug richtig dargestellt und exakt beschrieben hat.

Sympathie und Verständnis amerikanischer Autoren für die innere und äußere Lage antifaschistischer deutscher Emigranten haben sich auch literarisch manifestiert, am reizendsten vielleicht in der menschlich rührenden, einfachen und liebenswürdigen Erzählung von Robert Nathan, *Winter in April*. Die deutsche Emigration wird dort repräsentiert durch einen jungen, antifaschistischen Aristokraten, den wir gern als unseren Kameraden, unseren Schicksalsgenossen, als »einen von uns« anerkennen. Er ist nicht verklärt worden von seinem Autor, keine »revolutionäre Idealgestalt« ist aus ihm gemacht. Auch seine kleinen menschlichen und etwas lächerlichen Züge, seine deutschen, gar-zu-deutschen Eigenschaften sind mit Genauigkeit und zarter Ironie festgehalten. Aber welch nobles, kluges Verständnis für seine Not, seinen Haß, seine Empörung! Und wir sind Artisten, sind Schriftsteller, »Kollegen« genug, um die Delikatesse, die spielerisch leichte und doch virtuose Art zu bewundern, mit der die glühende und absurde Neigung eines amerikanischen kleinen Mädchens zu diesem deutschen Verbannten beschrieben und durch den gelassenen, klugen, wehmütig heiteren Bericht eines Großvaters anschaulich gemacht wird. *Winter in April* wird sicherlich viele Freunde finden, und es wird wahrscheinlich manchen amerikanischen Leser über Details und große Zusammenhänge unserer Existenz unterrichten: nicht indem es sie dogmatisch erläutert, sondern indem es sie menschlich plausibel und plastisch macht. Das Buch ist von der ersten bis zur letzten Seite erfüllt von jener charmanten Überlegenheit, der menschlichen Reifheit und Toleranz – von jener *kindness*, um derentwillen wir auch seinem Autor menschlich verbunden sind. Andererseits gibt es viele eindrucksvolle Erzählungen, geschrieben von amerikanischen Autoren, die die schrecklichen Umstände beschreiben, derentwegen anständige

Deutsche ihr Land verlassen haben. Eine der spannendsten und realistischsten Schilderungen des Nazi-Terrors ist Phyllis Bottomes Roman *The Mortal Storm.*

Wir stehen in Amerika nicht allein mit unserem Kampf, unserer Anklage; das ist großer Trost. Es gibt gewichtige, einflußreiche, erfahrene Zeugen für unsere Sache. Ein solcher ist William E. Dodd, der frühere Botschafter der Vereinigten Staaten in Berlin. Man erinnert sich, daß er die vergiftete Atmosphäre im Dritten Reich nicht ertragen konnte und als Geste der Empörung, des Protestes, auf seinen hohen, verantwortungsvollen Posten freiwillig verzichtete. Seitdem sind viele Verlautbarungen von ihm, die die Zustände im Reich charakterisieren, an die Öffentlichkeit gekommen: sie sind alle erschütternd durch ihren Mut, ihre Aufrichtigkeit, ihren stolzen Sinn für das Gerechte und Gute. Niemand wird dem Manne, der von Berufes wegen mit unzähligen deutschen Schicksalen und Tragödien in Berührung kam, die Intimität der Erfahrung und die Objektivität des Urteils abstreiten. Erst unlängst, in einem Artikel, *Government by Persecution (The Nation),* hatte er seine Empörung noch einmal eindrucksvoll formuliert und begründet:»Außer als Augenzeuge, ist es fast unmöglich, sich die Schrecken dieser Verfolgung vorzustellen. *Nie zuvor in moderner Zeit* hat sich ein souveräner Staat so verbissen auf die Vernichtung seiner eigenen Bewohner konzentriert oder so bewußt die Grenzen jeglicher kulturellen und menschlichen Tradition überschritten.« Das sind starke Worte; und so spricht ein alter Mann, der keinen anderen Ehrgeiz mehr kennt, als den: die Wahrheit zu sagen.

Es gibt viele Menschen, Männer und Frauen, die mithelfen, die schwierige Situation der Emigranten zu verbessern. Der große Geigenspieler Mischa Elman gab voller Großmut fünfundzwanzig Wohltätigkeits-Konzerte für die Emigranten.

Amerikanische Autoren, die auch heute noch in Deutschland viel Geld verdienen könnten, haben verboten, daß ihre Bücher weiter in einem Lande erscheinen, wo Geist und Gerechtigkeit nichts mehr gelten. So handelte, höchst ehrenhafter Weise, der holländisch-amerikanische Schriftsteller Hendrik van Loon, der an den Minister Goebbels schrieb: »Solange meine wertvollsten deutschen Kollegen bei euch unterdrückt und verboten werden, will und kann auch ich nichts mehr mit euch zu tun haben.« Das war eine Tat, ohne Frage. Van Loon überbot sie noch und bewies gleichzeitig, wie ernst es ihm mit ihr war, als er seinen großen Namen und sein erfahrenes Talent für die Arbeit an einem antifaschistischen Film *The Fight for Peace* zur Verfügung stellte. Dieses dramatisch-dokumentarische Werk gehört zu den eindrucksvollsten, kühnsten und schrecklichsten Zeugnissen gegen die aggressiven Mächte der Epoche. Alle Katastrophen der letzten Jahre – Abessinien, China, Spanien – werden beschworen und in krassen Details gezeigt; dazwischen aber erscheinen fratzenhaft die ruchlosen Visagen derer, die es angerichtet haben und in deren Interesse all dies geschieht: die Gesichter der »Führer«. Übrigens ist van Loon ein Mann, der nicht nur anklagt, sondern auch seinerseits, unauffällig und in der Stille, Gutes tut. Viele exilierte Kollegen sind ihm zu Dank verpflichtet. Mancher hat die schöne Gastfreundschaft seines Hauses am Meer kennen und lieben gelernt.

Ist unser Freund Rudolf K. Kommer ein Amerikaner? Jedenfalls ist er ein »New Yorker Charakter«, obwohl sein fließendes, amüsantes, erfinderisches Englisch noch eine merkliche Spur österreichischen Akzents aufweist. Er kann unter keinen Umständen zu den »Emigranten« gezählt werden, denn er lebt schon seit geraumer Zeit in Amerika; als wir ihn vor zehn Jahren in New York trafen, hatte er sich dort bereits niedergelassen. Zu der Zeit bereitete er eine Gastvorstellung des Ensembles von Max Reinhardt vor. Es wäre jedoch ein schwerwiegender Irrtum, ihn als gewöhnlichen Berufsagenten einzuordnen. Es ist kaum möglich, ihn näher zu bestimmen, und ihm gefällt es, seine Existenz in Heimlichkeit zu hüllen. Er ist aktiv, hilfsbereit, charmant und unterhaltend. Die New Yorker »Gesellschaft«, New Yorker Künstler und deutsche Exilanten kennen ihn; viele sind ihm zu Dank verpflichtet. Sam Behrman hat sich bemüht, ihn in einem Stück zu beschreiben. Der Emigrant Alfred Kerr, einstmals Berlins renommiertester Theaterkritiker, hat in letzter Zeit die Angewohnheit, den Großteil seiner Bücher Rudolf K. Kommer zu widmen: »Dem besten Menschen, ein Trost in schweren, üblen Zeiten.« In seiner Jugend betätigte sich Kommer selbst literarisch. Wenn man ihn nach seinen Büchern fragt, lacht er verschämt und geheimnisvoll. Er spricht nicht gerne über sich selbst – eine hervorragende und sehr seltene Eigenschaft. Er haßt Öffentlichkeit – eine weitere seltene Tugend. Er zieht es vor, im Hintergrund zu arbeiten – »hinter den Kulissen«.

Ein Kenner der klassischen und modernen deutschen Literatur in Amerika ist Harry Slochower, Professor am Brooklyn College und bekannt für seine Vorlesungen über Goethes *Faust*. Er selbst, ein liberaler, sehr kluger Mann, ist allen deutschen Autoren, die jetzt in diesem Lande leben, ein zuverlässiger und hilfreicher Freund. Sein letztes Buch, *Three Ways of Modern Man,* welches sich mit Martin Andersen-Nexø, Sigrid Undset und Thomas Mann befaßt, zeigt, daß er großen Anteil an den geistigen und sozialen Problemen unserer Zeit nimmt und daß er einen Beitrag, wenn nicht zu ihrer Lösung, so doch mindestens zu ihrer exakten Untersuchung leistet.

Ein Deutscher, den wir kannten, als wir 1927 zum ersten Mal in New York waren, ist inzwischen ein berühmter amerikanischer Journalist geworden, ein aktiver und beredter Freund unserer Sache auch er. Jeden Tag, den wir in New York verbringen, lesen wir mit Neugier und Einverständnis die »Spalte« des politischen Publizisten Ludwig Lore in der *New York Post: Behind the Cables.* Lore versteht es wirklich, »hinter die Kabel« zu schauen, und er weiß meistens etwas mehr, als in den publizierten Depeschen steht. Wenn wir uns über eine seiner politischen Analysen besonders aufgeregt oder gefreut haben, rufen wir ihn an und trinken etwas mit ihm. Dann sprechen wir erst mit ihm von den Tagesereignissen und lernen etwas von ihm. Aber manchmal kommt dann auch die Rede auf jene Zeit, die längst vergangen ist: »1928 – wissen Sie noch, alter Lore? Wie war man damals ahnungslos und leichtsinnig und naiv und ziemlich spielerisch – wenigstens *wir* sind es gewesen; Sie waren vielleicht schon damals recht klug. Wer hätte damals gedacht, daß man im Jahre 1938 hier so beieinander sitzen würde…« »Seien wir froh, daß wir *hier* beieinander sitzen!« sagt Ludwig Lore dann wohl und hat wieder einmal recht.

Darüber, daß man hier und nicht anderswo, nicht irgendwo in einem Konzentrationslager beisammensitzt, hat man oft genug Anlaß, herzlich froh zu sein. Selbstverständlich ist das keineswegs, sondern ein großes, wahrscheinlich unverdientes Glück, das man zu schätzen wissen sollte. Die meisten unter den Exilierten wissen es zu schätzen, besonders solche, die schon in faschistischer Gefangenschaft gewesen sind. Unser Freund, der italienische Historiker und Schriftsteller Gaetano Salvemini, hat in seiner Heimat im Gefängnis gesessen, als wir in Deutschland uns von der kommenden Internationale des Faschismus noch nichts träumen ließen. Salvemini ist kein junger Mann mehr, ergraut, in der Mitte der Fünfziger, aber welch lebhafter, leidenschaftlicher, jugendlicher Geist ist in ihm! Der hochgeachtete Wissenschaftler war *chairman* des *committees* der Universität Rom, als im Juni 1925 Mussolinis Rachestrahl ihn traf. Nach dem Mord an dem jungen Sozialistenführer Matteotti hatte er geschrieben: »Es gibt nur zwei Möglichkeiten: Mussolini ist entweder ein Mörder oder ein Narr.« Das war kühn genug gewesen, aber es hatte nicht zu seiner Inhaftierung geführt. Sie erfolgte im Zusammenhang mit einer illegalen Druckschrift, die seit dem 25. Januar erschien und die den schönen Titel *Non Mollare* führte. Salvemini, der den Faschismus ebenso haßte, wie er die Freiheit liebte, war an dieser Publikation beteiligt; eine Denunziation brachte diese Tatsache ans Licht der faschistischen Gerechtigkeit, und man setzte Salvemini gefangen. Über einen Monat hatte er auszuhalten, dann befreite die Amnestie, die den Matteotti-Mördern die Freiheit wiedergab, auch ihn. Ohne Paß, auf abenteuerliche Weise floh der Gelehrte nach England, wo er sich zunächst niederließ. Im Jahr 1927 kam er zum ersten Mal nach Amerika und ist seitdem immer wieder dort gewesen, erst als Besucher an der Yale-Universität, schließlich als Einwohner dieses Landes, dessen Bürger er im nächsten Jahr zu werden hofft. Salvemini, der vorzüglich Englisch spricht, wenn freilich auch immer noch mit dem klingenden italienischen Akzent, den er nie verlieren wird, ist noch lebhafter und lustiger als sonst, wenn auf Amerika die Rede kommt. »Es ist schön hier!« ruft er. »Für Leute wie mich ist es wirklich ganz ausgezeichnet hier! Ich habe im Laufe dieser Jahre mindestens fünfhundert verschiedene *lectures* hier gehalten, und immer hat man den Eindruck, daß die Saat, die man ausstreut, auf den fruchtbarsten Boden fällt!«

Wir fragen ihn, wie die Nachrichten seien, die er aus Italien erhält. »Im Grunde«, sagt er und lacht begeistert, »im Grunde und *de facto* ist es längst aus mit Mussolini. Er wäre absolut erledigt, wenn man ihm nicht immer wieder hülfe, von außen her. Im übrigen, auch das wird nicht viel nützen, und bestenfalls wird er von Hitler verschluckt werden! Ich denke es mir unangenehm: diese Existenz einer Katze, die einen Tiger zur Welt gebracht hat!«

Als wir uns verabschieden, schenkt Salvemini uns das kleine Buch, das er dem Andenken seiner ermordeten Freunde und Schüler, Carlo und Nello

Rosselli, gewidmet hat. Die Brüder Rosselli, zwei von den allertapfersten, allerbegabtesten, alleraktivsten Antifaschisten, waren es gewesen, die jene Zeitschrift *Non Mollare* in Florenz herausgebracht hatten. In ständiger Lebensgefahr, den Sitz der Redaktion jede Woche wechselnd, waren die Herausgeber dieser Zeitschrift kühn genug, Mussolini offen des Mordes an Matteotti zu beschuldigen, und sie waren imstande, ihre Behauptungen zu beweisen. Die Faschisten, die nicht glauben konnten, daß ein paar todesmutige junge Leute (die Rossellis, gemeinsam mit ihrem Freund Ernesto Rossi, waren praktisch allein an der Arbeit, an der Salvemini nur indirekt beteiligt war) Urheber dieser aufsehenerregenden Publikationen sein könnten, hatten alle möglichen Gruppen in Verdacht, die Freimaurer etwa, und verfolgten viele Spuren; alle waren falsch, und *Non Mollare!* erschien weiter. Im November 1928 erst, nach vielen und bedrohlichen Abenteuern, entschloß Carlo Rosselli, der politisch kompromittiertere von den Brüdern, sich zur Flucht aus seinem Lande. Sie gelang unter unendlichen Schwierigkeiten, und kaum gerettet, gründete er in Paris die große antifaschistische Zeitung *Giustizia e Liberta* (Gerechtigkeit und Freiheit).

Am 9. Juni 1937 hat Mussolini die Brüder Rosselli in Bagnoles in Frankreich ermorden lassen. Nello, der zum Besuch seines Bruders Carlo vorübergehend in Frankreich sich aufhielt, starb, weil Mussolini fand, daß Carlo sterben müßte. Vier Faschistenburschen lauerten den Brüdern auf, vier Kugeln hat man auf Carlo verschossen, zwei von ihnen waren tödlich. Nello, der versucht hatte, dem Bruder beizuspringen, wurde auf viehische Weise erwürgt und erschlagen. In Paris folgten zweihunderttausend Menschen dem Sarg der Brüder Rosselli; ihr Grabstein trägt die Inschrift:

»Carlo und Nello Rosselli, ermordet am 9. Juni 1937. Sie opferten ihre Jugend im Glauben an den Sieg der GERECHTIGKEIT UND FREIHEIT in Italien.«

Es war nach einem Vortrag, den Erika in Chicago gehalten hatte, daß sie den italienischen Professor G. A. Borgese kennenlernte. Der Vortrag war gut verlaufen; aber nach Schluß der Veranstaltung hatten sich ein paar, die für die Nazis Sympathien hatten, bemerkbar gemacht – übrigens auf recht harmlose, nicht sehr störende Weise. Beim späten Abendessen in kleinem Kreise sprach und lachte man über das Vorkommnis. Jemand am Tisch scherzte: »Ja, ja, der Hitler hat viele Freunde! Hier, in unserer Mitte, gibt es ja auch einen, der ihm relativ wohl will.« Erika machte erstaunte und schon etwas böse Augen. Der Scherzhafte fuhr fort: »Professor Borgese ist nämlich der Ansicht, daß der Duce unvergleichlich schlimmer und gefährlicher sei als der Führer.«

»Jeder kennt sein nationales Monstrum am besten«, sagte Erika und lächelte dem berühmten Italiener zu.

»Schlimmer als Mussolini *kann* überhaupt niemand sein!« rief Borgese temperamentvoll über den Tisch. Und Erika: »Jeder meint von der eigenen Landplage, sie sei die unübertreffbar schlimmste.«

Borgese sieht jünger aus, als man es annehmen sollte, wenn man seine literarischen und wissenschaftlichen Leistungen kennt. Er ist ein kräftiger, vollblütiger Mann, ungeheuer italienisch in seiner Art des Sprechens und als physiologischer Typus. Die freiwillige Verbannung kann ihm nicht leicht fallen. Zwar versicherte er, daß er sich in den USA »kolossal wohl« fühle; aber wir haben unsere Zweifel, ob er sich irgendwo außerhalb Italiens vollkommen wohl fühlen kann.

In Chicago ist er nun schon seit längerer Zeit als Dozent tätig. Von dort aus hat er an Mussolini den großen Brief der Abrechnung und des Abschieds geschrieben. Und dort, in der Fremde, hat er in englischer Sprache ein Werk vollendet, das spätere Geschlechter zum klassischen Besitz der italienischen und der europäischen Literatur rechnen werden: wir sprechen von Borgeses großem Buch *Der Marsch des Faschismus*. In ihm behauptet sich der Geist einer entschlossenen und übrigens kämpferisch gestimmten Humanität gegenüber allen pseudo-intellektuellen oder plump materiellen Lockungen und Drohungen eines »dynamischen«, anti-moralischen, anti-humanitären Lebensgefühls.

Borgese zeigt und beweist uns vieles und vielerlei in seinem Buch: einerseits durch die Fülle der Tatsachen, der Argumente und Erkenntnisse, die er mit schöner, strömender Beredsamkeit vor uns ausbreitet; andererseits durch seine eigene sittlich-geistige Haltung, die auf jeder Seite sich selbstbewußt manifestiert; durch das imposante und rührende Beispiel seines Charakters, seiner Menschlichkeit. Er zeigt und beweist uns, daß man ein passionierter Patriot sein kann, ohne zum Nationalisten zu werden. Herz und Geist dieses Schriftstellers sind innig an die italienische Heimat gebunden. Trotzdem hütet sich der Historiker und Kulturpsychologe, den Begriff der Nation, den nationalen Mythos überzubewerten. Vielmehr bezeichnet er auf seine gelassene, sachlich konstatierende Art die Nationen als »historische und biologische Gebilde eines bestimmten Zeitalters, die so, wie sie einen Anfang haben, auch ein Ende haben werden.«

Die Anfänge der italienischen Nation führt unser Autor zurück auf einen Dichter: »Vor Dante hat es Italien nicht gegeben. Die *Divina Commedia* schuf eine Nation.« Von den großen frühen Figuren, den Gestalten des Anfangs, deren moralische oder anti-moralische Kräfte noch in der Gegenwart spürbar sind – von Dante, Cola di Rienzi, Machiavelli, Cesare Borgia – führt das große Epos über die Dichter und Helden des Risorgimento, über Manzoni und Leopardi, Mazzini und Garibaldi bis mitten in die Gegenwart, bis zum faschistischen »Marsch auf Addis Abeba« und weiter bis zum »Marsch auf Madrid«.

Borgese ist kein Marxist; er betont es mehrfach, übrigens bliebe der Leser auch ohne diese ausdrücklichen Konstatierungen nicht im Zweifel darüber. Er bekennt sich zu einem Liberalismus, den er als den »legitimen Nachkommen von Humanismus und Reformation« definiert.

In dem demokratischen Pathos des Italieners mischen sich Enthusiasmus und Skepsis, Gläubigkeit und gesunder Menschenverstand. Es ist ein zugleich maßvoller und glühender Geist, ein sehr konstruktiver Geist, weit entfernt von allem rauschhaft Exzessiven. Gerade das irrational exzessive, das anarchische Element ist ihm am Faschismus verhaßt. Sehr zu recht heißt es einmal von Mussolini: »Er ist nie Sozialist und nie Nationalist gewesen. Immer nur Anarchist.«

Das letzte große Kapitel des reichen, auch literarisch äußerst reizvollen Buches ist überschrieben: *Marsch in die Welt*. Einige Unterabschnitte haben charakteristische Titel: *Deutschland schließt sich an* – *Die Wahl: Abessinien* – *England versagt* – *Marsch auf Genf* – *Marsch auf Addis Abeba* – *Die Welt in Verwirrung* – *Marsch auf Madrid*. Und da stehen wir nun… Wird er weitergehen, der verhängnisvolle Marsch? Kann er aufgehalten werden in zwölfter Stunde? – Borgese malt auf den vorletzten Seiten seines Werkes apokalyptische Bilder und spricht vom »Marsch auf Paris«. Ganz zum Schluß aber findet er die Zuversicht wieder, die zu seiner geistig-moralischen Haltung, zu seiner schönen sittlichen Entschlossenheit gehört.

Ermutigend ruft er aus: »Aber ob in Tagen oder erst nach Generationen, die Morgenröte wird kommen. Und das Schwarze Zeitalter wird der Menschheit eine große Lehre hinterlassen.«

Zu den großen Dokumenten, die späteren Geschlechtern beweisen, daß unser Zeitalter nicht ganz so völlig »schwarz« gewesen ist, wird Borgeses Werk gehören. Da wir die Schicksals- und Gesinnungs-Gemeinschaft für wesentlicher als die nationalen Unterschiede halten, fällt es uns nicht schwer, zu konstatieren: daß in unserem engeren Kreise, dem Kreise der deutschen antifaschistischen Intellektuellen, noch kein zusammenfassendes, zugleich historisches und hoch aktuelles Werk über das Phänomen »Nationalsozialismus« entstanden ist, das dem *Marsch des Faschismus* von Borgese an die Seite zu stellen wäre.

KAPITEL XXI

KRIEG OHNE WAFFEN

WAR WITHOUT WEAPONS

Ein Deutscher, der um eine gute, überzeugende Äußerung gebeten wird, hält sich am besten an Goethe. Um Euch, den tapferen Streitern gegen den Hitler-Pöbel, Mut zu machen, schicke ich deshalb das Goethe-Wort:

»Du Kräftiger, sei nicht so still,
Wenn auch sich andere scheuen.
Wer den Teufel erschrecken will,
Der muß laut schreien.«

BRUNO FRANK

JE SCHWÄCHER UND UNWISSENDER die Gegenspieler der faschistischen Gewalt in den europäischen Demokratien sich zeigen, je mehr die Hoffnung schwindet, daß mit ihrer Hilfe in Folge jenes »Drucks von außen«, von dem in unseren Kreisen viel geträumt worden ist, die deutsche Diktatur eines Tages zu Fall kommen möchte, um so dringlicher erscheint die Sendung der Emigration. Zwischen dem verdunkelten Deutschland und der verschreckten Welt bilden die deutschen Exilierten eine Brücke. Und neben den Aufgaben, die das Leben jedes einzelnen bestimmen, sind es zwei Aufgabenkreise, vor welche die Emigration in ihrer Gesamtheit sich gestellt sieht. Der erste betrifft die Welt, der zweite die verlorene Heimat. In der Welt hat die Emigration vor allem diese drei Pflichten:

(1) Sie muß zeigen, was das wahre, das freie, das gesittete Deutschland zu leisten vermag, auf allen Gebieten, im friedlichen Wettbewerb der Völker.

(2) Sie muß über Deutschland und seine augenblickliche Verfassung die Wahrheit verbreiten. Die Lügen muß sie aufdecken, die von dort aus in die Welt kommen und die noch immer und immer wieder Glauben finden bei den Gerngläubigen und Tatsachenscheuen. Die Pläne muß sie klarlegen und täglich aufs neue in Erinnerung rufen, die Europa bedrohen, die Pläne aus *Mein Kampf,* denen bei weitem die Bedeutung nicht zugemessen wird, die sie in der Tat besitzen.

(3) In den Gesprächen, die Hitler mit seinen europäischen Gegenspielern führt, in Berchtesgaden, in Godesberg oder in München, und die man sich gewiß nicht simpel, nicht platt und gemein genug vorstellen kann, wiederholt sich, außer der Kriegsdrohung von seiner Seite, eine andere, die ärger ist und gewaltigere Wirkung tut. »Ihr könnt mich vernichten«, sagt der »Führer«, »Ihr könnt mich zu Fall bringen, mit oder ohne Krieg; ich bin Euch unangenehm wegen der paar territorialen Forderungen, und diese heute ist – zum wievielten Mal? – die *letzte,* die ich stelle. Was aber kommt *nach mir?* Das Chaos! *Der Bolschewismus!* Von Deutschland aus wird das bolschewistische Chaos sich über die Welt verbreiten, und wehe dann Euren Ländern, wehe auch Euren Positionen, meine Herren Staatsmänner! Ist es also nicht besser, mir nachzugeben, dies eine Mal noch, mir das lausige Ländchen im Osten auszuliefern, nach dem mir der Appetit steht, als das Fürchterliche heraufzubeschwören, die blutige Unordnung, die jüdisch-bolschewistische Weltrevolution?!«

So spricht der »Führer« seit sechs Jahren immer wieder. Und immer wieder überzeugt er die, welche ihm zuhören, ohne auch nur etwas erwidern zu dürfen. Es ist die dritte und wichtigste Aufgabe der Emigration, in dem Aufgabenkreis, der die Welt betrifft und der sich in diesem Fall mit dem anderen, für Deutschland bestimmten, schneidet, zu beweisen, daß der wirkungsvollste, der erfolgreichste, der *rettende* Satz des deutschen Diktators, dieser Satz »aber nach mir kommt das Chaos!« unwahr ist; daß er plump und schlau erfunden ist und daß die, welche ihm glauben, das Chaos in Deutschland, das Hitler ist, verlängern, während sie Welten-Chaos heraufbeschwören, das Chaos des Krieges, den Hitler einmal wird veranstalten müssen. Duff Cooper, der erste Lord der britischen Admiralität, der seinen Abschied nahm, weil er sich physisch außerstande fühlte, das Münchner Abkommen zu *schlucken,* schreibt in der deutschen Wochenschrift *Die Zukunft* (Nr. 1, Paris, 12. Oktober): »Das Volk Englands, das in die Zukunft schaut und begreift, daß Herr Hitler, dessen Forderungen von Tag zu Tag wachsen, eines Tages eine Situation wird schaffen müssen, in der der Krieg schließlich unvermeidbar geworden sein wird, das Volk Englands fühlt, daß der einzige Weg, auf dem der Krieg vermieden werden kann, mit der Hilfe seines wahren Alliierten, nämlich des deutschen Volkes beschritten werden muß.«

Aber der Teil des deutschen Volkes, der frei ist, diesen Weg zu beschreiten, der ein Führer sein muß auf diesem Weg, ist eben die Emigration. Sie muß den »wahren Alliierten«, Deutschland, in der Welt repräsentieren, und sie muß vor allem das Bild jenes Deutschland für die Welt lebendig machen, das nach Hitler kommen wird: das Bild eines freien, demokratischen und friedlich-starken Deutschland.

Der zweite Aufgabenkreis, vor den die deutsche Emigration sich gestellt sieht, betrifft ihre Verbindung mit der Heimat. Wenn es wichtig ist, daß die Welt über Deutschland Bescheid erhalte, so ist es noch wichtiger, daß Deutschland wisse, was in der Welt geschieht. Blitze zu werfen in die deutsche Dunkelheit ist Pflicht der Emigration. Die Deutschen unter der Nazi-Geißel müssen sehen, wohin Hitler treibt, sie müssen erfahren, wie die Welt zu solchem Treiben steht, sie müssen vor allem lernen, wie die freien Deutschen denken, was sie tun und planen, sie müssen sicher sein, daß vorgesorgt ist für ein neues Deutschland.

Der Verbindungswege der deutschen Emigration mit dem Inland sind viele, verschlungene, dornige, und es sind Wege, an deren Kurven der Tod lauert. Den unbewaffneten und wehrlosen Helden, die auf solchen Straßen unterwegs sind, gehören unsere Bewunderung und Liebe. Wir haben mit vielen von ihnen gesprochen; wir haben manchen unter ihnen gekannt, der gefallen ist im Kampf und dem das befreite deutsche Volk ein Denkmal wird errichten müssen über einer ewig brennenden Flamme. Setzen wir an diese Stelle die Geschichte eines Kämpfers für die deutsche Freiheit, dem man kürzlich den Kopf abgeschlagen hat, in unserem Lande.

Er war etwa zwanzig Jahre alt, als Hitler zur Macht kam. Als Junge war er Mitglied einer republikanischen Jugendorganisation gewesen, jetzt gehörte er dem *Reichsbanner Schwarz-Rot-Gold* an, einer sozialdemokratischen Institution. Sie wurde aufgelöst, viele ihrer Führer hat man in die Konzentrationslager geworfen. Der Zwanzigjährige, von dem wir sprechen, war nicht unter ihnen. Er war jung und unauffällig, aber er war entschlossen, sich dem Scheußlichen, das hereinbrach, nur scheinbar zu beugen. Wir haben ihn erzählen hören über die illegale Arbeit gegen Hitler, der er sich verschrieb.

»Es kommt vor allem darauf an, die Wahrheit zu verbreiten«, sagte er. »Der Rest kommt von selbst. Wenn unsere Leute die volle Wahrheit erst wüßten, wäre es bald zu Ende mit Hitler. Unsere Arbeit also ist nicht eigentlich eine revolutionäre im hergebrachten Sinn, sondern eine aufklärende.«

»Aber wie verbreitet Ihr sie, die Wahrheit, da doch auf ihre Verbreitung der Tod steht?«

Und der Bursche erzählte: »Ich bin gelernter Feinarbeiter und war ziemlich angesehen in der Maschinenfabrik, in der ich arbeitete. Viele von meinen Kameraden dort, ich möchte schätzen sechzig bis siebzig Prozent, sind gegen Hitler. Natürlich können wir es nicht wagen, offen miteinander zu reden. Selbst wo wir zu dritt oder viert beisammen sind, ist oft ein Spitzel unter uns. Nun fange ich etwa an, von einer Radiosendung zu erzählen, die ich gestern gehört habe, einer deutschen Sendung versteht sich, und ich spreche von ihr in bewunderndem Tonfall. Dann sage ich, daß da eine Störung gewesen ist, irgendeine ausländische Station ist mir plötzlich dazwischen gekommen, ich konnte es nicht verhindern, und ich habe auch nicht etwa geglaubt, was da mitgeteilt wurde. Die Kameraden wollen wissen, was mitgeteilt worden ist. Ach, sage ich wegwerfend, fremdländische Lügen, Greuelerfindungen. Und dann zitiere ich auswendig die Reden der englischen Opposition im Unterhaus, eine Interpellation wegen der deutschen »Freiwilligen« in Franco-Spanien oder ein paar Sätze aus einem Appell von Roosevelt. Es ist bodenlos, füge ich hinzu, wie die Leute lügen. Ja, sagen die Kameraden, es ist bodenlos. Dabei glimmt in ihren Augen das Feuer der Empörung über die wahren Lügner.«

Wir fragen den jungen Arbeiter, ob größere Zusammenkünfte möglich seien in Deutschland, Zusammenkünfte, auf denen die Feinde des Regimes eine Chance hätten, sich auszusprechen. Er schüttelt den Kopf. »Natürlich nicht«, sagt er, »aber auch da gibt es Auswege. Zum Beispiel: wir haben Beerdigungen sehr gern. Wenn einer gestorben ist, von dem wir wissen, er hat zu uns gehört, dann ist die Anzeige seiner Beerdigung für uns wie ein Aufruf zu einer politischen Versammlung. Ohne uns vorher verständigt zu haben, erscheinen wir zu Hunderten auf dem Friedhof; hinter dem Sarge hergehend, sagen wir uns leise, was zu sagen ist, tauschen Nachrichten aus, informieren uns gegenseitig über die Lage.«

»Woher kommen die Nachrichten?« wollen wir wissen.

»Aus verschiedenen Quellen«, sagt der Bursche, »aus dem *Deutschen*

Freiheitssender, dem die kühnsten unter uns am Abend zuhören, aus Flugblättern und Druckschriften, die man uns von draußen schickt oder die
unsere Freunde hereinbringen. Rauchen Sie?« fragt er plötzlich und bietet
uns an; er öffnet eigens eine Schachtel zu diesem Zweck; »Deutsche Zigaretten«, sagt er, »Reemtsma Dritte Sorte!« Wir rauchen. Der Bursche beobachtet uns dabei. »Merken Sie nichts?« fragt er schließlich. Nein, wir merken nichts. »Es qualmt«, sagt er, »und wenn bei uns die Zigaretten
qualmen, dann wissen wir, was die Uhr geschlagen hat. Geben Sie her!« Er
nimmt uns die Zigaretten aus der Hand, löscht sie aus, wickelt sie auf. Ein
ganzer Bogen sehr dünnen Papiers kommt zum Vorschein, eng, aber leser-
lich bedruckt. »Da!« sagt er. Wir lesen.

Es ist, wir sehen mit Rührung die faksimilierte Unterschrift, eine Rede,
die einer der unseren, Heinrich Mann, kürzlich über den Sender von Barcelona gehalten hat. »Zu Hitlers Geburtstag«, erklärt der Bursche, »sind in
den Betrieben Zigaretten verteilt worden, Reemtsma Dritte Sorte. Viele
Tausende von den Schachteln haben wir ausgetauscht; geben Sie zu, niemand kann von außen etwas sehen. Aber sobald es qualmt, merken unsere
Leute: zu viel Papier, und dann lesen sie.« Seine Stimme klingt vergnügt.

»Und wenn man sie erwischt?«

»Dann«, und er fährt sich mit der Hand an den Hals, »dann ist es aus.«

Als wir den Burschen sahen, – es ist über ein Jahr her, und er besuchte uns
in unserem New Yorker Hotelzimmer – hatte er sich bereits gefährlich weit
vorgewagt. Er war mehrmals im Ausland gewesen, war zurückgefahren, unterm doppelten Boden seines Koffers lagen die Heftchen versteckt, die Klassi-
kerbüchlein in der Reclam-Ausgabe und die Werbeschriften für Reisen im
Dritten Reich, die ebenso täuschend aussehen, wie die Reemtsma-Zigaretten,
und die den gefährlichen Zündstoff Wahrheit enthalten, wie diese.

»Viele Richtlinien«, erklärte er uns damals, »bekomme ich von den
Freunden hier draußen. Sie liefern Material, nennen Verbindungsleute;
mit ihnen verabrede ich die Daten. Für die und die Aufgabe drinnen bekomme ich, sagen wir, fünf Tage Zeit. Nach fünf Tagen muß ich wieder
hier sein und berichten – ich muß. Wie ich es anfange, das ist meine Sache.
Wenn ich nicht da bin, dann ist das ein Zeichen dafür, daß etwas schiefge-
gangen ist, daß ich beobachtet werde oder daß man mich geklappt hat.
Manchmal gerät einer von uns in die Fänge der Gestapo, die ihn oft nur

festhält, ein paar Tage lang. Aber die paar Tage können genügen, um ihm das Rückgrat zu brechen, das moralische Rückgrat. Die Folter, wissen Sie, und die Drohungen, daß man seine Eltern umbringen werde oder seine Braut, kurzum: wenn ihm das Rückgrat gebrochen ist, setzt man den unmerkbar Verwandelten auf freien Fuß. Er erscheint draußen, bewacht und bespitzelt von den Agenten der Gestapo; jeder seiner Schritte ist verraten; verraten die, mit denen er sich bespricht, und die, mit denen er zu Hause Kontakt unterhält; verraten die Schlupfwinkel unserer Druckereien, verraten das ganze mühsam und unter Lebensgefahr gesponnene Netz unserer Arbeit. Das ist der Grund, weshalb wir uns so streng an Termine halten müssen. Kann einer von uns sich nicht über jeden Tag und jede Stunde ausweisen, die er drinnen verbracht hat, gleich wird der Verdacht laut: er war in den Fängen der Gestapo, man hat ihn zerbrochen und verwandelt.«

Wir schauen ihn uns an, den Burschen, während er spricht. Er sieht aus wie irgendeiner, dunkelblond, mittelgroß, besondere Kennzeichen: keine. Seine Rede ist ohne jedes Pathos, trocken und sachlich. Wir schämen uns, weil da und dort in der Welt unsere Namen genannt werden, wenn vom Kampf gegen Hitler gesprochen wird, und nicht der seine, der es verdiente.

Er sagt: »Jeder kämpft auf seine Manier. Und die Emigration, wissen Sie, ist unser Hinterland, sie liefert uns wichtige Stützpunkte, sie kann auch, – sie *könnte* – unsere Meinung, unseren Willen kundtun in der Welt. Sie ist doch frei! Sie ist wichtig, die politische Emigration.«

Der Akzent liegt auf dem Wort politisch, und es ist klar, daß innerhalb der Elite, welche die Emigration darstellt (oder darstellen sollte), wiederum nur eine kleine, sorgsam gewählte Elite es ist, die ihre Rolle spielt für den Kampf in Deutschland.

»Sie sind, Sie waren Sozialdemokrat, vor Hitler?« fragen wir den Burschen. »Was Sie jetzt tun, ist also Arbeit für den Sieg Ihrer Partei in Deutschland?«

Er schüttelt den Kopf. »Nein«, sagt er, »keiner von uns kämpft für den Sieg seiner Partei in Deutschland. Wir kämpfen alle für das Gleiche, die Katholiken, die Demokraten, die Protestanten, die Kommunisten, die Deutschnationalen, – sie kämpfen alle für den Sturz Hitlers und für die Errichtung einer neuen und starken Demokratie in Deutschland. Glauben Sie, die Deutschen möchten einen Terror gegen den anderen austauschen?

Gewiß nicht! Wir alle wollen gemeinsam in Deutschland regieren. Das ist unser Ziel. Und da wir also ein gemeinsames Ziel haben, treffen wir oft auf gleichen Wegen zusammen. Ich habe schon katholische Flugblätter mitgenommen ins Land, und ich weiß, daß von den Protestanten manche unsere Literatur in Deutschland verbreiten helfen. Es gibt nur eine Wahrheit!« ruft er, und zum ersten Mal ist etwas wie Pathos in seiner Stimme. »Nur eine einzige Wahrheit gibt es, und sie ist gegen Hitler!«

In der kleinen mitteldeutschen Stadt, in der er zu Hause war, hat man unserm Freund, dem fünfundzwanzigjährigen Metallarbeiter, den Kopf abgeschlagen. Von einer seiner Fahrten war er nicht mehr zurückgekehrt ins Hinterland der Emigration. »Dann ist es aus«, hatte er damals gesagt und war sich mit der Hand nach dem Hals gefahren. Aber das Rückgrat hatte er sich nicht brechen lassen; er weigerte sich, zum Lockspitzel der Gestapo zu werden, und die Namen seiner Freunde hat er nicht preisgegeben. Man hat ihn umgebracht. Seine junge Frau zog Trauerkleider an; zwei Tage lang, wenn sie durch die Straßen ging, traten die Bürger der kleinen Stadt mutig auf sie zu, drückten ihr die Hand, sagten gar nichts, schauten nur in ihr Gesicht, das starr war vor Schmerz. Nach zwei Tagen erschien die Frau buntgekleidet auf der Straße. Man verwunderte sich, man schüttelte die Köpfe. Ein Waghalsiger stellte sie zur Rede. »Die Gestapo«, sagte die Frau, »man hat mir die Trauer verboten, – sie sei ein Anlaß zu öffentlichem Ärgernis.«

Will man uns glauben, daß der Schatten des Geköpften noch deutlicher umging in den Straßen der kleinen Stadt, seit diesem Tag? Und von den bunten Kleidern der Frau mit dem starren Gesicht wehte der Mordgeruch der Diktatur. Es ist ein Krieg, der in Deutschland geführt wird; die Truppen der Freiheit haben als Waffen geflüsterte Worte, ihre Bomben sind Blätter aus dünnem, engbedrucktem Papier, aber ihr Einsatz ist das Leben.

> »Man sieht uns nicht, man kennt uns nicht;
> Wir tragen keine Zeichen.
> Der Haß des Feinds verbrennt uns nicht,
> Er kann uns nicht erreichen.
> Wir sind wie Atem, Luft und Wind,
> Der Feind kann uns nicht greifen, –
> Er starrt sich seine Augen blind
> Und spürt nur, daß wir reifen!«

Das ist ein Vers aus einem Lied, welches in Deutschland viel gesungen wird. Es heißt *Illegales Flüsterlied,* und das Bewußtsein großer revolutionärer Kraft wohnt ihm inne. Der *Deutsche Freiheitssender,* der seit Jahren allabendlich den Nazis eine Schlacht liefert, schließt seine Sendung an jedem Abend verheißungsvoll drohend: »Auf Wiederhören auf Welle soundsoviel, morgen Abend, trotz Gestapo!«

Trotz der Gestapo wagen es diese Männer mit ihrem kleinen Sendeapparat, den sie immer neuen Vehikeln einbauen, Deutschland zu durchfahren; von Motorbooten, Renn-Autos, Lieferwagen, irgendwoher von den dunklen Landstraßen, aus der Heide, kommen die Stimmen: »Achtung, Achtung, hier spricht der *Deutsche Freiheitssender!*« Was er spricht, ist nichts weiter als die Wahrheit. Er ist glänzend informiert über alles, was in Deutschland geschieht, oft weiß er um die Pläne und Machenschaften der Naziführer früher als irgendwer sonst. Zu seinen Berichterstattern müssen Leute aus der engsten Umgebung des »Führers« gehören, – der *Freiheitssender* kennt und verrät Dinge, die direkt von jenem kommen. Viele von seinen Mitteilungen aber stammen natürlich von draußen. Und hier ist es wieder die Emigration, jene kämpferische Elite unter den Exilierten, die wir an der Arbeit sehen. Den *Freiheitssender* speist sie mit Wahrheiten aus aller Welt. Die Rede des spanischen Außenministers del Vayo in Genf, ein Appell von Thomas Mann an das deutsche Volk, der Sprecher des *Freiheitssenders* funkt sie in die Herzen und Köpfe der Deutschen. »Achtung«, hören wir ihn sagen, »die Gestapo stört, wir gehen ein wenig mehr nach rechts!« Die Stimme verstummt. Wir drehen die Schraube ein wenig mehr nach rechts, da ist sie wieder, die Stimme. Jetzt ist es Goethe, den sie zitiert, Herder, Schiller, an seine Besten möchte sie das deutsche Volk erinnern, die großen Geister der deutschen Vergangenheit ruft sie zu Zeugen dafür auf, daß, was sie sagt, die Wahrheit, was sie fordert, gerecht und richtig sei. Und überall im Lande sitzen bei geschlossenen Türen und Fenstern Menschen über ihre Radio-Apparate gebückt, atemlos, lautlos dem Klang der Stimme hingegeben, der mutigen Stimme, die sie dämpfen müssen, bis ihre Worte zum beschwörenden Gemurmel geworden sind, weil ihr zu lauschen Hochverrat heißt in Deutschland.

Wenn in der Nacht über den großen Städten entlang den Grenzgebieten des Reiches, über Düsseldorf oder Saarbrücken, ein paar bunte Ballons daherschweben, wenn sie zerplatzen in der Luft und ihren Inhalt – Tausende von Blättern eines dünnen, aber engbedruckten Papiers – in die Straßen ergießen, wenn die Menschen den Flugblättern nachjagen, um von ihnen die Wahrheit abzulesen, dann heißt das Hochverrat in Deutschland. Aber die Wahrheit kommt von draußen, es ist die Kampf-Elite der Emigration, die sie solcherart ins Land schickt, und die Leute drinnen wissen: unsere Freunde in der Freiheit sind am Werk gewesen, wir dürfen sicher sein, daß sie an ihrer Stelle das Ihre tun.

Wenn in Kopenhagen oder in Madeira die deutschen Schiffe anlegen, auf denen die KdF-Fahrer (»Kraft durch Freude« heißt eine Nazi-Organisation für verbilligte Ferienfahrten) für zwei streng kontrollierte Urlaubswochen unterwegs sind, dann fahren ihnen bis weit hinaus aufs Meer lustig bewimpelte Ruderboote entgegen. »Rettet Niemöller!« steht auf den bunten Fahnen zu lesen, »Schluß mit der Aufrüstung!«, »Wir wollen ein demokratisches Deutschland in einem friedlichen Europa!«. Meist dürfen die KdF-Fahrer gar nicht erst aussteigen, oder wenn sie es dürfen, sind sie bewacht wie die Sträflinge. Zu viel Kraft und Freude könnte ihnen erwachsen aus dem freien Umgang mit freien Bürgern eines freien Landes. Aber die Kampf-Elite der Emigration ist an der Arbeit, bahnt sich ihren Weg zu den Gefangenen, schafft Literatur an Bord, und viele, die blind und unwissend, stumpf und hoffnungslos hinausgefahren sind, haben von der Reise Wahrheit und Mut mit nach Hause gebracht.

Der »Führer«, Hitler, schreibt in *Mein Kampf:* »Es war zum Beispiel grundfalsch, den Gegner lächerlich zu machen, wie dies die österreichische und deutsche Witzblattpropaganda vor allem besorgte. Grundfalsch deshalb, weil das Zusammentreffen in der Wirklichkeit dem Manne vom Gegner sofort eine ganz andere Überzeugung beibringen mußte, etwas, was sich dann auf das fürchterlichste rächte; ... Demgegenüber war die Kriegspropaganda der Engländer und Amerikaner psychologisch richtig. Indem sie dem eigenen Volke den Deutschen als Barbaren und Hunnen vorstellte, bereitete sie den einzelnen Soldaten schon auf die Schrecken des Krieges vor und half so mit, ihn vor Enttäuschungen zu bewahren, wie sie andererseits Wut und Haß gegen den verruchten Feind steigerte.« Und er handelt danach. Es gibt keine Forderung, keinen Programmpunkt in dem Buch *Mein Kampf,* die er vergessen oder revidiert hätte. Er führt sie alle aus, *alle,* wenn denn keiner sich findet, der ihn hindert! Die deutsche politische Emigration ist Hitlers Feind, sein gefährlichster vielleicht; nicht wegen der Machtmittel, die ihr zur Verfügung stünden (wir haben keine), sondern weil sie ihn *kennt*. Ihre Gefährlichkeit (die er *privatim* vielleicht unterschätzt) vergrößert der »Führer«, treu seinem Programm, ins Übermenschliche: ihre Einflußmöglichkeit, ihr weltumspannendes, abgefeimt schlaues und blutrünstiges Verschwörertum. In jeder zweiten Nummer des *Völkischen Beobachters* finden wir Überschriften wie diese: »Jüdisch-bolschewistische Emigrantenhetze vergiftet öffentliche Meinung in England!«, »Hochverräterisches Treiben der Emigration in Paris!«, »New York unter der Emigrantenfuchtel!«

Es bleibe dahingestellt, ob für diesen Fall – für den Fall eines Feindes, der aus Deutschland kommt und der Deutschland liebt, – der Feinde-Vergrößerungs-Trick des schlauen »Führers« vernünftig ist. Wir gestehen, daß wir für unseren Teil Überschriften wie die zitierten gerne lesen, nicht weil sie unserem Selbstgefühl schmeichelten, sondern weil wir glauben, daß sie in Deutschland alle jene stärken müssen, die ihre Augen hoffnungsvoll auf uns gerichtet halten. Sie rechnen doch mit uns, unsere deutschen Freunde. Es ist gut, wenn auch unsere Feinde offenkundig mit uns rechnen. Kein Zweifel, die politische Emigration wird ein Faktor sein, ein kleiner, aber sehr sicherer Faktor in der großen Rechnung, der Abrechnung, die fällig ist.

EPILOG

EPILOGUE

WIR SCHLIESSEN DIESES BUCH IN einem Augenblick, der uns wenig Hoffnung zu gönnen scheint. Wir sind vielfach enttäuscht worden. Der Münchner »Friede« vom September 1938 ist unvergleichlich ärger, als jener »Krieg« es gewesen wäre, den Hitler und Mussolini niemals hätten führen können: der Tag seines Ausbruches wäre der Tag ihres Sturzes geworden. Gerade dies wollten die »konservativen« Herren in Paris und London vermeiden – vermeiden *um jeden Preis*. Das Ende des internationalen Faschismus – so meinten diese – könnte auch in ihren Ländern der Anfang von Veränderungen sein, die ihnen unbequem wären. Aus diesem Grund favorisierten sie Franco durch die Farce der »Nicht-Intervention«. Aus diesem Grund schonten und beschirmten sie Hitler. Nicht aus Angst vor dem Krieg, sondern aus Angst vor dem Sturz der faschistischen Diktaturen hat man die Tschechoslowakei kalten Blutes geopfert, Frankreich zu einer Macht zweiter Ordnung erniedrigt. Diese Herren in Paris und London, denen wir den Münchner »Frieden« zu danken haben, sind schlechte Patrioten; sie haben Ansehen und Zukunft der ihnen anvertrauten Länder unabsehbar geschädigt; sie sind schlechte Konservative, denn durch ihr Bündnis mit den Faschisten tragen sie nicht zur Erhaltung der europäischen Kultur bei, vielmehr zu ihrer Zerstörung; sie sind schließlich schlechte Pazifisten, denn der Krieg mit Hitler wird auf die Dauer keinesfalls zu vermeiden sein; 1940 aber muß er grauenvoll werden, während er 1938 gar nicht hätte stattfinden können.

Die Politik der englischen und französischen Kabinette ist nicht unsere Sache? Wäre dem nur so! Könnten wir uns unbeteiligt fühlen! Unser Herz wäre leichter. Doch der Friede ist unteilbar – wie eine weisere Konzeption französischer Politik unter der geistigen Führung Barthous dies begriff. Die Zivilisation ist unteilbar. Wenn im Zentrum und im Osten Europas die Barbarei sich ungehindert ausbreiten darf, ohne daß sie irgendeinem moralischen oder potentiellen Widerstand begegnete, dann ist die Zivilisation auch im Westen des Erdteils verloren: die Barbarei hat überall gesiegt.

So weit sind wir noch nicht. Noch sind die Kräfte eines sittlichen Widerstandes lebendig – wenn nicht mehr bei den Regierungen, so doch bei den Völkern. Vor allem sind sie noch lebendig in Deutschland selber. Mr. Chamberlain mag großzügig genug sein, über alle Greuel des Nazi-Regimes hinwegzusehen – von dem einzigen Bedürfnis erfüllt: sich mit ihm zu vertragen. Das deutsche Volk hat in all den Jahren seiner Schande, seines äußersten Elends eine neue Unerbittlichkeit gelernt. Es vergißt nichts; es wird rachsüchtig; es merkt sich jede Missetat seiner Tyrannen. Je länger dieses Regime sich hält – je länger es herrschen darf, dank der Protektion durch die britischen und französischen Konservativen –, desto unversöhnlicher werden seine deutschen Feinde im Inneren und im Exil. Sogar solche, die zunächst zu Kompromissen bereit gewesen sein mögen, lernen begreifen, daß es schlaue Taktik, daß es Kompromisse mit den Nazis nicht gibt. Die deutschen Konservativen, die Herren Hugenberg und von Papen, haben dies bitter und zu ihrer unaustilgbaren Schande erfahren. Die unwürdigen Abenteuer der preußischen Reaktionäre könnten auch für die Herren in Paris und London Lehre und Warnung sein – wenn ihr Hochmut sie nicht daran hinderte, sich mit den früheren Opfern der deutschen Diktatur innerlich zu vergleichen. Eines Tages aber könnten sie selber zu den Opfern gehören – gesetzt, daß sie nicht heute schon zu ihnen zählen.

Was uns betrifft, wir brauchen keine Lehre und keine Warnung mehr; *denn wir kennen die Nazis:* wir im Exil und unsere Kameraden drinnen im Lande. Fängt man an, zu begreifen, daß solche Kenntnis nicht ganz wertlos ist, auch für die anderen, die noch freien Völker? Fängt man an, uns zu glauben? Meint man immer noch, wir sprächen aus einer privaten Verbitterung heraus und seien verwirrt von unserer »Emigrantenpsychose«? Wir werden weiterreden, solange man uns irgend die Möglichkeit dazu läßt. Wenn man neunhundertneunundneunzig Mal unsere Warnungen überhört – die tausendste wird vielleicht ein Echo finden. Unsere einfache Warnung lautet:

SOLANGE HITLER HERRSCHT,
WIRD ES KEINEN FRIEDEN IN DER WELT GEBEN.

In Paris und London jubelten auf den Gassen die kleinen Leute, die man mit dem falschen Kriegs-Gespenst ruchlos gefoppt und geängstigt hatte, als ihre Ministerpräsidenten aus München zurückkehrten. Seitdem sind erst wenige Wochen vergangen. Nur etwas Geduld! Die braven Leute werden bald verstehen, welch tückisch-falsches Spiel gespielt worden ist mit ihrer Friedensliebe, die echt war… Ein Prozeß der Besinnung wird einsetzen oder hat schon begonnen. Es gibt viele, die in einem faschistischen Europa nicht leben möchten. Diese werden begreifen, daß man ihnen im September 1938 nicht den Frieden geschenkt hat, sondern daß eine internationale Intrige ohnegleichen dem Zwecke diente: Europa dem Faschismus auszuliefern.

Erst muß dies verstanden und durchaus begriffen worden sein; dann kommt der Wille zum Widerstand. Die echten Demokraten werden sich ihrer Regierungen schämen. Gleichzeitig werden sie endlich erkennen: Wir haben einen großen Bundesgenossen im Kampf gegen Hitler und gegen den Faschismus: die deutsche Opposition innerhalb des Reiches und draußen.

Die Feinde Hitlers – so verbreitet es die Goebbels-Propaganda mit ungeheurem Nachdruck überall in der Welt – sind lauter »Juden und Bolschewisten«. Es bleibt der simple Tatbestand bestehen, daß Hitlers Feinde keineswegs »nur« und keineswegs in ihrer Mehrzahl »Juden und Bolschewisten« sind. Vielmehr sind alle edleren Elemente des deutschen Geistes – die erhaltenden wie die fortschrittlichen, die religiösen wie die intellektuellen – sich einig in ihrer unbedingten, leidenschaftlichen Ablehnung des Nazi-Ungeistes. »Nach Hitler« wird nicht »das Chaos« kommen, sondern die Ordnung: jener deutsche Staat, der den Namen eines »Volksstaates«, den Ehrentitel einer »Republik« endlich verdiente und mit dem die übrige Welt in Frieden, im fruchtbaren Austausch der Gedanken und der Güter leben könnte.

Gelitten wird nicht nur im Exil, sondern mindestens ebenso stark in den »totalitären Staaten«, die ihre besten Bürger ins Exil verstoßen. Wir haben uns hier vor allem mit den Exilierten beschäftigt – nicht nur, weil wir sie am besten kennen; nicht nur, weil wir zu ihnen gehören, sondern weil diese Exilierten am deutlichsten den Menschentypus repräsentieren, der vom Faschismus verfolgt wird. Wir konnten nur Proben geben. Viele wichtige

Namen konnten nicht genannt, viele Figuren nicht vorgeführt werden: den Ungenannten widmen wir dieses Buch. Wir widmen es den Kameraden in Deutschland und im Exil. Wir widmen es denen, die zu Emigranten wurden, während wir an diesen Seiten schreiben: den neuen Opfern »totalitärer« Unmenschlichkeit in Italien, in der Tschechoslowakei, von wo aus neue Flüchtlings-Ströme sich in eine Welt ergießen möchten, die sich immer grausamer gegen sie verschließt.

Liebe Freunde – rufen wir diesen zu – seien wir geduldig! Die Geschichte steht nicht still, vielmehr bewegt sie sich gerade heute besonders rapide. Die Menschheit hat gewisse Glücksvorstellungen, große Pläne, schöne Absichten, die sie verwirklichen wird. Dieser Verwirklichungs-Prozeß, diese Realisierung der Utopie läßt sich aufhalten – keineswegs jedoch auf die Dauer. Schließlich werden wir auf der Seite der Siegreichen sein – laßt uns dies nicht vergessen! Werden wir nicht bitter! Resignieren wir nicht! Arbeiten wir für das Land, in welches wir zurückkehren werden, und für die Länder, in denen wir noch tätig sein dürfen. Wir müssen zusammenhalten; denn wir brauchen einander. »Wir« – das bedeutet, unsere Kameraden in Deutschland, unsere Freunde überall in der Welt, die Männer und Frauen, von denen diese Seiten erzählen – und die anderen, die »unbekannten Soldaten«.

SYMPATHISIERENDE DEUTSCHE IM AUSLAND

HERMANN HESSE, DER SCHRIFTSTEL-
ler und Dichter, gehört, obwohl er Schweizer Bürger ist, schon immer zu
den besten deutschen Autoren. Seine Bücher waren in einem großen Berliner Verlag erschienen und erscheinen übrigens noch heute dort. Abgesehen
von diesem einen Umstand, daß er noch in Deutschland publiziert (ein
Umstand, der viele seiner Freunde und Bewunderer verwundern oder
schmerzen mag), hat Hesse mit dem Dritten Reich nichts zu tun. Demonstrativ hält er sich fern von allem Politischen; dagegen hat er humanitäre
Pflichten auf sich genommen. Während des Weltkrieges kümmerte er sich
um Verwundete und Gefangene; nun sind es arme, hilflose Emigranten,
vor allem Österreicher, derer er sich annimmt mit Rat und Tat.

Übrigens ist Hesse nicht nur Romancier und Lyriker; er ist auch Literat,
ist auch Kritiker. Es vergeht kaum eine Woche, ohne daß Hermann Hesse
in öffentlichem Bericht sein Entzücken über ein neues Werk mitteilte oder
die Einwände analysierte, die ihm bei der Lektüre gekommen sind. Damit
hier aber kein Mißverständnis aufkommt: Hesse ist kein »Rezensent, der
auch selber Bücher schreibt«; vielmehr ein Dichter, der kollegialen Geist
und geistige Neugier genug hat, um sich mit der Produktion der anderen
liebevoll-kritisch auseinanderzusetzen.

Seine eigenen Bücher, *Der Steppenwolf, Narziß und Goldmund,* sind in
einer schönen, klaren deutschen Prosa geschrieben, die einen etwas altväter-
lichen Stil und Rhythmus zu haben scheint, der aber Akzente sehr moderner Art, nervöse Schwingungen, kühne und eigenwillig persönliche Wen-
dungen doch nicht fehlen. In diesen Erzählungen steht das Idyllische,
seltsam genug, neben dem psychologisch Raffinierten; die Liebe zur Landschaft, die Freude an allem Reinen und Schönen vereinigt sich mit einem
tiefen und wissenden Interesse für die Komplexität der menschlichen Seele.

Ernst Weiß ist einer der ganz wenigen, die man mit Franz Kafka vergleichen darf, ohne diesem Unrecht zu tun. Es handelt sich bei diesem Prager Juden, der nun mit den deutschen Leidensgenossen freiwillig das Pariser Exil teilt, um eine Begabung seltsamer und starker Art. Einer der letzten Romane, den Weiß veröffentlicht hat, *Der arme Verschwender,* die Lebens- und Leidens-Geschichte eines Arztes, gehört ohne Frage zum Merkwürdigsten und Besten, was die deutsche Literatur der letzten Jahre hervorgebracht hat.

Carl Sternheim war während des Krieges ein gelegentlicher Besucher des Kreises deutscher Pazifisten in der Schweiz, die mit gleichgesinnten französischen oder belgischen Schriftstellern in herzlichem und produktivem Kontakt standen, mit Romain Rolland oder mit dem flämischen Künstler Frans Masereel. Sternheim gab als Resultat tragischer Verwicklungen sein schönes Haus am Bodensee auf und zog nach Brüssel, wo er heute lebt.

Ein wahrheitstreues Bild von Sternheim zu geben ist schwierig, denn man setzt sich leicht dem Vorwurf der Übertreibung oder der gehässigen Erfindungsgabe aus. Überdies ist es ziemlich überflüssig, Lobesworte für diesen ungewöhnlichen Mann und Schriftsteller zu suchen; seine Selbsteinschätzung und die seines Werkes sind so hochmütig, und er hat sie mit solch erschreckender Offenheit veröffentlicht, daß niemand auch nur hoffen könnte, es seinem plumpen Eigenlob gleichzutun oder es gar zu vergrößern oder zu vermehren. Sternheim selbst verkündete: »Nicht nur die Musik hat ihre drei B's – Bach, Beethoven und Brahms; die Literatur hat ihre drei S' – Shakespeare, Schiller und Sternheim, und es ist ein großer Vorzug für die zwei ersten Personen, in demselben Trio mit mir zu sein.« Dies ist ein beliebiges Beispiel; es ist keinesfalls die maßloseste Äußerung seiner Überheblichkeit, die immer einen sichtlich pathologischen Zug hatte.

Aber ohne in die fieberhaften Superlative zu verfallen, in denen er sich selbst ergeht, kann man sagen, daß er einer der wichtigsten deutschen Schriftsteller dieses Jahrhunderts ist. Wir verdanken ihm einige der sehr wenigen klassischen Komödien, die unsere Literatur vorweist, auf einer Stufe mit Lessings *Minna von Barnhelm,* nämlich *Bürger Schippel, Der Snob* und *Die Hose.* Sternheims Meisterwerke der dramatischen Satire sind ebenso charakteristisch für die Kaiserzeit in Deutschland, wie die großen

Komödien Molières für ihre Zeit. In den Nachkriegsjahren, vor Hitler, schrieb Sternheim einiges von bleibendem Wert und Zauber – sein Oscar-Wilde-Drama und seine Komödie *Die Schule von Uznach,* in der ein bereits alternder Mann, griesgrämig und gehässig, einen halbsarkastischen, halb-komischen Krieg mit einer neuen Generation, die ihn zugleich anzieht und abstößt, führt. Aber Sternheims große Zeit war vor dem Krieg. Wie Maximilian Harden war er ein literarischer Kritiker des Kaiserreiches. Als Dramatiker gab er der deutschen Literatur, was Heinrich Mann ihr mit *Der Untertan* als Romancier gegeben hatte – die große Satire der *bourgeoisen* Epoche, der der Nationalsozialismus scheinbar den Todesstoß versetzt hat.

In einer alten, engen Pariser Straße am linken Seine-Ufer lebt ein grauhaariger Mann in einer Wohnung voller guter Bilder, Stilleben mit Früchten und Blumen, und Studien von Harlekins, jungen Sportlern oder Matrosen. Der Besitzer der Wohnung und der Bilder heißt Wilhelm Uhde. Die Stilleben sind das Werk einer Hausmeistersgattin irgendwo in der Provinz, deren Genius Uhde entdeckt hatte. Die anderen Bilder sind von Helmut Kolle, einem jungen Deutschen, Uhdes Freund, der in Paris einer der besten deutschen Künstler wurde. Uhde hat ein Buch zu seiner Erinnerung geschrieben.

Uhde kannte Paris zu einer Zeit, als Künstler wie Pascin, Rudolf Levy und einige andere damit begannen, Montparnasse zu »entdecken«. Uhde lebte in Paris, als man einen Cézanne für zehn Francs irgendwo auf der Straße kaufen konnte, und Uhde kaufte einen. Er war einer der ersten, der Picassos enorme Bedeutung erkannte, schätzte und analysierte. Er war einer der ersten, der etwas von Braque, Henri Rousseau und Marie Laurencin verstand. Der Entwicklung der nachimpressionistischen Malerei in Europa hat er große Dienste erwiesen.

Diese Tatsache ist um so erstaunlicher im Hinblick auf seine Herkunft; in seiner Autobiographie *Von Bismarck zu Picasso* hat er darüber einen eindrucksvollen Bericht gegeben. Er stammt aus einer preußischen Beamtenfamilie; sein Vater war Staatsanwalt. Er wurde »nach allen Regeln preußischer Zucht« erzogen. Es ist ein sehr langer Weg aus diesen etwas düsteren Regionen in die geistige Sphäre, in der Uhde, ein deutscher Europäer, heute zu Hause ist. Der ältere Mann in seiner kleinen Pariser Wohnung bleibt in seinem Herzen einem Deutschland treu, welches in Wirklichkeit nie existiert hat, oder nur in einigen enthusiastischen Herzen – ein sehr romantisches, sehr reines Deutschland, dem alten Hellas verwandt, ein Deutschland, dessen Schutzheiliger Hölderlin ist, und kein »Eiserner« oder irgendein ähnlich monströser Kanzler.

DEUTSCHE ALS
WISSENSCHAFT-
LER IN AMERIKA

DIE FOLGENDE LISTE IST REPRÄSEN-
tativ, aber auf keinen Fall vollständig, denn sie wächst mit dem Strom der
Emigranten.

Dr. H. von Beckerath, Department of Economics, University of North
Carolina

Dr. Ernst Berl, Chemistry Department, Carnegie Institute of Technology

Dr. Bernhard Blume, Associate Professor of German, Mills College, California

Dr. A. Brecht, Political Science, Jurisprudence, Public Finance, New
School for Social Research

Dr. Goetz Briefs, Economics Department, Georgetown University

Dr. Gerhard Colm, Public Finance, World Politics, New School for Social
Research

Dr. Arthur Feiler, Economics, New School for Social Research

Professor Hermann F. Fränkel, Professor of Classics, Stanford University

Dr. Kurt von Fritz, Visiting Associate Professor of Classical Philology,
Columbia University

Professor A. Goetze, Oriental Philology, Yale University

Professor Richard B. Goldschmidt, Professor of Zoology, University of
California

Dr. Arthur Haym, Medical School, University of California

Dr. Hans von Hentig, Criminology, Department of Justice, Washington,
D. C.

Dr. Hajo Holborn, Modern History, Yale University

Dr. W. Jaeger, Classical Philology, University of Chicago

Dr. Alfred Kaehler, Economics and Labor Legislation, New School for
Social Research

Dr. F. Kessler, Jurisprudence, University of Chicago

Professor Carl Landauer, Professor of Economics, University of California

Dr. Carl Lange, Bacteriology, State of New York, Albany

Dr. Fritz Lehman, Money and Banking, Labor Economics, New School for Social Research

Dr. Hans Lewy, Assistant Professor of Mathematics, University of California

Dr. R. Littauer, Industrial Law, New School for Social Research

Dr. Carl Mayer, Economics and Sociology, New School for Social Research

Dr. G. Mayer, Department of Economics, University of Chicago

Dr. F. Morstein Marx, Assistant Professor of Government, Harvard University

Dr. Otto Nathan, Economics Department, New York University

Dr. Alfred Neumeyer, Associate Professor of Art, Mills College, California

Dr. Otto Piper, School of Theology, Princeton University

Dr. A. Salomon, Sociology, New School for Social Research

Dr. A. von Schelting, Sociology Department, Columbia University

Professor Rudolf Schoenheimer, Assistant Professor of Biological Chemistry, Columbia University

Dr. Hans Speier, New School for Social Research

Dr. Robert Ulich, Professor of Education, Harvard University

Dr. Karl Vietor, Professor of German Art and Culture, Harvard University

Dr. Fritz Wittels, Psychoanalysis, New School for Social Research

NACHWORT

»…ein möglichst umfassendes, möglichst informatives Buch über die künstlerischen, wissenschaftlichen und politischen Repräsentanten der deutschen Emigration, eine Art *Who's Who in Exile*« sollte es werden. *Escape to Life* wurde die »Manifestation deutschen, europäischen und menschlichen Geistes« zu einer Zeit, als das Exil ein wahrhaft desolates Bild bot. Seine Mitglieder waren untereinander heillos zerstritten. Unausrottbar hatten sich die politischen Gegensätze, an denen bereits die Republik von Weimar zugrunde gegangen war, in der Emigration fortgesetzt und teilweise noch verstärkt. Heftige Richtungskämpfe tobten auf dem Felde der Literatur, wo sich Auseinandersetzungen über Stilfragen zu weltanschaulichen Grabenkämpfen auswuchsen. Dazu gesellten sich die unausbleiblichen wirtschaftlichen und beruflichen Schwierigkeiten der Ausgebürgerten. Und dies alles, während Hitler von einem Triumph zum anderen eilte; es schien geradezu, als ob die Erfolge des Diktators wesentlich auf der Zerrissenheit seiner politischen und geistigen Gegenspieler beruhten.

Zu den ersten, die jenen verhängnisvollen Prozeß durchschauten, gehörten Erika und Klaus Mann. Dabei war diese politische Klarsicht für die verwöhnten Bürgersprößlinge keineswegs selbstverständlich. Vor allem Klaus hatte in seinen Anfängen romantischen Vorstellungen vom freischwebenden, in Einsamkeit und Tod verliebten Artisten angehangen. Noch im Exil leistete er sich zur Überraschung seiner Schicksalsgenossen einen »Ausflug ins Melancholisch-Ästhetizistische, ins liebe, alte, traulich-morbide Märchenland«, als er 1937 die von Politik-Ekel geprägte Novelle über den Bayernkönig Ludwig II. *(Vergittertes Fenster)* veröffentlichte. Martin Gregor Dellin sieht Klaus Manns Kampf gegen Hitler nur als ein zeitweiliges Abflachen jenes Todestriebs an, der nach dem Krieg alsbald wieder virulent werden sollte.

Nein, die Politik zog ihn nicht an. »Es mußte erst das Jahr 1933 kommen«, bekennt Klaus Mann in seinem Lebensbericht *Der Wendepunkt,* »um uns gründlich von allen Illusionen zu heilen; um uns zu verändern und zu belehren. Plötzlich erkannten wir, wer die feindlichen Mächte sind, die alles bedrohen und verderben, was uns das Leben erst lebenswert macht... Der Faschismus wurde zum großen Widersacher.«

Die feingesponnenen Feuilletons, die hintersinnig lyrischen Kabarett-Programme, mit denen Erika und Klaus Mann bis zum März 1933 die Braunhemden und ihren Kanzler verspotteten, vermochten freilich die Diktatur der Zu-kurz-Gekommenen nicht aufzuhalten, steigerten indes den eigenen Bekanntheitsgrad. Als mit dem Reichstagsbrand Terror und Verfolgung sprunghaft anstiegen, verabschiedeten sich die Geschwister endgültig aus Nazi-Deutschland und akzeptierten fortan das politische Engagement als wesentliches Element der Künstlerexistenz wie des Weltbürgertums überhaupt, dem allein die Zukunft gehörte.

Konsequent führte Erika Mann die *Pfeffermühle* fort, während Klaus die Zeitschrift *Die Sammlung* gründete, in der sich die über die ganze Welt verstreute, in verschiedene politische Lager gespaltene Emigration zu einer eindeutigen, gemeinsamen »Kriegserklärung an den Feind« versammeln sollte. Denn dieser erwies sich als hartnäckiger und damit weitaus gefährlicher als zunächst angenommen. Jeden Widerstand brachen die Neo-Barbaren in den Konzentrationslagern, deren infames System den Menschen isolierte und rasch auf einen innersten Kern reduzierte, sofern er denn einen besaß. Eine populäre, wenn auch vertragswidrige Aufrüstung löste auf fadenscheinige Weise das Arbeitslosenproblem. Ein spartanisches Erziehungssystem machte den Deutschen zum marschierenden Massenmenschen. Das Konkordat mit dem Vatikan und die Olympischen Spiele 1936 werteten das Regime in der Völkergemeinschaft so auf, daß Hitler weitere außenpolitische Schritte wagte: Einmarsch ins Rheinland, Besetzung Österreichs (12. März 1938), Griff nach dem Sudetenland; Ereignisse, die den zeitlichen Rahmen von *Escape to Life* bilden und dort analysiert werden. Denn daß Hitlers Vertragsbrüche, vom zivilisierten Westen als der wohlvertraute Weimarer Revisionismus entschuldigt und verharmlost, das »Menetekel« einer menschenverachtenden Lebensraum-Ideologie waren, durchschaute vor allem derjenige, der den Ungeist dieser »Bewegung« am eigenen Leib verspürt hatte.

All diese Aktivitäten der Nazis lösten Orgien von Gewalt und damit Ströme von Flüchtlingen aus. *Escape to Life* entsteht deshalb in einer welthistorisch äußerst bedeutsamen und für die Emigration kritischen Situation. Mit dem Buch verknüpfen sich denn auch vielfältige Absichten und Ziele:

– Zunächst wollten die Verfasser die Welt über den wahren Charakter der NS-Herrschaft aufklären, deren Erfolge ja gerade darauf beruhten, daß man ihre Ziele unterschätzte. Die Phrase von der »Volksgemeinschaft«, die manchen Demokraten verstummen ließ, sollte mit der grausamen und verbrecherischen Wirklichkeit konfrontiert werden. *Escape* liefert anschauliche Berichte aus dem Inneren des Reiches, es schildert den todesmutigen Einsatz einzelner, wie Erich Mühsam oder Carl von Ossietzky, und den Widerstand unbekannter Arbeiter (»Krieg ohne Waffen«).

– Unter dem Eindruck des Münchner Abkommens vom September 1938 stand die Warnung an die Appeasement-Politiker, daß mit Hitlers schon in *Mein Kampf* umrissener »Alles oder Nichts«-Politik kein dauerhafter Friede möglich sei; daß sie sich vielmehr in ein Netz einspannen ließen, mit dem der Diktator seine Eroberungspläne abzusichern versuchte. So kamen die moralischen Pazifisten in die paradoxe Situation, Härte, wenn nicht gar den Krieg predigen zu müssen. Und sie erkannten zugleich eine weitere Konsequenz, daß nämlich ein Krieg gegen Hitler-Deutschland auch die Situation der Emigranten, der Hitler-Gegner also, entscheidend verändern, ja verschlechtern konnte, wenn sie fortan in ihrem Gastland als Spione oder feindliche Ausländer beargwöhnt würden (was nach dem Ausbruch des 2. Weltkrieges tatsächlich auch häufig geschah).

– Als Hitlers Saat aufzugehen begann, wurde es »eng in Europa«. *Escape* schildert die wichtigsten Zufluchtsorte (Prag, Wien, Amsterdam, London) und deren wachsende Bedrohung durch Hitler und seine Armeen. Die Besetzung von Paris taucht bereits als apokalyptische Vision auf. Wer konnte, legte einen Ozean zwischen sich und den deutschen Herrschaftsbereich, floh ins vermeintliche »Paradies« Amerika. Die Weltmacht USA jedoch wand sich in den Nachwehen der großen Depression, die jedes Mitgefühl neutralisiert hatte. Über Ereignisse wie Bücherverbrennung, Kirchenkampf, Judenverfolgung, die so gar nicht dem amerikanischen Lebensgefühl entsprachen, äußerte man Empörung, um sich mit Entsetzen abzuwenden.

Ziel von Erika und Klaus Mann war es deshalb, im wichtigsten Asyl-Land Verständnis für die mit erheblichem Mißtrauen betrachteten Neu-Einwanderer zu wecken, denen mancher Amerikaner in völliger Unkenntnis der Situation unpatriotisches, wenn nicht gar gesetzwidriges Verhalten vorwarf. Deshalb traten die Geschwister, die selbst niemals materielle Not zu erleiden hatten, den Befürchtungen vieler Amerikaner entgegen, die hier erneut eine Gruppe mit leeren Händen um Aufnahme bitten sahen. Eindrucksvoll stellten Erika und Klaus Mann den kulturellen Reichtum dar, der aus der Symbiose von Alter und Neuer Welt entstehen würde. *Escape* ist also auch eine Werbeschrift für die deutsche Kultur und ihr Überleben im Exil. Heute weltbekannte Autoren wie Kafka, Brecht oder Hesse werden hier zum erstenmal einer breiteren amerikanischen Öffentlichkeit vorgestellt.

– Energisch traten die beiden der durch die *German American League* verbreiteten Nazi-Propaganda entgegen, wonach es sich bei der Emigration um eine jüdische und für Deutschland ganz unrepräsentative Angelegenheit handele. Der Nationalsozialismus, das macht *Escape to Life* unmißverständlich deutlich, ist nicht nur ein Verbrechen an den jüdischen Mitbürgern, sondern auch an Deutschland, das sich mit seinen besseren, wahren Repräsentanten von einer Verbrecherclique »ausgebürgert« sah. Auf ihren ausgedehnten *lecture-tours* hatten die Geschwister ihr Publikum sehr genau kennengelernt. So nutzten sie das Interesse an menschlichen Begebenheiten und die amerikanische Vorliebe für Bildhaftes geschickt aus, indem sie etwa Einwände gegen die Emigranten, denen oftmals ein privater Rachefeldzug vorgeworfen wurde, nicht theoretisch widerlegten, sondern in fiktiven Tagebucheinträgen eines jungen Studenten oder in poetisch versponnenen Interviews entgegentraten. Bezeichnend für das politische Bewußtsein der amerikanischen Leser sind allerdings auch wiederholte Beteuerungen, daß gewisse prominente Emigranten keineswegs Kommunisten seien, was sie offensichtlich kompromittiert hätte. Die Autoren wiesen nach, daß zahlreiche Emigranten ihr Vaterland freiwillig verlassen hatten, weil sie dort, obwohl teilweise von den Machthabern umworben, nicht mehr atmen, nicht mehr leben konnten. Das Buch wendet sich gegen das Märchen von der »Emigrantenpsychose« und zeigt in drastischen Reportagen von Tatorten, welche Gefahren den Emigranten auch im Ausland von nazistischen Terroraktionen drohten.

– *Escape* ist nicht nur für den amerikanischen Leser bestimmt, dessen großes Interesse dem Buch allerdings zu einem beachtlichen Erfolg und zu einer zweiten Auflage verhalf. *Escape* ist ebenso eine programmatische Schrift, die die Schicksalsgenossen an die gemeinsame Zielsetzung erinnern sollte, ein Aufruf an die Solidarität der Verfolgten. Ideologische Schranken innerhalb des Exils erkannten die Autoren nicht an. In ihrem Überblick über die Arbeit der antifaschistischen Verlage und Publikationsorgane würdigten sie so entgegengesetzte Zeitschriften wie *Das Wort* oder *Das Neue Tage-Buch*. *Escape* umfaßt das gesamte Spektrum der Verbannung. Mochten sich die Emigranten auch aus dem Wege gehen, hier waren sie zwangsläufig versammelt: der Kommunist Ludwig Renn und der Antikommunist Leopold Schwarzschild, Willi Münzenberg, den Stalin, Theodor Lessing, den Hitler ermorden ließ, der Zyniker George Grosz und die Exzentrikerin Else Lasker-Schüler, Joseph Roth, der sein trunkenes Abschiedslied auf die Habsburger anstimmte, und Max Beckmann, der an eine unpolitische, »reine« Kunst glaubte und schmerzhaft eines Besseren belehrt wurde. Aufnahme in die »Emigranten-Galerie«, deren Ende 1938 keineswegs abzusehen war, fand jeder, der sich als Gegner Hitlers auswies. So finden wir hier neben all den illustren und integren Persönlichkeiten durchaus dubiose Gestalten, wie die abgefallenen Hitler-Anhänger Otto Strasser, Hermann Rauschning oder Putzi Hanfstaengl (»Von der anderen Seite«), und selbst die sogenannte Innere Emigration wird behutsam nach Gleichgesinnten durchforstet (»Kultur im Dritten Reich«); ja sogar für die Verführten und Verblendeten, wie Gottfried Benn oder Gerhart Hauptmann, scheinen die Autoren ein gewisses Verständnis aufzubringen, als wolle man nicht alle Brücken abbrechen, sah man es doch als wichtige Aufgabe an, »Blitze zu werfen in die deutsche Dunkelheit«. Im *Wendepunkt* allerdings, aus der Rückschau, bekennt Klaus Mann selbstkritisch, daß sein Aufruf zur Gemeinschaft der Einzelgänger eher einem Rufen in der Wüste gleichkam, einem naiven Wunschdenken, wie auch die in *Escape* vertretene Ansicht, daß das deutsche Volk längst des selbsternannten Führers überdrüssig sei.

– Nicht zuletzt soll *Escape* allen »namenlosen« Gefährten ein Denkmal setzen, besonders denen, die in den ersten sechs Jahren der Verfolgung und des Exils bereits gestorben, ermordet oder bis zum Selbstmord verzweifelt sind.

Mit dem Projekt eines Emigrantenbuches, das man, Klaus Manns Tagebuch zufolge, dem Verlag Houghton Mifflin in Boston erst schmackhaft machen mußte, ergab sich für die Geschwister die Gelegenheit, eine seit *Rundherum* (1927) erprobte Zusammenarbeit fortzusetzen. *Escape to Life* zeigt deutliche Spuren eines Gemeinschaftswerkes. Obwohl sich die Urheberschaft für einzelne Partien nachweisen läßt, verlaufen die Grenzen zumeist mitten durch die Kapitel. Für das Werk insgesamt sind sie eher unerheblich. Zur Politik etwa oder zur Literatur hatten schließlich beide etwas beizutragen, und jeder besaß »Freunde in Amerika« oder anderswo auf der Welt, die er erwähnt wissen wollte. Die Vielgereisten recherchierten getrennt an den Orten, an denen sie sich gerade aufhielten; Spanien besuchten die Geschwister im Sommer 1938 gemeinsam. Immer wieder traf man sich zu einer Redaktionskonferenz, bei den Eltern in der Schweiz oder im New Yorker Künstler-Refugium *The Bedford*. Man konnte auf Vorträge zurückgreifen, auf journalistische Beiträge für Zeitungen und Funkanstalten, man führte Interviews oder brachte aktuelle Konzert-, Party- und Lektüreerlebnisse zu Papier. Außerdem baten sie einige Prominente um kurze Statements, die den Kapiteln vorangestellt wurden. Weil man aus der Fülle schöpfen konnte, sah der Anfang Februar abgeschlossene Verlagsvertrag zunächst nur eine Arbeitszeit von fünf Monaten vor. Vor allem die sich überstürzenden politischen Ereignisse machten den Abgabetermin, 21. Juni 1938, allerdings zu einem, wie Erika schreibt, »Midsummernights-dream«. Erst im Dezember wird der notwendige Schlußstrich unter das Werk gezogen.

Trotz seiner Nähe zum Tagesgeschehen ist *Escape to Life* nicht nur für den Tag geschrieben. Das Buch hat vielmehr die Mächte zum Thema, die die Kultur bedrohen und damit die Menschheit in Schrecken versetzen, es ist ein Fanal, eine Prophetie, ein Schwanengesang, ein Aufruf zur Besinnung, eine Mahnung »an das Gewissen der freien Welt«. Die Sprache ist aufrüttelnd, farbig, bisweilen melancholisch; sie ist pathetisch, wenn Menschen leiden; sie vereinfacht, weil es um eindeutige Ziele geht. Das Buch beschreibt Tragödien, persönliche und die eines ganzen Volkes. Es ist Dokument und Fiktion; es zeigt die Verzweiflung und die Hoffnung, das Elend und den Ausweg daraus, es hilft »aufbauen, was jene niedergerissen haben«. Es ist ein Geschichtsbuch und ein Buch voller – oft grausamer – Geschichten. Es deckt Skandale und Verbrechen auf. Den Großen des Exils, wie Albert Einstein oder Sigmund Freud, begegnen wir in rührenden Anekdoten, den Unbekannten in Situationen, die ihre Charakterstärke bekunden. *Escape to Life* dokumentiert die Kultur einer Epoche im Augenblick ihrer höchsten Gefährdung, den Lebensabschnitt einer berühmten Familie, einen Monat im Tagebuch eines unbekannten Studenten. »Emigrant«, heißt es in *Escape* über Fritz Lang, »ist er mit Leib und Seele«, womit sich nicht allein das lebenslange Thema eines erfolgreichen Filmregisseurs ankündigt; der Ausnahmezustand wurde vielmehr für eine ganze Generation zum Normalfall. Neben Lebensentwürfen, die letztlich auf die Not reagieren, konserviert das Emigrations-Panorama aber auch Momente grenzenloser Lebensfreude (»Ein Musikereignis in New York«). *Escape* ist ein Buch über deutsche Größe und Dummheit, über Gemeinschaft und Gemeinheit. Wir gelangen an die Orte, wo das kulturelle Leben der dreißiger Jahre pulsiert, während Deutschland verödet. Wir erleben die Oper, den Tanz, das Theater, den Film, die Literatur, die Wissenschaft. Einfühlsam interpretiert wird besonders die moderne Musik in ihren hervorragenden Vertretern Ernst Křenek, Arnold Schönberg, Kurt Weill, die man in ihrem Ursprungsland offiziell nicht mehr hören mag. Die Spannung des Buches liegt in seiner Authentizität: Wir dringen vor bis in die vordersten Linien des Spanischen Bürgerkrieges, verfolgen Kampfhandlungen und Gespräche mit den Kämpfenden; mit fast jedem Dargestellten haben die Autoren persönlichen Umgang, der Einblicke in die kollektive Bewußtseinslage erlaubt. Den Vater, über den er dem Tagebuch die bange Frage anvertraut »Werde ich je aus seinem Schatten treten?«, porträtiert der Sohn. »Heikel«, stellt er dazu fest. Wie nicht anders zu erwarten, entdecken wir in jedem der zahlreichen »Charaktersketche« auch Züge, Eigenschaften, Tugenden der Mann-Kinder selbst. Dank des umfangreichen Indexes kann man das Buch als Nachschlagewerk benutzen, man kann es lesen als die erste Gesamtdarstellung des Exils, als Chronik der Heimatlosen; man kann darin blättern wie in alten Zeitungen, fasziniert von der Plastizität der Reportagen und der Weitsicht der Analysen, betroffen von den tragischen Irrtümern. Man kann viele zu Unrecht Vergessene wiederentdecken und sich zugleich an manches Unrecht erinnern. *Escape* weckt Wünsche; es verführt dazu, die vorgestellten Werke selber zu studieren.

Spürbar ist die Kraft, die von dem selbstlosen Einsatz für eine gute und gerechte Sache ausgeht. *Escape to Life* ist ein Hymnus auf die internationale Solidarität, ein Dank für die Unterstützung, die der Kampf gegen den Faschismus in Frankreich, England und Amerika erfahren hat, durch Autoren wie Georges Bernanos, René Crevel, Julien Green, André Gide, Aldous Huxley, Sinclair Lewis, Stephen Spender, Thomas Wolfe, um nur einige von vielen zu nennen, deren Freundschaft die Fremde zu einem Stück Heimat werden ließ.

Escape to Life ist ein Buch des Lebens. Als er 1938 daran schrieb, unterzog sich Klaus Mann zur selben Zeit einer Kur, die ihn von der Todesdroge Heroin befreien sollte. Die für die kurze Entstehungszeit erstaunlich faktenreiche Darstellung, die höchstens einmal einen Vornamen vermissen läßt, macht es deutlich: weil hier einer »erzählen durfte«, was ihn bewegte, war er gerettet. Wenigstens für den Augenblick. Denn allzu rasch zerplatzten die Illusionen, während sich die schlimmsten Befürchtungen erfüllten: Hitler beherrschte bald nahezu ganz Europa; und wohl zu emphatisch hatten Erika und Klaus Mann, wie auch andere, Amerika als Keimzelle des Fortschritts beschworen, bereit, »die kulturelle Nachfolge Europas zu übernehmen« (Max Reinhardt). Seine Zweifel vertraute Klaus Mann dem Tagebuch an, bei dessen Lektüre man erst ermessen kann, welches Maß an Selbstüberwindung und Kompromißbereitschaft die politische Arbeit dem Außenseiter abverlangte.

Hier fällt dann auf manchen der in *Escape* allemal liebevoll, höchstens mit einem Anflug von Ironie Porträtierten ein weniger mildes Licht. Notiert werden: Einwände gegen Mitstreiter, wie Schwarzschild: »Ein guter Mann – wäre dieser – in solcher Form höchst bedenkliche – anti-Sowjet-Komplex nicht«; Sottisen, über Helene Thimig z.B., die in *Escape* als »helle und zarte Gestalt mit dem Gesicht einer gotischen Madonna« beschrieben, hier zur »verklärten protestantischen Gouvernante« wird; persönliche Abneigungen. Dem Schwager Wystan H. Auden, dessen antifaschistische Haltung *Escape* noch überschwenglich lobt, bescheinigt das Tagebuch gar »kalten Gustaf-Charme«. Die Spannungen, die Klaus Mann auszuhalten hatte, thematisiert der ebenfalls 1938 entstandene Roman *Der Vulkan*. Dieser *Roman unter Emigranten* gilt für manchen Interpreten wie für den Autor selbst als schriftstellerischer Höhepunkt, neben dem vieles andere zu verblassen scheint. Auch *Escape to Life*? Im *Wendepunkt* urteilt Klaus Mann lapidar: »ein Erzeugnis von nicht sehr dauerhafter Substanz«. Das unbestechliche Tagebuch hält demgegenüber die Freude (»weihnachtliche Gefühle«) beim Erscheinen von *Escape* sowie die von manchen geteilte Meinung Kurt Hillers fest, nach der Klaus Mann »als Kritiker, Polemiker, Essayist viel wichtiger, besser, unentbehrlicher, denn als Erzähler« sei. *Der Vulkan,* die Tagebücher, *Der Wendepunkt* und *Escape to Life* sind komplementäre Werke, die erst zusammen gelesen ein gültiges Zeit- und Persönlichkeitsbild entwerfen. Anders als noch der »Repräsentant des Exils« hat der Autobiograph bereits vor der »Dummheit und Selbstsucht« resigniert. Als der Kalte Krieg den Traum vom amerikanischen Jahrhundert verdüsterte und die Gemeinsamkeit der Antifaschisten endgültig zerstörte, suchte Klaus Mann 1949, ein letztes, auch politisches Zeichen setzend, den Tod.

Resigniert hat schließlich auch Erika Mann. Ausgerechnet das »Land, das ich liebe«, was *Escape* hinlänglich beweist, und in dem sie deshalb politischen Einfluß zu nehmen versucht, verdächtigt sie »unamerikanischer Umtriebe«. So zieht sie ihren Einbürgerungsantrag zurück und kehrt 1952, zusammen mit den Eltern, Amerika endgültig den Rücken. In Europa widmet sie sich dem Werk ihres Vaters und ihres Bruders. Sie bleibt bis zu ihrem Tod 1969 eine engagierte Streiterin für die Freiheit, unablässig dafür kämpfend, daß das Vergangene nicht in Vergessenheit gerät.

Escape to Life erlaubt einen bewegenden Rückblick auf einen der wichtigsten Schauplätze dieses Jahrhunderts, das unzweifelhaft als das »Jahrhundert der Flüchtlinge« in das nächste Jahrtausend hineinwirken wird. Zugleich ermöglicht es den Hauptbeteiligten, die gerade dabei sind, einen Schlußstrich zu ziehen unter ein dunkles und schmerzerfülltes Kapitel ihrer Geschichte, die dringend notwendige Rückbesinnung auf ein besseres Deutschland, dessen Traditionen Bestand haben müssen, wenn die Zukunft gelingen soll.

München, Januar 1991   HERIBERT HOVEN

PERSONENREGISTER

Die kursiv gesetzten Zahlen bezeichnen die Abbildungen

Alexander 274

Alexander der Große, König von
Mazedonien 24

Alsberg, Max 201

Altenberg, Peter 172

Amendt, Rudolf 297

Andersen-Nexø, Martin 180, 376

Anderson, Maxwell 262 f.

Andreasson, Søsta 283

Annot-Jacobi siehe: Jacobi, Annot und
Rudolf

d'Annunzio, Gabriele 86, 328

Aragon, Louis 180

Archipenko, Alex 254

Arco, Anton Graf von 309

Aristophanes 302

Auden, Wystan H. 21 f., 183, 410

Auernheimer, Raoul 153

Auhagen, Friedrich E. 370

Bach, Johann Sebastian 245, 264, 266, 398

Balzac, Honoré de 48, 180

Bang, Herman 23

Barbusse, Henri 164, 177, 220

Barlach, Ernst 128 f., 296

Barlow, Samuel 338

Barnowsky, Victor 296

Barthou, Jean Louis 392

Bassermann, Albert 90 f.

Bassermann, Else 91

Baudelaire, Charles 178

Bauer, Otto 205

Baum, Peter 307–309

Baum, Vicki 221, 306–309

Baum, Wolfgang 307–309

Baur, Harry 93

Beaumarchais, Pierre Augustin Caron de 79

Becher, Johannes R. 225

Beckerath, Herbert von 401

Beckmann, Max 64 f., 128, 407

Beer, Rudolf 148 f.

Beethoven, Ludwig van 128, 170, 245, 266,
281, 398

Behrman, Sam 375

Benda, Julien 179

Benn, Gottfried 126 f., 407

Berg, Alban 159, 257

Berger, Ludwig 70 f.

Bergner, Elisabeth 58–60, *212*, 296

Berl, Ernst 401

Bermann, Richard A. siehe: Höllriegel,
Arnold

Bermann Fischer, Gottfried 154, 224, 325

Bernanos, Georges 182, 410

Bernard, Tristan 157

Bernhard, Georg 219

Billikopf, Jacob 338

Binder, Sibylle 157

Bismarck, Otto von 114, 399 f.

Blanchar, Pierre 93

Bloch, Ernst 218, 324

Blomberg, Erika von 140 f.

Blomberg, Werner von 140 f.

Blume, Bernhard 401

Bois, Curt 295 f.

Bolalewskaia, Bola 193

Borgese, Giuseppe Antonio 378 f., 381

Borgia, Cesare 380

Bosch, Carl 207

Bottome, Phyllis 374

Braak, Menno ter 180
Brahms, Johannes 170, 264, 266, 281, 398
Brandes, Sarah F. 338
Brandt, Karl 275
Branting, Georg 138, 228
Braque, Georges 205, 399
Braun, Max 227
Brecht, Arnold 401
Brecht, Bertolt 78–80, 220, 225, 261–263, 355, 406
Bredel, Willi 225
Brentano, Bernard von 87 f.
Brentano, Clemens 87
Brentano, Margot von 87
Brentano, Michael von 87
Brentano, Peter von 87
Breughel, Pieter 103, 250
Briand, Aristide 173
Briefs, Goetz 401
Broch, Hermann 153
Brod, Max 177
Bruckner, Ferdinand 161, 245, 319 f., 325
Brüning, Heinrich 227, 341–344, 346 f.
Budzislawski, Hermann 218
Busch, Adolf 281–284, 286 f.
Busch, Ernst 191 f.
Busch, Frieda 286
Busch, Fritz 214
Busch, Hermann 283
Busoni, Ferruccio 84

Cain, James M. 272
Canby, Henry Seidel 338
Čapek, Karel 176 f.
Carossa, Hans 122
Casanova, Giacomo 164
Cervantes, Miguel de 316
Cézanne, Paul 204, 249, 399
Chamberlain, Neville 286 f., 393
Chamisso, Adelbert von 212
Chaplin, Charlie 349
Charell, Erik 359–362

Charell, Ludwig 359
Chevalier, Maurice 292
Chirico, Giorgio de 249
Christians, Medi 358
Clair, René 93
Claudius, Matthias 356
Clemenceau, Georges 306
Clemenceau, Paul 306
Cleopatra, ägyptische Königin 326
Cocteau, Jean 24, 177 f., 221, 256, 262
Colm, Gerhard 401
Cooper, Duff 383
Corot, Camille 249
Coudenhove-Kalergi, Richard Nikolaus Graf 173 f., 239
Courant, Richard 278
Coward, Noël 313
Crébillon 304
Crevel, René 178 f., 221, 410
Cross, Wilbur L. 338
Curie, Eve 297
Czernini, Comtesse siehe: Schuschnigg, Vera
Czinner, Paul 60

Dahlem, Franz 227
Dalí, Salvador 249
Dante Alighieri 380
Darwasch, Lilly 157
Dehmel, Richard 86
Delacroix, Eugène 249
Deutsch, Ernst 91
Dieterle, Wilhelm 289 f., 301
Dietrich, Marlene 296 f.
Dimitroff, Georgi 228
Dix, Otto 128
Dodd, William E. 374
Döblin, Alfred 221 f.
Doktor, Karl 283
Dolbin, Benedikt Fred 255
Dollfuß, Engelbert 147, 161 f.
Domela, Harry 85

Dos Passos, John 221

Dostojewski, Fjodor M. 23

Dürer, Albrecht 103, 249, 251

Duke of Windsor (vormals: Eduard VIII.,
	König von England) 150

Dunant, Henri 321

Durieux, Tilla 91

Duse, Eleonora 304, 354

Duvivier, Julien 93

Dyck, Anthonis van 351

Ebert, Karl 214

Edison, Thomas Alva 328

Eduard VIII., König von England siehe:
	Duke of Windsor

Ehrenburg, Ilja 180, 220

Einstein, Albert 2, 169, 230, 260, 270,
	272 f., 284, 287, 409

Eisenstaedt, Alfred 255

Eisler, Hanns 263

Eisner, Kurt 309 f.

Elisabeth, Kaiserin von Österreich und
	Königin von Ungarn 157

Elisabeth I., Königin von England 70, 313,
	319, 325

Elman, Mischa 374

Epp, Franz Xaver Ritter von 17, 310

Erasmus von Rotterdam 164

Ernst, Karl 138

Eugen, Prinz von Savoyen-Carignan 173

Ewers, Hanns Heinz 121

Falke, Konrad 223

Feakins, William B. 341

Feiler, Arthur 401

Feininger, Lionel 255

Ferdinand V., König von Kastilien-León 223

Feuchtwanger, Lion 50–57, 53, 76, 221,
	225

Feuchtwanger, Marta 54

Feuermann, Emanuel 263

Fischer, Ottokar 196

Fischer, Samuel 100, 224

Flaubert, Gustave 44, 116

Flechtheim, Alfred 205, 255

Flechtheim, Frau 205

Flexner, Abraham 269

Fonda, Henry 289

Ford, Henry 16

Formis, Rolf 198 f.

Forster, Rudolf 358 f.

Fränkel, Hermann F. 401

Franck, César 284

Franck, James 270

Franco y Bahamonde, Francisco 182, 187,
	385, 392

Frank, Bruno 312, 314–318, 320, 339, 382

Frank, Leonhard 80 f.

Frank, Liesl 312–314, 316, 318

Frankfurter, David 326

Freud, Sigmund 150–153, 164 f., 240, 338,
	409

Frey, Alexander Moritz 317 f.

Frick, Wilhelm 84, 134

Friedell, Egon 149 f.

Friedländer, Walter F. 278

Friedrich der Große, König von Preußen
	117, 207

Fritz, Kurt von 401

Fröhlich, Gustav 92

Furtwängler, Wilhelm 72, 127, 169 f., 239,
	258

Garbo, Greta 93, 272, 297, 322

Garibaldi, Giuseppe 380

Geheeb, Paul 231

Georg, Manfred 324

George, Stefan 23, 122 f., 162

Germain, André 175

Gershwin, George 262

Giafferi siehe: Moro-Giafferi, Vincent de

Gide, André 73, 179, 221, 410

Giehse, Therese 215

Giraudoux, Jean 177

Glaeser, Ernst 73–75

Goebbels, Joseph 11, 77, 85, 120–123, 125,
    127 f., 147, 208, 214, 289, 297, 361, 374, 394

Göring, Hermann 127, 129, 140, 228, 241

Goethe, Johann Wolfgang von 63, 104, 108,
    110, 116 f., 224, 231, 245, 305, 367, 376,
    382, 389

Goetze, Albrecht 401

Gogh, Vincent van 103, 204

Goldschmidt, Richard B. 401

Goldstein 275 f.

Gollancz, Victor 25

Gorki, Maxim 220

Goslar, Lotte 348–350

Goya y Lucientes, Francisco José de 252

Graetz, Paul 207

Graf, Oskar Maria 77 f., 323

Granach, Alexander 356 f.

Grautoff, Christiane siehe: Toller-Grautoff,
    Christiane

Grautoff, Otto 311

Greco, El 72, 204

Green, Julien 177, 361, 410

Gregor-Dellin, Martin 5, 403

Grimm, Jacob 97

Grimm, Wilhelm 97

Gripenberg, Monika 6

Grock (eigentlich Adrian Wettach) 349

Gropius, Walter 254

Grosz, George 128, 251–254, 407

Gründgens, Gustaf 16, 129 f., 410

Guitry, Sascha 93

Gumpert, Martin 321 f.

Gustloff, Wilhelm 326

Haakon, Paul 351

Haber, Fritz 207 f.

Hahn, Kurt 230 f.

Hahnemann, Samuel 321

Hamsun, Knut 149, 175, 329

Hanau, Madame 58

Hanfstaengl, Ernst 137–140, 407

Hans, Jorge 184–191

Harbou, Thea von 294

Harden, Maximilian 399

Hardt, Ludwig 355 f.

Hartung, Gustav 215

Harvey, Lilian 92

Hasenclever, Walter 319

Hatvany, Ludwig Baron 67

Hatvany-Winsloe, Christa Baronin
    66–68, 212, 369

Hauptmann, Gerhart 69, 125 f., 131, 162,
    219 f., 319, 407

Hauptmann, Richard 323

Haydn, Joseph 143

Haym, Arthur 401

Hegemann, Werner 207

Heiden, Konrad 224

Heifetz, Jascha 284

Heine, Heinrich 79, 241, 306, 356, 367

Held, Heinrich 31

Hemingway, Ernest 193, 221, 371

Henri IV., König von Frankreich 47 f.

Hentig, Hans von 401

Herald, Heinz 290

Herder, Johann Gottfried von 231, 367, 389

Herrmann, Eva 251

Herrmann-Neiße, Max 363

Herzfeld, Ernst 271 f.

Herzfelde, Wieland 220

Hess, Rudolf 85

Hesse, Hermann 397, 406

Hiller, Kurt 42 f., 411

Himmler, Heinrich 140 f.

Hindemith, Paul 127, 256, 264, 266

Hindenburg, Oskar von 344–346

Hindenburg, Paul von 43, 195 f., 220, 323,
    336, 344–347

Hirschfeld, Magnus 208

Hitler, Adolf 9, 13 f., 16 f., 19 f., 22, 24 f., 31 f.,
    34 f., 37, 39, 43, 50–52, 59–61, 63 f., 68,
    74–76, 82, 84 f., 90 f., 107 f., 119, 124–128,
    130, 132–141, 143 f., 146–148, 150 f., 156 f.,

162, 170, 173, 175, 185–187, 190, 192, 195,
197 f., 206, 216, 220, 224 f., 228–230, 234,
245, 251, 253, 256, 263, 269–271, 273 f.,
278–280, 282–284, 288 f., 294, 297,
305–307, 311, 316, 319, 322 f., 327 f., 331 f.,
334–337, 342, 344–348, 351, 357–359,
362, 367, 369, 372, 377, 379, 382–394,
398, 403–405, 407
Höber, Rudolf 278
Hölderlin, Friedrich 241, 243, 400
Höllriegel, Arnold 154
Hoffmann, Ludwig von 103
Hofmannsthal, Hugo von 162 f., 165, 206,
264, 302, 318
Hohenlohe, Prinz Max von 84 f.
Holborn, Hajo 401
Hollaender, Friedrich 296 f.
Hollnsteiner, Johannes 161
Homolka, Oskar 92
Horkheimer, Max 277
Horowitz, Vladimir 286
Horváth, Ödön von 209 f.
Hottinger-Mackie, Mary 5
Howard, Brian 183
Hubermann, Bronislaw 239 f.
Huch, Ricarda 122
Huebsch, Ben 160
Huelsenbeck, Richard 322
Hugenberg, Alfred 393
Hugo, Victor 47
Humboldt, Wilhelm von 231
Huston, Walter 301
Huxley, Aldous 52, 180, 221, 410

Ibsen, Henrik 91, 206, 329
Ignatius von Loyola 181
Innitzer, Theodor 341
Isabella I., Königin von Kastilien und León
223
Isherwood, Christopher 183

Jackson, Felix 297

Jacob, Berthold 197 f.
Jacobi, Annot 254 f.
Jacobi, Lotte 255
Jacobi, Rudolf 254 f.
Jacobsohn, Siegfried 218
Jaeger, Werner Wilhelm 401
Jaloux, Edmond 221
Jannings, Emil 130
Jessner, Leopold 296
Jesus Christus 34, 36, 182
Johnson, Alvin 275, 338
Johst, Hanns 121
Jooss, Curt 350 f.
Jouvet, Louis 93
Joyce, James 153, 160, 259
Juarez Garcia, Benito 160

Kaehler, Alfred 401
Kästner, Erich 126
Kafka, Franz 163, 177, 356, 398, 406
Kahler, Erich von 324
Kaiser, Georg 68–70, 296
Karl V., Kaiser 257 f.
Karlweis-Wassermann, Marta 203
Karmann, T. H. von 279 f.
Kaufmann, Arthur 254, 263
Kaufmann, Freddie 244 f.
Kaus, Gina 66
Kerr, Alfred 219 f., 375
Kessler, Friedrich 401
Kesten, Hermann 222 f.
Keun, Irmgard 65 f.
Keyserling, Graf Hermann 124 f.
Kingdon, M. Frank 338
Kisch, Egon Erwin 186, 220
Klabund 92
Klee, Paul 128, 205, 255, 259
Kleiber, Erich 72
Kleist, Heinrich von 181
Klemperer, Otto 264, 266 f.
Knappertsbusch, Hans 128
Köhler, Wolfgang 276

Kolb, Annette 83f.
Kolbenheyer, Erwin Guido 121
Kolisch, Rudolf 263
Kolle, Helmut 399
Kollwitz, Käthe 128
Kommer, Rudolf K. 375
Korngold, Erich Wolfgang 301
Kortner, Fritz 53, 352–354, 356
Kortner, Johanna 53
Kortner, Marianne 53
Kosleck, Martin 358
Kossuth, Lajos 72
Kramer, Ferdinand 254
Kraus, Karl 219
Kreisler, Fritz 232
Křenek, Ernst 159, 256–262, 409
Kuh, Anton 324
Kuhn, Fritz 367f.

Laemmle, Carl 291
Lagerkvist, Pär 176
Lagerlöf, Selma 175
Landauer, Carl 401
Landauer, Walter 222
Landshoff, Fritz 221f.
Lang, Fritz 262, 294f., 409
Lange, Carl 402
Langhoff, Wolfgang 215
Lányi, Jenö 20
Lasker-Schüler, Else 241f., 407
Last, Jef 183
Laurencin, Marie 399
Lawrence, David Herbert 243
Le Corbusier 239
Lederer, Emil 277
Leigh, Colston 350
Lehman, Fritz 402
Lehmann, Lotte 264, 265
Lehmann-Hartleben, K. L. H. 278
Lehrt, Richard 307, 309
Lenbach, Franz von 103
Lenya, Lotte 262

Leonardo da Vinci 306
Leopardi, Giacomo Graf 380
Lessing, Gotthold Ephraim 398
Lessing, Theodor 195f., 367, 407
Levy, Rudolf 361, 399
Lewis, Sinclair 368, 371f., 410
Lewy, Hans 402
Lichtwitz, Leopold 278
Liebermann, Max 250
Liepmann, Heinz 323
Lindbergh, Charles 323
Lion, Ferdinand 223f.
Lips, Eva 333
Lips, Julius 333
Littauer, Rudolf 402
Löwenstein, Prinzessin Helga zu 341
Löwenstein, Prinz Hubertus Friedrich zu
     331, 334–341, 339
Loon, Hendrik van 374f.
Lore, Ludwig 376
Lorre, Peter 290
Louis, Joe 322
Louis Ferdinand, Prinz von Preußen 86f.
Lubbe, Marinus van der 228
Lubitsch, Ernst 291, 292–294
Luchaire, Jules 306
Ludwig, Emil 55, 86, 153, 221, 305, 325–330
Ludwig, Prinz von Sachsen-Camburg 316
Ludwig II., König von Bayern 26, 403
Luise, Königin von Preußen 70
Lukatsch, Paul 187
Luther, Martin 50, 114

MacDonald, Jeanette 292
Machiavelli, Niccolò 380
Mahler, Anna 159, 162
Mahler, Gustav 159, 161, 166, 245, 266
Mahler-Werfel, Alma 159, 161
Malraux, André 180, 220
Manet, Edouard 249
Mann, Carla 98
Mann, Elisabeth 20

Mann, Golo 20, 104, 229
Mann, Goschi 48 f.
Mann, Heinrich 43–50, 63, 82, 95, 98 f.,
    114, 116, 162, 179, 218, 220–222, *339*, 386,
    399
Mann, Julia, geb. da Silva-Bruhns 99
Mann, Katia, geb. Pringsheim 18, 20, 63,
    96, 98 f., 101–107, *105*, 111, 146, 245, 408,
    411
Mann, Maria, geb. Kanova 43, 48
Mann, Michael 20
Mann, Monika 20, 104
Mann, Nelly, geb. Kroeger 48
Mann, Thomas 15, 18, 20, 63, 95–118, *105*,
    121 f., 126, 145 f., 152, 155, 162, 168 f., 221,
    223 f., 243 f., 274, 290, *291*, 314, 338, 368,
    376, 389, 408 f., 411
Mann, Thomas Johann Heinrich 44, 99
Mannheim, Karl 230
Manzoni, Alessandro 380
Marcuse, Ludwig 181
Marées, Hans von 103
Maria Stuart, Königin von Schottland 164,
    313, 355
Maria Theresia, deutsche Kaiserin 172
Marie Antoinette, Königin von Frankreich
    164
Marinetti, Filippo Tommaso 175
Maritain, Jacques 182
Masaryk, Tomáš 326, 328
Masereel, Frans 398
Massary, Fritzi 58
Mathews, Herbert 192–194
Matteotti, Giacomo 377 f.
Maupassant, Guy de 45
Mauriac, François 182
Maximilian, Kaiser von Mexiko 160
Mayer, Carl 402
Mayer, G. 402
Mazzini, Giuseppe 380
Mehring, Walter 41 f.
Meier-Graefe, AnneMarie 204

Meier-Graefe, Julius 204 f.
Meissner, Otto 345
Mendelsohn, Erich 239
Mendelssohn, Eleonore von 354 f.
Mendelssohn, Francesco von 355
Mendelssohn, Moses 72, 239, 283
Menuhin, Yehudi 263
Michaelis, Karin 282
Mierendorff, Carlo 37
Mille, Cecil de 259
Miller, Gilbert 57
Mises, Richard Martin Edler von 229
Mistinguette 313
Moholy-Nagy, László 254
Mohr, Max 242, 244 f.
Moissi, Alexander 205–207
Molière 399
Molnar, Franz 157
Morgenthau, Henry 258
Moro-Giafferi, Vincent de 228
Morstein Marx, Fritz 402
Mosse 274
Mozart, Wolfgang Amadeus 84, 128, 170,
    214, 281, 284
Mühlen, Hermynia zur 78
Mühsam, Erich 33–36, 405
Mühsam, Kreszentia 35
Müller, Hans 361 f.
Münzenberg, Willi 227 f., 407
Muni, Paul 290, 301
Munkacsi, Paul 255
Muschenheim, Elsa 281
Muschenheim, Fredrick A. 281
Mussolini, Benito 145 f., 175, 187, 206, 234,
    285, 327 f., 377–380, 392

Nansen, Fridtjof 328
Napoleon I., Kaiser der Franzosen 126, 319
Napoleon III., Kaiser der Franzosen 57
Nathan, Otto 402
Nathan, Robert 373
Neher, Carola 92

Nelson, Rudolf 296
Neumann, Alfred 57 f.
Neumann, Heinrich 150
Neumann, John von 274
Neumann, Katharina 57
Neumeyer, Alfred 402
Nielsen, Asta 93
Niemöller, Martin 278, 390
Nierendorf, Carl 255
Nietzsche, Friedrich 23, 115–117, 164, 231, 367
Nissen, Rudolf 229
Nolde, Emil 128
Novalis 23
Nürnberg, Rolf 322

Odets, Clifford 290
Offenbach, Jacques 302
Olden, Rudolf 220
Ophüls, Max 94
Oppenheim, Max 250
Oprecht, Emil 224, 325
Oprecht, Emmie 224
Ortega y Gasset, José 221, 270
Ossietzky, Carl von 39–41, 149, 175, 218, 405
Otto, Hans 38
Otto, Teo 214

Pabst, Georg Wilhelm 93
Palestrina, Giovanni Pierluigi da 169
Pallenberg, Max 313
Panofsky, Erwin 271, 274
Papen, Franz von 336, 345, 393
Pascin, Jules 399
Pasteur, Louis 290
Perls, Frank Richard 255
Perls, Klaus Gunter 255
Pfitzner, Hans 169
Philipp II., König von Spanien 90, 223, 316
Picasso, Pablo 205, 249 f., 259, 399
Pinthus, Kurt 325

Piper, Otto 402
Piscator, Erwin 57, 181
Pius XI., Papst 234, 270
Platen, August von 113
Platon 113
Polgar, Alfred 158, 317 f.
Ponten, Joseph 121
Popoff, Blagoi Simon 228
Priest, George M. 269, 274
Pringsheim, Klaus 244 f.
Pringsheim, Peter 230
Prittwitz, Friedrich Wilhelm von 51
Prokofieff, Sergej 284
Prokosch, Frederic 361
Proust, Marcel 73

Querido, Emanuel 221 f., 325

Radek, Karl 56
Rainer, Luise 289–292, *291*, 297
Rameau, Hans 297
Raphaelson, Samuel 301
Rathbone, Basil 301
Rathenau, Walther 89
Rauschning, Hermann 227, 407
Regler, Gustav 187 f.
Reichenau, Walter von 140
Reichenbach, Hans 229
Reinhardt, Gottfried 298 f.
Reinhardt, Max 16, 149, 169, 207, 262, *291*, 292, 298–304, 355, 358 f., 375, 410
Reinhardt, Wolfgang 298
Remarque, Erich Maria 50, 60–62, 279, *339*
Renn, Ludwig 190 f., 407
Renoir, Jean 93
Rienzi, Cola di 380
Riess, Curt 322
Rilke, Rainer Maria 23, 101, 115, 123 f., 159, 162, 210, 304
Rimbaud, Arthur 78
Ripper, Rudolf von 250 f.

Rivel, Familie 349
Rivera, Diego 275
Roda Roda, Alexander 158
Roda Roda, Elsbeth 158
Röhm, Ernst 345
Roland, Ida 174
Rolland, Romain 86, 164, 180 f., 398
Romain, Jules 176
Roosevelt, Franklin Delano 51, 154, 234,
    270, 325–327, 341, 385
Rosenberg, Alfred 85, 121, 127, 135
Rosenfeld, Kurt 333
Rosselli, Carlo 377 f.
Rosselli, Nello 377 f.
Rossi, Ernesto 378
Roth, Joseph 171–173, 407
Rothschild, Baron 150
Rotter, Gebrüder 196 f.
Rousseau, Henri 399
Ruskin, John 255
Russell, Bertrand 229
Rowohlt, Ernst 371

Sack, Alfons 37
Salomon, Albert 402
Salomon, Bruno von 88–90
Salomon, Ernst von 88 f.
Salter, Georg 255
Salvemini, Gaetano 376–378
Sauerbruch, Ferdinand 229
Savonarola, Girolamo 112 f.
Schaljapin, Fjodor Iwanowitsch 93
Schelting, A. von 402
Scherchen, Hermann 264
Schickele, René 82 f.
Schildkraut, Joseph 357
Schildkraut, Rudolf 357
Schiller, Friedrich 90, 214, 367, 389, 398
Schirach, Baldur von 176
Schlamm, Willi 324
Schleicher, Kurt von 345
Schlüter, Herbert 72 f.

Schmeling, Max 322
Schnitzler, Arthur 155, 162, 165, 172, 318, 352
Schnitzler, Heinrich 155
Schnitzler, Lilly 155
Schönberg, Arnold 257–260, 264, 409
Schoenheimer, Rudolf 402
Schönstedt, Walter 323
Schopenhauer, Arthur 111, 113, 115, 315
Schreker, Franz 257
Schrödinger, Erwin 230
Schröter, Erich von 368
Schuschnigg, Kurt Edler von 142–148, 153,
    161 f., 166, 342
Schuschnigg, Vera 147 f.
Schwarzschild, Leopold 217 f., 407, 410
Seger, Gerhart 334
Seghers, Anna 181
Selwart, Tonio 351 f.
Sender, Toni 334
Serkin, Irene 283, 286 f.
Serkin, Rudolf 281–284, 286 f.
Serkin, Ursula 286
Seyß-Inquart, Arthur 143
Sforza, Carlo Graf 221
Shakespeare, William 70 f., 196, 255, 296,
    298, 354, 398
Shaw, George Bernard 16, 71, 329 f., 358
Sibelius, Jean 260
Silone, Ignazio 224
Simons, Hans 277
Sinclair, Upton 220, 278
Sintenis, Renée 205
Sinzheimer, Hugo 230
Siodmak, Curt 94
Slochower, Harry 376
Sokoloff, Vladimir 301
Soria, George 193
Soupault, Philippe 177, 221
Speier, Hans 402
Spender, Stephen 183, 410
Spengler, Oswald 125
Speyer, Wilhelm 316 f.

Spiecker, Karl 227
Spoliansky, Mischa 296
Stalin, Josef 56, 407
Stampfer, Friedrich 227
Stendhal 48
Stern, Ernst 360
Sternheim, Carl 24, 205, 398 f.
Sternheim, Thea 205
Steuermann, Eduard 263
Stidry, Fritz 264
Stradivari, Antonio 263
Strasser, Gregor 133 f., 198
Strasser, Otto 133–137, 140, 407
Strauss, Emil 121
Strauß, Johann 143, 298
Strauss, Richard 127, 163, 170, 214, 239, 256, 260 f., 264, 266
Strawinsky, Igor 256, 260, 264, 266
Stresemann, Gustav 89, 173, 201, 306
Stresemann, Käte 201
Strich, Fritz 230
Strindberg, August 91, 319, 352
Stroheim, Erich von 92 f.
Sudermann, Hermann 219, 293
Süß-Oppenheimer, Joseph (genannt »Jud Süß«) 55 f.
Swarzenski, Georg 254
Szeps, Moritz 306
Szeps-Zuckerkandl, Berta 306

Tabouis, Geneviève 178
Tagore, Rabindranath 231
Taneff, Wassilij 228
Tannhäuser 278
Thälmann, Ernst 37 f., 192
Thimig, Helene 303 f., 410
Thomas, Adrienne 66
Thompson, Dorothy 53, 354, 368–371
Thompson, Michael 53
Thompson, William O. 138
Tillich, Paul 278
Toch, Ernst 260

Toller, Ernst 309–312, 319
Toller-Grautoff, Christiane 309, 311
Tolstoi, Leo Nikolajewitsch 57, 97, 117, 206, 238, 373
Torgler, Ernst 37, 228
Toscanini, Arturo 128, 240, 263, 285 f.
Tschaikowsky, Peter 25, 103
Tschelitscheff, Pavel 250
Tschuppik, Karl 172 f.
Tucholsky, Kurt 199–201
Twardowsky, Hans-Heinrich von 357 f.

Uhde, Wilhelm 399
Uhse, Bodo 186 f.
Ulich, Robert 402
Undset, Sigrid 376
Unruh, Fritz von 86 f.

Valentin, Kurt 255
Vallentin, Antonina 306
Vayo, Julio Alvarez del 389
Vehlen 274
Veidt, Conrad 92
Verdi, Giuseppe 159 f.
Verlaine, Paul 178
Viertel, Berthold 297
Viertel, Salka 297
Vietor, Karl 402
Villard, Oswald G. 338
Villon, François 78
Voltaire 222, 315, 329

Wagner, Richard 103, 115, 117, 137, 160, 181, 260
Wallenstein, Albrecht Wenzel Eusebius von 90, 221
Walter, Bruno 15, 166–171, 167
Walter, Elsa 166, 168, 170
Walter, Fritz 229
Walter, Grete 15, 168
Walter, Lotte 15, 166, 168
Walther von der Vogelweide 356

Wassermann, Jakob 100, 202–204
Waxman, Franz 297
Weber, Maurice 301
Wedekind, Frank 23, 69, 91, 162, 296, 319, 352
Wedekind, Pamela 23 f.
Weill, Kurt 79, 260–263, 409
Weinert, Erich 192
Weiß, Ernst 398
Wells, Herbert George 176
Wels, Otto 227
Werfel, Franz 159–163, 165, 172, *212*, 234, 262, 301
Wertheimer, Max 275
Wesemann, Hans 197 f.
Wessel, Horst 35, 121, 144
Wessely, Paula 358
Weyl, Helene 270
Weyl, Hermann 270
Whitman, Walt 23
Wiechert, Ernst 122
Wiene, Robert 92
Wilde, Oscar 255 f., 399
Wilder, Billy 297

Wilder, Thornton 361
Wilhelm II., deutscher Kaiser 45, 162, 328
Winsloe, Christa siehe: Hatvany-Winsloe, Christa Baronin
Wittels, Fritz 402
Wittfogel, Karl August 279
Wittfogel, Olga 279
Wolf, Friedrich 320 f.
Wolf, Hugo 264
Wolfe, Thomas 371–373, 410
Wolff, Kurt 45
Wolff, Theodor 71
Wunderlich, Frieda 277
Wyler, William 301

Zarek, Otto 72
Zech, Paul 246
Ziegfeld, Florenz 289
Zola, Emile 44, 82, 116, 180, 266, 290, 329
Zsolnay, Paul 159
Zuckmayer, Alice 156
Zuckmayer, Carl 155 f.
Zweig, Arnold 200, 218, 240
Zweig, Stefan 94, 127, 142, 163–165, *212*

Klaus Mann, 1906 in München
als ältester Sohn von Thomas
und Katia Mann geboren,
schrieb schon als Schüler
Gedichte und Novellen. 1924
ging er als Theaterkritiker
nach Berlin und lebte dort als
exzentrischer Bohemien, der
aus seiner Homosexualität
nie einen Hehl machte.
Während sein Vater mit
pedantischer Disziplin
Weltliteratur verfaßte, reiste
Klaus Mann ruhelos durch
die Welt. 1933 emigrierte er
vor den Nazis. Im Exil
schrieb er den Roman
Mephisto, dessen Hauptfigur,
der Schauspieler Höfgen, für
Klaus Mann zum Symbol
eines «durchaus
komödiantischen, zutiefst
unwahren, unwirklichen
Regimes» wurde. Am 21.
Mai 1949 starb Klaus Mann
in Cannes an einer Überdosis
Schlaftabletten.

Alexander *Roman der Utopie*
(rororo 5141)

Flucht in den Norden *Roman*
(rororo 4858)

Der fromme Tanz *Das Aben-
teuerbuch einer Jugend*
(rororo 5674)

Maskenscherz *Die frühen
Erzählungen*
(rororo 12745)

Der siebente Engel *Die
Theaterstücke*
(rororo 12594)

Speed *Die Erzählungen aus
dem Exil*
(rororo 12746)

Mephisto *Roman einer
Karriere*
(rororo 4821)

Symphonie Pathétique *Ein
Tschaikowsky-Roman*
(rororo 4844)

Treffpunkt im Unendlichen
Roman
(rororo 4878)

Der Vulkan *Roman unter
Emigranten*
(rororo 4842)

Kind dieser Zeit
(rororo 4996)

Der Wendepunkt *Ein
Lebensbericht*
(rororo 5325)

rororo Literatur

Klaus Mann

Uwe Naumann

«Er liebte die ganze Erde, und besonders Paris und New York, und floh vor sich selbst. Er zerrte am dünnen, flatternden Vorhang, der den Tag vom Nichts trennt, und suchte überall den Traum und den Rausch und die Poesie, die drei brüderlichen Illusionen der allzufrüh Ernüchterten. Er war voller nervöser Daseinslust und heimlicher Todesbegier, frühreif und unvollendet, flüchtig und ein ergebener Freund, gescheit und verspielt. Bei all seiner verbindlichen Grazie im Werk und im Leben, ward dieser leise Spötter über philiströse Moralschranken ein lauter Ankläger vor dem eigentlichen Geschäft der Welt, der Regelung des öffentlichen Lebens und der Gesellschaft. Zum Spaß war er ein Spötter, und wenn es ernst wurde, ein Idealist. Er bewies es, als ihn der Umschwung der Zeit aus einem Ästheten zu einem Moralisten machte; er bewies es im Exil.»
Hermann Kesten, 1950

Zweimal Deutschland
Aufsätze, Reden, Kritiken
1938 - 1942
(rororo 12743)

Auf verlorenem Posten
Aufsätze, Reden, Kritiken
1942 - 1949
(rororo 12751)

Tagebücher (1931 - 1949)
Band 1-6 als Kassette
(rororo 13237)

Briefe und Antworten
1922 - 1949
(rororo 12784)

André Gide und die Krise des modernen Denkens
Essay
(rororo 5378)

Die neuen Eltern
Aufsätze, Reden, Kritiken
1924 - 1933
(rororo 12741)

Distinguished Visitors
Der amerikanische Traum
(rororo 13739)

Zahnärzte und Künstler
Aufsätze, Reden, Kritiken
1933 - 1936
(rororo 12742)

Klaus Mann
dargestellt von
Uwe Naumann
(rowohlts monographien 332)

Das Wunder von Madrid
Aufsätze, Reden, Kritiken
1936 - 1938
(rororo 12744)

Klaus Mann

rororo Literatur

Erika Mann wurde am 9. November 1905 in München geboren, als ältestes Kind von Thomas und Katia Mann. Sie arbeitete zunächst als Schauspielerin und Journalistin. Anfang 1933 gründete sie in München das Kabarett «Die Pfeffermühle»; wenige Wochen später ging sie mit der Truppe ins Exil. Ab 1936 lebte sie überwiegend in den USA. Während des Zweiten Weltkriegs wirkte sie u. a. an den Deutschland-Programmen der BBC mit. 1952 kehrte sie nach Euopa zurück, wo sie am 27. August 1969 in Zürich starb.

Mein Vater der Zauberer
Herausgegeben von Irmela von der Lühe und Uwe Naumann
300 Seiten + 16 Seiten einfarbige Tafeln. Gebunden
Dieser Band dokumentiert die Geschichte einer außergewöhnlichen Vater-Tochter-Beziehung. Alle wichtigen Äußerungen Erika Manns über ihren Vater werden erstmals umfassend dokumentiert und kommentiert. Die zahlreichen Essays, Interviews und Briefe vermitteln ein höchst subjektives, aufschlußreiches Bild von Thomas Mann – eine Nahaufnahme des Schriftstellers, wie sie nur aus Sicht einer besonders engen Vertrauten möglich ist.

Zehn Millionen Kinder *Die Erziehung der Jugend im Dritten Reich. Einleitung von Thomas Mann*
200 Seiten. Broschiert

Briefe und Antworten
Band 1. 1922 - 1950.
Herausgegeben von Anna Zanco Prestel
296 Seiten. Gebunden
Band 2 1951 - 1969
272 Seiten. Gebunden

Erika Mann / Klaus Mann
Escape to Life *Deutsche Kultur im Exil Herausgegeben von Heribert Hoven. Nachwort von Heribert Hoven*
424 Seiten. Gebunden

Rundherum *Abenteuer einer Weltreise. Mit Originalfotos. Nachwort von Uwe Naumann*
(rororo 13931)
Im Herbst 1927 brachen Erika und Klaus Mann zu einer mehrmonatigen Weltreise auf. Nach ihrer Rückkehr schrieben die Geschwister über ihre Erlebnisse einen anekdotenreichen Bericht.

Klaus Harpprecht

Klaus Harpprecht, 1927 in Stuttgart geboren, arbeitete als Redakteur und Korrespondent für «Christ und Welt», RIAS Berlin, den SFB und WDR und als Nordamerika-Korrespondent des ZDF, ehe er 1966 die Leitung des S. Fischer Verlages übernahm. 1972 war er Chef der «Schreibstube» im Bundeskanzleramt Willy Brandts. Seit 1982 lebt er als freier Schriftsteller und Publizist in Südfrankreich.

Georg Forster oder Die Liebe zur Welt *Eine Biographie*
(rororo biographien 12634)
Mit seiner Biographie holt der Autor eine der genialsten Gestalten aus dem Abseits deutscher Geschichte. Georg Forster war Reiseberichterstatter, Naturforscher, Anthropologe, Kunsthistoriker, politischer Essayist, Revolutionär und Weltbürger in einer Person.
«Jedesmal, wenn sich die Darstellung verdichtet, wird sie zur Zeitmaschine, die den Leser mitten in die Beglückungen, die Krisen und Katastrophen fremden und längst verblichenen Lebens transportiert.» *Die Zeit*

Thomas Mann *Eine Biographie*
2256 Seiten. Gebunden
Klaus Harpprechts Biographie versucht die erdrückende Autorität des Klassikers »Thomas Mann» mit kritischer Zuneigung zu durchdringen. Das Buch schildert das Leben des Dichters als einen Spiegel der deutschen Epoche zwischen Bismarck und dem Kalten Krieg.

Welt-Anschauung *Reisebilder*
480 Seiten. Broschiert
Dieser Band versammelt brillant geschriebene Reisebilder aus Thailand, Sri Lanka, Korea, Taiwan, Uruguay, Paraguay, Argentinien und der Dominikanischen Republik. Reportagen, die sich glanzvoll als Erzählungen erweisen.

Die Lust der Freiheit *Deutsche Revolutionäre in Paris*
576 Seiten. Gebunden
Der Roman erzählt die Geschichte der ersten fünf Revolutionsjahre, wie sie sich den Zeugen aus Deutschland, ihren französischen Zeitgenossen, auch den Historikern dargestellt hat. Er versucht, sich ihrer Lust an der Freiheit zu öffnen, ihrer Trauer, ihrer Verzweiflung.

Charlotte Chandler
Ich, Fellini *Mit einem Vorwort von Billy Wilder*
(rororo 13774)
«Ich habe nur ein Leben, und das habe ich dir erzählt. Dies ist mein Testament, denn mehr habe ich nicht zu sagen.» *F. Fellini zu C. Chandler*

Werner Fuld
Walter Benjamin
(rororo 12675)
«Ein Versuch, der angesichts der Bedeutung Benjamins wohl längst überfällig war.» *Die Presse, Wien*

Bernard Gavoty
Chopin
(rororo 12706)
«Ich selbst bin immer noch Pole genug, um gegen Chopin den Rest der Musik hinzugeben.» *Friedrich Nietzsche*

Virginia Harrard
Sieben Jahre Fülle *Leben mit Chagall*
(rororo 12364)

Ulrike Leonhardt
Prinz von Baden genannt Kaspar Hauser
(rororo 13039)
«Ulrike Leonhardt scheint das Geheimnis um Kaspar Hauser endgültig gelüftet zu haben.» *Süddeutsche Zeitung*

Linde Salber
Tausendundeine Frau *Die Geschichte der Anaïs Nin*
(rororo 13921)
«Mit leiser Ironie, einem lebhaften Temperament und großem analytischen Feingefühl.» *FAZ*

Donald A. Prater
Ein klingendes Glas. Das Leben Rainer Maria Rilkes
(rororo 12497)
In diesem Buch wird «ein Mosaik zusammengetragen, das als die genaueste Biographie gelten kann, die heute über Rilke zu schreiben möglich ist». *Neue Zürcher Zeitung*

Carola Stern
Der Text meines Herzens *Das Leben der Rahel Varnhagen*
(rororo 13901)
«Ich möchte mir Flügel wünschen» *Das Leben der Dorothea Schlegel*
336 Seiten. Gebunden

«Das Leben eines jeden Menschen ist ein von Gotteshand geschriebenes Märchen.» Hans Christian Andersen